A LIBRARY OF DOCTORAL DISSERTATIONS IN SOCIAL SCIENCES IN CHINA

中国社会科学博士论文文库

法庭科学DNA数据库的运用与规制

The Application and Regulation of Forensic DNA Database

刘雁军 著

导师 刘良

中国社会科学出版社

图书在版编目（CIP）数据

法庭科学 DNA 数据库的运用与规制 / 刘雁军著. —北京：中国社会科学出版社，2020.5

（中国社会科学博士论文文库）

ISBN 978 - 7 - 5203 - 6171 - 2

Ⅰ. ①法… Ⅱ. ①刘… Ⅲ. ①脱氧核糖核酸—物证—法医学鉴定 Ⅳ. ①D919.2

中国版本图书馆 CIP 数据核字（2020）第 051596 号

出 版 人	赵剑英
责任编辑	马　明
责任校对	张依婧
责任印制	李寡寡

出　　版	中国社会科学出版社
社　　址	北京鼓楼西大街甲 158 号
邮　　编	100720
网　　址	http://www.csspw.cn
发 行 部	010 - 84083685
门 市 部	010 - 84029450
经　　销	新华书店及其他书店
印　　刷	北京明恒达印务有限公司
装　　订	廊坊市广阳区广增装订厂
版　　次	2020 年 5 月第 1 版
印　　次	2020 年 5 月第 1 次印刷
开　　本	710 × 1000　1/16
印　　张	20.75
字　　数	351 千字
定　　价	98.00 元

凡购买中国社会科学出版社图书，如有质量问题请与本社营销中心联系调换
电话：010 - 84083683
版权所有　侵权必究

《中国社会科学博士论文文库》
编辑委员会

主　　任：李铁映
副 主 任：汝　信　　江蓝生　　陈佳贵
委　　员：（按姓氏笔画为序）
　　　　　　王洛林　　王家福　　王缉思
　　　　　　冯广裕　　任继愈　　江蓝生
　　　　　　汝　信　　刘庆柱　　刘树成
　　　　　　李茂生　　李铁映　　杨　义
　　　　　　何秉孟　　邹东涛　　余永定
　　　　　　沈家煊　　张树相　　陈佳贵
　　　　　　陈祖武　　武　寅　　郝时远
　　　　　　信春鹰　　黄宝生　　黄浩涛
总 编 辑：赵剑英
学术秘书：冯广裕

总　序

在胡绳同志倡导和主持下，中国社会科学院组成编委会，从全国每年毕业并通过答辩的社会科学博士学位论文中遴选出优秀者纳入《中国社会科学博士论文文库》，由中国社会科学出版社正式出版，这项工作已持续了12年。这12年间所出版的论文，代表了这一时期中国社会科学各学科博士学位论文水平，较好地实现了本文库编辑出版的初衷。

编辑出版博士文库，既是培养社会科学各学科学术带头人的有效举措，又是一种重要的文化积累，很有意义。到中国社会科学院之前，我就曾饶有兴趣地看过文库中的部分论文，到社会科学院以后，也一直关注和支持文库的出版。新旧世纪之交，原编委会主任胡绳同志仙逝，社科院希望我主持文库编委会的工作，我同意了。社会科学博士都是青年社会科学研究人员，青年是国家的未来，青年社科学者是我们社会科学的未来，我们有责任支持他们更快地成长。

每一个时代总有属于它们自己的问题，"问题就是时代的声音"（马克思语）。坚持理论联系实际，注意研究带全局性的战略问题，是我们党的优良传统。我希望包括博士在内的青年社会科学工作者继承和发扬这一优良传统，密切关注、深入研究21世纪初中国面临的重大时代问题。离开了时代性，脱离了社会潮流，社会科学研究的价值就要受到影响。我是鼓励青年人成名成家的，这是党的需要，国家的需要，人民的需要。但问题在于，什么是名呢？名，就是他的价值得到了社会的承认。如果没有得到社会、人民的承认，他的价值又表现在哪里呢？所以说，价值就在于对社会重大问题的回答和解决。一旦回答了时代性的重大问题，就必然会对社会产生巨大而深刻的影响，你也因此而实现了你的价值。在这方面年轻的博士有很大的优势：精力旺盛，思维敏捷，勤于学习，勇于创新。但青年学者要多向老一辈学者学习，博士尤其要很好地向导师学习，在导师的指导下，发挥自己的优势，研究重大问题，就有可能出好的成果，实现自己的价值。过去12年入选文库的论文，也说明了这一点。

什么是当前时代的重大问题呢？纵观当今世界，无外乎两种社会制度，一种是资本主义制度，一种是社会主义制度。所有的世界观问题、政治问题、理论问题都离不开对这两大制度的基本看法。对于社会主义，马克思主义者和资本主义世界的学者都有很多的研究和论述；对于资本主义，马克思主义者和资本主义世界的学者也有过很多研究和论述。面对这些众说纷纭的思潮和学说，我们应该如何认识？从基本倾向看，资本主义国家的学者、政治家论证的是资本主义的合理性和长期存在的"必然性"；中国的马克思主义者，中国的社会科学工作者，当然要向世界、向社会讲清楚，中国坚持走自己的路一定能实现现代化，中华民族一定能通过社会主义来实现全面的振兴。中国的问题只能由中国人用自己的理论来解决，让外国人来解决中国的问题，是行不通的。也许有的同志会说，马克思主义也是外来的。但是，要知道，马克思主义只是在中国化了以后才解决中国的问题的。如果没有马克思主义的普遍原理与中国革命和建设的实际相结合而形成的毛泽东思想、邓小平理论，马克思主义同样不能解决中国的问题。教条主义是不行的，东教条不行，西教条也不行，什么教条都不行。把学问、理论当教条，本身就是反科学的。

在21世纪，人类所面对的最重大的问题仍然是两大制度问题：这两大制度的前途、命运如何？资本主义会如何变化？社会主义怎么发展？中国特色的社会主义怎么发展？中国学者无论是研究资本主义，还是研究社会主义，最终总是要落脚到解决中国的现实与未来问题上。我看中国的未来就是如何保持长期的稳定和发展。只要能长期稳定，就能长期发展；只要能长期发展，中国的社会主义现代化就能实现。

什么是 21 世纪的重大理论问题？我看还是马克思主义的发展问题。我们的理论是为中国的发展服务的，绝不是相反。解决中国问题的关键，取决于我们能否更好地坚持和发展马克思主义，特别是发展马克思主义。不能发展马克思主义也就不能坚持马克思主义。一切不发展的、僵化的东西都是坚持不住的，也不可能坚持住。坚持马克思主义，就是要随着实践，随着社会、经济各方面的发展，不断地发展马克思主义。马克思主义没有穷尽真理，也没有包揽一切答案。它所提供给我们的，更多的是认识世界、改造世界的世界观、方法论、价值观，是立场，是方法。我们必须学会运用科学的世界观来认识社会的发展，在实践中不断地丰富和发展马克思主义，只有发展马克思主义才能真正坚持马克思主义。我们年轻的社会科学博士们要以坚持和发展马克思主义为己任，在这方面多出精品力作。我们将优先出版这种成果。

2001 年 8 月 8 日于北戴河

前　　言

随着以审判为中心的司法制度改革不断深入，证据裁判主义的思维方式渐渐浸入公安侦查人员、检察官及法官的内心。虽然从诉讼程序上仿佛依然是公安局做饭、检察院端饭、法院吃饭的模式，但是现在"饭"的实质发生了变化，归根结底其本质内核变成了证据。换句话说，以前的情况是公安局侦查活动的内容对后续检察院及法院的活动起到源头性决定作用，法院在检察院和公安机关面前通常处于弱势地位。而现在则不然，一旦公安局做的饭"馊"了，检察院就拒绝端；检察院做的饭"糊"了，法院就拒绝吃。那么，什么为之"馊"和"糊"呢？简而言之就是未能达到我国刑事诉讼法规定的"案件事实清楚、证据确实充分"的标准，可见证据在刑事诉讼中振裘持领的作用越来越明显。

公安机关作为诉讼流程的起始端，恰恰扮演的就是这"诉讼饭厨师"的角色。饭能否色香味俱全，关键看食材，而证据就是这些食材。证据取得及时，食材就新鲜；证据取得全面，食材就丰富；证据之间能够相互印证，食材之间就能发生化学反应，这碗诉讼饭、证据饭就能闻起来香、吃起来美。

科学技术的飞速发展给刑事诉讼带来越来越多的挑战，许多新的证据形式不断涌现。另外，人们通常认为的"证据之王"DNA证据越来越受到不同领域、不同行业专家学者的关注，其可靠性也受到不同程度的质疑。

近年来随着公安机关DNA数据库建设的不断发展，库容量呈爆发式增长，DNA数据库比中案件数量也越来越多。与此同时，刑事诉讼中DNA数据库相关证据也在作用发挥方式和运行模式方面表现出了与普通DNA证据不同的特点。

笔者在中国裁判文书网中设置检索条件：刑事案件、DNA或DNA数据库、裁判年份（2013年至2016年），检索得到2013年至2016年不同刑事案由全文中包含DNA或DNA数据库字段的裁判文书，对其数量进行统计。

通过对两者数据的观察可知：

第一，从新刑诉法正式实施以来的2013年至2016年，DNA和DNA数据库两项数据呈逐年上升趋势。其中2014年度较前后两个年度呈现爆发式增长，这一数据与公安部物证鉴定中心提供的数据相吻合。[①] 尤其是DNA数据库这一项，2013年的数据还只是在"侵犯公民人身权利、民主权利"和"侵犯财产"这两类刑事案由中出现，但到2016年已经扩展到"侵犯公民人身权利、民主权利"等四项刑事案由，这与DNA技术和DNA数据库在刑事诉讼中应用范围越来越广泛密不可分。

第二，DNA数据库与DNA这两项数据相比：

首先，DNA数据库这项数据从2013年至2016年在"破坏社会主义市场经济秩序"和"渎职/贪污贿赂"两类刑事案由中始终为0，而DNA这项数据已经全面覆盖全部四类刑事案由，这种情况的出现与DNA数据库特殊的运行特征和特定的运用范围是分不开的。

其次，DNA数据库这项数据在四类刑事案由中的排序为："侵犯财产" > "侵犯公民人身权利、民主权利" > "危害公共安全" > "妨害社会管理秩序"，而DNA这项数据在四类刑事案由中的排序为："侵犯公民人身权利、民主权利"排在第一位，紧随其后的是"侵犯财产""危害公共安全"和"妨害社会管理秩序"。DNA这项数据还包含"破坏社会主义市场经济秩序"和"渎职/贪污贿赂"类犯罪。也就是说DNA数据库在"侵犯财产"类刑事案件中发挥作用要明显强于"侵犯公民人身权利、民主权利"类案件。

这样看来，DNA数据库在刑事侦查及诉讼中发挥重要作用的同时已经表现出许多与普通DNA证据不同的特点，研究的必要性和意义越来越明显。

DNA数据库相关证据的运行流程和环节主要包括DNA生物物证检材的检验、DNA数据库数据录入和存储、DNA数据库信息检索比对和DNA数据库鉴定意见出具等环节。在刑事侦查实践中，这些环节运行过程中已

[①] 刘冰：《基于数据分析的DNA证据作用评价》，《刑事技术》2015年第3期。

经出现了这样或那样的问题和隐患。

首先，DNA生物物证检材的检验。涉及DNA数据库的生物检材主要有两种：一种是各种类型人员的样本采集卡，主要包括违法犯罪人员、前科重点人员、失踪人员父母子女、被拐卖儿童及父母。另一种是各种案件中提取的现场生物物证。大批量建库及实验室污染等原因导致检验结果发生偏差。由于本书主要论述的重点是DNA数据库，所以这个环节在本书中不会涉及，重点放在之后的环节。

其次，DNA数据库数据录入和存储。人员信息录入及存储的全面性（如重要信息遗漏影响罪犯排查等）、准确性（如发生张冠李戴式冤假错案等）和安全性（如黑客入侵导致个人信息篡改等）。现场物证信息的录入的完整性（影响比对效果）和及时性（影响破案效率）。

再次，DNA数据库信息检索比对。同卵双胞胎作案到底谁是凶手？连续犯或跨区域流窜作案隐瞒漏罪问题如何解决？尸源认定出现错误。多个Y STR基因座比中并不一定来自同一父系；来自同一生物学父系的男性个体其Y STR分型并不一定完全相同；遗漏家谱绘制中外迁、入赘和改姓等情况。"打拐"DNA数据库使用中可能出现的问题：父母双亲DNA分型比中儿童，但通过性别和年龄等数据库信息否定；两对父母DNA分型比中同一儿童DNA分型；数据库中出现大量无效单亲比中信息。

最后，DNA数据库鉴定意见。由于没有相关文件和规范来作为标准，在侦查实践中出现多种DNA数据库鉴定文书，有DNA数据库鉴定书，有DNA数据库比中意见书，还有DNA数据库比中情况通知单等多种形式，种类繁多。到底哪种形式为法定形式，具有证明力？另外还有对DNA数据库鉴定意见的解释和解读错误问题。

本书正是针对上述问题，在明确DNA数据库相关证据定位的基础上对DNA数据库运行各环节进行深入研究，提出技术规范和法律规制的对策。

全书共五章内容，依次为：

第一章作为证据的DNA数据库。该章是本书的第一个重点论述对象，也是立论之基。这章分为四个小节：第一节从我国DNA数据库的产生和发展及国外DNA数据库的历史和现状两方面对DNA数据库情况进行概述，为论题的展开进行铺垫。第二节从证据属性、证据种类、证据发挥作用方式和证据应用范围等方面对源自 DNA 数据库的证据与普通 DNA 证据进行比较，为 DNA 数据库证据概念的提出提供证据法上的理论基础。第三节提出 DNA 数据库证据的概念。并根据 DNA 数据库类型、比对模式、发挥作用方式对其进行分类。最后对 DNA 数据库证据的性质进行讨论。第四节阐述 DNA 数据库发挥作用及其效果的评价。

  第二章 DNA 数据库数据的录入与存储。该章是本书内容的展开，从 DNA 数据库运行的第一个重要环节——DNA 数据库数据的录入及存储开始论述。这章分为四个小节：第一节论述人员样本信息的录入，从人员信息录入的全面性和准确性方面进行研究，并分析各个方面可能出现的问题。第二节阐述现场物证信息的录入，重点强调其影响因素。第三节从 DNA 数据库的基因分型准入和基因座的选择标准两方面对数据库分型数据的适格性和兼容性进行探讨。第四节从各类数据信息的控制及安全性方面对 DNA 数据库数据的存储进行阐释。

  第三章 DNA 数据库数据的检索与比对。该章是本书内容的进一步展开，对 DNA 数据库运行的第二个重要环节——DNA 数据库数据的比对进行论述。这章分为三个小节：第一节论述全国公安机关 DNA 数据库证据发挥作用的制约因素。第二节阐述 Y STR-DNA 数据库证据应用的局限性。第三节阐释查找被拐卖/失踪儿童 DNA 数据库的不足。

  第四章 DNA 数据库鉴定意见的解释和使用。该章是本书问题篇的收尾，对 DNA 数据库运行的最后一个重要环节——DNA 数据库鉴定意见进行论述。这章分为三个小节：第一节论述 DNA 数据库鉴定意见的产生过程，着重阐释其形成环节、影响因素及数据库鉴定文书形式乱象问题。第二节进一步从案件情况及检材样本、相关统计学概念、语言表达等方面阐述 DNA 数据库鉴定意见的解释问题。第三节对侦查人员、检察官及辩护律师和法官对 DNA 数据库鉴定意见使用中经常出现的问题进行分析探讨。

  第五章法庭科学 DNA 数据库的规制。本章是对 DNA 数据库运行问题的解决。这章分为两个小节：第一节论述法庭科学 DNA 数据库的技术规制，在比较实验室认可和资质认定的前提下，从六大核心要素的角度提出 DNA 数据库的技术规制路径。第二节通过审判阶段对侦查阶段法庭科学 DNA 数据库运用的启示以及其运用过程中的社会和伦理学考量，结合 DNA 数据库法律法规现状的梳理，提出审慎的立法建议。结合技术规制和法律规制两方面对法庭科学 DNA 数据库的规制提供系统性解决方案。

摘 要

在我国现行的司法体制下，DNA 技术的运用越来越广泛。DNA 技术的广泛应用在一定程度上刺激了 DNA 数据库的建设和发展，计算机软件、硬件及网络技术的进步为 DNA 数据库的发展和完善提供了物理基础，而国家大数据战略为 DNA 数据库的巩固和壮大提供了政策导向。全国公安机关各类 DNA 数据库正是这国家大数据战略的重要组成部分。但是多年的运行中在各个环节出现了许多不容忽视和不可回避的问题。

本书将 DNA 数据库作为研究对象，在介绍 DNA 数据库背景知识的基础上，从证据法的角度对传统 DNA 证据和源自 DNA 数据库的证据进行比较及区分，提出 DNA 数据库证据的概念，从根本上明确其证据定位和属性。以此为出发点延伸出两条主线：一是 DNA 数据库证据的运用。包括 DNA 数据库数据信息的录入与存储、DNA 数据库数据信息的检索与比对和 DNA 数据库鉴定意见的解释和使用。二是 DNA 数据库证据的规制。在探析 DNA 数据库运行过程中可能出现的各种问题，发掘产生错误的背后原因之基础上，最终从技术和法律两方面入手，建立从法律法规到行业规范标准再到 DNA 数据库作业指导书这样逐渐具体、细化的管理体系，对 DNA 数据库进行综合规制。

本书共分为引言和正文两部分，其中正文部分包含五章内容。

引言部分主要是本书特征的简介，主要从本书研究工作的缘起及选题、研究对象及意义、写作背景及国内外研究现状、研究思路、研究方法及创新点等方面进行阐释。

第一章作为证据的 DNA 数据库。本章是本书的第一个重点论述对象，也是本书的立论之基。这章分为四个小节：第一节从我国 DNA 数据库的产生和发展及国外 DNA 数据库的历史和现状两方面对 DNA 数据库情况进行概述，为论题的展开进行铺垫。第二节从证据属性、证据种类、证据发挥作用方式和证据应用范围等方面对源自 DNA 数据库的证据与普通 DNA 证据进行比较，为 DNA 数据库证据概念的提出提供证据法上的理论基础。第三节提出 DNA 数据库证据的概念。并根据 DNA 数据库类型、比对模式、发挥作用方式对其进行分类。最后对 DNA 数据库证据的性质进行讨论。第四节阐述 DNA 数据库发挥作用及其效果的评价。

第二章 DNA 数据库数据的录入与存储。本章是本书的展开，从 DNA 数据库运行的第一个重要环节——DNA 数据库数据的录入及存储开始论述。这章分为四个小节：第一节论述人员样本信息的录入，从人员信息录入的全面性和准确性方面进行研究，并分析各个方面可能出现的问题。第二节阐述现场物证信息的录入，重点强调其影响因素。第三节从 DNA 数据库的基因分型准入和基因座的选择标准两方面对数据库分型数据的适格性和兼容性进行探讨。第四节从各类数据信息的控制及安全性方面对 DNA 数据库数据的存储进行阐释。

第三章 DNA 数据库数据的检索与比对。本章是本书的进一步展开，对 DNA 数据库运行的第二个重要环节——DNA 数据库数据的比对进行论述。这章分为三个小节：第一节论述全国公安机关 DNA 数据库证据发挥作用的制约因素。第二节阐述 Y STR-DNA 数据库证据应用的局限性。第三节阐释查找被拐卖/失踪儿童 DNA 数据库的不足。

第四章 DNA 数据库鉴定意见的解释和使用。本章是本书问题篇的收尾，对 DNA 数据库运行的最后一个重要环节——DNA 数据库鉴定意见进行论述。这章分为三个小节：第一节论述 DNA 数据库鉴定意见的产生过程，着重阐释其形成环节、影响因素及数据库鉴定文书形式乱象问题。第二节进一步从案件情况及检材样本、相关统计学概念、语言表达等方面阐述 DNA 数据库鉴定意见的解释问题。第三节对侦查人员、检察官及辩护律师和法官对 DNA 数据库鉴定意见使用中经常出现的问题进行分析探讨。

第五章法庭科学 DNA 数据库的规制。本章是对 DNA 数据库运行问题的解决。这章分为两个小节：第一节论述法庭科学 DNA 数据库的技术规制，在比较实验室认可和资质认定的前提下，从六大核心要素的角度提出 DNA 数据库的技术规制路径。第二节通过审判阶段对侦查阶段法庭科学 DNA 数据库运用的启示以及其运用过程中的社会和伦理学考量，结合 DNA 数据库法律法规现状的梳理，提出审慎的立法建议。结合技术规制和法律规制两方面对法庭科学 DNA 数据库的规制提供系统性解决方案。

关键词：DNA 数据库　DNA 数据库证据　检索比对　鉴定意见　规制

Abstract

Under the current criminal procedure system in China, the application of DNA technology is becoming more and more extensive. The wide application of DNA technology has stimulated the construction and development of the DNA database to a certain degree. The progress of computer software, hardware and network technology provides a physical basis for the development and consolidation of the DNA database. The national big data strategy provides policy guidance for the consolidation and expansion of the DNA database. DNA database of all kinds of public security organs in our country is an important part of the country big data strategy. But there are many problems that can not be ignored and unavoidable during many years of operation.

In this paper, the DNA database is the research object. On the basis of introducing the background knowledge of the DNA database, we find the difference between the common DNA evidence and the DNA database evidence. The concept of DNA database evidence is proposed. There are two main clues in this paper. One is the use of DNA database evidence, Including data entry and storage of DNA database, Retrieval and comparison of data information from DNA database and the interpretation and use of DNA database appraisal opinion. The other is the regulation of DNA database evidence. After analyzing those problems that may arise in the process of DNA database evidence operation, the paper find a gradual and detailed management system to regulate the DNA database evidence from the two aspects of technology and law.

This paper is divided into two parts: the introduction and the main body. The main body contains five chapters.

The introduction consists of the origin of the research work, the topic selection, research objects and significance, writing background and research status at home and abroad, research method and innovation point.

The first chapter is the evidence of DNA database. This chapter is the first key object of this paper, and it is also the basis of the thesis. This chapter is divided into four sections: The first section summarizes the situation of DNA database from two aspects: the emergence and development of DNA database in China, and the history and current situation of foreign DNA database. The second section compares the evidence between the DNA database and the common DNA evidence from the evidence attribute, the evidence type, the way of evidence operation and the scope ofevidence application, so as to provide evidence theory basis for the DNA database evidence concept. The third section proposes the concept of DNA database evidence. It is classified according to the type of DNA database, the mode of comparison and the mode of action. Finally, the nature of DNA database evidence is discussed. The fourth section describes the evaluation and effect of DNA database.

The second chapter is the data entry and storage of DNA database. This chapter is the development of this paper. The first important step of the DNA database evidence is the entry and storage of the data in the DNA database. This chapter is divided into four sections: The first section discusses the input of personnel sample information, studies the comprehensiveness and accuracy of personnel information entry, and analyzes the possible problems in various aspects. The second section describes the entry of field evidence information, focusing on its influencing factors. The third section discusses the compatibility and compatibility of the database classification data from two parties of the DNA database's genetic classification access and the selection criteria of the loci. The fourth section explains the storage of DNA database data from the control and security of all kinds of data information.

The third chapter is data retrieval and comparison of DNA database. This chapter is the further development of this paper, and the second important step of the DNA database evidence is the data comparison of the DNA database. This chapter is divided into three sections: The first section discusses the restrictive factors of the function of the DNA database of public security organs of the national public security organs. The second section describes the limitations of the evidence application of Y STR-DNA database. The third section explains the lack of a search for the DNA database of trafficked / missing children.

The fourth chapter is the interpretation and use of DNA database appraisal opinion. This chapter is the last important step of the DNA database evidence. This chapter is divided into three sections: The first section discusses the production process of DNA database appraisal opinion, and emphasizes its formation link, influencing factors and the disorder of database identification documents. The second section further expounds the interpretation of DNA database appraisal opinions from the case situation and samples, related statistical concepts, and language expression. The third section analyzes and discusses the problems that often occur in the use of DNA database identification opinions by investigators, prosecutors and counsel and judges.

The fifth chapter is the regulation offorensic DNA database. This chapter is the solution to the problem of DNA database application. This chapter is divided into two sections: The first section discusses the technical regulation of DNA database. Based on the premise of comparative laboratory accreditation and qualification confirmation, it puts forward the technical regulation path of DNA database from the perspective of six core elements. The second section is the Enlightenment of the application of the DNA database in the trial stage to the investigation stage, as well as the social and ethical considerations in the process of its application. Combing the laws status of the DNA database, the paper put forward prudent legislative proposals. Combined with two aspects of technical regulation and legal regulation, it provides a systematic solution to the regulation of forensic DNA database.

Key Words: DNA Database, DNA Database Evidence, Search and Match, Identification Opinion, Regulation

目　录

第一章　作为证据的 DNA 数据库 ………………………………（1）
 第一节　DNA 数据库概述 …………………………………（2）
  一　我国 DNA 数据库的产生和发展 ……………………（2）
  二　国外 DNA 数据库的历史及现状 ……………………（7）
 第二节　源自 DNA 数据库的证据与传统 DNA 证据的区别 …（17）
  一　证据属性不同 …………………………………………（20）
  二　证据种类不同 …………………………………………（24）
  三　证据发挥作用方式不同 ………………………………（26）
  四　证据应用范围不同 ……………………………………（29）
 第三节　DNA 数据库证据概述 ……………………………（38）
  一　DNA 数据库证据概念的提出 ………………………（38）
  二　DNA 数据库证据的分类 ……………………………（40）
  三　证据与线索之辩：DNA 数据库证据性质定位 ……（47）
 第四节　DNA 数据库发挥作用及效果评价 ………………（51）
  一　DNA 数据库的作用发挥 ……………………………（51）
  二　DNA 数据库的效果评价 ……………………………（55）

第二章　DNA 数据库数据的录入和存储 ……………………（68）
 第一节　人员样本信息的录入 ………………………………（68）
  一　准确性：发生张冠李戴式的冤假错案 ………………（72）
  二　全面性：重要信息遗漏影响罪犯排查 ………………（77）
 第二节　现场物证信息的录入 ………………………………（84）
  一　及时性：影响破案效率 ………………………………（84）

二　完整性：影响比对效果 ……………………………………（90）
　第三节　人员或现场物证DNA分型的录入标准 ………………（97）
　　一　基因分型准入标准研究：数据的适格性 …………………（97）
　　二　基因座选择标准的探讨：数据的兼容性 …………………（104）
　第四节　人员或现场物证信息和DNA分型数据的存储 ………（114）
　　一　信息和数据录入操作规程的编制和使用 …………………（114）
　　二　DNA数据库信息和数据的控制 …………………………（115）
　　三　DNA数据库信息和数据的安全性 ………………………（117）

第三章　DNA数据库数据的检索与比对 …………………………（123）
　第一节　全国公安机关DNA数据库发挥作用的制约因素 ……（123）
　　一　数据库比对模式影响破案效率 ……………………………（123）
　　二　比中信息处理效率低下影响定罪量刑 ……………………（129）
　　三　数据库比中人员认定的特殊情况 …………………………（133）
　　四　现场物证的比中复核问题 …………………………………（136）
　第二节　公安机关Y-DNA数据库应用的局限性 ………………（140）
　　一　数据库比中并不是同一认定 ………………………………（141）
　　二　远距离流窜作案比对效果差 ………………………………（146）
　　三　案件大规模人员排查成本高 ………………………………（146）
　　四　遗漏家谱绘制信息影响破案效率 …………………………（148）
　　五　数据库无法全国联网比对 …………………………………（150）
　第三节　查找被拐卖/失踪儿童DNA数据库的不足 ……………（152）
　　一　检验效率低下，比对结果反馈缓慢 ………………………（155）
　　二　数据库容量增大导致的比对问题 …………………………（159）

第四章　DNA数据库鉴定意见的解释和使用 ……………………（166）
　第一节　DNA数据库鉴定意见的产生 …………………………（166）
　　一　DNA数据库鉴定意见的形成 ……………………………（166）
　　二　DNA数据库比中鉴定文书的乱象 ………………………（169）
　第二节　DNA数据库鉴定意见的解释 …………………………（175）
　　一　案件情况及检材样本 ………………………………………（176）
　　二　鉴定意见相关统计学基本概念的解读 ……………………（178）

三　鉴定意见语言表达问题 …………………………………… (181)
　　四　DNA数据库检索比对证据的证明力问题 ………………… (183)
　第三节　DNA数据库鉴定意见的解读错误 ……………………… (186)
　　一　侦查人员对鉴定意见的使用 …………………………… (186)
　　二　检察官/辩方律师对鉴定意见的使用 ………………… (194)
　　三　法官对鉴定意见的使用 ………………………………… (201)
　　四　鉴定意见解读错误之原因分析 ………………………… (210)

第五章　法庭科学DNA数据库的规制 ……………………… (213)
　第一节　法庭科学DNA数据库的技术规制 ……………………… (213)
　　一　实验室认可与资质认定的联系与区别 ………………… (214)
　　二　法庭科学DNA数据库的技术规制核心要素 …………… (218)
　　三　法庭科学DNA数据库的技术规制路径 ………………… (232)
　第二节　法庭科学DNA数据库的法律规制 ……………………… (232)
　　一　DNA数据库样本采集与公民权利的冲突 ……………… (233)
　　二　审判阶段对侦查阶段DNA数据库运用的启示 ………… (247)
　　三　法庭科学DNA数据库的法律规制路径：
　　　　DNA数据库立法 ………………………………………… (265)

参考文献 ……………………………………………………… (282)

索　引 ………………………………………………………… (300)

后　记 ………………………………………………………… (302)

Contents

1 **DNA database as evidence** ……………………………………… (1)
   1.1 Overview of DNA database ……………………………… (2)
       1.1.1 The emergence and development of DNA
             database in China ……………………………… (2)
       1.1.2 The history and current situation of foreign
             DNA databases …………………………………… (7)
   1.2 The difference between evidence from DNA database
       and traditional DNA evidence ………………………………… (17)
       1.2.1 The difference of evidence attribute ……………… (20)
       1.2.2 The difference in types of evidence ……………… (24)
       1.2.3 The difference of the ways of evidence action ……… (26)
       1.2.4 The difference in the scope of evidence
             application ……………………………………… (29)
   1.3 DNA database evidence overview ……………………………… (38)
       1.3.1 Concept of DNA database evidence ………………… (38)
       1.3.2 Classification of DNA database evidence …………… (40)
       1.3.3 Argument between evidence and clue: the nature of
             evidence in DNA database ……………………… (47)
   1.4 Function and effect evaluation of DNA database …………… (51)
       1.4.1 The function of DNA database ……………………… (51)
       1.4.2 Effect evaluation of DNA database ………………… (55)

2 Data entry and storage of DNA database (68)
2.1 Input of personnel sample information (68)
2.1.1 Accuracy: wrong cases in which people were unjustly charged (72)
2.1.2 Comprehensiveness: omission of important information affects criminal investigation (77)
2.2 The entry of physical evidence information in crime scene (84)
2.2.1 Timeliness: affecting the efficiency of solving cases (84)
2.2.2 Integrity: impact on comparison effect (90)
2.3 Input standard for DNA typing of physical evidence of personnel or crime scene (97)
2.3.1 Study on the access criteria of genotyping: the fitness of data (97)
2.3.2 Discussion on the selection criteria of loci: data compatibility (104)
2.4 Storage of physical evidence information and DNA typing data (114)
2.4.1 Preparation and use of information and data entry procedures (114)
2.4.2 Information and data control of DNA database (115)
2.4.3 Information and data security of DNA database (117)

3 Retrieval and comparison of DNA database data (123)
3.1 Constraints of national DNA database (123)
3.1.1 The efficiency of solving cases is influenced by the mode of database comparison (123)
3.1.2 Low efficiency of match information processing affects conviction and sentencing (129)
3.1.3 Special situation of personnel identification in database comparison (133)

Contents

- 3.1.4 Comparison and review of physical evidence in crime scene ············ (136)
- 3.2 Limitations of national Y-DNA database application ········· (140)
  - 3.2.1 Database match is not identification ················ (141)
  - 3.2.2 The effect of long-distance running crime comparison is poor ············ (146)
  - 3.2.3 High cost of large-scale case investigation ············ (146)
  - 3.2.4 Omission of genealogical information affects the efficiency of solving cases ············ (148)
  - 3.2.5 Database cannot be compared with national network ············ (150)
- 3.3 The shortage of DNA database for fighting against child trafficking ············ (152)
  - 3.3.1 Low test efficiency and slow feedback of comparison results ············ (155)
  - 3.3.2 Comparison problems caused by the increase of database capacity ············ (159)

4 Interpretation and use of DNA database expert opinions ······ (166)
- 4.1 The generation of DNA database expert opinion ············· (166)
  - 4.1.1 The formation of DNA database expert opinion ······ (166)
  - 4.1.2 Confusion of identification documents in DNA database comparison ············ (169)
- 4.2 Interpretation of DNA database expert opinions ············· (175)
  - 4.2.1 Case information and sample materials ············ (176)
  - 4.2.2 Interpretation of the basic concepts of statistics related to expert opinions ············ (178)
  - 4.2.3 Language expression of expert opinions ············ (181)
  - 4.2.4 The probative force of DNA database retrieval and comparison evidence ············ (183)
- 4.3 Wrong interpretation of expert opinions on DNA database ············ (186)

  4.3.1 The use of expert opinions by investigators ············ (186)
  4.3.2 The use of expert opinions by prosecutors / defence lawyers ································· (194)
  4.3.3 Judge's use of expert opinion ················· (201)
  4.3.4 The analysis of the reasons for the misunderstanding of expert opinions ································· (210)

5 The regulation of forensic DNA database ··············· (213)

 5.1 Technical regulation of forensic DNA database ············· (213)
  5.1.1 The connection and difference between laboratory accreditation and qualification accreditation ········· (214)
  5.1.2 Key elements of technical regulation of forensic DNA database ································ (218)
  5.1.3 The technical regulation path of forensic DNA database ······································· (232)
 5.2 Legal regulation of forensic DNA database ················ (232)
  5.2.1 The conflict between DNA database sample collection and civil rights ····················· (233)
  5.2.2 The Enlightenment of trial on the application of DNA database in the investigation stage ············ (247)
  5.2.3 Legal regulation path of forensic DNA database: DNA database legislation ······················· (265)

Reference ·· (282)

Index ··· (300)

Postscript ·· (302)

第一章

作为证据的 DNA 数据库

在我国现行的刑事诉讼体制下，DNA 技术的运用越来越广泛，从早期只应用于命案，到如今大量的盗窃案件也纷纷应用。DNA 技术已经到了无所不用其极的地步，在刑事诉讼的实践中甚至已经出现无 DNA 鉴定不移送检察院，无 DNA 鉴定不起诉至法院的地步，故而有学者称之为证据之王。[①] 正是 DNA 技术在刑事诉讼中表现出来的强大证据价值，促使 DNA 实验室在我国蓬勃发展。据统计，目前全国共建成了 600 多家 DNA 数据库联网实验室。以笔者曾经工作过的地市级公安机关 DNA 实验室为例，DNA 案件年受理数量从 2008 年的 22 起案件到 2014 年的 1206 起案件，如此快速的案件数量的增长速度从另一个侧面反映了 DNA 技术的普遍应用和发展。DNA 技术的广泛应用在一定程度上刺激了 DNA 数据库的建设和发展，伴随着计算机网络技术的爆发，尤其是国家大数据和"互联网+"战略的提出，[②] DNA 数据库技术的春天已经到来。

DNA 数据库（DNA database），是"以分子生物学、遗传学及 DNA 检验技术、计算机网络信息技术和数据库管理技术为基础，对各类人员、现场物证信息及其 DNA 分型进行录入、存储、检索、比对和应用的综合信息系统"[③]。

[①] 宋方明：《再论如何正确应用 DNA 证据》，《中国司法鉴定》2013 年第 3 期。
[②] 马化腾：《互联网+：国家战略行动路线图》，中信出版社 2015 年版，第 19—21 页。
[③] 刘冰：《现阶段我国 DNA 数据库发展的几个关键问题》，《刑事技术》2015 年第 4 期。

第一节　DNA 数据库概述

一　我国 DNA 数据库的产生和发展

刚刚进入 21 世纪，在参考和借鉴欧美等 DNA 数据库建设先行者成功和失败的经验和教训，并立足我国国情、社情和警情的前提下，公安部组织人力、物力自主开发和建成全国公安机关 DNA 数据库系统。该系统以公安专网为网络运行基础和载体，按照公安机关行政级别部署，实现数据即时传输、自动对比和信息共享，使得 DNA 检验技术在包括刑事案件在内的各种领域发挥着不可替代的作用。十余年来，随着我国经济政治体制改革的不断深入，公安机关尤其是刑事侦查领域不断拓展，我国公安机关的 DNA 数据库始终秉承顶层谋划、科学创新、管理为先、实战为主的目标，以持续强化 DNA 数据库实战应用能力为重点，实现了从无到有、从有到精、从精到神的转变，实现了从精确打击到整体应用，从局部个案到全国专项大案的跨越，无论从数据库的数量、质量、规模，还是从种类和效果等多方面跃居世界首位，真正地走出了一条深深烙有中国特色印迹的公安机关 DNA 数据库发展的科学大道。[①]

如果把 2003 年作为中国公安机关 DNA 数据库发展的历史元年的话，在过去的 15 年全国 DNA 数据库建设大致可分为以下四个阶段。

（一）技术基础建立阶段（1985—1998 年）

这个阶段是 DNA 数据库建设的基础打造阶段，无论是 DNA 检验技术还是计算机及相关网络技术在这几年都得到迅速发展，为建立全国公安机关的 DNA 数据库提供了技术基础。[②]

1985 年对于 DNA 检验技术来说是一个重要的时间节点。因为这一年在遥远的英国，遗传学家 Jeffreys 教授利用 DNA 指纹技术对一起移民

[①] 我国公安机关 DNA 数据库发展历程的相关内容参见葛百川、刘锋、彭建雄《全国公安机关 DNA 数据库建设历史、现状与未来》，载《第五届全国公安机关 DNA 数据库建设应用研讨会论文选》，群众出版社 2017 年版，第 1—7 页。

[②] 这个阶段计算机和网络技术的发展非常迅速，从 Windows 95 到 Windows 98 及 office 97 等计算机操作系统和办公软件的研发和全国范围内常态化使用，使得在全国范围内建立公安机关的 DNA 数据库成为可能。由于本书偏重 DNA 数据库的阐释，加之计算机及网络技术在这个阶段仍然处于跟随欧美亦步亦趋之势，故此处重点论述 DNA 检验技术的发展概况，在后续论述国外 DNA 数据库发展时会将 DNA 检验技术与计算机技术的发展结合阐释。

案件进行亲子鉴定。在随后的几年里，每年都有 DNA 检验技术的新进展发生：1986 年，公安部物证鉴定中心、北京市公安局及辽宁省公安厅的刑事技术部门开始研究 DNA 指纹图技术。1987 年，"用 Y-染色体特异 DNA 探针鉴识微量干血痕性别"的方法由辽宁省公安厅刑科所和中国医学科学院联合发布，这是我国第一个用于法医物证 DNA 检验的方法。[1] 1988 年，第一份由公安机关刑事技术鉴定机构出具 DNA 指纹图鉴定书被人民法院采纳为定罪量刑的证据。次年，在公安部、科技部联合召开的 DNA 指纹技术成果鉴定大会上，有专家提出建立"DNA 指纹数据库"[2]的设想，但因实验成本高昂、结果稳定性差等种种原因，DNA 数据库建设的计划再次被搁置。国家"八五"期间（1990—1995 年），公安机关刑事技术部门开展了 VNTR、HLA-DQa、mtDNA、STR、MVR 等方法研究。1993 年，全国法医物证专家在无锡召开的首届法医物证学术交流会上，又一次提出了建立 DNA 数据库的建议。此后，公安机关刑事技术部门针对 DNA 指纹图谱的计算机识别比对、mtDNA 序列计算机存储、VNTR 等位基因命名等方面进行研究。国家"九五"期间（1995—2000 年），陈旧骨骼 DNA 检验难题得以攻克，至此所有人体组织均可获得 DNA 检验结果。随后荧光标记 STR 复合扩增技术在公安机关 DNA 实验室得到普及应用，国际法医遗传学会（ISFG）对 STR 基因座等位基因命名规则数字化，建设 DNA 数据库的 DNA 检验技术条件基本成熟。[3]

（二）区域试点探索阶段（1998—2000 年）

这个阶段是 DNA 数据库进行区域性试点的阶段，这种"以点带面、面连成片"的试点效应非常成功，为 DNA 数据库在全国范围内铺开建立了信心。从 1998 年起，公安部物证鉴定中心和部分省、市公安厅局尝试探索建立本区域性质的 DNA 数据库。以此区域性试点为基础，进一步推动全国范围内 DNA 数据库的建立。2000 年，DNA 数据库第一次应用于实

---

[1] 和中年、姜先华、吕世惠等：《用 Y—染色体特异性 DNA 探针鉴识微量干血痕性别的研究》，《中国法医学杂志》1988 年第 1 期，第 8—11 页。

[2] 张怀才：《试述我国公安 DNA 数据库在侦查中的应用与展望》，硕士学位论文，华东政法大学，2014 年，第 17 页。

[3] 庞晓东、陈学亮、荣海博等：《法医 DNA 检测技术的现状及展望》，《警察技术》2014 年第 1 期。

战并取得良好效果。①

在 DNA 数据库建设之初，公安部领导就高度重视并给予了科学指导。1998 年，公安部科技局在北京召开 DNA 技术研讨会，建议"全国 DNA 数据库建设的思路是统一规划、统一标准、分步实施、滚动发展"②。同年，公安部和北京市局、湖北省厅及南京、广州市局相继开展了区域性 DNA 数据库建设工作。③ 1999 年，上海市公安局先后投入 1000 余万元经费开展 DNA 数据库研究并率先进行实体库建设。2000 年，在公安部刑侦局建立了一级打拐 DNA 数据库，首次依托公安专网实现了全国涉拐人员 DNA 信息的传输、比对、复核、研判，3 个月共入库 DNA 数据 4.8 万条，比中确认被拐儿童 418 名。

（三）全面建设推广阶段（2000—2009 年）

基于上个阶段全国打拐专项斗争中 DNA 数据库积累的成果与经验，公安部刑侦局积极申请国家"十五"计划和"金盾工程"项目支持，并以正式文件形式下发了全国 DNA 数据库建设的第一个五年规划。在公安部刑侦局的引领和推动下，全国公安机关 DNA 数据库建设初具规模，实战效果初步显现。

2001 年，在公安部刑侦局多方协调和积极争取下，"公安机关 DNA 数据库关键技术研究"成功入选国家"十五"科技攻关计划项目名单。2002 年，公安部刑侦局在沈阳召开了"全国公安机关 DNA 数据库建设专家座谈会"，在这次座谈会上提出了 DNA 数据库的建设方针，确定了 DNA 数据库在公安机关的建设部门——公安机关刑侦刑事技术部门，统一了数据库建设的规划部署、检验方法及数据库软件，为 DNA 数据信息共享打下了坚实的基础。④ 2003 年，公安部下发《关于成立公安部 DNA 工作专家组的通知》，从全国各级公安机关从事 DNA 工作的专家中选取

---

① 姜先华：《中国法庭科学 DNA 数据库》，《中国法医学杂志》2006 年第 5 期。我国公安机关 DNA 数据库第一次应用于实战就是在全国的范围内，在 2000 年公安部组织开展的全国范围内打击拐卖妇女儿童专项斗争中 DNA 数据库的跨区域比对功能发挥得淋漓尽致。

② 姜先华：《中国法庭科学 DNA 数据库》，《中国法医学杂志》2006 年第 5 期。

③ 曾恩泉、吴松、谢英：《我国法庭科学 DNA 数据库的建设与应用》，《川北医学院学报》2007 年第 6 期。

④ 章少青：《我国公安机关 DNA 数据库的体系标准研究》，《江西公安专科学校学报》2008 年第 3 期。在这次座谈会上提出了"统一领导，统一标准，分步实施，资源共享，效益为先"的 DNA 数据库建设方针。

19位DNA技术管理干部和技术专家组成专家组。并通过《公安部DNA工作专家组工作规则》对专家组从事的各项活动进行规范。同年，"法庭科学DNA数据库检验比对系统"正式进入"金盾工程"一期项目名单目录，由公安部刑侦局负责组织实施。该年4月，公安部刑侦局在沈阳召开了"全国DNA数据库系统应用软件培训班"，22家省市DNA实验室技术人员出席培训班，该次培训班对新建DNA数据库三级模拟系统进行了试用。10月8日，公安部刑侦局下发了《关于对国家"十五"科技攻关计划项目——公安机关DNA数据库系统测试的通知》（公刑〔2003〕1487号），标志着全国DNA数据库正式启动建设应用。在1个月之内，19省28市共47个DNA实验室实现跨省跨地域联网，总库容量达13.7万条，在各类重大案件中立即发挥作用。省内直接比中破案1830余起，跨省比中杀人、强奸等大案6起，串并案12起，其中较为著名的是辽宁与浙江跨省比中破获的"蔡明新系列杀人案"及"李久明冤案"，受到公安部领导的充分肯定。2004年10月，公安部刑侦局和科技局共同召开"公安机关DNA数据库应用软件专家评选会"，正式确定国家"十五"科技成果，确定了公安机关DNA数据库系统所需的应用软件。2004年12月，公安部刑侦局举办"首批全国DNA数据库系统应用软件培训班"，我国第一代DNA数据库在25个省市的85个DNA实验室推广应用。

（四）高速良性发展阶段（2009年至今）

2009年对于全国公安机关DNA数据库建设来说是非常重要的一年。从2009年起，DNA数据库管理方式和运行模式做出重大调整，全国DNA数据库建设第二个五年规划在全国范围正式启动。2011年，公安部公安装备"210工程项目"开始落地。2012年，公安部召开"全国公安机关刑事科学技术工作座谈会"，会上DNA数据库建设问题再次成为会议主要议题。2017年，公安部组织全国公安机关开展"三打击一整治"专项行动，推进全国DNA数据库进入了高速良性发展阶段。同时，DNA检验技术、计算机软件技术和网络技术的快速发展，为第二代全国公安机关DNA数据库系统的研发提供了技术支持。

在此阶段，全国公安机关多层级DNA实验室体系基本成形，国产的DNA检验试剂和仪器设备成功研发，使建库成本大幅降低，DNA数据库库容量开始呈现爆发式增长，破案战果显著提升。但随着全国DNA数据库中库容量逐年数十倍的增长，其运行和比对的问题也不断出现。2009

年6月24日，公安部领导召集DNA数据库相关部门领导专门听取全国DNA数据库建设应用情况，会议研究决定将全国DNA数据库建设管理指导职能交由公安部物证鉴定中心承担。公安部物证鉴定中心为加强全国公安机关的DNA数据库建设，采取了一系列强有力的措施。

（1）组建了DNA数据库管理协调组，专职负责维护全国公安机关DNA数据库软件、硬件和数据。2012年，在协调组基础上成立了情报信息技术处，增加了DNA数据库管理人员和工程师的数量。

（2）建成信息管理应用中心，负责对DNA数据库进行实时监控、远程维护、应急处置、垂直管理、情报预警服务等工作。开通技术热线，实行24小时值班机制，及时为基层提供咨询和远程服务。强化数据上传、比对速度、通报发布、数据统计和数据安全等方面的管理。

（3）通过召开"全国公安机关DNA数据库建设应用研讨会"和抽调培训全国DNA技术人员和数据库管理员等方式，为DNA数据库建设应用打造培训交流平台，夯实人才基础。

（4）推进数据库软件和硬件升级改造。2009年6月，经过前期充分调研论证申请相关上级主管部门将"全国DNA数据库升级改造"列入"金盾工程"二期项目。2009年7月，公安部物证鉴定中心先后多次组织京、辽、苏、浙、粤等省市DNA数据库专家编制了项目任务书。2012年3月，该项目任务书通过公安部刑侦局审核并报公安部金盾办审批。2012年11月，项目完成招标流程。2013年4月，项目合同签订，后续二期项目相关原型设计稳步推进、专家评审通过。2014年7月，项目通过公安部金盾办验收。新一代全国DNA数据库结构采用模块化、扁平化设计，按不同职能开发了综合管理信息系统（MIS）、实验室信息管理系统（LIMS）、DNA数据检索比对系统（DIS）、重复人员信息查找系统、灾难性事故遇难人员身份识别系统（DVI）和数据转换工具以及一系列标准数据接口，并将数据库库容承载量扩增至1亿条数据规模。

从2015年12月起，金盾二期"全国公安机关DNA数据库系统"在全国多个DNA实验室试用，到2017年底实现全国公安机关全部更新换代。第二代"全国公安机关DNA数据库"更好地发挥了DNA有关海量数据的快速查询分类循环比对和深度应用的作用。

另外，需要特别提到的是跟公安机关紧密合作的系统外的DNA

数据库——复旦大学现代人类学教育部重点实验室的 SNP 数据库。以分子人类学为基础、多学科交叉和综合是本重点实验室的重要特色。围绕国家重大需求和相关学科的重要问题在"分子人类学"等领域开展研究。拥有具国际先进水平的科研技术平台（包括现代人群样本采集平台和样本库）、大规模群体遗传学分析体系（包括 Y 染色体、线粒体、常染色体上的基因组分型和测序等）、高通量的 SNP 筛查和 SNP 分型、强大的生物信息学分析队伍等）已经承担了多个中国人群遗传结构研究和分子流行病学研究的国家及上海市重大研究项目，已初步建立覆盖全国和东亚大部分地区的现代人群 DNA 和古代遗骸 DNA 资源库及数据库，在关于中国人群的遗传结构分析以及东亚人群的起源和进化等方面取得了一系列重要的研究成果，在国际著名及重要专业期刊上连续发表了一系列高质量的论文。

目前该实验室拥有两大类 DNA 数据库，一个是现代人群 DNA 数据库，该库数据涵盖全国和东亚大部分地区的样本，库容量达到 20 余万份；另一个是古代遗骸 DNA 数据库，该数据库内包含 3000 多条分型数据。该实验室建立的 20 万人员样本的大型资料库，突破人群研究的瓶颈。另外，本实验室还积极研发具有地域特性的新一代个体鉴定遗传标记，为多地公安系统建立罪犯数据库，累计达 71 万余份检材，在多起重特大案件中发挥了重要的指向作用。在多个研究领域，如人类表型特征的遗传学基础的解析和重要家族的历史源流和语言的起源探究等多个领域均有成熟的研究。

二　国外 DNA 数据库的历史及现状

（一）国外 DNA 数据库相关技术的发展和应用

John Marshall Butler 博士对美国法医 DNA 科学和应用、生物技术的发展及微软公司年代记事进行了横向比较，对 DNA 数据库发展的研究提供了有效的素材，也从一定程度上反映了 DNA 数据库对于上述三者之间的依赖共存关系，其发展趋势如表 1-1 所示。[①]

[①] ［美］John M. Butler：《法医 DNA 分型：STR 遗传标记的生物学、方法学及遗传学》，侯一平、刘雅诚主译，科学出版社 2007 年版，第 4—5 页。

表1-1　　　　　　　　　DNA 数据库相关技术发展年代记事

年份	法医 DNA 科学和应用	生物技术的平行发展	微软公司年代记事
1985	Alec Jeffreys 研制出多基因座 RFLP 探针	首次描述 PCR 过程	首次推出 Windows 系统
1986	Cellmark 公司和 Lifecodes 公司在美国推广 DNA 检测	4 色荧光 DNA 自动序列分析技术首次推出	微软产品普及
1988	FBI 开始把单基因座 RFLP 探针应用于办案中		
1989	TWGDAM 建立；由 NY V. Castro 案件引起对实验室质量保证的争议	首次描述凝胶硝酸银染色、狭缝斑杂交及反向斑点杂交检测技术	
1990	群体统计学用于 RFLP 方法被质疑；PCR 技术开始用于 DQA1 的检测	人类基因组计划开始启动	Windows 3.0 推出（出现质量问题）；销售超过 10 亿美元
1991	首次描述荧光 STR 标记；Chelex 提取法	首次描述了 PCR 过程	Windows 3.1 问世
1992	NRC I 报告；FBI 开始使用 DQA1 办案	毛细管分析技术首次描述	微软产品普及
1993	第一个 STR 试剂盒通过；开发性别分型技术	用毛细管电泳检测的第一个 STR 结果问世	
1994	美国国会为改进州法医实验室拨款；"DNA 战争"宣告结束；FBI 开始把 PCR-PM 用于办案	Hitachi FMBIO 和分子凝胶动态扫描；第一次在微芯片毛细管电泳得出 DNA 结果	
1995	辛普森案件的审判使得 DNA 分型家喻户晓；DNA 顾问委员会成立；英国 DNA 数据库成立；FBI 在遗传鉴定中使用 D1S80 与性别标记	ABI310 基因分析仪和 TaqGold DNA 聚合酶问世	Windows 95 推出
1996	NRCII 报告；FBI 开始 mtDNA 检测；第一个复合 STR 试剂盒通过	用 MALDI-TOF 检测 STR 和 GeneChip 检测 mtDNA 结果被验证	

续表

年份	法医 DNA 科学和应用	生物技术的平行发展	微软公司年代记事
1997	定义 STR13 个核心基因座；Y 染色体 STR 被描述		黑客开始袭击网络漏洞
1998	FBI 建立国家 DNA 联合检索系统；美国已故总统 Thomas Jefferson 和 1998 年在任总统 Bill Clinton 成为 DNA 检测对象	2000 个 SNP 杂交芯片发布	推出 Windows 98
1999	复合 STR 系统在多个实验室合法化；FBI 停止使用 DQA1/PM/D1S80	ABI3700 96-阵列毛细管高通量 DNA 分析仪推出；22 号染色体测序完成	
2000	FBI 和其他实验室停止使用 RFLP 办案，转向复合 STR；PowerPlex 16 试剂盒首次可单管扩增 CODIS 全部 STR	第一个人类基因组拷贝完成	Bill Gates 辞去微软的 CEO 职务；Windows 2000 推出
2001	推出 5 色荧光 Identifiler STR 试剂盒；首个 Y-STR 试剂盒问世	ABI 推出 3100 基因分析仪	Windows XP 问世
2002	FBI 建立 mtDNA 数据库；20 个 Y-STR 复合系统发表		Windows XP Tablet PC 版本推出
2003	美国 DNA 数据库（NDIS）存储超 100 万犯罪分子的基因图谱；英国国家 DNA 数据库库存超 200 万样本	人类基因组计划的最后序列完成时刚好也是 Wstson-Crick 发现 DNA50 周年	Windows Server 2003 推出；64-Bit 操作系统施展软件效能

（二）国外 DNA 数据库的发展和应用

外国 DNA 数据库的发展要早于我国，其原因显而易见，DNA 技术以及为 DNA 数据库提供支撑的计算机技术国外均早于我国，尤其以英国和美国为代表。

1. 世界范围内 DNA 数据库的发展情况

世界上已有很多国家开始建设各自国家的 DNA 数据库。世界上第一个 DNA 数据库于 1995 年 4 月在英国建立，是当时世界上成效最显著、应用最富有创新精神的 DNA 数据库。① 其 DNA 数据库在协助案件侦破方面的巨大成功，极大地促进了 DNA 检测和 DNA 数据库建设在全球范围内的快速增长。②

根据 2008 年国际刑警组织对全球 186 个国家的调查，有 120 个国家（占 65%）已经开展了 DNA 检验，54 个国家（占 29%）拥有自己的国家 DNA 数据库。详细资料如表 1－2 所示。③ 调查发现当时全球已完成的 DNA 分型数据超过 1600 万，其中约 120 万（约占 8%）份数据来自现场物证，其余的均来自已知个体，如已判刑罪犯、被捕人员或志愿者等。在 2008 年的这次调查中，也在世界范围内收集到大约 2 万份的失踪人员或无法判定的人类遗骸样本。

从上述统计资料可以看出，2008 年统计的数据中全球不同区域的 DNA 数据库建设呈现不同的特点。欧洲区的 DNA 数据库无论从参与的国家数量还是各类数据的库容量来看均处于各区域前列，这与欧洲开展 DNA 数据库建设较早，经济水平有保障有很大关系。紧随其后的就是美洲，虽然参与的国家数比欧洲少 12 个，但并不妨碍其 DNA 数据库的建设发展势头。反观亚太区，参与国家数量与美洲区相差无几，但是数据库建设的效果确实与美洲区存在差距。但是随着中国国家 DNA 数据库的迎头赶上，特别是进入 2010 年之后，中国的 DNA 数据库发展势头极为迅猛。再看非洲区，虽然参与国家数与欧洲区持平，但是无论从数据库数据总量还是数据库中数据库来源的人员类型来看，与欧洲区都相差甚远。这与国家的重视程度及经济水平有一定的关系。

国际刑警组织自己负责管理、维护涉及犯罪的各种数据库有很多种，如：通缉犯、被盗和遗失的旅行证件、儿童性虐待图像、被盗艺术品（WoA）、被盗汽车（SMV）、被盗的行政文件（SAD）、指纹、DNA 分型等数据库。其中 DNA 分型数据库从 2002 年开始录入第一条 DNA 分型数据，DNA 数据库中存储的数据类型有各国的犯罪嫌疑人或罪犯 DNA 分

---

① 章少青：《欧美国家 DNA 数据库的应用现状及前景》，《中国司法鉴定》2006 年第 6 期，第 77 页。
② 季安生、胡兰、陈松等：《国外 DNA 数据库简介》，《刑事技术》1999 年第 2 期，第 11 页。
③ [美] John M. Butler：《法医 DNA 分型专论：方法学（第三版）》，侯一平、李成涛主译，科学出版社 2013 年版，第 182 页。

型、现场物证的分型、失踪人员及未知名尸体的分型。共享 DNA 数据国家的数量从 2005 年的 32 个到 2017 年的 79 个，这些成员国家可以通过国际刑警联络系统 1—24/7 端口登录国际刑警组织 DNA 数据库，进行上传数据、检索比对。

表 1 – 2　　　　全球 DNA 分型及 DNA 数据库概况

国际刑警组织分区		非洲	美洲	亚太	欧洲	北非/中东	合计
国家数		48	37	35	49	17	186
DNA 分型		14	27	20	46	13	120
DNA 数据库		2	5	7	31	9	54
样本类型	国家数						
现场物证	71	66914	279475	257947	667738	4281	1276355
已判刑罪犯	44	0	6424724	1052150	287149	25672	7789695
被捕嫌疑人	48	33781	136296	309326	726171	1322	1206896
嫌疑犯	12	0			5990593		5990593
志愿者	41	21262	587	66141	2133	2250	92373
其他	27	0	6700	31501	36210	72	74483
失踪人员	34	0	519	30	2955	1	3505
人类遗骸	48	0	2285	9615	1558	1521	14979
合计							16448879

笔者登录国际刑警组织的官方网站，对其从 2003 年至 2015 年国际刑警组织年度总结中关于 DNA 数据库发挥作用情况进行了总结，具体情况如表 1 – 3 所示。[①]

表 1 – 3　　　国际刑警组织 DNA 数据库发挥作用情况

年度	DNA 数据库记录数量	检索比对次数	比中次数
2003	6252	—	1
2004	14215	7894	3

---

① 参见国际刑警组织官方网站 2003—2015 年度报告。

续表

年度	DNA 数据库记录数量	检索比对次数	比中次数
2005	54876	41903	49
2006	65125	—	57
2007	70298	8430	39
2008	82585	9756	25
2009	94223	13143	74
2010	105540	—	54
2011	116695	—	51
2012	136115	19362	84
2013	140735	11328	86
2014	150959	10979	73
2015	159909	10934	81

在对 2003—2015 年十三年国际刑警组织年度总结报告汇总的过程中，笔者明显感觉到该组织对其 DNA 数据库的重视程度逐渐提高，应该与数据库连年来发挥的作用有关系。其中前四年的年终报告中只是对 DNA 数据库中存储的数据量进行统计，而 2004 年和 2005 年的检索比对次数和比中数是在后续的几个年份中查到的。并且非常注重隔几年数据尤其是比中数一项的对比，因为这项数据是直接反映数据库的实战应用效果的参数。另外，DNA 数据库参与分型数据共享上传的国家数量只找到了四个年份的数据：2005 年 32 个，2009 年 55 个，2014 年 73 个，2017 年 79 个，所以这项数据并未列入表格中，但总的来说呈逐年上升的趋势。2017 年国际刑警组织的成员国家已经达到 170 个，其中共享 DNA 分型数据的国家已经占到 46.47%。

2. 美国 DNA 数据库的发展情况

1998 年 10 月 13 日，美国联邦调查局（FBI）为所有的执法机构正式推出了全国性的 DNA 数据库，即联合 DNA 索引系统（the Combined DNA Index System），又称之为 CODIS 系统。这一系统依托相应的软件和硬件系统将全美拥有 DNA 数据的实验室连接起来，在地方、州以及国家层面上形成了不同的 DNA 索引系统，分别称为地方 DNA 索引系统（Local DNA Index System，LDIS）、州立 DNA 索引系统（State DNA Index System，

SDIS）以及国家 DNA 索引系统（National DNA Index System，NDIS）。

1998 年 NDIS 启动建设之初，仅有 9 个州参与。之后随着各州允许进行 DNA 数据采集的法律得以通过，参与 NDIS 的州数量也不断增加。另外，在参加 NDIS 之前，各州必须签署 NDIS 谅解备忘录（MOU）以示同意遵守 NDIS 操作规程并接受必要的计算机硬件设备。到 2004 年 7 月的时候，美国 50 个州全部参加了 NDIS，同时美国军方犯罪调查实验室（US-ACIL）和烟酒枪支管理局（ATF）实验室也在联邦级别参与到类似的实验室计划中。

NDIS 是全面唯一管理全国信息的 DNA 数据库，由 FBI 实验室负责管理和维护工作。参与的各州均向 NDIS 上传他们的 DNA 分型数据，以确保能够在全国范围内开展相应的数据检索比对。NDIS 的作用是负责案件和罪犯的比对、潜在匹配信息的管理，并将比对结果返回各个地方和/或州级别实验室。

美国的国家 DNA 数据库由三个层级组成：地方的、州一级的和国家的，如图 1-1 所示。[①] 三个层级的数据库均包含已判刑罪犯数据库和案件现场物证数据库以及人群数据资料库。虽然 2000 年以后只录入短串联重复序列（STR）分型数据，但在最初设计 CODIS 软件时支持限制性片段长度多态性（RFLP）或 STR DNA 分型标记数据。在地方级别的 LDIS，DNA 分析人员将包括现场物证等各种检材和样本的 DNA 分型数据录入本地数据库，与其中的分型数据进行比对。所有的现场物证的分型数据均起始于地方，并逐级上报或传输至州级和国家级数据库。

在美国，每个参加 NDIS 的州都有一个单独的实验室履行州立 DNA 检索系统（SDIS）的职责，负责管理其所在州的信息数据。SDIS 允许在该州范围内开展 DNA 数据的交换与比对，这些通常由负责维护该州 DNA 数据库的机构来完成。

3. 欧洲国家 DNA 数据库的发展情况

欧洲法庭科学研究所联盟（ENFSI）每年会对欧洲范围内的 DNA 数据库的建设情况进行调查并定期发布相关信息，关于欧洲国家的 DNA 数据库发展现状可以参考其发布的统计数据。

[①] ［美］John M. Butler：《法医 DNA 分型专论：方法学（第三版）》，侯一平、李成涛主译，科学出版社 2013 年版，第 185 页。

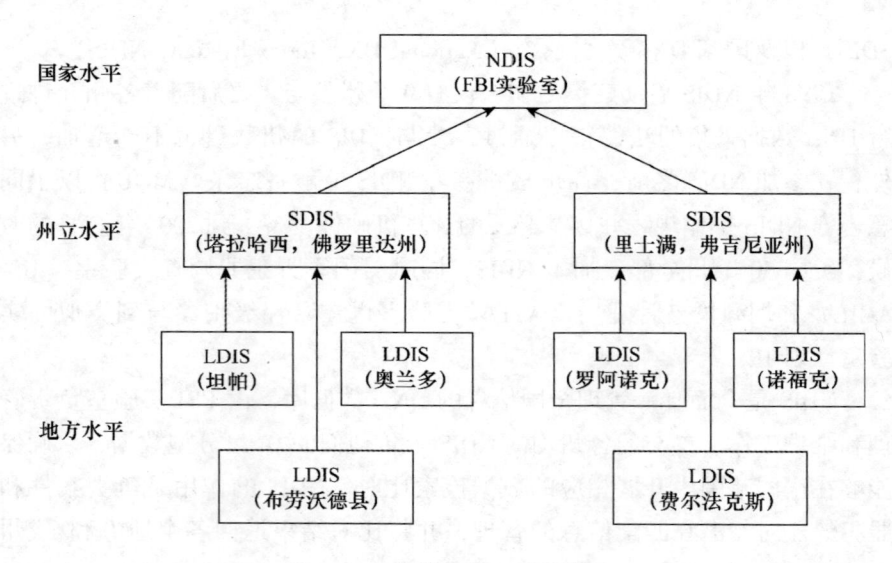

```
                        NDIS
国家水平                (FBI实验室)

                    ↗           ↖
              SDIS                 SDIS
州立水平    (塔拉哈西，佛罗里达州)   (里士满，弗吉尼亚州)
            ↗        ↖           ↗        ↖
         LDIS      LDIS        LDIS      LDIS
        (坦帕)    (奥兰多)     (罗阿诺克) (诺福克)
             ↖                      ↗
              LDIS                LDIS
            (布劳沃德县)         (费尔法克斯)
地方水平
```

图 1-1　美国 CODIS 系统层级

表 1-4 展示的就是截至 2015 年底，欧洲各国人口总量及 DNA 数据库中各种分型数据的库容量统计情况。由该表可以看出，欧洲各国在对犯罪人员库的建设过程中差异较大，这和各国对不同类型人员采集范围的规定不同有关。有的国家规定将采集人员的对象明确区分为未被定罪仅处于逮捕阶段的犯罪嫌疑人和已被定罪的罪犯，有的国家并不对此进行区分，但是对于现场物证库的建设都比较重视。

表 1-4　　　　　　欧洲各国 DNA 数据库库容统计[①]

| 国家 | 人口总量 | 犯罪人员库 ||| 现场物证库 |
		犯罪嫌疑人	被定罪人员	总计/未分类	
奥地利	8100000			203054	87397
比利时	10400000	1393	37490	38883	45254
克罗地亚	4300000			31199	5320

---

① European Network of Forensic Science Institutes, *ENFSI survey on DNA Database in Europe*, ENFSI Documents 1/1, Jan 6, 2017.

第一章 作为证据的 DNA 数据库 15

续表

国家	人口总量	犯罪人员库 犯罪嫌疑人	犯罪人员库 被定罪人员	犯罪人员库 总计/未分类	现场物证库
塞浦路斯	772000		438	438	12130
捷克	10553800			186111	17499
丹麦	5500000			116443	42275
爱沙尼亚	1311800			49421	9794
芬兰	5475866			162172	20267
法国	66030000	2762919	519499	3282418	351876
格鲁吉亚	4700000	2114		7400	1609
德国	82000000			857666	293681
希腊	10600000			9295	13544
匈牙利	9982000	113835	34549	148384	6686
爱尔兰	4200000	1192	2574	3766	2153
拉脱维亚	2000000	43407	10139	53546	5476
立陶宛	2960000			87310	5296
卢森堡	570000	307	2212	2519	4638
马其顿	2100000			18186	6168
马尔他	400000	30		30	430
荷兰	17000000			237254	68333
挪威	5000000	10283	62656	72939	11557
波兰	38200000			46579	5902
葡萄牙	10300000			5339	2042
罗马尼亚	22000000	1839	30310	32149	1228
苏格兰	5500000	174219	136888	311107	18725
斯洛伐克	5500000			55559	11109
斯洛文尼亚	2000000			31533	7184
西班牙	46700000			324564	92496
瑞典	9894888	10731	142277	153008	31235
瑞士	7779000			181389	67754
英国	53700000			4733755	504050
总计	802451354			11443406	1747206

英国国家 DNA 数据库（the National DNA Database，NDNAD）始建于 1995 年。[①] 其中存储有大量的 DNA 分型数据，这些数据来自不同类型的人员个体和各种犯罪现场，这些数据通过人员与现场物证比中或现场物证与现场物证比中为警方提供帮助。据统计，在 2001 年 4 月至 2016 年 3 月间，该数据库为警方的未破案件提供了 611557 次比中帮助。[②] 全欧洲库容量排在第一的毋庸置疑的是英国，截至 2016 年 3 月底的统计，其 DNA 数据库中有超过 586 万条分型数据，其中包含犯罪人员分型数据超过 530 万条，现场物证数据也有近 52 万条之巨。[③]

NDNAD 也提供亲缘检索，但由于亲缘检索比对所耗费的人力和财力巨大，通常这种类型的检索只应用于极其严重的案件，并且需要 NDNAD 策略委员会的同意才能实施。2016 年一年总共进行了 17 次亲缘检索。由于同卵双胞胎的特殊遗传学特性，他们在某种程度上拥有相同的 DNA 分型。因此在做亲缘检索比对时，会给警方带来一定的麻烦，好在他们的指纹不太一样可以帮助区分。截至 2016 年 3 月 31 日，NDNAD 中存储有 8376 对同卵双胞胎和 10 对同卵三胞胎的 DNA 基因分型。

从 2012 年 10 月 1 日起，NDNAD 正式由英国内政部代替英国警方管理。而内政部中也只能有不超过 30 个工作人员具有登录访问的权限。警方掌握其中的 DNA 分型资料，也可以收到比中通报，但是并不用于访问 NDNAD 的权限。2013 年 10 月 31 日，法律授权 NDNAD 战略委员会负责对 NDNAD 的管理和监督。该委员会的成员主要由全英警官委员会的代表、内政部的代表和警察和犯罪研究协会的代表组成。此外，DNA 伦理委员会主席、信息委员会专员、法庭科学管理委员会委员和生物化学委员会委员等也可以列席参加。伦理委员会是一个独立的组织，负责每年向内政部和 NDNAD 战略委员会提供 DNA 数据库伦理方面的建议。最近一次伦理年报于 2017 年 11 月 6 日出版。

NDNAD 中包含有所有英国警察部分提供的 DNA 分型记录，包括英吉

---

① 殷治田、裴黎、胡兰等：《英国法庭科学服务部（FSS）实验室考察概况》，《刑事技术》2008 年第 1 期。

② National Police Chiefs' Coucil, *Annual Report* 2015/16, National DNA Database Strategy Board Docum-ents 1/36, Feb, 2017.

③ National Police Chiefs' Coucil, *Annual Report* 2015/16, National DNA Database Strategy Board Docum-ents 7/36, Feb, 2017.

利海峡群岛及曼恩岛。但是英格兰、威尔士警察部门分型数据的存储和删除规则与苏格兰和北爱尔兰不同，后者有自己独立的 DNA 数据库系统。但是，由于罪犯的流窜性，这些 DNA 分型也有可能会进入 NDNAD 中。截至 2016 年 3 月 31 日，英国不同地区 DNA 数据库的库容量如表 1-5 所示。[①]

表 1-5　　　　　英国各地区 DNA 数据库库容统计

地区	人员分型数据	现场物证分型数据	总计
英格兰	5036037	474480	5510517
苏格兰	341611	17013	358624
威尔士	314653	21224	335877
北爱尔兰	130421	4995	135416
其他	37920	1966	39886
总计	5860642	519678	6380320

第二节　源自 DNA 数据库的证据与传统 DNA 证据的区别

近年来随着公安机关 DNA 数据库建设的不断发展，库容量呈爆发式增长，DNA 数据库比中案件数量也越来越多。与此同时，DNA 数据库相关证据在刑事诉讼中表现出作用发挥方式和运行模式与普通 DNA 证据不同的特点。

笔者在中国裁判文书网中选取一份具有代表性的推荐案例，摘录裁判文书中部分内容进行分析说明。[②]

……2001 年 12 月 16 日晚上 20 时许，被告人周国举来到深圳市宝安区宝城 7 区甲岸村东 31 号的"春燕发廊"欲嫖娼。被告人周国举在发廊内选中被害人杨某 1，二人遂进入房间内进行性交易。其

---

① National Police Chiefs' Coucil, *Annual Report* 2015/16, National DNA Database Strategy Board Documents 10/36, Feb, 2017.

② 节选自《周国举故意杀人二审刑事裁定书》，文书编号：（2017）粤刑终 664 号。参见 2017 年 10 月 7 日，中国裁判文书网（http：//wenshu.court.gov.cn/content/content？DocID = fe0b66b2-d9fc-48d3-9870-a7ac00a2183b&KeyWord = DNA % E6%95%B0 % E6%8D% AE% E5% BA%93）。

间，被害人杨某1和被告人周国举发生口角，并引发争执。被告人周国举恼羞成怒，压在被害人杨某1身上，掐住其颈部，被害人杨某1拼命反抗，伸手抠住被告人周国举的嘴巴，并将其一颗牙齿掰落，此时，被告人周国举越发用力掐住被害人杨某1的颈部，最终导致被害人杨某1死亡。经鉴定，被害人杨某1系生前被他人掐颈致机械性窒息死亡。

2014年9月25日，被告人周国举因喝酒闹事被上塘派出所处理，并按工作常规对其进行血样提取，后送刑警支队入库。2015年11月18日，周国举血样在DNA数据库中与2001年杨某1指甲缘内血样DNA比对属同一个体，初步确定指甲缝内遗留的血样为被告人周国举所留。2016年1月12日11时许，民警在周国举的住址深圳市龙华新区简上新村二区65—66栋1101房内将周国举抓获归案。

上述事实有抓获经过，前科证明，证人证言，被告人的供述与辩解，鉴定意见，现场勘查笔录、照片等证据证实。

……

上述事实有如下证据证实：

4. 鉴定文书

……

（2）深圳公安局深公刑技法物字〔2004〕第317号《鉴定书》证实：送检样本共9号。（一）在 PromegaPowerPlex16 相关遗传标记上，死者杨某1右手黏附血痕、左手黏附血痕、现场牙齿边席上血痕、现场安全套上斑痕与死者杨某1基因型一致，同一认定几率大于99.99%。（二）死者杨某1指甲缘内血痕为一男性所留。（三）现场安全套未检出人精斑。（四）因检材条件差，死者杨某1阴道拭子未扩增出男性成分，死者杨某1胸部黏附血痕未能成功扩增。

（3）公安部公物证鉴字〔2015〕5602号《鉴定文书》证实：送检现场毛发2根，分别编为1-1、1-2号；现场使用过的避孕套1个，擦取其外、内侧可疑斑迹各1份，分别编为2-1、2-2，对检材人精斑检验，结果为阴性。未获得2-1、2-2号检材的STR分型，结果无法比对。

（4）公安部公物证鉴字〔2015〕5604号《鉴定文书》证实：送

检现场牙齿1枚。经与公物证鉴字〔2015〕5602号物证检验报告比对，所检牙齿与现场的2根毛发来源于同一男性个体的可能性大于99.99999%。

（5）深圳市公安局〔2016〕0502号《鉴定文书》、鉴定意见通知书证实：送检被告人周国举血样。在IdentifilerPlus相关基因座上：（一）被告人周国举血样与公物证鉴字〔2015〕5602号鉴定书中现场两根毛发STR分型一致，同一认定几率大于99.99%。（二）被告人周国举血样与公物证鉴字〔2015〕5604号鉴定书中现场牙齿STR分型一致，同一认定几率大于99.99%。（三）被告人周国举血样与深公刑技法物字〔2004〕第317号鉴定书中死者杨某1指甲缘内血痕STR分型一致，同一认定几率大于99.99%。

从上述材料中可以看出此案是2001年案发，2015年嫌疑人血样DNA分型入库比中锁定犯罪嫌疑人，据此于2016年将嫌疑人抓获破案。在该案中证据除被告人陈述和辩解及证人证言外，主要涉及物证和鉴定意见。物证主要有：（1）死者杨某1右手黏附血痕；（2）左手粘附血痕；（3）现场牙齿边席上血痕；（4）现场安全套；（5）死者杨某1指甲缘内血痕；（6）死者杨某1阴道拭子；（7）死者杨某1胸部黏附血痕；（8）现场毛发2根；（9）现场牙齿1枚。鉴定意见有四份，其中公安部物证鉴定中心出具鉴定文书两份，深圳市公安局出具鉴定文书两份。而在这些证据中最重要的证据就是5号物证，即死者杨某1指甲缘内血痕。因为这份证据充分体现了物证的双联性特征：一头连接着案件现场和死者，另一头连接着犯罪嫌疑人。[①] 那么这份证据是如何实现它的价值的呢？是通过将其DNA分型录入DNA数据库，2015年之后与犯罪嫌疑人的DNA分型比中后才将这份"沉睡的证据"激活的。深圳市公安局出具的第二份鉴定文书的第（三）条对此进行了表述。而其他物证却事实上未与DNA数据库发生任何关联。讲到这里已经可以隐约感觉到5号物证与其他物证似乎存在些许区别了，其实无论从证据法理论的角度分析还是从司法实践应用的侧面研究，两者的差别还是非常明显的。

[①] 何家弘、刘品新：《证据法学》（第五版），法律出版社2013年版，第151页。

一 证据属性不同

所谓证据属性指的是作为该种证据区别其他非证据的根本性质。关于证据属性学界有不同的观点，老三性说和新三性说。老三性说即"认为证据应当具有客观性、合法性和关联性或相关性"[1]。新三性说认为"证据应当具有相关性、可采性、证明力"[2]。老三性说是学界的通说。本书借用新三性说的角度，从相关性、可采性和证明力及可靠性方面来解读源自 DNA 数据库的证据之证据属性。

（一）相关性

相关性是证据的根本属性，是证据与待证事实主张的逻辑联系[3]。正如《美国联邦证据规则》第 401 条 相关证据的标准所描述的，"什么样的证据具有相关性呢？必须具有两个条件：（1）该证据的出现使某项指控或者事实主张的天平发生了倾斜，无论是倾向了更有可能支持或反对该项指控或者事实主张；（2）该证据对于诉讼的解决具有重要意义"[4]。下面以盗窃案现场提取的血迹为例，进一步区分常规 DNA 证据与源自 DNA 数据库的证据的关联模式。

在常规 DNA 证据模式下，在盗窃案现场提取的血迹，在排除失主家庭成员及亲戚朋友（如均未受伤）后初步认定为犯罪嫌疑人所留，再进一步 DNA 检验获取一名男性 DNA 分型。同时侦查人员根据视频监控或者走访调查等手段锁定并抓获犯罪嫌疑人，并将该犯罪分子血样采集送检，检验获取血样 DNA 后进行验证该现场提取的血迹与嫌疑人的 DNA 分型是否一致，如果一致就有关联性。根据物证的双联性原理，这处血迹一头连着盗窃案件，另一头连着犯罪嫌疑人。这就是典型的 DNA 证据的相关性或者关联性的体现。其关联示意图如下图 1-2 所示，在图中盗窃案件 A 与犯罪嫌疑人为并行模式，最后共同指向相同的 DNA 分型，即终点为相同的 DNA 分型。

---

[1] 参见陈闻高《论证据的基本特征》，《湖北警官学院学报》2008 年第 6 期。
[2] 参见王日春、邱爱民《论证据法学统编教材的创新和发展——评张保生教授主编之〈证据法学〉》，《重庆大学学报》（社会科学版）2009 年第 6 期。
[3] 参见张保生《证据规则的价值基础和理论体系》，《法学研究》2008 年第 2 期。
[4] 参见王进喜《美国〈联邦证据规则〉（2011 年重塑版）条解》，中国法制出版社 2012 年版，第 56 页。

第一章 作为证据的 DNA 数据库

```
盗窃案件A ⟹ 现场提取的血迹 ⟹ 现场血迹的DNA分型  ⎫
                                    ‖         ⎬ 相同
犯罪嫌疑人 ⟹           犯罪嫌疑人的DNA分型         ⎭
```

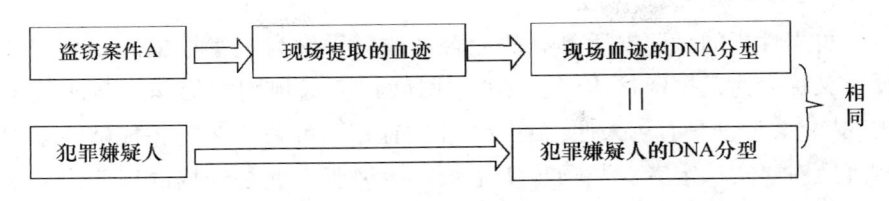

图 1-2 传统 DNA 证据关联

在源自 DNA 数据库的证据模式下，同样的盗窃案件，侦查人员经过一系列侦查手段均未确定犯罪嫌疑人。现场提取的血迹经过 DNA 检验获得一名男性 DNA 分型，随后将分型入库。这时 DNA 物证就转化成了数据库中存储的 DNA 数据，这个 DNA 数据就是源自 DNA 数据库的证据。而此时一旦这条 DNA 数据与另一个盗窃案件的物证的 DNA 数据比中就叫串并案，其关联示意图如下图 1-3 所示。一旦这条 DNA 数据与另一个犯法犯罪人员的 DNA 分型比中就叫数据库破案，其关联示意图如下图 1-4 所示。无论在图 1-3 还是图 1-4 中均为顺行模式，都是借助相同的 DNA 分型找到串并的案件或犯罪嫌疑人，即终点为串并的案件或犯罪嫌疑人。

```
盗窃案件A ⟹ 现场提取的血迹1 ⟹ 现场血迹1的DNA分型 ⎫
                              入库比中 ⇓  ‖      ⎬ 相同
盗窃案件B ⟸ 现场提取的血迹2 ⟸ 现场血迹2的DNA分型 ⎭
```

图 1-3 源自 DNA 数据库的证据关联（串并案）

```
盗窃案件A ⟹ 现场提取的血迹 ⟹ 现场血迹的DNA分型    ⎫
                            入库比中 ⇓  ‖        ⎬ 相同
犯罪嫌疑人 ⟸ 数据库中嫌疑人信息 ⟸ 违法犯罪人员DNA分型 ⎭
```

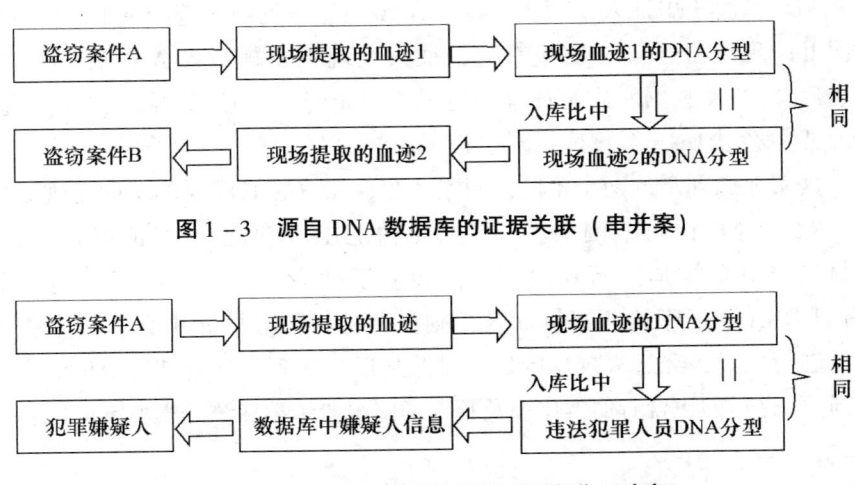

图 1-4 源自 DNA 数据库的证据关联（破案）

通过示意图的比较，DNA 常规证据在相关性及关联模式上与源自 DNA 数据库的证据的不同就显而易见了。

（二）可采性及证明力

可采性指的是证据所具有的能否被法庭采纳为定案根据的特征和性质，又称之为证据资格。[①] 正如《美国联邦证据规则》第402条所记录的："相关证据具有可采性，……不相关证据不可采。"[②] 证据能够在多大程度上对事实认定者对某项事实主张产生说服力就是证据的证明力。从《美国联邦证据规则》的表述来看，衡量可采性的基本要求是相关性，而证明力只不过是相关性的程度而已，也就是说相关性越大，越可采，证明力越大。

以在司法实践中经常遇到的两种情况举例，假设发生了一起凶杀案，情况Ⅰ，首先某证人看见A出现在凶杀案现场，随后经法医DNA检验现场血迹的DNA分型与A的DNA分型匹配；情况Ⅱ，首先现场血迹DNA经过DNA数据库比对锁定犯罪嫌疑人A，随后又有某证人看见A出现在凶杀案现场。很显然情况Ⅰ和情况Ⅱ有一处相同点和两处不同点。相同点：两种情况均为现场血迹DNA与犯罪嫌疑人A的DNA分型一致。这点很重要，它就是DNA检验中的同一认定，有了它就有了相关性，就将犯罪嫌疑人A与现场血迹关联起来，是证明力的基础。不同点：第一，顺序不同。情况Ⅰ中证人发现犯罪嫌疑人A在先，现场血迹与A比中在后；情况Ⅱ中现场血迹与A比中在先，证人发现犯罪嫌疑人A在后。第二，是否经过DNA数据库比对过程。情况Ⅰ中未经过DNA数据库比对过程，情况Ⅱ中经过DNA数据库比对过程。

其实上面列举的两个不同点只是表象，隐含在其深层的不同是现场血迹DNA分型的比对范围的不同。对于情况Ⅰ（常规DNA证据）而言，检材只与单个样本进行比对，只需要验证两者是否匹配；对于情况Ⅱ（源自DNA数据库的证据）而言，则需要检材与数据库中数千万个样本分型进行比对，经过大规模的比对排除之后，得到的结论其证明价值自然不同。[③] 这里面包含着似然比率及基因频率等遗传学和统计学概率问题，在

[①] 参见王日春、邱爱民《论证据法学统编教材的创新和发展——评张保生教授主编之〈证据法学〉》，《重庆大学学报》（社会科学版）2009年第6期，第157页。

[②] 参见王进喜《美国〈联邦证据规则〉（2011年重塑版）条解》，中国法制出版社2012年版，第62页。

[③] 参见刘静坤《DNA证据及其审查判断若干问题研究》，《山东警察学院学报》2015年第1期，第87页。

这里就不展开论述了。但显而易见的是，源自 DNA 数据库的证据是与数千万个样本比对，常规 DNA 证据是与一个样本比对，两者之间不同证明力就不言自明了（这部分会在本书第四章详细探讨）。这就是 DNA 数据库证据的魅力所在，并不是仅仅锁定嫌疑人这么简单。

（三）可靠性

对于科学证据来说，其可靠性是至关重要的。[①] 但在可靠性的问题上，虽然同样作为科学证据大家族的一员，由于其存在形式和存储载体的不同决定了源自 DNA 数据库的证据与常规 DNA 证据有着明显的不同。在某种程度上，无论是违法犯罪人员信息、案情信息还是人员或物证的 DNA 分型，这些源自 DNA 数据库的证据都是以电子数据的形式，以计算机服务器为载体存储。而常规 DNA 证据却在大多数情况下以物证的形式存在，这一点在上文中已经论及，在此不再赘述。在源自 DNA 数据库的证据运行的过程中主要涉及两个重要的环节：DNA 数据的分析比对和 DNA 数据的存储维护。所以在可靠性的审查上，前者主要是 DNA 专家负责的工作，而后者则要交给计算机数据库方面的专家来完成。而这种需要 DNA 技术和计算机技术紧密结合的特点正是源自 DNA 数据库的证据在可靠性审查方面区别于常规 DNA 证据最为显著的地方。

可靠性规则作为科学证据的根源及来源，其重要性是不言而喻的。英美法系中的可靠性（reliability）主要包括两方面：一方面是指该项证据所依据的检验方法及其背后科学原理的可靠性；另一方面主要是指由科学原理和方法到结果的推论过程是否可靠或可信。[②] 其实到底应该由事实认定者还是由专家来审查科学证据，美国的法律同行也是在纠结中不断摸索前行。[③] 值得一提的是修订后的《联邦证据规则》702 条又就科学证据可靠性的审查对法官提出了要求，并且赠送给法官三件武器，虽然他们大多数仍然对科学证据如何审查处于迷惘状态，那就是要重点从科学证据所依据的原理和方法、该原理和方法是否可靠适用和是否有充分的资料和基础三

[①] 参见周维平《诉讼法视野中的法医 DNA 证据研究》，《证据科学》2009 年第 4 期，第 497 页。

[②] 刘晓丹：《科学证据的可采性研究》，《证据科学》2012 年第 1 期。

[③] 美国科学证据可靠性规则经历了从 Frye 规则、Daubert 规则到修订后的《联邦证据规则》第 702 条的不断变化。Frye 标准又被称为普遍接受标准，即科学证据所采用的原理方法必须是经过同领域普遍认可，是否采纳科学证据的权力由法官让位给了科学团体。Daubert 标准包含可检验性、同行审查、错误率及普遍接受四个标准，将科学证据的采纳权又归还给了法官。

方面进行审查。①

所以无论是同行审查标准还是普遍接受标准，对于源自DNA数据库的证据来说，其可靠性的审查必不可少但有自己的独特之处。一方面，得有DNA技术专家来解决法医遗传学、基因频率及似然比率等问题，这就要求DNA技术专家具备丰富的实际办案经验和遗传学及统计学理论基础。另一方面，与常规DNA证据相比，似乎计算机及电子数据方面的专家更加不能缺乏，他们要重点解决违法犯罪人员信息、案情信息还有人员或物证的DNA分型这些电子数据在计算机数据库中运行的安全性、稳定性、流畅性和可追溯性等问题。

二 证据种类不同

2012年新修订的《刑事诉讼法》将法定证据种类调整为八种，增加了辨认、侦查实验等笔录、电子数据等证据种类，另外将鉴定结论改为鉴定意见。

（一）源自DNA数据库的证据属于电子证据而非物证

2004年8月28日通过的《电子签名法》第一次将电子证据作为一种证据形式写入法律。② 2012年新修订的《刑事诉讼法》第48条中进一步将这种证据形式加以确认。那么什么是作为证据的电子数据，或者说什么是电子证据呢？何家弘、蒋平、麦永浩和皮勇等学者对电子证据的概念进行了或广义或狭义的阐释，虽然侧重点各不相同，但是正如熊志海教授所说的那样，"电子证据的基本特点还是一致的。首先，计算机网络技术及其设备是电子证据的基础和载体。其次，对待证事实主张的证明作用是电子证据证明属性的根本。最后，电子数据信息是电子证据存在的共同形式"③。

从这个角度去理解源自DNA数据库的证据，恐怕与常规DNA证据的区别就十分明显了。常规DNA证据在现场主要表现为生物性物证，正如

---

① 王进喜：《美国〈联邦证据规则〉（2011年重塑版）条解》，中国法制出版社2012年版，第216页。

② 2004年发布的《中华人民共和国电子签名法》第7条规定：数据电文不得仅因为其是以电子、光学、磁或者类似手段生成、发送、接收或者储存的而被拒绝作为证据使用。

③ 熊志海、孔言：《电子数据证据及相关概念之比较研究》，《湖北社会科学》2013年第12期。

上文提到过的盗窃案件现场提取的烟蒂、命案现场提取的凶器。① 而源自 DNA 数据库的证据其运行特点决定了它不是物证。可能有观点认为源自 DNA 数据库的证据是 DNA 常规证据的衍生物，它存储在数据库中的物证 DNA 分型只不过是转化了形式的物证。在数据库中与别的物证的 DNA 分型比对从而发挥数据库的作用。排除掉两种证据的存在形式根本不同这一点外，或许这种观点还有些道理。那借助高科技分析软件，综合研判存储于 DNA 数据中的海量的犯罪信息（包括犯罪的时间、地域范围、犯罪人员的籍贯等），为案件的破获提供证据的功能又如何解释？这种纯粹靠计算机数据库里存储的数据之间的碰撞分析得出来的，是一种再典型不过的电子证据了。

（二）源自 DNA 数据库的鉴定意见与传统 DNA 鉴定意见明显不同

2005 年 2 月 28 日全国人大常委会通过《关于司法鉴定管理问题的决定》，该决定首次将鉴定结论改为鉴定意见。② 2010 年 6 月 24 日五部委联合下发《关于办理死刑案件审查判断证据若干问题的规定》，在该规定中沿用鉴定意见的称谓。③ 其实从鉴定结论到鉴定意见，不仅是字面上的更改，也不仅仅是法定证据种类的变化，其背后的意义也许不限于以下几个方面。第一，打破了鉴定活动的"结论"神话，消除了鉴定活动的终局属性。揭掉了披在鉴定活动表面的科学技术、专门知识的光鲜外衣。第二，明确了鉴定活动的产品——鉴定文书的"证据材料"的属性和地位，也就是说鉴定文书也是普通证据的一种，并不能因为其科学技术的特点就比别的种类的证据享有天然的高的证明力。第三，鉴定文书要经法庭对其可采性、证明力等各方面进行审查判断，方能决定是否被用作证据及其证明力的强弱。第四，由于不同的鉴定人对于鉴定标准和检验方法的理解不同，操作手法熟练程度各异，即使面对同一份检材、同一个被鉴定对象所做出的鉴定其检验结果和鉴定意见可能不同。④ 第五，重新在法庭上确立了法官的与科学技术有关的事实认定的主体地位。第六，为鉴定人出庭及

---

① 李建军：《法医学证据若干问题研究》，《财经政法资讯》2011 年第 6 期，第 42 页。
② 揭萍、李红：《我国刑事司法鉴定若干问题探讨——基于新刑事诉讼法实施后的思考》，《江西警察学院学报》2013 年第 6 期。
③ 顾永忠：《双管齐下：从鉴定制度和诉讼程序两个方面保障鉴定质量》，《中国司法鉴定》2014 年第 4 期。
④ 陈瑞华：《鉴定意见的审查判断问题》，《中国司法鉴定》2011 年第 5 期，第 3 页。

专家辅助人在法庭上协助对鉴定文书质证扫除了法理上的障碍。第七，由于鉴定文书可质疑了，有助于提高鉴定质量，有利于高水平鉴定队伍的建设。

那么什么是刑事诉讼中的传统DNA鉴定呢？它指的是利用DNA检验技术对刑事案件中现场提取的涉及DNA的生物物证进行检验，并与相关犯罪嫌疑人的DNA分型进行同一认定的鉴定过程。在这个过程中产生的鉴定文书就是指传统DNA鉴定文书。DNA数据库鉴定意见书与常规鉴定意见书的区别在哪里呢？第一，取证主体不同。前者取证主体均为委托单位的侦查人员，后者却通常只有数据库比对两端其中一端的侦查人员。第二，物证来源不同。取证主体的地域决定了物证的来源，主体不同，物证来源便不相同。第三，比对方式不同。两者最大的区别，也可以说源自DNA数据库的证据与常规DNA证据最大的不同就在于证据是否经过数据库，比对过程是否依赖数据库。通俗地讲，到底是和数据库里的DNA分型进行的同一认定还是和现场提取的物证的DNA分型进行的同一认定。第四，文书内容不同。由于物证来源不同，鉴定文书中出具意见时，必须客观地描述与DNA数据库中某人比中的过程，否则可能就违反证据链条完整性的原则。而传统DNA鉴定书可以直接标明在某地提取的什么物证与某人比中。可见两种鉴定文书在刑事诉讼证据链条的环节组成上不尽相同。

三 证据发挥作用方式不同

（一）证据运行模式不同

源自DNA数据库的证据与常规DNA证据首要的区别便是两者的运用模式不同。且看以下三种情况：情况Ⅰ，一起强奸案发生了，经过侦查人员的调查或者有目击证人及受害人的证言锁定犯罪嫌疑人，侦查人员将强奸案件的女性受害人的阴道拭子，受害人及嫌疑人的血卡送检，将以上三份物证经过DNA检验后可直接出具鉴定意见书。情况Ⅱ，一起强奸案发生了，经过侦查人员的调查或者寻找目击证人及询问受害人后并未锁定犯罪嫌疑人，侦查人员将强奸案件的女性受害人的阴道拭子及血样卡送检，而犯罪嫌疑人不知是谁，无法送检血样卡。这就需要鉴定人员从送检的女性受害人的阴道拭子中获取可能是犯罪嫌疑人留下的DNA，如果幸运地得到了其DNA分型，则DNA检验鉴定人员将其分型录入DNA数据库中，与全国的违法犯罪人员库比对以找到它的"主人"。情况Ⅲ，基层公安机关在日常工作中收集各类重点人群、违法犯罪嫌疑人的血样卡，经过DNA实验室检验后将分型录入数据库，形成违法犯罪人员库，等待比对。第一种情况中女性受害人的阴道拭子，受害人及嫌疑人的血卡以及最后出具的鉴定意见就是属于常规DNA证据，后两种情况中就出现了源自DNA数据库的证据。对于常规DNA证据而言，其运用模式是从DNA物证到DNA鉴定意见。对于DNA数据库证据而言，其运用模式是从DNA物证到DNA数据库再到DNA数据库鉴定意见。

这两者的运用模式的区别不仅仅是增加了数据库环节，其区别的关键是在于案件的犯罪嫌疑人的发现方式和环节。在常规DNA证据运用模式中案件犯罪嫌疑人的发现可能是通过侦查人员的走访，调取监控，询问证人或受害人，查询宾馆登记记录等方式，其环节处于前实验室阶段。将犯罪嫌疑人的DNA分型与受害人的阴道拭子比对只不过是验证一下侦查人员的判断，其实在侦查人员心中犯罪嫌疑人早已确定，如果结果能对上那就更加确定了侦查人员的判断。而在源自DNA数据库的证据运用模式中，侦查人员事实上在前期已经在很大程度上穷尽了他们的侦查手段但仍然无法确定犯罪嫌疑人。经过DNA数据库比对的方式发现犯罪嫌疑人，其环节处于后实验室阶段。换句话说，如果以确定犯罪嫌疑人为破案标准的话，前者是侦查人员破案，而源自DNA数据库的证据运用模式就是DNA数据库破案。

（二）DNA数据库独有的大数据特征

当前，我国国家DNA数据库的数据总量已经超过5900万，其中现场物证190余万条，违法犯罪人员5430万条。随着大数据时代的到来，DNA数据的价值远远不止检索比对那么简单，其大数据特征将随着库容量的不断增大而越来越明显。

1. DNA数据库是多种遗传标记数据存储应用的集合体

全国公安机关DNA数据库建成至今，十余年的建设历程和规模化应用，在侦查破案、执法办案、诉讼活动、公共安全和社会管理等诸多领域发挥了重要作用，已成为多元化、跨越时间和空间对犯罪进行精确打击的利器。随着DNA检验技术的不断进步，检测试剂的更新换代，新检验方法、测试手段的不断出现，常染色体STR位点的成倍增加，Y-STR检验的普遍应用，mtDNA、SNP等新的具有更强功能的遗传标记的陆续加入，这些将在更大范围内提升 DNA 数据库的应用能力，打破大数据时代海量数据资源"浪费"与数据"缺乏"的矛盾局面。

基于多种遗传标记的海量数据的 DNA 数据库将更能展现一种群体关系行为，通过研发算法工具与设计研判手段可以从纷繁的数据中挖掘出隐藏在各种遗传标记数据信息中的客观存在与规律关系。

依据大数据理论，多种遗传标记的 DNA 数据库的数据比对将要着眼于分析与某个体相关的所有数据，而不是仅集中分析少量的数据样本；[1]要着眼于数据纷繁状态下的完整性和规律性，而不再是只追求数据的准确性；要着眼于案件间的关联关系，尽量寻找信息完整的关联物，而不再刻意探求单一的因果关系。

2. DNA 数据库应用模式从单一应用向关联应用、深度挖掘转变

大数据的显著特征是全数据分析，在大数据体系下，DNA 数据库数据信息的获取、分析、应用的渠道与机制和以往将有所不同。[2] 除了传统模式，即由各级公安机关 DNA 实验室通过内部 DNA 信息系统录入数据外，DNA 数据库将成为或正在成为多个不同用途公安应用系统之间的数据桥梁，打通各种应用系统之间的隔阂，最大限度地解决各个系统原本的单打独斗、各自为战的落后状态，实现与其他公安机关业务信息系统之间资源交互、共享，从而增强多种数据搜集和综合应用能力。

在数据分析上，大数据下的 DNA 数据库将不仅仅局限于 DNA 分型数据的比对，更将充分利用信息背景深层分析，检验对象作案时间、地点研判，特征点检索追踪等多种引擎技术手段，对存储的近千万的人员、案件、物证的自然信息及时空信息进行更深层次的挖掘，找出隐藏在海量数据下的潜在可能性规律，打造全方位的情报链条，进一步拓展其应用能力和范围，推动可持续发展。

3. 高效的联动协作机制极大地提高了 DNA 数据库的实战效能

DNA 数据库联动协作是大数据时代下公安信息化综合发展的必然工作模式。传统的 DNA 数据库协作协查工作方式主要是通过公文、口头

---

[1] 参见孙强、张雪峰《大数据决策学论纲：大数据时代的决策变革》，《华北电力大学学报》（社会科学版）2014 年第 4 期，第 35 页。

[2] 参见李庆莉《大数据战略》，《中国金融电脑》2013 年第 7 期，第 10 页。

传递等方式来完成，存在一些弊端，如方式不统一，相关记录无法统计查询，协作范围较小，实时度较低等。在大数据时代，社会信息化程度不断提高，海量信息已经成为最重要的资源库，DNA 数据库应该打破传统协作模式中独立、封闭、自为一体的观念，从信息共享、强化协作的观念出发，建立与 DNA 数据库相辅相成的协作系统，完善 DNA 数据协作工作机制，着力解决新形势下 DNA 数据协查比对中出现的新情况、新问题、新难点，保障 DNA 数据库的持续健康发展。

DNA 数据库协作系统将是在"统一平台、统一方式、统一数据、统一存储"的原则下，实现全国性或点对点的 DNA 数据库协查申请、协作申请、专项协作等工作功能，并以"积分"的方式体现协作反馈、战果统计、效能评估等，进而弥补现阶段 DNA 数据库协作机制不完善等缺陷，强化 DNA 实验室间的协作意识，提高协查效率。

四 证据应用范围不同

为了厘清源自 DNA 数据库的证据和普通 DNA 证据在不同刑事犯罪类型的应用情况，笔者在中国裁判文书网中设置检索条件：刑事案件、DNA 或 DNA 数据库、裁判年份（2013—2016 年），检索得到 2013 年至 2016 年不同刑事案由全文中包含 DNA 或 DNA 数据库字段的裁判文书，对其数量进行统计分析（见表 1-6）。

表 1-6　　　　2013—2016 年度刑事裁判文书数量统计[①]

案由/年度	2013 年 DNA	2013 年 DNA 数据库	2014 年 DNA	2014 年 DNA 数据库	2015 年 DNA	2015 年 DNA 数据库	2016 年 DNA	2016 年 DNA 数据库
危害公共安全	122	0	668	6	463	7	918	11
破坏社会主义市场经济秩序	10	0	11	0	14	0	28	0
侵犯公民人身权利、民主权利	1100	6	4498	18	3396	21	5567	28
侵犯财产	405	17	2007	105	1632	74	3525	162

---

① 表 1-6 数据参见 2017 年 9 月 26 日，中国裁判文书网（http://wenshu.court.gov.cn）。

续表

案由/年度	2013年		2014年		2015年		2016年	
妨害社会管理秩序	43	0	300	3	351	4	792	6
渎职/贪污贿赂	0	0	10	0	9	0	7	0
合计	1670	23	7494	132	5865	106	10837	207

仔细观察表1-6中裁判文书的数量，我们可以得出以下几点。

第一，从新刑诉法正式实施以来的2013年至2016年，DNA和DNA数据库两项数据呈逐年上升趋势。其中2014年度较前后两个年度呈现爆发式增长，这一数据与公安部物证鉴定中心提供的数据相吻合。尤其是DNA数据库这一项，2013年的数据还只是在"侵犯公民人身权利、民主权利"和"侵犯财产"这两类刑事案由中出现，但到2016年已经扩展到"侵犯公民人身权利、民主权利"等四项刑事案由，这与DNA技术和DNA数据库在刑事诉讼中应用范围越来越广泛密不可分。

第二，DNA数据库与DNA这两项数据相比：

首先，DNA数据库这项数据从2013年至2016年在"破坏社会主义市场经济秩序"和"渎职/贪污贿赂"两类刑事案由中始终为0，而DNA这项数据已经全面覆盖全部六类刑事案由。这与DNA数据库特殊的运行特征和特定的运用范围是分不开的。

其次，DNA数据库这项数据在六类刑事案由的排序为："侵犯财产"居首，"侵犯公民人身权利、民主权利"紧随其后，接下来是"危害公共安全"和"妨害社会管理秩序"类犯罪，而DNA这项数据在六类刑事案由的排序为："侵犯公民人身权利、民主权利"排在第一，"侵犯财产"紧随其后，之后依次是"危害公共安全""妨害社会管理秩序"和"破坏社会主义市场经济秩序"，"渎职/贪污贿赂"类犯罪排在最后。也就是说DNA数据库在"侵犯财产"类刑事案件中发挥作用要明显强于"侵犯公民人身权利、民主权利"类案件。

在不同类型的犯罪中，DNA数据库证据发挥的作用有着不同的作用。[①] 下面笔者会分别从不同犯罪类型的角度分析，其实用柱状图的形式

---

① 下述不同类型犯罪参照《中华人民共和国刑法》之相关规定。罪名参见刘志伟编《刑法规范总整理》（第九版），法律出版社2016年版。

来表现 DNA 证据和 DNA 数据库证据的区别更为明显。

(一) 危害公共安全类犯罪

根据刑法分则第二章以及《刑法修正案（三）》《刑法修正案（六）》《刑法修正案（八）》《刑法修正案（九）》的规定，危害公共安全罪共有以爆炸罪、投放危险物质罪为代表的 50 多个罪名。特别需要说明的是 2016 年通过的《刑法修正案（九）》增加了准备实施恐怖活动罪、宣扬恐怖主义、极端主义、煽动实施恐怖活动罪 4 个涉及恐怖主义犯罪的罪名。

在 2013 年至 2016 年这四年间，危害公共安全类犯罪中提到 DNA 技术的案件数量总计为 2171 件，而其中提到 DNA 数据库的仅为 24 件（见图 1-5）。应用 DNA 数据库的案件数量从 2013 年的 0 件到 2016 年的 11 件，虽然案件数量呈逐年上升的趋势，但从数字上就能够看出这类案件 DNA 数据库应用非常少。分析其原因可能为：第一，DNA 数据库发挥作用的一个最大的特点就是连续犯或者系列犯在多地多时段作案，要么串并案要么破案。而危害公共安全类犯罪由于其社会危害性较大，尤其是故意犯罪的其刑期多为 3—10 年，甚至有的犯罪可能会判处 10 年以上有期徒刑、无期徒刑或死刑。这种情况下犯罪分子短时间内很难再次作案，所以 DNA 数据库无法发挥作用。第二，在上述 52 项罪名中有可能会应用到 DNA 数据库的罪名超不过如下几个：放火罪、爆炸罪、破坏交通工具罪、破坏交通设施罪和破坏电力设备罪等。仅从罪名数量的占比来看不到 10%，如果再考虑各类案件的发案率的话，恐怕远远要低于这个比例也就不难理解了。

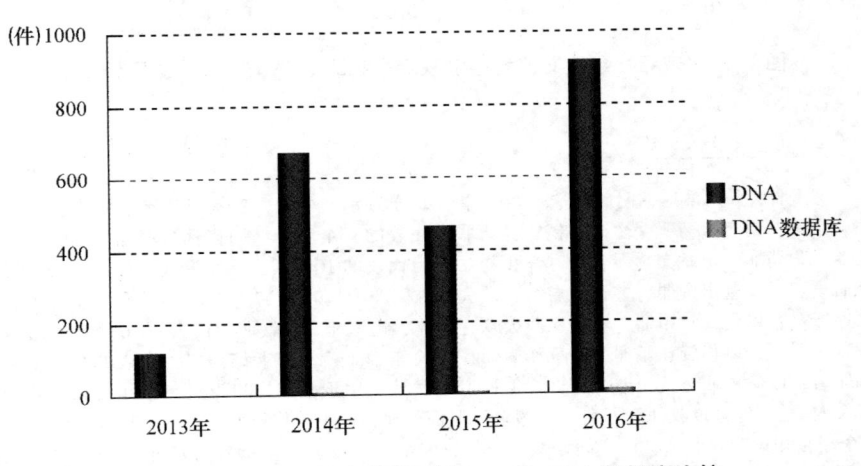

图 1-5 危害公共安全类犯罪 DNA 与 DNA 数据库比较

(二) 破坏社会主义市场经济秩序类犯罪

根据刑法分则第三章以及《刑法修正案（四）》《刑法修正案（五）》《刑法修正案（六）》《刑法修正案（七）》《刑法修正案（八）》《刑法修正案（九）》的规定，破坏社会主义市场经济秩序类犯罪共有 116 个罪名。[①]

在 2013 年至 2016 年这四年间，破坏社会主义市场经济秩序类犯罪中提到 DNA 技术的案件数量总计为 63 件，占整个刑事案件总量的 0.58%（见图 1-6）。而其中提到 DNA 数据库的为 0 件。在这类案件中利用 DNA 技术的案件数量呈逐年上升的趋势，虽然数量从 2013 年的 10 起增长至 2016 年的 28 起，已经增长达 1.8 倍。但这类案件的自身性质就决定了利用 DNA 技术破案的案件数量极少，更不用说利用 DNA 数据库破案了。

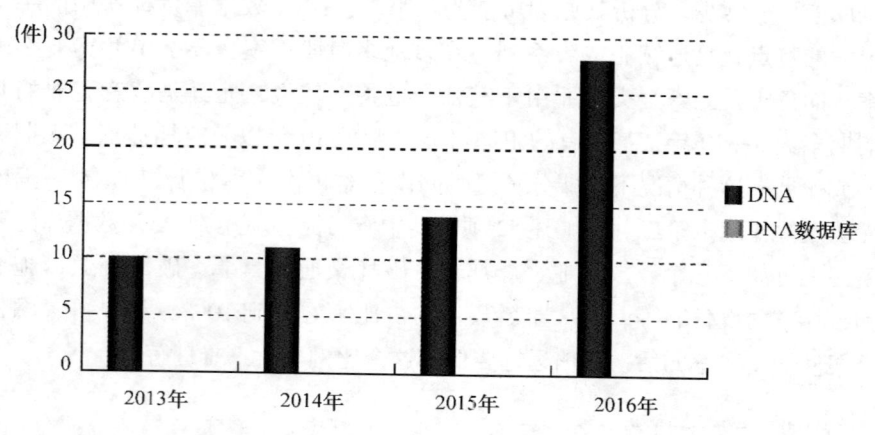

图 1-6 破坏社会主义市场经济秩序类犯罪 DNA 与 DNA 数据库比较

---

① 刑法分则第三章明确将这 116 个罪名细分为 8 个小节，包括以生产、销售伪劣产品罪，生产、销售假药罪，生产、销售劣药罪为代表的 9 个生产、销售伪劣商品罪名；以走私武器、弹药罪，走私文物罪，走私淫秽物品罪为代表的 10 个走私罪名；以虚报注册资本罪，虚假出资、抽逃出资罪，签订、履行合同失职被骗罪为代表的 17 个妨害对公私、企业的管理秩序罪名；以伪造货币罪，非法吸收公众存款罪，逃汇罪，洗钱罪为代表的 36 个破坏金融管理秩序罪名；以集资诈骗罪，贷款诈骗罪，保险诈骗罪，信用卡诈骗罪为代表的 8 个金融诈骗罪名；以偷税罪，抗税罪，虚开增值税专用发票、用于骗取出口退税、抵扣税款发票罪为代表的 16 个危害税收征管罪名；以假冒注册商标罪，侵犯著作权罪，侵犯商业秘密罪代表的 7 个侵犯知识产权罪名；以合同诈骗罪，虚假广告罪，非法经营罪为代表的 13 个扰乱市场秩序罪名。

从2013年至2016年历时四年没有一起利用DNA数据库破案的记录，这是因为：第一，本身经济类案件对人身侵犯的可能性非常小，也不存在现场勘验和生物物证提取的问题，直接导致DNA检验案件数量非常少。只有少数的罪名如抗税罪、保险诈骗罪中可能会出现人身伤害，从而在现场遗留生物物证。第二，在实际案件侦查中，这类案件的特点是很少有现场，也很少有现场物证，更不要说DNA生物物证。而更多的是依赖书证、口供或各种笔录记录等定案。没有DNA检验就不可能涉及DNA数据库的使用。第三，诸如抗税罪、保险诈骗罪这类案件的再犯可能性较小，如果再犯造成身体伤害的可能性也小。比如利用撞车造成骨折骗取保险，下次即使要骗取保险也不会再采取这种伤害身体的做法。综上，这类案件自身的特点就决定了DNA数据库应用的先天劣势。

（三）侵犯公民人身权利、民主权利类犯罪

根据刑法分则第四章以及《刑法修正案（四）》《刑法修正案（六）》《刑法修正案（七）》《刑法修正案（八）》《刑法修正案（九）》的规定，侵犯公民人身权利、民主权利类犯罪共有43个罪名。[①]

从2013年至2016年，侵犯公民人身权利民主权利类犯罪中提到DNA技术的案件数量总计为14561件，而其中提到DNA数据库的为73件。在这类案件中利用DNA技术的案件数量从2013年的1100起到2016年的5567起，呈逐年上升的趋势，涉及DNA数据库的案件数量从2013年的6起增长至2016年的28起，已经增长达3.7倍。从这类案件的自身性质分析，利用DNA技术破案的案件数量非常多，而涉及DNA数据库的案件与之相比，在数量上差异非常明显。

从2013年至2016年历时四年涉及DNA数据库的案件虽然呈逐年上升趋势，但是与单纯利用DNA技术统计的案件数量不在一个数量级。其原因可能为：第一，由于在上述7个子类案件中，DNA技术发挥作用大多数集中在故意杀人罪、过失致人死亡罪和绑架罪等重罪中，罪犯所判刑

---

① 包括以故意杀人罪、过失致人死亡罪、故意伤害罪、过失致人重伤罪为代表的侵犯他人生命健康的犯罪；以强奸罪、强制猥亵、侮辱罪、猥亵儿童罪为代表的侵犯妇女儿童身心健康的犯罪；以非法拘禁罪、绑架罪、拐卖妇女、儿童罪、收买被拐卖的妇女、儿童罪为代表的侵犯他人人身自由的犯罪；以诬告陷害罪、侮辱罪、诽谤罪为代表的侵犯他人名誉、人格的犯罪；以非法搜查罪、非法侵入住宅罪、刑讯逼供罪、暴力取证罪、虐待被监管人罪为代表的借助国家机关权力侵犯他人人身权利的犯罪；以破坏选举罪、报复陷害罪、非法剥夺公民宗教信仰自由罪、侵犯少数民族风俗习惯罪、侵犯通信自由罪为代表的侵犯公民民主权利的犯罪。

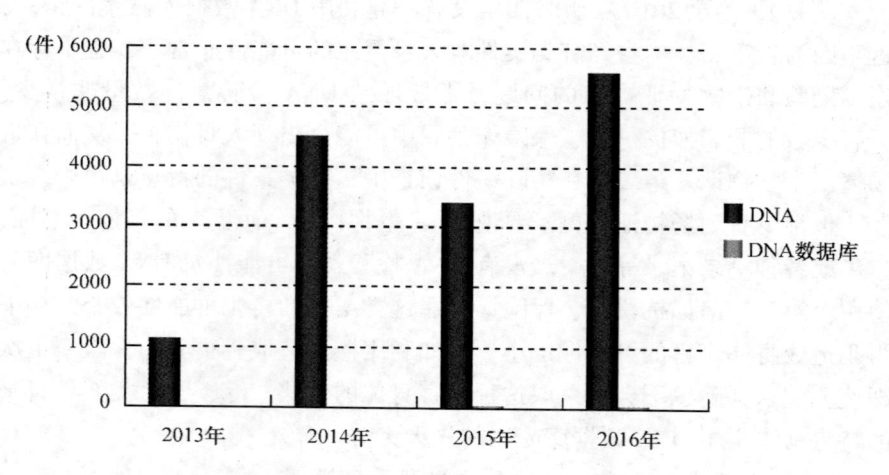

图1-7 侵犯公民人身权利民主权利类犯罪 DNA 与 DNA 数据库比较

期较长，多为 10 年以上有期徒刑、无期徒刑或死刑。大多数罪犯仍然在监狱服刑，在短时间内不具备再犯的条件和可能性。而上文提到 DNA 数据库具有间隔效应和比对功能的特点，在短时间内 DNA 数据库的作用在本类长刑期的重罪中无法体现，这就是这类案件 DNA 技术应用广泛而 DNA 数据库的数量无法体现的根本原因。第二，这一类犯罪中关于拐卖妇女和儿童类的犯罪，如拐卖妇女、儿童罪，收买被拐卖的妇女、儿童罪，拐骗儿童罪的打击防范工作，公安部专门有除全公安机关 DNA 数据库之外专门的"打拐"数据库处理和应对。由于检索关键词设置的缘故，统计数据中未涵盖此部分数据，这也是涉及 DNA 数据库的案件数量少的一个原因。

（四）侵犯财产类犯罪

根据刑法分则第五章以及《刑法修正案（八）》《刑法修正案（九）》的规定，侵犯财产类犯罪共有 15 个罪名。①

从 2013 年至 2016 年，侵犯财产类犯罪中提到 DNA 技术的案件数量总计为 7569 件，从 2013 年的 405 件跃升为 2016 年的 3525 件，四年间增

---

① 该类犯罪依据故意的内容不同可以细分为 3 个子类：包括以抢劫罪、抢夺罪、聚众哄抢罪、敲诈勒索罪、盗窃罪、诈骗罪、侵占罪、职务侵占罪为代表的占有型犯罪；以挪用资金罪和挪用特定款物罪为代表的挪用型犯罪；以故意毁坏财物罪为代表的毁损型犯罪。

长了7.7倍（见图1-8）。而其中提到 DNA 数据库的案件数量总计 358 件，从 2013 年的 17 件增长为 2016 年的 162 件，四年间增长了 8.5 倍。在这类案件中利用 DNA 技术和 DNA 数据库技术破获的案件数量，均呈逐年上升的趋势。

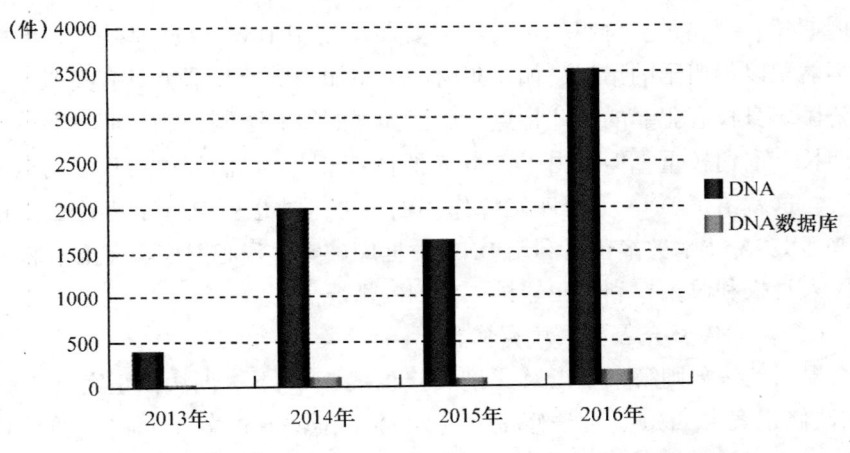

图1-8 侵犯财产类犯罪 DNA 与 DNA 数据库比较示意图

这里需要比较从 2013 年至 2016 年的一组数据。第一组比较：利用 DNA 技术破案的案件数量，侵犯财产类犯罪的案件数量总计为 7569 件，排在六类统计案件的第二，第一为侵犯公民人身权利民主权利类犯罪，该类犯罪总计为 14561 件；第二组比较：利用 DNA 数据库破案的案件数量，侵犯财产类犯罪的案件数量总计为 358 件，排在六类统计案件的第一，第二为侵犯公民人身权利民主权利类犯罪，该类犯罪总计为 73 件。从这组对比中可以看出，在所有统计的六类案件中侵犯财产类犯罪和侵犯公民人身权利民主权利类犯罪高居前列。只不过最大的区别是，常规 DNA 技术在侵犯公民人身权利民主权利类犯罪中发挥作用更强，而 DNA 数据库在侵犯财产类犯罪中发挥的作用更强，这也是常规 DNA 技术与 DNA 数据库在司法实践中最大的区别。

笔者认为出现这种区别的主要原因与这两类案件的性质分不开。侵犯财产类犯罪以盗窃案为主要代表，该类案件的主要特点就是连续性、流窜性作案，分时间、分地域作案。这正符合 DNA 数据库发挥作用的特点。而且盗窃案的犯罪分子一般单次盗窃财物案值较小，很少被刑事处罚。即使被当场发现、被抓现行，犯罪分子也只会承认当前这一起案件，所以很难对该类案件的犯罪分子给予严重处罚。大多数情况是被治安拘留数日，然后犯罪分子就可以继续流窜作案。与此相对的以故意杀人罪、故意伤害罪为代表的侵犯公民人身权利民主权利类犯罪却具有与盗窃案完全不同的特点。在这类犯罪中，犯罪分子通常很少有超过两次的犯罪，因为这类犯罪刑期长、刑罚重、再犯率低，不需要多次使用 DNA 数据库破案。但是也不能犯以偏概全的错误，如侵犯财产类犯罪中的抢劫罪就具有类似于侵犯公民人身权利犯罪的某些特点，而诸如强奸罪和强制猥亵、侮辱罪虽然刑期长、刑罚较重，但是由于该类犯罪的特殊性，刑满释放后重犯的概率较大，这就给了 DNA 数据库发挥作用的机会。这也就解释了为什么无论是普通 DNA 技术破案还是利用 DNA 数据库破案，侵犯财产类犯罪和侵犯公民人身权利民主权利类犯罪排在前列的情况。

（五）妨害社会管理秩序类犯罪

根据刑法分则第六章以及《刑法修正案（二）》《刑法修正案（三）》《刑法修正案（四）》《刑法修正案（六）》《刑法修正案（七）》《刑法修正案（八）》《刑法修正案（九）》的规定，妨害社会管理秩序类犯罪共有 136 个罪名。[①]

从 2013 年至 2016 年，妨害社会管理秩序类犯罪中提到 DNA 技术的案件数量总计为 1486 件，在六大类案件中排名第四，从 2013 年的 43 件跃升为 2016 年的 792 件，四年间增长了 17.4 倍（见图 1-9）。而其中提到 DNA 数据库的案件数量总计 13 件，从 2013 年的 0 件增长为 2016 年的 6 件，在六大类案件中排名第四，四年间也没有停止增长的脚步，并且呈

---

① 刑法分则第六章明确将这 136 个罪名细分为 9 个小节，包括以妨害公务罪、招摇撞骗罪、组织考试作弊罪、聚众扰乱社会秩序罪、寻衅滋事罪、传授犯罪方法罪和赌博罪为代表的 50 个扰乱公共秩序罪；以伪证罪，妨害作证罪，窝藏、包庇罪，掩饰、隐瞒犯罪所得、犯罪所得收益罪、脱逃罪、组织越狱罪为代表的 20 个妨害司法罪；以组织他人偷越国（边）境罪、骗取出境证件罪、偷越国（边）境罪为代表的 8 个妨害国（边）境管理罪；以故意毁坏文物罪、倒卖文物罪、盗掘古文化遗址、古墓葬罪为代表的 10 个妨害文物管理罪；以非法组织卖血罪、医疗事故罪、非法行医罪为代表的 11 个危害公共卫生罪；以污染环境罪、非法采矿罪、盗伐林木罪、滥伐林木罪为代表的 15 个破坏环境资源保护罪；以走私、贩卖、运输、制造毒品罪，非法持有毒品罪，非法生产、买卖、运输制毒物品罪、走私制毒物品罪为代表的 11 个走私、贩卖、运输、制造毒品罪；以组织卖淫罪、强迫卖淫罪，引诱、容留、介绍卖淫罪为代表的 6 个组织、强迫、引诱、容留、介绍卖淫罪；以制作、复制、出版、贩卖、传播淫秽物品牟利罪，传播淫秽物品罪，组织淫秽表演罪为代表的 5 个制作、贩卖、传播淫秽物品罪。

现成倍增长趋势。

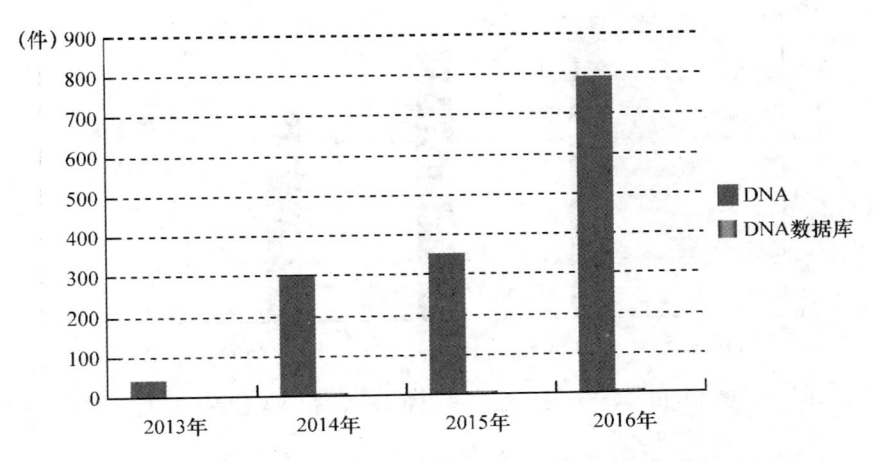

图1-9 妨害社会管理秩序类犯罪DNA与DNA数据库比较

仔细分析上述136个罪名中，在司法实践中有可能使用DNA技术破案的罪名实在是寥寥，只有诸如寻衅滋事罪，掩饰、隐瞒犯罪所得、犯罪所得收益罪，故意毁坏文物罪，非法持有毒品罪，强迫卖淫罪等不超过10个罪名。涉罪数量占整个妨害社会管理秩序类犯罪总量的不到7.5%，该大类中大量其他犯罪根本就不可能涉及DNA技术的应用，更不用说DNA数据库的运用了。在这些犯罪中只有寻衅滋事罪，掩饰、隐瞒犯罪所得、犯罪所得收益罪，非法持有毒品罪几个再犯可能性稍大点的犯罪偶尔用到DNA数据库。

（六）渎职/贪污贿赂类犯罪

贪污贿赂类犯罪规定在刑法分则第八章以及《刑法修正案（七）》《刑法修正案（九）》中，共有13个罪名。① 渎职类犯罪规定在刑法分则第九章以及《刑法修正案（四）》《刑法修正案（六）》《刑法修正案（八）》中，共36个罪名。②

从2013年至2016年，渎职/贪污贿赂类犯罪中提到DNA技术的案件

---

① 其中包括贪污罪、挪用公款罪、受贿罪、行贿罪、巨额财产来源不明罪和隐瞒境外存款罪等犯罪。

② 其中包括滥用职权罪，玩忽职守罪，徇私枉法罪，枉法仲裁罪，私放在押人员罪，徇私舞弊不征、少征税款罪，国家机关工作人员签订、履行合同失职被骗罪，放纵走私罪等犯罪。

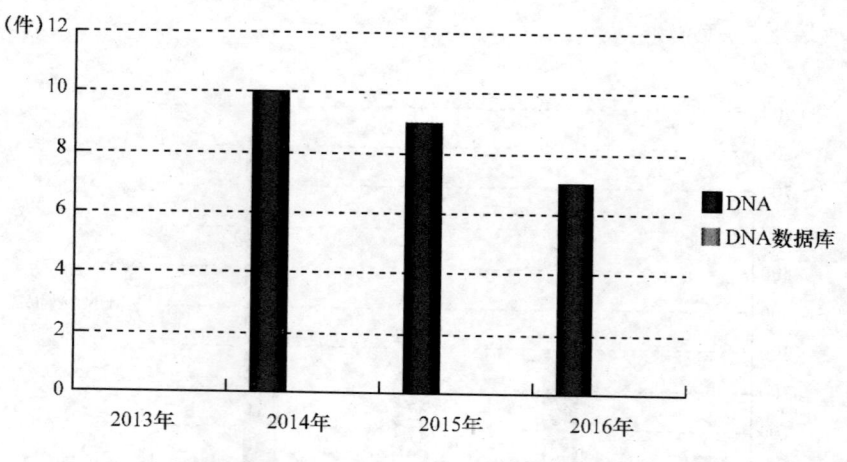

图 1-10　渎职/贪污贿赂类犯罪 DNA 与 DNA 数据库比较

数量总计为 26 件，在六大类案件中排名最后，从 2013 年的 10 件减少为 2016 年的 7 件，四年间减少了 30%，是所有六大类案件中唯一的一类随着时间的推移案件量减少的犯罪类型（见图 1-10）。而其中提到 DNA 数据库的案件数量总计为 0 件，从 2013 年至 2016 年的四年中没有增长 1 起案件，在六大类案件中排名最后，和破坏社会主义市场经济秩序类犯罪一样，连续四年没有发生一起利用 DNA 数据库破获的案件。

总体来说，常规 DNA 技术和 DNA 数据库在渎职/贪污贿赂类犯罪中的应用呈现出"水土不服"的特点，几乎无法应用，同时位列六大类案件的最后一名。但是两种技术的不同特点更为明显，前者使用数量随着时间的推移不升反降，呈现萎缩的趋势，而后者倒是稳定如常，干脆连续四年"剃了光头"。出现这种现象，笔者认为还是与该两大类犯罪的自身特点有决定性的关系，渎职/贪污贿赂类犯罪的证据多为口供、陈述等言词类证据，近些年电子数据和视频资料证据的作用才逐渐体现出来，跟 DNA 数据库实在是颇有些"井水不犯河水"的味道，案件数量少也就不足为奇了。

第三节　DNA 数据库证据概述

一　DNA 数据库证据概念的提出

DNA 数据库（以违法犯罪人员库为例）检验入库流程主要包括前实

验室阶段、实验室阶段和后实验室阶段。具体有血样采集、信息录入、血样送检、DNA 提取检验、结果分析、数据上报和数据比对等步骤。详细过程如图 1－11 所示。

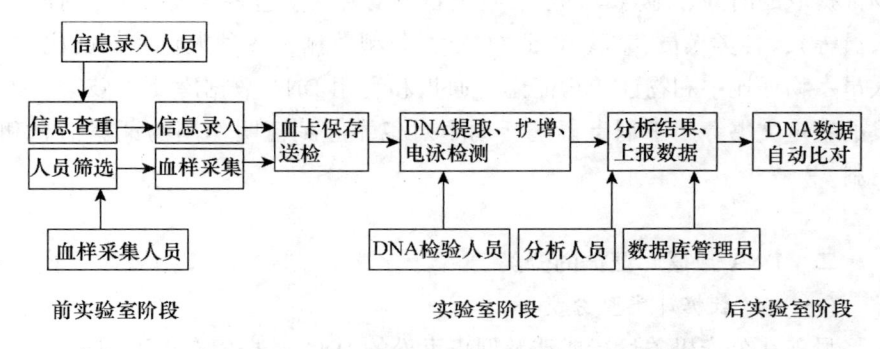

图 1－11　DNA 违法犯罪人员库检验入库流程

图 1－11 形象生动地描绘了违法犯罪人员库或称之为前科人员库或高危人群库的整个流程。从血样的采集、信息录入直到转化成在全国联网的比对数据库中不断流转的 DNA 数据。而现场物证比如盗窃案件现场提取的烟蒂、命案现场提取的凶器在图 1－11 中只不过是替代了血样而已，所经过的流程也是一样。这样一来，现场提取的物证就转化为存储于数据库中的用数字表示的 DNA 分型。然后这些 DNA 分型通过在本地区、跨市甚至跨省进行数据比对，发挥着普通物证无法实现的证据功能。随着 DNA 数据库中 DNA 数据量的不断增大，其在刑事诉讼中发挥的作用越来越明显，侦查破案的效率越来越高。[①] 当 DNA 数据库的信息内容成为证明案件事实的证据时，DNA 数据库证据则呼之欲出，且由于其显著的大数据、远程比对及时间上的远隔效应的特点，DNA 数据库证据有别于 DNA 证据。[②]

[①] 笔者就曾经亲身经历过一个案件，从现场物证的提取到锁定犯罪嫌疑人仅仅用了不到 30 个小时，而在这二十多个小时中犯罪嫌疑人从山西作完案后流窜至广东被抓获，DNA 数据库的功能简直发挥到了极致。参见刘雁军、张天林、贺小华等《利用 DNA 数据库 20 小时破获系列砸抢车内财物案 1 例》，载《第三届全国公安机关 DNA 数据库建设应用研讨会论文选》，中国人民公安大学出版社 2013 年版。

[②] 如通过 DNA 数据库的犯罪情况记录，得出 A 某 × 月 × 日不可能出现在 × 地，排除其犯罪嫌疑，可以作为犯罪嫌疑人无罪的证据。此时，显然不是 DNA 证据在发挥作用。

所谓DNA数据库证据，即存储于法庭科学DNA数据库中的各类人员基础信息（姓名、性别、身份证号、籍贯、家庭住址、案由、样本采集时间、地点等）、现场物证相关信息（案件名称、案发时间、地点、现场物证提取的时间、地点、部位、物证自身的性状、包装情况、送检时间及人员等），各类人员、现场物证的DNA分型数据，各种人员—人员比中、人员—物证比中和物证—物证比中通报和利用DNA数据库比中破案后出具的鉴定文书等用于刑事诉讼活动中对犯罪起到证明作用的证据信息和材料。[①]

二 DNA数据库证据的分类

（一）按数据库类型分类

目前在公安机关运行或涉及刑事诉讼的DNA数据库有以下四种。

1. 全国公安机关DNA数据库

该库以常染色体STR-DNA技术为基础，包括：犯法犯罪人员库（包括人员信息库和DNA分型库）、现场物证库、失踪人员及失踪人员亲属库、未知名尸体库、基础库等。目前该库库容已经突破5900万，库容量位居世界第一。由于其超大的库容量及同一认定的特点在案件侦破及犯罪嫌疑人认定中发挥了不可替代的作用，通常说的DNA数据库指的就是这种DNA数据库。

2. Y STR-DNA数据库

该库以染色体STR-DNA技术为基础，利用同一父系男性个体Y染色体STR分型相同（适当考虑突变因素）的特点，建立的DNA数据库。是全国公安机关DNA数据库有利的补充。目前全国除河南、浙江等少数几个省建立以外，尚未大规模展开。

3. 公安机关查找被拐卖/失踪儿童DNA数据库

该库是专门为打拐建立的专门性的DNA数据库。在解救被拐卖儿童方面发挥着越来越重要的作用。

4. SNP-DNA数据库

该数据库是利用SNP技术解决身份认定、始祖来源、组织体液来源、

[①] 如果将DNA证据作为上位概念，认为与DNA技术相关的科学证据都可归类到其中的话，则DNA数据库证据可看作一类具有自身特点的特殊的DNA证据。

表型推断（基因画像技术）等问题建立起来的 DNA 数据库。如果说前三种数据库技术可称为第一代 DNA 测序技术的话，SNP 技术就是第二代或下一代测序技术，是 DNA 技术的根本革新。目前该数据库在建设中，国内主要有复旦大学与上海市公安局、辽宁省公安厅等几家公安系统合作。

（二）按证据的比对模式分类

关于比对模式，常规 DNA 证据的比对与 DNA 数据库证据的区别上文已经用案例的方式进行了阐释。此处作者想就两者在比对方式的不同用图形的形式再次演示一下，一方面可以说明两者的区别，另一方面对 DNA 数据库证据按比对模式的不同进行的分类奠定基础。

以同一认定为例，常规 DNA 证据的比对通常为现场物证分型与案件犯罪嫌疑人分型之间的一对一比对模式（见图 1-12）。

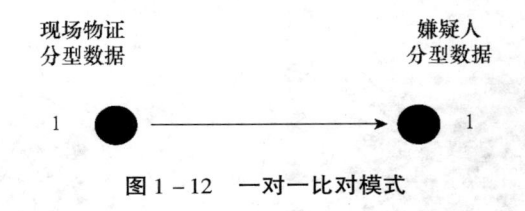

图 1-12　一对一比对模式

如图 1-12 所示，每一个黑色圆点代表一条分型数据。常规 DNA 证据在同一认定的比对模式下相对简单，仅仅是从现场物证分型数据到犯罪嫌疑人分型数据，这种模式称为一对一比对模式，发生比对的次数为 1 次。

而与此相对的 DNA 数据库证据的比对模式与之有很大的区别，而且不同的检索比对方式其模式也不一样。

第一种情况：DNA 检验鉴定人员从现场提取的生物检材中获得 DNA 分型，然后将该分型录入 DNA 数据库手工比对页面中，主动发起与违法犯罪人员库中数据的比对，以期获得比中结果（见图 1-13）。

如图 1-13 所示，每一个黑色圆点代表一条分型数据。图的左侧 1 条数据代表从现场检材中获得的分型数据，图的右侧代表违法犯罪人员库中的 N 条人员分型数据。这种模式称为一对多比对模式，发生比对的次数为 N 次。美国 DNA 数据库同行们称这种比对模式为"键盘型检索"。这种检索比对的方式多见于在本地违法犯罪人员库中的检索比对活动，在本地库中检索其结果时效性强，是否比中当时就能反馈结果。

第二种情况：DNA 检验鉴定人员在上述第一种情况中未能获得比中

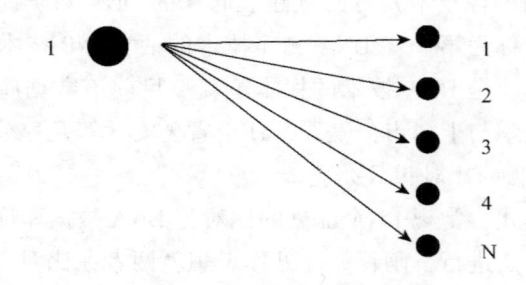

图1-13　一对多比对模式

结果，接下来只能将现场物证的分型数据录入现场物证库中，利用数据库本身的自动比对功能进行比对，以期在未来的某一天获得比对结果（见图1-14a、图1-14b）。

（a）多对多比对模式　　　　　　（b）所有对所有比对模式

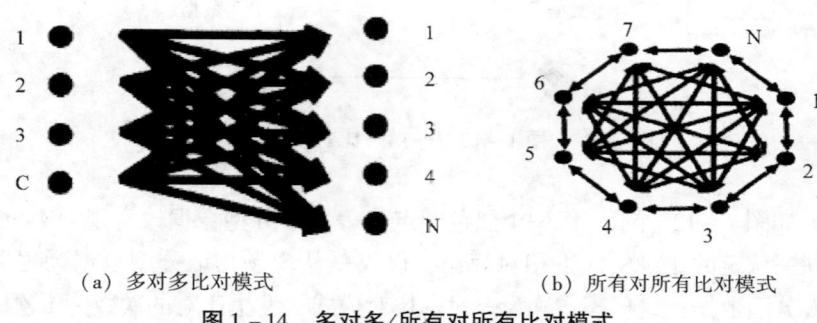

图1-14　多对多/所有对所有比对模式

如图1-14a所示，每一个黑色圆点代表一条分型数据。图的左侧1、2、3…C条数据代表现场物证库中的C条分型数据，图的右侧代表违法犯罪人员库中的N条人员分型数据。这种模式称为多对多比对模式，发生比对的次数为C×N次。这种检索比对的方式多见于两个数据库之间的比对，如现场物证库与违法犯罪人员库。在这种比对模式下如果出现了比中通报，意味着某起案件的现场物证分型与某个违法犯罪人员分型一致，会导致案件的破获。

如图1-14b所示，每一个黑色圆点代表一条分型数据。图中1、2、3、4、5、6、7…N条数据既可以代表现场物证库中的N分型数据，也可以代表违法犯罪人员库中的N条人员分型数据。这种模式被称为所有对所有比对模式，发生比对的次数为 N×（N-1）/2 次。这种检索比对的方式多见于数据库内部所有数据之间的比对，如现场物证库或违法犯罪人员库内部所有数据之间的比对。美国 DNA 数据库同行们称这种比对模式为"Arizona 型检索"。在这种比对模式下如果出现了比中通报，意味着某起案件的现场物证分型与另一起案件的现场物证分型一致，会导致案件的串并。某个违法犯罪人员分型与另一个违法犯罪人员分型一致，可能会是同卵双胞胎，可能会是同一人员使用不同人员信息，还可能是完全同一个人在不同的时间、不同地点被重复采集。最后一种情况可以在某种程度上起到质量控制的作用。

上面介绍的比对模式是基于同一认定前提下的讨论，事实上 DNA 数据库中并不只有同一认定方式，还有另外一种重要的方式为亲缘比对方式。所以笔者从比对方式的角度将 DNA 数据库证据分为同一比对方式和亲缘比对方式两种。

（1）同一比对方式

同一比对方式就是指数据库中两个分型数据之间的比对，无论是一对多模式、多对多模式还是所有对所有模式均是以同一的方式在比对。比对模式方面就不再赘述了，这里想从比对判定结果角度进行阐述。

数据库中的比对有以下两种结果。

一种是同一认定，即两个分型之间所有的基因座上的位点均一致的情况。DNA 数据库中的同一认定其实并没有想象中那么简单，影响认定的一个主要因素就是数据库建设所选用的试剂盒并不统一，导致 DNA 数据库中分型的基因座数量、种类千差万别，好在大部分试剂盒均包含 13 个 CODIS 推荐的核心基因座。

另一种是同一排除，即两个分型之间至少有 3 个以上的基因座分型不一致的情况。这里有人可能会问，DNA 数据库比中了会显示比中通报，比不中也会显示通报吗？这里其实有一个 DNA 数据库比中容差设置的问题。容差指的是两个分型数据之间的差异，如分型 11/12 与分型 11/13 之间就是容差半对。容差一对有两种可能形式：分型 11/12、13/14 与分型 11/13、12/14 之间就是容差一对；分型 11/12 与分型 10/13 之间也是容差一对。设置容差的目的主要是补救某些因为检验的原因出现的丢带、跑偏的问题，这个问题会在第二章中详细阐述。所以经常会在数据库比中通报中有这样的显示：比中，容差 1 对。这个时候检验人员需要将比中通报两端的检材样本用同样的扩增试剂盒再次复核扩增检验，但是尽量要求试剂盒所包含的基因座数量足够多，如果经过增加基因座复核检验后出现三个基因座的差异，就需要数据库管理人员进行同一排除。

（2）亲缘比对方式

亲缘认定比对模式在数据库中的应用主要体现在两个方面：第一，通过亲缘比对模式对录入 DNA 数据库中的未知名尸体身份进行认定，这种情况又可分为父母—子女比中模式和配偶子女—另一配偶比中模式；第二，"打拐库"被拐儿童身份通过与父母亲缘比对模式确定。亲缘比对方式是完全不同于同一比对的另一种方式，其比对模式不是一一对应的。

在 DNA 数据库中存在两种亲缘比对模式。

一种是三联体比对模式，这种模式由可疑父、已知母亲和确定子女三方组成一组亲缘鉴定三联体。一般是通过已知母亲和确定子女来对可疑父进行父权鉴定，这种情况称为标准亲权鉴定。在特殊情况下，如 DNA "打拐库"的模式是被拐卖/失踪儿童的父母已知，需要确定儿童的身份，这种鉴定称为反向亲权鉴定（见图 1 - 15a、图 1 - 15b）。

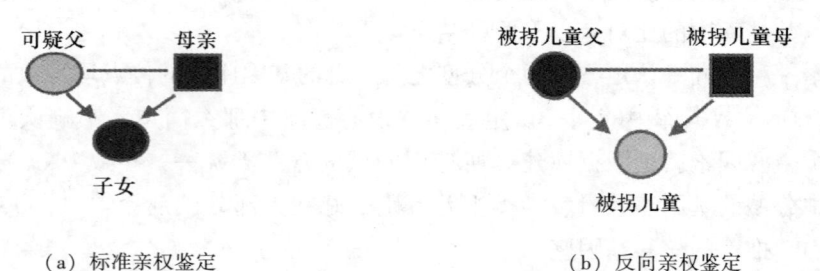

（a）标准亲权鉴定　　　　　　　　（b）反向亲权鉴定

图 1 - 15　标准/反向亲权鉴定示意

如图 1 - 15a 中显示，黄色空心圆个体表示待确定身份的可疑父；图 1 - 15b 中显示，绿色空心圆个体表示待确定身份的被拐儿童。它们组成父—母—子三联体，区别仅仅是待确定身源的位置不同。

另一种是二联体比对模式，这种模式是在标准三联体中缺失父或母一方，通过父或母来确定子女的身份，或者正好相反通过子女来确定父或母的身份。二联体比对模式又分为单一二联体比对和双二联体比对，后者指类似于通过爷奶—子女及子女—孙的形式组成两个二联体进行身份亲缘认定的模式（见图1-16）。

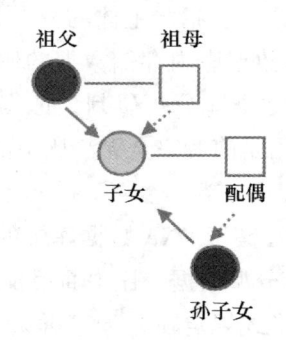

图1-16 二联体亲权鉴定示意

如图1-16中显示，黄色空心圆个体表示待确定身份的子女，绿色实心圆个体表示可以采集到样本的个体，空心正方形个体表示死亡个体。从这张示意图中可以找到1个双二联体（祖父—子女—孙子女）和2个单一二联体（祖父—子女/孙子女—子女）。

（三）按证据发挥作用的方式分类

1. 直接比中型证据

利用DNA数据库的比对功能，通过特定犯罪嫌疑人与现场物证或现场物证之间的分型数据匹配对犯罪活动起到证明作用的证据称为直接比中型证据。这种类型的证据仅仅是通过数据库中的DNA分型的一致来找到比中的数据，而不需要数据库中其他信息的辅助。这种类型的证据可以再分为破案型证据和串并型证据。前者主要指违法犯罪人员库和现场物证库分型的比中，这种比中类型可以直接促进案件的破获；后者主要是指数据库中现场物证与现场物证分型的比中，这种类型可以促进多个案件的串并。DNA数据库直接比中型证据在目前的刑事诉讼中正在发挥着重要作用。

2. 分析研判型证据

利用DNA数据库的检索功能，在现场物证分型与多个犯罪嫌疑人比中的前提下，综合研判存储于DNA数据中的海量犯罪信息（包括犯罪的时间、地域范围、犯罪人员的籍贯等），最终锁定犯罪嫌疑人，为案件破获所提供的证据称为分析研判型证据。例如一起案件中，在混合分型的基础上进行拆分，将分型在数据库中检索比对，比中5条信息，分析地域、年龄，重点锁定一名嫌疑人，侦查机关很快将该案告破。① 利用这类证据时要注重犯罪行为的空间分布、犯罪主体的分布特征和 DNA 分型数据的空间轨迹描绘。随着 DNA 数据库内存储数据的爆发式增长及大数据相关技术的完善和发展，DNA 数据库分析研判型证据在特定类型案件预警和嫌疑人范围圈定方面的作用是前者完全无法比拟的。

（四）按证据存在的形式分类

DNA 数据库证据包括存储于 DNA 数据库中的各类人员和各种现场物证的基础信息数据和 DNA 分型数据，比中通报及 DNA 数据库比中鉴定文书。刑事诉讼证据的法定形式规定在《刑事诉讼法》第 48 条，该条文较之前的增加了一种法定证据形式——电子数据。这点变化是顺应社会经济发展的大势所趋，因为随着当今计算机网络技术的蓬勃发展，所有之前的传统七种证据都可以存储于电子介质中表现为电子数据的形式。DNA 数据库证据除了 DNA 数据库比中鉴定文书属于鉴定意见以外，其余的存储于 DNA 数据库中的各类人员和各种现场物证的基础信息数据、DNA 分型数据和比中通报都属于电子数据。

1. 电子信息形式

DNA 数据库证据中占主要部分的是存储在各类 DNA 数据库中的各类信息，包括：违法犯罪人员基础信息（姓名、性别、身份证号、籍贯、家庭住址、案由、样本采集时间、地点等），现场物证相关信息（案件名称、案发时间、地点、现场物证提取的时间、地点、部位、物证自身的性状、包装情况、送检时间及人员等），各类人员、现场物证的 DNA 分型数据，各种人员—人员比中、人员—物证比中和物证—物证比中通报。这些信息都是以电子数据的形式存储在 DNA 数据库中，其在刑事诉讼中作用的发挥必然要受到电子数据证据运行规则的约束。

2. 鉴定文书形式

DNA 数据库证据中还有另一类重要的证据形式就是 DNA 数据库比中鉴定书。这里想简单地提一句，鉴定文书包括鉴定意见和检验报告。后者仅仅是将检验鉴定的结果进行直接陈述，并未形成鉴定人的意见。根据意见证据规则对专家鉴定意见排除的例外，作为证据的鉴定文书应当形成专

---

① 孟庆振、徐珍、涂政等：《大数据时代 DNA 数据库应用的思考》，载《第四届全国公安机关 DNA 数据库建设应用研讨会论文选》，群众出版社 2015 年版，第 86 页。

家意见，所以检验报告不能成为法定证据形式。也就是说作为证据的 DNA 数据库鉴定文书只能是 DNA 数据库比中鉴定意见的一种。这种鉴定意见会像普通 DNA 证据的鉴定意见一样，具备所有鉴定意见书的必备格式要件、内容要件。但与普通 DNA 鉴定意见不同的是，鉴定意见中会描述 DNA 数据库比中过程、检材样本复核过程，这些特殊之处正是法庭质证的关键部分。

三 证据与线索之辩：DNA 数据库证据性质定位

（一）争论的提出

曾恩泉教授提出存储于 DNA 数据库中的各种人员和现场物证的 DNA 分型不是证据，是一种生物信息。[①] 陈邦达教授提出 DNA 数据库中的各类数据可为公安机关刑事侦查部门提供犯罪嫌疑人的线索。又指出 DNA 数据库在系列案件的侦破中可以起到重要的证明作用。[②] 陈教授并未直接指出 DNA 数据不是证据，而是婉转地提出这些数据是侦查破案的线索。可是却在同一篇文章中提出 DNA 数据库对案件侦破具有证明作用，要知道对案件事实具有证明作用可是证据功能的体现，此处恐怕需要对 DNA 数据库证据进行仔细剖析一下。

但陈学权教授指出 DNA 数据的比对可以为刑事案件的串并侦破提供线索和根据。[③] 陈教授在此处亦没有直接说 DNA 数据是不是证据，而是提到数据的比对可以为案件串并提供线索和根据。要知道"根据"一词已经颇有点证据的味道了。何家弘教授就认为："从汉语的字词结构来理解，证据就是证明的根据。"[④] 陈瑞华教授认为："对证据进行审查评断后可以转化为定案的根据。"[⑤] 可见"根据"一词是与证据紧密相连的词。而刘静坤法官则认为："DNA 数据库中分型数据的搜索比对，相对于单个

[①] 曾恩泉、吴松、谢英：《关于建立法庭科学 DNA 数据库的立法思考》，《西部法学评论》2010 年第 2 期。

[②] 陈邦达：《DNA 数据库：实践、困惑与进路》，《北京理工大学学报》（社会科学版）2013 年第 1 期，第 115 页。

[③] 陈学权：《刑事程序法视野中的法庭科学 DNA 数据库》，《中国刑事法杂志》2007 年第 6 期，第 53 页。

[④] 何家弘、刘品新：《证据法学》（第五版），法律出版社 2013 年版，第 102 页。

[⑤] 陈瑞华：《关于证据法基本概念的一些思考》，《中国刑事法杂志》2013 年第 3 期，第 57 页。

被告人样本比对的证明价值更大。"① 这种提法又将前一位学者的观点更进一步，不仅认为分型数据的搜索比对是证据，而且有较普通 DNA 证据更大的证明价值。

综合分析上述教授学者的观点后，笔者认为争论的焦点就在于 DNA 数据库证据到底是线索还是证据。

（二）DNA 数据库证据性质分析

1. 证据与线索比较

在搞清楚 DNA 数据库证据到底是线索还是证据之前，恐怕要先看看到底什么是证据、什么是线索，两者之间到底有什么区别。

（1）证据与线索之概念

《辞海》中对证据的解释为："1）判定事实的依据，用来证明的材料：如证据不足。2）诉讼法上指侦查、审判机关在办案中搜集的、能够表明案情真相的材料。应是确实存在的客观事实且与案件有关，须经办案人员按法定程序收集和查证属实。"②

《辞海》中对线索的解释为："1）比喻事情的头绪或发展脉络：如还有好多线索没有搞清楚、破案的线索断了。2）消息、情报：如传递线索、必有奸民暗通线索。3）叙事性文艺作品中贯穿整个情节发展的脉络。它把作品中的各个事件联成一体，表现形式可以是人物的活动、事件的发展或某一贯穿始终的事物。一部叙事作品通常都有一条或一条以上的线索，但起主导作用的只有一条。"③

从证据法的角度来说，线索的概念很少涉及，而证据的概念，从不同角度解析，有众多的学说。④ 其中有"事实说""根据说""材料说"和"统一说"或"信息说"，⑤ 这些学说虽然表面上不尽相同，甚至相互冲突，但是这些学说均从各自的角度对证据都具有的根本特性进行了阐释。

---

① 刘静坤：《DNA 证据及其审查判断若干问题研究》，《山东警察学院学报》2015 年第 1 期，第 87 页。
② 夏征农、陈至立主编：《辞海》（第六版缩印本），上海辞书出版社 2014 年版，第 2431 页。
③ 参见夏征农、陈至立主编《辞海》（第六版缩印本），上海辞书出版社 2014 年版，第 2067 页。
④ 万毅：《证据概念及其分类制度批判——法解释学角度的反思》，《兰州学刊》2015 年第 6 期，第 134 页。
⑤ 张保生主编：《证据法学》（第二版），中国政法大学出版社 2014 年版，第 8 页。

难怪何家弘教授认为："对证据下定义在理论上仍是一个'猜想级'难题。"① 由于本书论述的重点并不是各种证据定义的异同，所以此处就不再详加阐述了。

（2）证据与线索之比较

由于线索在证据法范畴内很少提及，我们姑且以证据所具有的特性为模板，结合两者在语词文义方面的本来解释尝试对两者进行区分。

虽然证据法中对证据的定义尚无定论，但是并不影响对证据基本特性的认识。无论是"老三性"还是"新三性"，② 对证据基本属性的理解其共同点中都是包含相关性、可采性或证据能力和证明力的问题的。而其中相关性应该是证据的最基本的或者说最根本的属性。③ 即衡量一份证明材料是否能够成为证据的首要条件就是相关性，而证据法上的相关性通俗地讲就是，该证明材料的出现是否能够使要件事实变得更加可能或更加不可能，那它就具备了成为证据的基本要素。至于是否能够成为定案的根据，还需要通过对证据的质证或审查评断来确定其可采性和证明力。英美证据法认为，一般具有相关性的证据就具有了可采性，但是否能够被法庭真正采纳，就要通过包括非法证据排除规则、传闻排除规则在内的多个排除规则进行筛选，能够经受得住审查的证据允许被采纳。如果被采纳了，接下来就要考虑证明力的问题。证明力其实就是证据的证明价值，也是相关性程度的问题，包括实物类证据的可靠性和言词类证据的可信性问题。

再看线索的含义，根据《辞海》的解释线索有两方面的意思，一方面是指事情或艺术作品的发展脉络；另一方面是指消息和情报。观察这两个意思，前边各位学者认为 DNA 数据库证据可以作为侦查破案线索的应该是后一种解释。而事实上，线索并不是证据法上的词汇，而更偏重于日常用语。人们通常认为线索具有指向性，为侦查破案提供了方向。但是证据何尝不是，两者最大的区别就是指向的明确性和范围的准确性程度不同而已，其实生活中很多情况下提到的线索就是证据。如：侦查员收到一条线索，有邻居在案发时段看到有人从现场离开。通常大家都认为这是一条标准的线索，那是因为指向的明确性和范围的准确性不够。是哪个邻居看

---

① 何家弘、刘品新：《证据法学》（第五版），法律出版社 2013 年版，第 107 页。
② 鲍宗新：《浅析证据的属性》，《法制与经济》2012 年第 5 期，第 74 页。
③ 张保生主编：《证据法学》（第二版），中国政法大学出版社 2014 年版，第 18 页。

到的这个情况？具体看到的是男人还是女人？穿着神态如何？如果提高明确性和准确性的程度，比如找到该邻居，详细询问形成笔录，这就是典型的证据——证人证言。

2. DNA 数据库证据性质

（1）DNA 数据库证据的内涵

根据 DNA 数据库证据的定义可知，其内涵应当包括存储在 DNA 数据库中的各类人员基础信息（姓名、性别、身份证号、籍贯、家庭住址、案由、样本采集时间、地点等），现场物证相关信息（案件名称、案发时间、地点、现场物证提取的时间、地点、部位、物证自身的性状、包装情况、送检时间及人员等），各类人员、现场物证的 DNA 分型数据，各种人员—人员比中、人员—物证比中和物证—物证比中通报和利用 DNA 数据库比中破案后出具的鉴定文书。

（2）DNA 数据库证据性质确定

分析上述 DNA 数据库证据的内容可以归纳为五类：人员基础信息、现场物证信息、DNA 分型数据、各类比中通报和鉴定意见。其中没有任何争议的就是鉴定意见，所有学者认为它属于证据，这里就不讨论了。

人员基础信息、现场物证信息、DNA 分型数据属于一类，都属于存储在数据库中的信息，那这类信息数据能否成为证据呢？那就要看这类信息数据是否与案件事实有相关性，是否具有可采性，是否对案件事实具有证明作用，如果以上问题的答案是肯定的，那就是证据。[①] 举个例子，在 2014 年全国公安机关"清网行动"中利用 DNA 数据库比对出大量隐瞒真实身份、意图洗白身份的逃犯。在 DNA 数据库中同一个 DNA 分型拥有不同的人员信息，如姓名、身份证号、家庭住址、籍贯等基础信息。这些存储在 DNA 数据库中的人员基本信息至少有 1 个是假的，甚至都有可能是假的。这些信息数据就是证明逃犯为了逃避侦查而使用假身份信息的证据。现场物证信息性质与人员信息类似，而 DNA 分型又是与人员和现场物证捆绑在一起无法分离的，一条人员信息或物证信息必然对应一条分型数据，所以上述三种的性质相同，都是证据。

---

① 参见陈瑞华《论刑事诉讼中的过程证据》，《法商研究》2015 年第 1 期，第 87 页。陈瑞华教授称这种对案件事实有证明作用的与结果证据相对应的中间环节证据为过程证据，如各种形式的笔录、情况说明、记录等。这种证据可能以诸如证人证言、录音录像资料，甚至可以是电子数据形式存在。

还有一种就是各类比中通报，这类信息数据是最容易被认为是线索的数据。其实还是前边谈到的指向的明确性和范围的准确性程度问题。如，笔者亲身经历的案件，持枪抢劫案件现场遗留的可疑血迹经过 STR 检验和 Y-SNP 检验。将前者的分型录入全国公安机关 DNA 数据库，当时未显示比中结果，将后者的分型在复旦大学 SNP 数据库中检索，得到检索结果为具有维吾尔族血统，建议前往陕、甘、宁、青四省（区）的回族、维吾尔族、东乡族和保安族方向考虑。后者就是典型的具有指向性的线索，其指向的明确性和范围的准确性程度实在不敢恭维。而在三年之后，全国公安机关 DNA 数据库显示，该现场物证与刘某某比中，案件得以破获。这一个比中通报直接将刘某某与持枪枪击现场联系起来了，这就是说比中通报对案件事实具有证明作用，是典型的证据。

另外需要说明的一点是，曾恩泉教授之所以认为上述基础信息不能成为证据的一个主要原因是，这类数据无法归到法定证据种类中。2012 年《刑事诉讼法》对法定证据种类的修订，使电子数据堂而皇之地进入证据的"大家庭"，为 DNA 数据库证据在法定证据种类上找到了合理的归宿。

综上，DNA 数据库证据的性质属于证据，在各类刑事案件的侦查和后续诉讼活动中发挥了重要的作用。

第四节　DNA 数据库发挥作用及效果评价

一　DNA 数据库的作用发挥

（一）系统化管理各类人员样本和现场物证

无论是常规 DNA 数据库、"打拐 DNA 数据库"，还是全国各地的 Y-STR DNA 数据库，在其运行的第一个阶段都是要将所采集的各种类型的人员的血样采集卡或唾液采集卡以及各种类型的现场物证所涉及的信息录入相应的系统。如前所述，全国公安机关 DNA 数据库中人员库包括违法犯罪人员库（即俗称的重点人员库或前科人员库）、未知名尸体库、失踪人员库、失踪人员亲属库、基础库及质控人员库。由于都是人员的血样采集卡，都需要将相应的人员信息，诸如：姓名、性别、身份证号、籍贯、家庭住址等信息输入 DNA 数据库中，如果没有软件系统在录入端加以区别，很难想象要在数以万计、十万计甚至百万计的血样采集卡中查找某一比中的血卡，无异于大海捞针，在比中之后的复核过程所带来的麻烦和困难显而易见。所以，像江苏、广东、浙江、山东和河南等几个省的DNA数据库的库容量均达到300万以上，这几个省的DNA数据库甚至有自己的实验室信息管理系统（Lims），目的只有一个，即通过系统软件能够快速、条理、高效地对数以百万计的各类血卡及各种现场物证进行管理。

1. 通过用户管理物证

公安机关各类DNA数据库均存在不同类型、不同级别、不同权限的用户，从类型上分包括DNA实验室用户和非实验室用户。前者注重物证的检验鉴定侧面，重点放在提高检出率的角度。后者注重物证的提取送检侧面，重点关注提升提取率的角度。从级别上分包括公安部级用户、省公安厅用户、地市公安局用户和县区公安局用户。地市和县区用户主要使用的是物证的提取送检和检验鉴定的功能，而省厅和公安部级别的用户主要侧重于物证分型的比对和通报的上传和下发；从权限上分包括管理员账户和普通账户。不同级别的用户都分管理员账户和普通账户，用于不同类型的用户对物证的分类管理。

2. 通过日期管理物证

日期对于各类DNA数据库来说是必须要设置的检索和录入模块，因为通过时间来管理各类检材最有条理，查询检索最为简便快捷。日期包括：案发时间、物证采集时间、送检时间、录入时间、查询时间和比中时间等。不同类型、不同级别和不同权限的用户会通过不同的时间来筛选、搜索和查询不同时间段的物证。通常侦查办案部门会使用案发时间和采集时间，而实验室检验部门会使用送检时间和录入时间，比中时间则是两者共同关心的节点。因为从比中时间的那一刻起，许多侦查陷入僵局的"冷案"被重新"激活"。换句话说，侦查人员从那一刻起有事可做了，要么是案件串并了，要么是直接比中犯罪嫌疑人甚至导致案件的破获。

3. 通过库别管理物证

以全国公安机关DNA数据库为例，由于现场物证库、违法犯罪人员库、未知名尸体库、失踪人员库、失踪人员亲属库、质控人员库及基础库在数据库中扮演的角色不同，其所发挥的功能也不同。如果现场遗留一份生物物证，各种迹象强烈支持该物证为嫌疑人所留，实验室检验人员检出其DNA分型后录入数据库，这类物证信息就存放在现场物证库。如果公安机关在日常办理刑事案件和治安案件的过程中采集的违法和犯罪人员的血样采集卡，经检验将其 DNA 分型录入数据库，这类物证信息就存放在违法犯罪人员库。如果在荒郊野外发现一具无名尸体，提取其肋软骨经检验获得其 DNA 分型录入数据库，这类物证信息就存放在未知名尸体库。另外，还有两种特殊类型的数据库：一类是存放侦查办案部门及 DNA 实验室检验人员 DNA 分型的指控人员库，另一类是存放非违法犯罪人员用于本地群体遗传学基础数据调查的基础库。

4. 通过地域管理物证

DNA 数据库中的地域属性包括各类人员本身的来源，如籍贯、住所等信息；还包括人员血样卡或物证的来源，即委托送检单位的信息。还能实现血卡质量倒查功能。

（二）为认定犯罪嫌疑人提供证据

DNA 数据库最为常用也最为直观的作用就是凭借存储于其内海量的犯罪嫌疑人的 DNA 分型及人员、案件等相关信息发挥其比对功能，锁定犯罪嫌疑人。违法犯罪人员库又称前科人员库或重点人员库，是我国 DNA 数据库中最重要的一个数据库，目前国家库内存储了数千万条数据，包括监狱、看守所、拘留所等在押服刑人员以及受过打击处理的轻微违法的重点人员。如果纯粹从打击犯罪和破获案件的角度来说，这个数据库的库容量是越大越好。因为如果这个数据库存储的数据足够多，侦查人员需要做的事情就是尽可能地在犯罪现场提取到可能为犯罪嫌疑人的 DNA 就行了。剩下的事情就是 DNA 检验人员想方设法在现场提取的物证中得到一个单一的 DNA 分型然后入库比对。一旦遗留在现场的某个物证比中数据库中某个人员，该人员与该现场物证就建立关联，该人员就与该犯罪现场有了相关性。该数据库证据就成为证明他人有犯罪嫌疑的证据。

（三）为排除犯罪嫌疑人提供证据

DNA 数据库中还有另外一个重要的数据库，那就是案件现场物证库。在这个数据库中将会如实地记录在某个时间地点某人在现场遗留了某个生物物证。例如，数据库中记录有 2008 年 8 月 8 日在深圳市宝安区发生一起入室盗窃案，在现场发现犯罪嫌疑人遗留现场的血迹。经过 DNA 检验获得一男性 DNA 分型，入库后比中李某。数日后将李某抓获，李某对该在宝安区的入室盗窃案供认不讳。关押在沈阳市看守所中李某的朋友张某为一杀人案件的嫌疑人，为了获取立功表现主动检举 2008 年 8 月 8 日李某在沈阳也犯有另一起杀人案。这个时候李某在深圳市宝安区入室盗窃案的记录（DNA 数据库证据）就发挥了极其重要的作用，由于同一个人不可能在同一天同时出现在深圳和沈阳，再加上李某本人的供述及遗留在深圳现场的血迹基本可以排除他同一天在沈阳的犯罪嫌疑，DNA 数据库证据在为他人提供不在场证据方面有很重要的意义。①

（四）为系列案件的串并提供证据

上文提到案件现场物证库证明犯罪嫌疑人在场或不在场的作用，该库的另一个重要的功能就是串并案件。所谓串并案件是指数起案件具备相同或相似的特点或细节，可以作为系列案件并案侦查。DNA 数据库发挥串并案件功能最有效果的应该是在盗窃案件中的应用。盗窃案件具有连续性、跨区域、片区化等特点，另外盗窃罪在刑法上要求盗窃金额要达到一定数量才能达到刑事处罚的要求。例如在某地要求盗窃金额达到 2000 元人民币满足盗窃罪的标准，但在实际办案过程中单次盗窃往往达不到该标准，多次盗窃或系列盗窃金额可累加。而犯罪分子往往只承认最近一次的盗窃行为，就会导致盗窃案的犯罪嫌疑人只能治安处罚，犯罪分子不承认侦查人员又不能刑讯使其交代，所以侦查人员陷入缺乏证据的境地。DNA 数据库中的不同盗窃案件现场提取的同类或不同类物证经 DNA 检验，DNA 分型入库后会自动比对。如果 DNA 分型相同，强烈支持该系列案件为同一人所为。这不仅可为案件的串并提供支持，更可为案件后续的诉讼甚至量刑提供重要的证据。

（五）为儿童打拐和寻亲提供证据

以全国公安机关查找被拐卖/失踪儿童信息系统即"打拐 DNA 数据库"为例，该数据库主要分两个库别，一个是存放被拐卖/失踪儿童人员信息和 DNA 数据的儿童库，另一个是存放被拐卖/失踪儿童生物学父母的人员信息和 DNA 数据的父母库。它们分别从儿童找父母和父母找孩子两个方向对生物物证进行管理。这类 DNA 数据库在打击拐卖儿童的刑事案件中所起到的证据作用不容小觑。近年来拐卖儿童的案件地域范围悄然扩大，已经不再局限于本省或者邻省（市、区），而是向更加广阔的空间纵深扩展，有的案件横跨数省（市、区），穿越数千公里，用常规的侦查手

---

① 参见黄靖锐、陈肖潇、陈思等《法医物证学中 DNA 数据库在法医学及其社会实践中的运用》，《四川生理科学杂志》2013 年第 3 期，第 127 页。

段已经无法应对大范围的拐卖犯罪活动。这种情况下，DNA 数据库联网比对的强大功能就开始崭露头角，并且在为打拐和寻亲提供证据方面发挥重要作用。

（六）为流窜犯罪进行预测及预警

随着 DNA 数据库中库容量逐年增加，数据库的大数据特征逐渐显现出来。大数据技术是利用数据挖掘和分析技术将数据库表层的数据分析加工得到用户需要的数据和信息，其在犯罪学和侦查学上应用的核心就是犯罪预测与预防。将数据库中案情介绍项目中的案件信息进行综合分析，如盗窃案犯罪分子的籍贯结合盗窃案发生的时间段，被盗现场的房屋状况及侵入方式等信息，在一定程度上可以起到预警的功能。比如某省某县籍入室盗窃嫌疑人的共同特点是：多选择夜晚居民最疲劳、熟睡的凌晨作为作案时间，多选择城乡接合部等交通便利、居民住所防范措施较差的地方作为作案地点；多以居民小区内 4 层以下楼层的单元楼房为主要的作案目标；作案人员组合变化较多，且多具有亲属或同乡关系，选择不要身份证就能住的小旅店作为暂时居住地；多沿楼房外安全防护网攀爬，选择门窗未上锁的住户入室。所以，公安局片区民警就可以在符合以上特征的居民区进行盗窃案件的预警，使该区域的居民提高防范意识，从而降低盗窃案件的发生频率，最大限度地防止人民群众财产的损失。

二 DNA 数据库的效果评价

（一）国外 DNA 数据库的效果评价

1. 美国国家 DNA 数据库发挥作用情况

美国国家 DNA 数据库 CODIS 的两个最大的索引目录即俗称的子 DNA 数据库分别为：法医数据库（forensic database）和犯罪人员数据库。其中前者就是相当于通常的现场物证数据库，而后者又可区分为已判刑罪犯数据库和被逮捕犯罪嫌疑人数据库。

图 1-17 显示的是美国国家 DNA 数据库每周针对犯罪人员数据库和法医数据库（现场物证数据库）所进行的主要检索比对类型。[①] 其中①型表示犯罪人员数据库与法医数据库（现场物证数据库）比对的类型。这

---

① ［美］John M. Butler：《法医 DNA 分型专论：方法学（第三版）》，侯一平、李成涛主译，科学出版社 2013 年版，第 192 页。

种类型又包括两种方式：①a新的现场物证分型数据库添加至法医数据库，并与全部的已判刑罪犯数据库中数据进行比对检索；①b新的罪犯分型数据与全部的法医数据库进行比对检索。在①a和①b两者类型的检索比对中，被逮捕的犯罪嫌疑人库比对检索方式与已判刑罪犯数据库相同。②型表示法医数据库（现场物证数据库）中数据之间比对的类型。新的现场物证分型数据与全部法医数据库（现场物证数据库）中已有数据进行比对检索以协助连环案件的串并。

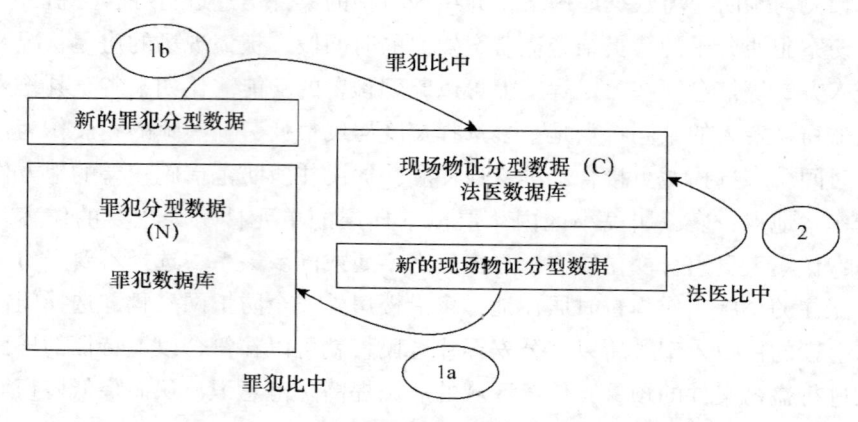

图 1-17 美国国家 DNA 数据库检索方式示意

在对已判刑罪犯或被逮捕犯罪嫌疑人 DNA 分型数据进行检索比对时，当法医数据库（现场物证库）中的一条现场物证 DNA 分型数据与已判刑罪犯或被逮捕犯罪嫌疑人数据库中的一条 DNA 分型数据比中时，称为"罪犯比中"（offender hit）或"嫌疑人比中"（suspect hit），这种类型的比中有时简称为"案件—罪犯间比中"（case-to-offender hit）或"案件—嫌疑人比中"（case-to-suspect hit）。

相应地，在法医数据库（现场物证库）中对现场物证 DNA 分型数据进行相互的检索比对所出现的比中结果称为"法医比中"（forensic hit）。这种比中方式是发现连环罪犯所犯案件的有效方式，这种类型的比中有时简称为"案件—案件间比中"（case-to-case hit）。

正如前文提到的，"比中"是指在对数据库进行检索比对时所发现并确认的两条或多条 DNA 分型数据间的相互匹配。在美国联邦 CODIS 系统中，比中可以出现在地方级别（LDIS）、州级别（SDIS）或者国家级别

（NDIS）范围内。有时，依据检索比对时可用的基础信息的多少，比中结果又可分为"冷比中"（cold hit）和"热比中"（warm hit）。"冷比中"是指在缺少任何先期调查线索的情况下出现的样本分型间的匹配。

而上文提到的罪犯比中和法医比中是衡量一个 DNA 数据库效能的两个基本指标，两者表明了数据库对案件侦破的帮助程度。美国 DNA 数据库用"协助调查"（investigation aided）一词来描述这个帮助程度的大小，它的意思是指 DNA 数据库可对其过程具有辅助价值的刑事调查案件数量，即 DNA 数据库在多少起刑事案件的侦破中发挥作用。在 CODIS 运行的最初 5 年（1998 年至 2003 年），在全美协助完成的刑事调查超过 11000 起。至 2010 年底，CODIS 的协助调查量已超过 129500 起，这使全美数以千计的案件得以串并和侦破。

表 1-7 展示的就是从 2000 年至 2010 年 DNA 数据库在案件侦破和串并中逐年发挥作用的增长情况。需要特别提示的是，几乎 90% 的罪犯比中发生在州内，而非在各州之间，这更凸显了 DNA 数据库在地方范围内的价值。从另一个角度说明美国的罪犯并不太喜欢跨州流窜作案。

表 1-7　　全美 DNA 数据库在案件中发挥作用情况统计[①]

年份（截至 12月31日）	协助调查	法医比中	罪犯比中	州内比中（≈87%）	全国范围内的罪犯比中
2000	1573	507	731	705（97%）	26
2001	3635	1031	2371	2204（93%）	167
2002	6670	1832	5032	4394（87%）	638
2003	11220	3004	8269	7118（86%）	1151
2004	20788	5174	13855	11991（87%）	1864
2005	31485	7000	22495	19620（87%）	2875
2006	45364	9493	34535	30138（87%）	4397
2007	62725	11800	50244	43688（87%）	6556
2008	81875	14353	67641	59122（87%）	8519
2009	105918	17935	89798	78581（88%）	11217
2010	129514	21790	112712	97190（86%）	15552

---

① ［美］John M. Butler：《法医 DNA 分型专论：方法学（第三版）》，侯一平、李成涛主译，科学出版社 2013 年版，第 192 页。

据一份 2017 年 12 月的统计数据显示，美国国家 DNA 数据库（NDIS）中拥有 13123630 条被判刑的罪犯的 DNA 分型数据，2954253 条被逮捕的犯罪嫌疑人的 DNA 分型数据以及 823597 条现场物证 DNA 分型数据。该报告称，最终 DNA 数据库是否在案件中发挥作用，发挥多大作用要看数据库对案件侦破的帮助程度。截至 2017 年 12 月，全美 DNA 数据库已经产生 403186 次比中通报，并且在 387385 起案件的侦破中发挥作用。①

图 1-18 展示的就是全美所有拥有 DNA 数据库的各州实验室的位置图以及各州的 DNA 实验室数据库在案件侦破中发挥作用情况。该图中现在显示的是华盛顿州 DNA 数据库的一些数据，包括数据库中被判刑罪犯 DNA 分型数据、被逮捕犯罪嫌疑人数据、现场物证库分型数据、参与实验室的数量及数据库在多少起案件中发挥作用（协助调查）数量。

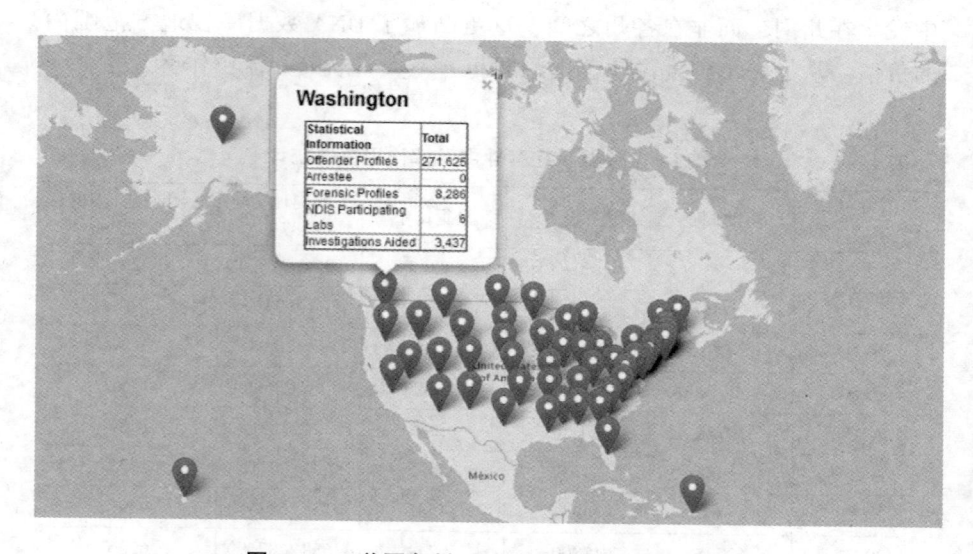

图 1-18　美国各州 DNA 数据库协助调查示意

下面笔者会将美国所有的州的上述信息整理成表格，以展示给读者 DNA 数据库在全美各州发挥作用情况（详见表 1-8）。

---

① 统计数据源自美国联邦调查局官方网站资料。

表 1-8　　全美各州 DNA 数据库在案件中发挥作用情况统计[①]

州	被判刑罪犯分型	被逮捕嫌疑人分型	现场物证分型数据	参与数据库实验室数量	协助调查
亚拉巴马州	241815	44352	16914	4	7732
阿拉斯加州	24273	32911	1855	1	724
亚利桑那州	334968	44313	22339	7	10333
阿肯色州	162494	26965	10673	1	4976
加利福尼亚州	1963099	724550	89817	24	64244
科罗拉多州	191579	224513	18652	8	8614
康涅狄格州	111730	0	7950	1	3717
特拉华州	16472	0	1010	1	169
特区 FBI 实验室	878761	269595	6040	2	1578
特区地铁 PD	0	0	1542	1	359
佛罗里达州	1038775	238696	70873	12	39117
佐治亚州	324833	0	20689	4	7558
夏威夷州	35826	0	1149	1	528
爱达荷州	42892	0	562	1	93
伊利诺伊州	592112	447	41431	9	22322
印第安纳州	271364	0	12708	5	5125
衣阿华州	114182	0	6547	1	2269
堪萨斯州	90058	94062	7425	5	3207
肯塔基州	165780	0	7366	1	2164
路易斯安那州	147338	377363	15847	6	7948
缅因州	31659	0	3367	1	111
马里兰州	125974	37537	12795	6	4728
马萨诸塞州	139184	0	11139	2	4793
密歇根州	377344	70681	28243	4	13468
明尼苏达州	154968	0	15912	3	7063
密西西比州	114674	2766	1379	1	597
密苏里州	302902	36189	24466	7	13361

---

① 统计数据源自美国联邦调查局官方网站。

续表

州	被判刑罪犯分型	被逮捕嫌疑人分型	现场物证分型数据	参与数据库实验室数量	协助调查
蒙大拿州	34875	0	1020	1	245
内布拉斯加州	40132	0	1955	1	504
内华达州	93018	61556	8414	2	4258
新罕布什尔州	11807	0	1787	1	341
新泽西州	303198	10438	21306	2	10438
新墨西哥州	65081	49171	8286	3	3896
纽约州	597319	0	57762	8	23460
北卡罗纳州	271033	38903	9926	2	3683
北达科他州	12498	24942	1382	1	777
俄亥俄州	477130	222099	61493	8	20508
俄克拉荷马州	153100	264	6516	3	3117
俄勒冈州	199673	0	13968	1	7866
宾夕法尼亚州	365691	0	17737	3	7659
波多黎各	22103	2897	268	1	45
罗得岛州	24051	433	1332	1	408
南卡罗来纳州	200408	22020	15731	5	7622
南达科他州	27294	37203	1451	1	716
田纳西州	227811	109252	10493	4	3841
得克萨斯州	856282	67550	69271	17	29227
美国陆军	30189	60223	3281	1	174
犹他州	100413	8107	1804	1	107
佛蒙特州	19232	0	780	1	410
弗吉尼亚州	420390	4589	20871	4	10417
华盛顿州	271625	0	8286	6	3437
西弗吉尼亚州	28233	0	1571	1	414
威斯康星州	250507	9666	17258	2	6699
怀俄明州	25481	0	958	1	218

2. 欧洲国家 DNA 数据库发挥作用情况

欧洲法庭科学研究所联盟（ENFSI）会每隔一段时间将欧洲各国 DNA

数据发挥作用情况在其官方网站公布（见表1-9）。该组织评价 DNA 数据库发挥作用情况也是通过犯罪人员库与现场物证库的比中情况来衡量的。

表1-9　　　　欧洲各国 DNA 数据库发挥作用情况统计[1]

国家	人口总量	犯罪人员—现场物证比中数			物证—物证比中数	人员—物证人均比中
		犯罪嫌疑人	被定罪人员	总计/未分类		
奥地利	8100000			23812	10945	
比利时	10400000	841	3572	4413	10853	0.11
塞浦路斯	772000	85	41	126	53	0.29
捷克	10553800			21075	10111	0.11
丹麦	5500000			27722	4834	0.23
爱沙尼亚	1311800			5888	1100	0.12
芬兰	5475866			25234		0.16
法国	66030000	128954	29958	158912	26295	0.05
格鲁吉亚	4700000	14		14	6	
德国	82000000			176579	46507	0.20
希腊	10600000			890	1340	0.10
匈牙利	9982000			1472	323	0.01
爱尔兰	4200000	278	44	322	56	0.09
拉脱维亚	2000000			2497	330	0.05
列支敦士登	37000					
立陶宛	2960000			3047	488	0.03
卢森堡	570000	170	218	388	8208	0.15
马其顿	2100000			1686	225	0.09
马尔他	400000			1	3	0.03
荷兰	17000000			55050	5434	
挪威	5000000	3822	9972	13794	1881	0.19
波兰	38200000			597	444	0.01

[1] European Network of Forensic Science Institutes, *ENFSI survey on DNA Database in Europe*, ENFSI Documents 1/1, Jan 6, 2017.

续表

国家	人口总量	犯罪人员—现场物证比中数			物证—物证比中数	人员—物证人均比中
		犯罪嫌疑人	被定罪人员	总计/未分类		
葡萄牙	10300000			100	65	0.02
罗马尼亚	22000000			994	326	0.03
苏格兰	5500000			31249	2556	0.10
斯洛伐克	5500000			5527	1932	0.09
斯洛文尼亚	2000000			5218	1037	0.17
西班牙	46700000			42894	45908	0.13
瑞典	9894888	28754	21544	50298	17127	0.32
瑞士	7779000			57910	14395	0.32
英国	53700000			2029892	427287	0.43
总计	802451354			2747601	640069	0.24

表1-9展示的就是欧洲各国人口总量及DNA数据库在案件中发挥作用情况。上述两张表格中的信息汇总时间截至2016年8月。可见欧洲各国对DNA数据库效能的衡量也是通过犯罪人员与现场物证比中及现场物证与现场物证比中的数量来评价。需要特别指出的是，与美国DNA数据库不同，欧洲各国还增加了一个指标：人均比中现场物证数（stain-person matches per person），就是用表1-9中的犯罪人员—现场物证比中数去除以表1-4中的犯罪人员库容总数得到的比值。如：比利时在表1-9中的犯罪人员—现场物证比中数为4413，除以表1-4中的犯罪人员库容总数38883，得数为0.1135，保留两位小数就是表1-9中最后一列的数据0.11。从统计学上讲，这个参数更能反映DNA数据库中犯罪人员库与现场物证库在各类案件中发挥作用的大小。

（二）我国DNA数据库发挥作用情况

1. 国家DNA数据库发挥作用总体情况

截至2016年底，全国公安机关联网DNA实验室总数达598个，较2008年同期增长3.4倍，每年新增DNA数据总量突破1000万条。全国公安机关DNA数据库库容达到5900余万条，其中现场物证190余万条，违法犯罪人员5430余万条，较2008年同期增长43.9倍。2016年全国公安机关利用DNA数据库比中犯罪嫌疑人17.2万人，比中破案时7.4万起，均创历史新高。

2009年底,公安部刑事侦查局将打拐信息系统软件和DNA数据库硬件重新整合,统一交由公安部物证鉴定中心负责管理维护,为打拐专项行动和常态工作提供支撑。截至目前,该数据库累计录入失踪/被拐儿童及其亲属DNA数据55.7万条,比中确认失踪/被拐儿童身份4420条,其中被拐时间最长的达36年,产生了良好的社会效益。

2012年2月,公安部刑事侦查局和公安部物证鉴定中心共同组织专家论证建设Y-STR DNA数据库的必要性和可行性。2012年9月,公安部刑事侦查局再次会同公安部物证鉴定中心下发《关于开展公安机关Y-STR DNA数据库建设应用试点工作的通知》,优选公安部物证鉴定中心和河南、广东、贵州等省9个DNA实验室开展Y-STR DNA数据库建设应用试点。目前,已有16个省、市公安机关启动Y-STR DNA数据库建设,数据总量达720万。在2016年公安部命案积案攻坚专项行动中,甘肃省白银市系列残害女青年案、山西省绛县2010年"4·19"三名女学生被杀案都是通过Y-STR DNA数据库得以破获。

2. 山西省公安机关DNA数据库发挥作用情况分析

笔者为了搞清楚我国公安机关DNA数据库在案件侦破中发挥作用的实际情况,特利用DNA数据库的统计功能将山西全省包括1个省级DNA数据库、2个县区级DNA数据库(太原市迎泽区和万柏林区)和11个地市级DNA数据库在违法犯罪人员与现场物证比中情况、现场物证与现场物证比中情况,截取2013年至2017年连续5年时间的数据加以统计,以期为DNA数据库在山西各级公安机关侦查破案中发挥作用情况做参考(见表1-10至表1-14)。

表1-10　山西省各级公安机关DNA数据库发挥作用情况统计(2013年)

地区	物证总数	物证比中物证	物证比中嫌疑人	物证比中违法犯罪人员	认定人员数	未比中物证数
省公安厅	78	22	9	26	46	28
太原市公安局	616	99	25	217	249	303
迎泽区公安局	0	0	0	0	0	0
万柏林区公安局	0	0	0	0	0	0

续表

地区	物证总数	物证比中物证	物证比中嫌疑人	物证比中违法犯罪人员	认定人员数	未比中物证数
大同市公安局	215	10	13	43	110	72
阳泉市公安局	183	106	0	71	81	98
长治市公安局	425	332	75	49	262	93
晋城市公安局	349	68	12	98	126	144
朔州市公安局	137	18	7	32	60	56
忻州市公安局	289	30	54	95	236	70
吕梁市公安局	61	8	16	26	52	14
晋中市公安局	116	21	8	21	38	54
临汾市公安局	301	21	45	62	176	112
运城市公安局	200	49	17	41	102	69
总 计	2970	784	281	781	1538	1113

表 1-11　　山西省各级公安机关 DNA 数据库发挥
作用情况统计（2014 年）

地区	物证总数	物证比中物证	物证比中嫌疑人	物证比中违法犯罪人员	认定人员数	未比中物证数
省公安厅	75	8	9	10	39	21
太原市公安局	418	60	15	170	189	208
迎泽区公安局	0	0	0	0	0	0
万柏林区公安局	0	0	0	0	0	0
大同市公安局	350	50	7	85	168	119
阳泉市公安局	187	16	1	34	35	111
长治市公安局	487	88	50	30	186	204
晋城市公安局	308	177	3	74	108	129
朔州市公安局	99	22	1	32	36	42
忻州市公安局	503	108	57	78	228	163
吕梁市公安局	145	2	49	31	125	34
晋中市公安局	174	16	16	28	60	83
临汾市公安局	299	35	38	32	149	121
运城市公安局	243	25	13	34	75	103
总 计	3288	607	259	638	1398	1338

表1-12　　山西省各级公安机关DNA数据库发挥
作用情况统计（2015年）

地区	物证总数	物证比中物证	物证比中嫌疑人	物证比中违法犯罪人员	认定人员数	未比中物证数
省公安厅	32	2	3	2	12	13
太原市公安局	442	64	25	140	177	202
迎泽区公安局	0	0	0	0	0	0
万柏林区公安局	0	0	0	0	0	0
大同市公安局	349	60	16	71	170	119
阳泉市公安局	159	55	8	26	43	82
长治市公安局	706	213	64	46	242	250
晋城市公安局	292	28	32	51	119	129
朔州市公安局	77	14	0	19	31	37
忻州市公安局	590	71	49	74	217	241
吕梁市公安局	130	1	34	12	87	36
晋中市公安局	141	14	14	14	30	68
临汾市公安局	329	33	25	57	136	160
运城市公安局	206	33	20	65	102	95
总计	3453	588	290	577	1366	1432

表1-13　　山西省各级公安机关DNA数据库
发挥作用情况统计（2016年）

地区	物证总数	物证比中物证	物证比中嫌疑人	物证比中违法犯罪人员	认定人员数	未比中物证数
省公安厅	33	7	2	4	9	21
太原市公安局	453	40	23	156	197	218
迎泽区公安局	0	0	0	0	0	0
万柏林区公安局	0	0	0	0	0	0
大同市公安局	413	77	17	94	173	167
阳泉市公安局	123	41	39	22	96	46
长治市公安局	449	95	59	39	198	173
晋城市公安局	360	263	57	96	197	131

续表

地区	物证总数	物证比中物证	物证比中嫌疑人	物证比中违法犯罪人员	认定人员数	未比中物证数
朔州市公安局	105	12	1	27	41	38
忻州市公安局	809	115	71	103	259	404
吕梁市公安局	168	9	32	36	109	53
晋中市公安局	163	27	29	38	76	78
临汾市公安局	319	34	25	68	127	155
运城市公安局	321	70	43	79	183	121
总　计	3716	790	398	762	1665	1605

表1-14　山西省各级公安机关DNA数据库发挥作用情况统计（2017年）

地区	物证总数	物证比中物证	物证比中嫌疑人	物证比中违法犯罪人员	认定人员数	未比中物证数
省公安厅	31	1	0	5	10	15
太原市公安局	318	23	20	104	146	177
迎泽区公安局	57	58	3	16	36	14
万柏林区公安局	22	9	1	3	9	7
大同市公安局	609	153	35	55	173	309
阳泉市公安局	120	9	8	6	23	74
长治市公安局	261	46	51	22	125	107
晋城市公安局	397	339	62	48	159	130
朔州市公安局	152	125	15	1	30	61
忻州市公安局	626	118	52	41	167	311
吕梁市公安局	129	30	11	20	45	59
晋中市公安局	112	50	23	15	40	66
临汾市公安局	431	316	55	25	188	150
运城市公安局	173	64	1	22	28	81
总　计	3438	1341	337	383	1179	1561

经过对上述5个年度DNA数据库发挥作用的观察发现：

（1）现场物证—现场物证比中数。此项参数反映的是DNA数据库对案件串并的效能，数据的最高点出现在 2017 年，为 1341 条；最低点分别出现在 2014 年和 2015 年，为 607 条和 588 条。数据随年度呈现两头高、中间低的态势。说明 2017 年案件的串并效果是近 5 年来最好的年度，较上一年度提高了 76.1%。

（2）现场物证—嫌疑人/违法犯罪人员。此项参数反映的是 DNA 数据库对案件破获的效能，数据的最高点出现在 2016 年，为 1090 条；最低点出现在 2017 年，为 671 条。数据随年度呈现两头低、中间高的态势。说明 2016 年案件破获效果是近 5 年来最好的年度，较下一年度提高了 62.4%。

（3）认定人员数。此项参数反映的是 DNA 数据库对案件破获后落地情况的反映，由于该项参数与现场物证—嫌疑人/违法犯罪人员数有直接关联，所以两者呈正相关。数据的最高点同样出现在 2016 年，为 1665 条；最低点出现在 2017 年，为 1179 条。数据随年度同样呈现两头低、中间高的态势。说明 2016 年案件破获效果是近 5 年来最好的年度，较下一年度提高了 41.9%。

综合以上信息可知，山西全省公安机关 DNA 数据库发挥作用中 2016 年案件破获效果最好，2017 年串并案件效果最好。

3. 公安机关 DNA 数据库在各类重大案件中发挥无可替代的作用

随着公安机关各类 DNA 数据库不断建成、升级、改造及完善，其在各种类型的案事件中发挥着重要作用。如在西藏拉萨"3·14"群体暴乱事件、新疆乌鲁木齐"7·5"群体暴乱事件、云南"3·1"昆明火车站暴力恐怖案件、湖北监利"6·1"沉船事件、天津滨海新区"8·12"爆炸事件、甘肃白银连环杀人案、山西绛县残害女童案等重大、特大、恶性影响的案件、事件及灾难事故中，DNA 数据库为锁定犯罪嫌疑人、为诉讼提供证据展现了重要的科技支撑作用。

第二章

DNA 数据库数据的录入和存储

DNA 数据库证据中 DNA 数据库中存储的各类数据是其中重要的部分，是后续 DNA 数据比对以及 DNA 数据库相关鉴定文书出具的前提和基础。DNA 数据库数据主要包括各类人员基本信息、现场物证相关信息、人员或现场物证 DNA 分型以及各种类型的比中通报。本章主要从静态的角度描述 DNA 数据库中数据的录入存储环节及其可能出现的各类问题和隐患，为后续第五章 DNA 数据库的规制提供基础。

第一节 人员样本信息的录入

各类 DNA 数据库中必不可少的一项数据就是各种人员的数据。在全国公安机关 DNA 数据库中有违法犯罪人员（包括重点前科人员和看守所、拘留所及戒毒所三所在押人员）、违法犯罪人员亲属、失踪人员、失踪人员亲属（包括父母双亲、父母单亲、配偶子女双亲、祖孙双亲等多种方式）、未知名尸体和质控库人员等。

图 2-1 所示为即将投入使用的"金盾二期"全国公安机关 DNA 数据库中所涉及的各类人员类型，较现在使用的 DNA 数据库中人员分类更为精细。将建库人员分为：前科人员、违法犯罪人员、个案排查人员、涉毒人员、卖淫人员、嫖娼人员、特殊职业者、家系人员。将失踪人员分为：疑似被侵害失踪人员、失踪儿童、疑似灾难失踪人员、负案在逃人员、疑似走失人员、失踪儿童父亲、失踪儿童母亲和失踪儿童用品。身份不明人员分为：未知名尸体、被拐儿童、灾难死者、其他身份不明人员。

在全国公安机关查找被拐卖/失踪儿童 DNA 数据库中有两个录入人员的登入端口：一是被拐卖儿童信息录入端口，另一个是寻找被拐卖儿童的

第二章 DNA 数据库数据的录入和存储　　　　　　69

图 2-1　DNA 数据库各类人员类型

父母等人员的端口。

图 2-2 显示的就是在全国公安机关查找被拐卖/失踪儿童 DNA 数据库中儿童信息的录入端口，这种情况属于被拐儿童寻找父母的情况。其中儿童又分为：解救的被拐卖儿童，来历不明、疑似被拐卖的儿童，来历不明的流浪、乞讨儿童和未知名儿童尸体等类型。其中比较重要的信息是儿童的性别和大致年龄，这两条信息对于后续儿童身份的排查和认定相对关键。另外，监护人的身份证号、联系方式和居住地址对于儿童解救后妥善安置也有重要的意义。

图 2-3 显示的就是在全国公安机关查找被拐卖/失踪儿童 DNA 数据库中父母信息的录入端口，这种情况属于父母寻找被拐或失踪儿童的情况。其中父母信息录入分为父母双亲信息和父/母单亲信息，前者又分为经工作已确认的失踪儿童父母和自己要求采血的失踪儿童父母；后者又分为已故、离异后去向不明、失踪、外出未归等类型。这种录入端口中对被拐儿童也进行了分类，分为被盗、被抢、被拐骗、走失和不详等种类。

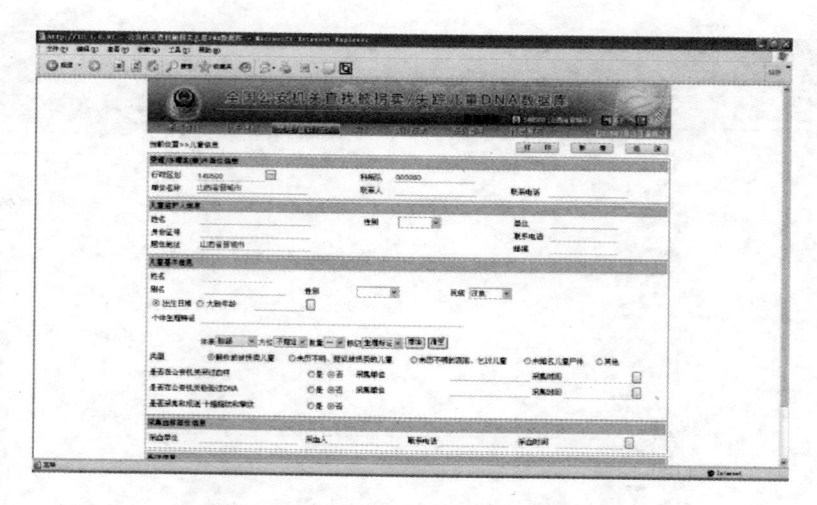

图 2-2　打拐 DNA 数据库儿童信息

图 2-3　打拐 DNA 数据库父母信息

在 Y 染色体数据库中包括所在地域、所有具有户籍信息的男性人口信息，几乎所有的 Y 染色体数据库在设计之初均会把 DNA 数据库系统与全国人口户籍系统打通，使两个系统实现信息共享。

对 Y 染色体数据库人员信息数据的控制是通过各地区的家系图来实现大量男性个体样本的管理。由于 Y 染色体特殊的遗传特性，在排除突变的前提下，同一家系中的不同男性个体其 Y-STR 分型一致。这样数据库管理人员就可以通过少量的人员个体来达到控制大量男性群体的目的，既能提高检验的准确度，又能减少人、财、物的浪费。以笔者所在的山西省晋城市来说，全市人口 230 万，其中男性群体为 133 万。前期将这 133 万男性群体覆盖绘制了 15.9 万幅家系图，预计采集样本近 30 万。

图 2-4 显示的就是在 Y 染色体数据库中存储的一幅五代家系图，其中不同颜色代表不同的人员类型。其中白色①指该个体已经去世，蓝色②表示该个体为该家系嫡生在世个体，绿色③表示该个体为入赘或随母带来等外来个体，红色④表示该个体已经外迁，到别处生活。

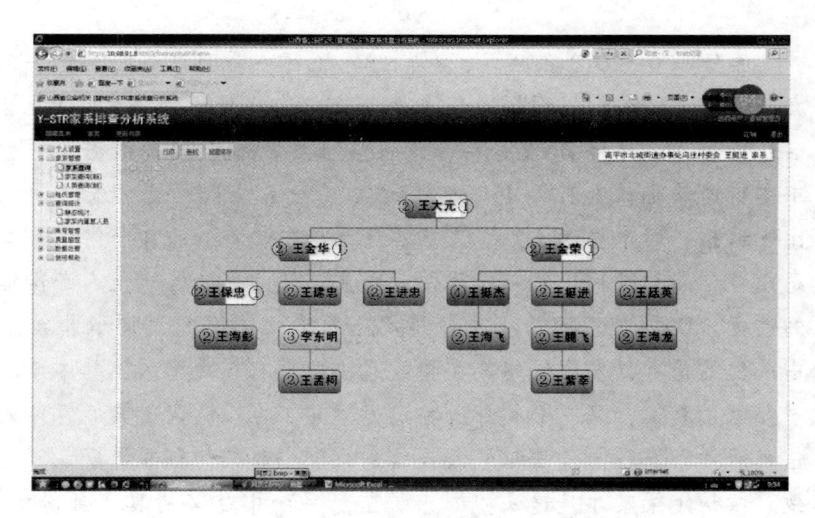

图 2-4　Y 染色体数据库家系

综上，人员样本信息主要包含人员的姓名、性别、年龄、身份证号、籍贯、家庭住址、样本唯一编号、涉案种类及涉案时间、地点等。有的数据库甚至会包含儿童的照片、丢失时间、面部特征、被拐儿童父母及其他相关人员的工作单位及联系方式等。拿全国公安机关 DNA 数据库举例，截至 2017 年，该数据库中仅各类人员信息存储就已超过 6000 万条，稳居世界第一。然而，我国现行的 DNA 数据库为四级用户接入、上下传输并行的运行模式，并且全国已有超过 500 家县市级 DNA 实验室通过 34 家省级服务器接入国家 DNA 数据库服务器。换言之，即上述 500 多家 DNA 实验室终端承载着全国这 6000 多万份人员信息数据的录入和存储。那么如何有效准确及时地录入，如何全面安全地存储就成了摆在 DNA 数据库证据使用者面前首先要考虑的问题。

一 准确性：发生张冠李戴式的冤假错案

人员样本信息录入中的诸多特性，准确性恐怕是要优先考虑的问题。因为如果在海量数据的 DNA 数据库中不能保证数据的准确性，极易发生"张冠李戴式"的冤假错案。从本章开始，为了支持此论证的观点笔者会引用大量已破案例，[①] 出于对案件信息的保密，案件发生时间、地点、所涉人员均采用字母或化名代替。

案例一[②]：2013 年 9 月，Z 省 H 市城区一公园凉亭内发生一起命案，一名男性死亡，现场遗留多处血迹。这些现场血迹经 DNA 检验后获得另一名男性 DNA 分型，录入全国公安机关 DNA 数据库中后比中本市违法犯罪人员库中赵某。DNA 实验室检验人员并未就此认定比中通报，而是将违法犯罪人员信息系统中赵某的照片与常住人口信息系统中照片进行比对，发现两者明显不符，存在冒充他人身份信息的情况。DNA 实验室马上将此情况上报专案组，经过调取指纹系统中采集的信息，发现该赵某在指纹系统中也有 6 次记录，其中 5 次身份登记为赵某，只有 1 次身份登记为梁某。再次调取梁某的常住人口信息照片，发现与违法犯罪人员信息系统中赵某的犯罪嫌疑人照片一致。故认定梁某才是违法犯罪人员信息系统中赵某的真实身份信息。后专案组抓获犯罪嫌疑人梁某，经过采集血样 DNA 复核检验后证实上述判断，案件成功破获。

案例二[③]：2014 年 6 月 14 日，某县卫生局发生一起盗窃案，现场提取烟蒂两枚，送往 DNA 实验室检验。2014 年 7 月 8 日，该县某居民小区楼多家被盗，现场提取多枚烟蒂，送往 DNA 实验室检验。

[①] 本书案例大部分由《全国公安机关 DNA 数据库建设应用研讨会论文选》中真实案例改编。

[②] 张怀才、章申峰：《谈 DNA 数据库违法犯罪人员身份信息冒用现象》，载《第四届全国公安机关 DNA 数据库建设应用研讨会论文选》，群众出版社 2015 年版，第 155—156 页。

[③] 顾章鸿、郭伟、万轶飞等：《信息研判在锁定犯罪嫌疑人真实身份中的应用一例》，载《第四届全国公安机关 DNA 数据库建设应用研讨会论文选》，群众出版社 2015 年版，第 757 页。

两案的现场检材均检出同一男性DNA分型，将该分型录入全国公安系统DNA数据库中后发现比中该地DNA数据库中某县违法犯罪人员王某（身份证号：123456XXXXXX XX1234）。DNA实验室在通报比中情况之前，将该王某的身份证号在全国人口信息库中进行查询，但是居然未能查到这个身份证号，此时确定该身份信息为犯罪嫌疑人编造。

DNA实验室将此情况通报刑侦部门，侦查员接报后利用户籍人口管理信息系统用此身份证号部分号码进行模糊查询，在查询结果中筛选出一名可疑人员，该人员的身份证号为123456XXXXXXXX5678，仅仅最后四位不同，且户籍地相同。这一信息立刻引起了侦查员的注意，通过大情报系统中对张某的生活轨迹进行研判发现该张某在发案时间段正好在发案地点周围活动。后将张某抓获后采集血样复核，认定该张某即为系列盗窃案的犯罪分子。后张某交代，每次被打击处理时向公安机关提供的身份信息均为自己编造的假信息。

仔细分析上述两个案例后发现，案例一中犯罪嫌疑人使用的是真实存在的身份信息，只不过是他人的，是冒用身份信息的情况；案例二中犯罪嫌疑人使用的是编造的不存在的身份信息。其实两个案例均涉及人员信息的查重排除和人员的筛选过程。试想如果在单对单的血样采集中都不能进行人员辨认和身份信息核对，那面对超过6000万条各种人员的信息数据流，如何能保证条条准确无误？如果不能，则DNA数据库信息数据非但不能成为打击犯罪的有力证据，反倒极有可能成为造就冤假错案的可耻"帮凶"。

所以我们很有必要再次审视DNA数据库中各类人员血样采集录入的准确性问题。在第一章作为证据的DNA数据库中笔者就曾经提到过人员样本信息的录入流程（见图1-11DNA违法犯罪人员库检验入库流程），其中的前实验室阶段就包括血样采集人员的人员筛选和血样采集以及信息录入人员的信息查重和信息录入。如果血样采集人员没有做到准确筛选人员、准确血样采集，如果信息录入人员没有进行准确信息查重、准确信息录入，作为整个DNA数据库运行的第一个环节，则很难想象如果在这个阶段出现错误会带来什么致命的后果。所以，人员样本信息采集录入要保证准确性是毋庸置疑的了。那么，紧接着第二个问题就来了，什么是人员样本信息采集录入的准确性？或者说此处的准确性具体包括什么内容呢？

我们不妨先看一份地级市公安局 Y 染色体数据库建设情况报告，由于内容较多，此处节选部分内容：①

……

全市 Y 数据库建设整体工作情况及运用情况

目前，我市已经建立了家系图谱 159142 份，覆盖全市 2250 个行政村，1337773 男性人口：其中嫡生支数 157013，外来支数 51361，嫡生男性 1226249 人，外来男性 111580 人，外迁男性 166333 人。按计划需要投资约 2000 万元，预计采血 27 万余人，已采血 110930 人，入库信息 23000 余条。

在 Y 数据库建设过程中，侦查人员利用"以 Y 找群、以 DNA 找人"的顺藤摸瓜侦查法，利用已入库的 Y 数据信息成功破获了"2015·1·8 泽州县大东沟镇西洼村故意杀人案"等案件。随着 Y 数据入库信息数量的增加，此项技术在疑难案件侦破中会发挥出越来越明显的作用。此外，Y 数据库的建设也丰富了我市人口信息系统，为有意愿的老百姓无偿"修建家谱"。是在处置流动人员突发性公共卫生事件及群死群伤、灾害事故中为查明身源、进行救治提供信息支撑的一项重要举措。

存在的问题

按照"全面建立族谱、重点采集样本、实时检验和以案建库并重"的原则，市县两级公安机关积极推进 Y 数据库建设工作，我市 Y 数据建设工作整体基本良好，能够稳步推进，但在"回头看"工作中，发现部分县市区、派出所存在一些问题：

家系图谱：

家系图谱不合格，责任民警无手写签名、家系人员信息不全、外迁人员未标注去向、外来 Y 人员未标注方式。

家系命名不规范，以死者、儿童、"某氏"等命名。

---

① 该报告源自山西省晋城市公安局 DNA 实验室的《晋城市 Y 数据库建设整体工作情况及运用情况报告》中的内容，其中主要涉及晋城地区 Y 数据库建设中遇到的各种问题及解决方案，对于地市一级公安机关建设数据库有很强的借鉴意义，此处重点节选问题分析部分供参考。

家系**录入不对应**，系统中录入的家谱与绘制的家谱不一致，人员姓名输入错误，同村或同一家系中同名同姓的人混淆，家系中外来 Y 人员嫡生子女标注仍为"外来 Y"。

家系**录入有重复**，同一家系重复录入。

家系更新不及时，死亡销户、新生儿上户或者户口迁入、迁出更新状态不及时。

家系图谱无合并，同一行政村中属于同一家系的小家系未合并。

家系质量无监督，各县市区派出所质量监督员未对上交的家系图册的质量进行严格核对和把关。

血样采集：

血样标注不正确，标注死者、未标注外来支数、重复标记、家系标注人数多于标准要求人数。

血样采集不标准，未按照家系标注人员采集血样、采集血量少，血卡保存方式不对，导致做不出数据。

血样采集不准确，2 张身份信息相同的血卡，做出来不同的基因信息。

血卡信息不规范，血样采集卡上未填写采集人、采集时间、采集单位等信息；有的**血样采集卡上人员信息错误、血卡未标注隶属家系名称、与系统家系人员信息不符、条码号抄写错误、条码粘贴错误**。

血样采集有重复，同一家系人员重复采集。

血样采集无台账，未建立以派出所领导签名负责的家系采血台账。

……

此处的准确性具体包括什么内容呢？这份节选的 Y 染色体数据库建设报告已经给出了答案。让我们看看这些标粗的内容："录入不对应"，"录入有重复"，"血样标注不正确"，"血样采集不标准"，"血样采集不准确"，"血样采集有重复"，"人员信息错误，血卡未标注隶属家系名称，与系统家系人员信息不符、条码号抄写错误、条码粘贴错误"。所以此处的准确性应该包括以下几个方面。

（一）信息的正确性

名字同音不同字情况要核对清楚，避免出现案例一中同名同姓不同人的冤假错案。身份证号码不能漏位、错误。家庭住址、联系方式要详细记录避免出现类似于"泌阳"和"沁阳"式的错误。

（二）信息的对应性

信息的对应性体现在很多方面，如：血卡上标注的信息与被采集对象的信息是否一一对应，血卡上标注的信息与 DNA 数据库系统里的信息是否一一对应，血卡里的血液样本与被采集对象的血液样本是否一一对应。案例一中出现的将"梁某"错当"赵某"就属于这种情况。这份节选的 Y 染色体数据库建设报告中这方面的细节说得更详细，甚至包括"条码号抄写错误、条码粘贴错误"。在现实中，基层血样采集民警类似于这种条码号抄错、条码粘错的情况并不少见，甚至为了完成任务，有人可能会将一管血液（假设是人员 C 的血液样本）涂抹至不同人员信息、不同人员编号的不同的血样卡（假设是人员 A、B、C）上。这种情况下通过简单的表面信息核对很难发现问题，就会出现在 DNA 数据库中有多人（A、B、C）的 DNA 基因分型一致，到底哪个分型属于哪一个人员的？这样一来，如果 DNA 数据库中现场物证比中犯罪嫌疑人 C 还好说，但如果比中犯罪嫌疑人 A 或 B 呢？DNA 数据库岂不结结实实地当了回冤假错案的帮凶！结果真的是难以想象。可见信息的对应性对于 DNA 数据库的录入的重要性。

（三）信息的唯一性

换句话说就是信息的非重复性。关于血样的重复性采集和录入问题，历来存在争议。有人主张严格控制重复性，要保持数据信息的唯一性。只有这样才能提高 DNA 数据库中有效数据的比率，使存储有海量数据的数据库保持高效的运转效率，真正发挥其比对和传输功能。所以主张在录入信息之前要查重，凡是重复的人员信息禁止录入。还有人主张适度控制重复率，有一定极低比率的重复人员血样能起到类似于血样复核的效果，尤其是对于跨地域、跨时空的人员血样来说，在不同时间、不同地点录入的同一人员可以发挥犯罪轨迹刻画、案件研判预测等大数据功能。

另外，关于录入时如何查重的问题也值得关注。在录入时一般做法是以身份证号为查重检索条件，如果数据库中有相同的身份证号的人员信息，即使名字是同音不同字的情况也视为重复而不再录入。现在看来，这种做法似乎不太妥当。因为这种查重方式没有考虑到信息对应性问题，也就是说如果出现姓名和身份证号码一致，但确实不是同一个人的情况，这种查重方式就行不通了。公安部于 2011 年组织的全国范围内的"清网行动"中揪出许多冒用他人身份的逃犯说的就是这种情况。而在排除同卵双胞胎的前提下,每个人的 STR DNA 分型是唯一的。要想真正达到查重的效果,用 DNA 分型作为查重检索条件其实更加合适。从这个角度来说,笔者还是更倾向于后一种关于数据库重复率的观点。

二 全面性:重要信息遗漏影响罪犯排查

全面性是继准确性之后,人员信息录入中需要特别关注的又一重要的特性。人员数据的全面性包括人员类型的全面性和人员信息的全面性。

(一)人员类型的全面性

1. 应将三所及监狱人员及早纳入违法犯罪人员库的采样范围

案例三[①]:2016 年 10 月 11 日晚 10 点 10 分,H 省 J 市 D 区 M 派出所接到群众报警,报称该镇 L 加油站有人持枪抢劫,1 人受伤。由于是持枪抢劫案案件重大,接到报警后,值班民警立刻向 D 区公安分局汇报情况,并带领协警迅速赶往现场。据受害人反映,两名犯罪嫌疑人作案时都头戴鸭舌帽,脸部戴着口罩,手上戴着手套,看不清两人面部特征。D 区公安分局技术人员接警后,迅速赶到案发现场进行勘查。由于犯罪嫌疑人头戴鸭舌帽,脸部着口罩,手上有手套,现场未留下有价值的痕迹及生物物证。后利用警犬技术追踪,在加油站西边田间 20 米处发现了疑似犯罪嫌疑人掉落的鸭舌帽一顶,经与加油站的监控视频比对、受害人辨认,确认此鸭舌帽为犯罪嫌疑人逃跑时丢弃。技术人员及时提取、送检此犯罪嫌疑人遗留在外围现场的鸭舌帽,迅速送检至市公安局 DNA 实验室,要求快速检验此鸭舌帽以获取犯罪嫌疑人 DNA 分型并及时入库比对。

DNA 实验室接案后,及时组织技术员加班检验。鸭舌帽为黑色,比较陈旧,粘有泥土较脏。技术员决定采用脱落细胞粘取器粘取鸭舌帽内侧沿及帽子内顶部等处,采用磁珠提取纯化仪提取检验,结果在鸭舌帽上提取的多份检材均获得同一男性 DNA 分型,图谱质量好,

---

① 本案案件简要案情引自马卫东《利用微量脱落细胞快速直破加油站持枪抢劫案》,载《第五届全国公安机关 DNA 数据库建设应用研讨会论文选》,群众出版社 2017 年版,第 673 页。

峰高无杂峰。DNA技术员迅速将此分型录入全国DNA数据库。10月13日，该生物检材在DNA数据库中比中2013年J市局DNA实验室在S监狱服刑人员中采集的违法犯罪人员黄某某（男，E市E城区Z镇T村人，身份证号：42070419870912××××），经实验室再次复核结果准确无误。DNA技术员迅速将DNA比中情况向D分局通报，D分局立刻组织民警开展信息研判，并派一组民警立即赶到S监狱调查了解情况，另一组民警前往黄某某老家实施抓捕。

经查，在S监狱服刑期间黄某某与庹某、谢某在同一监室，平时关系十分密切，三人分别于最近几年刑满出狱。民警经过大量视频和活动轨迹进行分析研判，确定庹某、谢某两人与黄某某为本案犯罪嫌疑人。10月15日凌晨2时黄某某和谢某在E市E城区泽林镇一网吧内落网。同日上午9时，毫无防备的庹某在J市白云楼附近闲逛时，也被民警抓获归案。经审讯，庹某、谢某、黄某某如实交代了持枪抢劫加油站的犯罪事实。

此案的成功破获关键在于DNA技术人员在外围现场提取的鸭舌帽中检出的嫌疑人的DNA分型与DNA数据库中黄某某比中。而能比中的关键是DNA数据库的犯法犯罪人员库中将黄某某涵盖在其内。笔者了解到，在此案发生的3年前，即2013年6月，J市公安局刑侦支队组织法医鉴定所全体技术民警赴S监狱采集在押服刑人员血样，在5天内共采集16800余人份DNA建库血样，并将其DNA分型入库。本案中犯罪嫌疑人黄某某、庹某、谢某因在S监狱服刑，所以能够将其血样覆盖，现场DNA才能最终比中犯罪嫌疑人。另外，有研究表明，违法犯罪分子出所或出狱后再犯的可能性较高。因此扩大违法犯罪人员采样范围，保证看守所、戒毒所、拘留所和监狱在押人员的DNA分型全部入库非常有必要。

案例四[①]：2013年11月6日上午7时30分至8时许，在S省省会Y大街S省省委大院门前发生一起爆炸案，在短短的不到半个小

[①] 该案件是发生在某省省会的真实案例，由于案发地点非常敏感，政治影响较大。案件破获后倒查发现犯罪嫌疑人为刑满释放人员，其血样未采集，导致DNA数据库未能发挥应有的作用。事后，该犯罪嫌疑人所在片区民警受到纪律处分。该案例充分反映了DNA数据库人员类型全面性的重要性。

时之内，9枚爆炸装置在犯罪嫌疑人设定的时间陆续爆炸。由于事发时段为上班高峰期，致使一人当场死亡，17人受伤。鉴于事发位置过于敏感，考虑到犯罪嫌疑人有报复社会的因素，而且敢于选择省委门前作为爆炸地点，其社会危害性极大，案件发生后省市两级公安机关高度重视，成立11·6专案组，公安部立即派出工作组统一协调指挥。现场勘验组在省委大院门前的花池中提取到9枚爆炸装置残留物，随后立即将该现场物证送检至市局DNA实验室。公安部、省厅、市局DNA检验人员从该9枚爆炸装置残留物的胶带中得到一单一男性DNA分型，将该DNA基因分型录入DNA数据库后提示未比中。至此，刑事技术组工作陷入僵局。后通过技侦、网监、视频等手段锁定犯罪嫌疑人。后专案组反馈犯罪嫌疑人丰某，男，案发时42岁，S省T市X区人，曾因盗窃案判处有期徒刑9年。

该案犯罪嫌疑人丰某于2013年刑满释放，后返回原籍S省T市X区。曾多次向当地政府反映诉求未果，因此向他人多次流露出反政府报复社会的情绪和言论，后在网上查询、购买并自制爆炸装置。本案对于DNA数据库的教训正是反映了人员类型全面性的重要性。如果能够在丰某在监狱中甚至返回社会后及时将其血样纳入DNA数据库中，就能避免出现这样的教训。

2. 质控库信息建立的全面性和必要性

案例五[①]：2013年6月5日，在某市城区某居民小区3号楼201室发生一起入室盗窃案，城区公安分局刑事技术民警刘某进行现场勘验，在现场单元门口提取到白色手套一副，刘某将该白色手套送检至市局DNA实验室。市局DNA检验人员将该手套检验后得到一单一男性DNA分型，将该DNA基因分型录入DNA数据库后提示该DNA分型为城区分局另一刑事技术民警李某所留。但是民警李某并未参与该盗窃案件的现场勘验。后经询问李某得知，2013年6月3日，在同一小区4号楼发生一起盗窃案，由民警李某负责现场的勘验，在勘验

[①] 杨静开：《DNA数据库中质控库的建设和应用》，载《第四届全国公安机关DNA数据库建设应用研讨会论文选》，群众出版社2015年版，第158页。

完现场后将其白色手套随手丢弃。推测该白色手套为民警李某所丢弃之手套。

案例六[①]：2014年11月26日，在某市郊区某大型国企居民住宅区发生一起入室抢劫案，案件现场位于居民区中集团领导别墅区的一套带院子小二层楼内。沿途的监控视频显示犯罪嫌疑人为单独作案，戴着口罩、帽子、手套。案发时间为上午10点左右，嫌疑人趁保姆开门倒垃圾的间隙推门进入院子，反锁大门。进入室内后将保姆控制，偷走部分现金和金银首饰，然后离开现场。

案件发生后，市、区两级刑侦、刑事技术领导、民警迅速赶赴现场进行现场勘验。其中在事发现场的院子内提取到一枚新鲜的烟蒂，现场勘验人员将该枚烟蒂送检至市局DNA实验室。经过检验得到一男性DNA分型，并且与失主家庭成员比对后排除为失主家庭男性成员的可能。与DNA实验室的质控库比对也未比中。于是将此DNA分型列为重点嫌疑对象。但侦查人员分析，嫌疑人作案时间非常短，且作案时戴口罩，不具备吸烟的条件。后经在场勘验人员回忆，提取烟蒂为公安局现场勘验指挥人员所留。

案例七[②]：2015年8月6日，在某市郊区某村发生一起一死一重伤的故意杀人案，犯罪嫌疑人李某驾车逃跑。经过DNA检验获得李某的STR基因型，通过入库比对，与2014年10月11日，某市某区某镇某村发生的一起盗窃古墓案中现场提取的两枚烟蒂比中，这引起了侦查人员和DNA检验人员的高度重视。由于该犯罪嫌疑人李某为该市某区公安分局刑侦大队的协警，DNA检验人员起初认为比中的盗窃古墓案件中现场提取的烟蒂为其勘验现场时所留，但通过与该区公安分局刑侦大队了解，盗窃古墓案发的前后一段时间该李某请假数日并未上班，该李某并未参与现场勘验。至此，李某盗窃古墓作案嫌疑可能性上升。后李某被捕，其不仅对杀人案件供认不讳，同时承认利用在公安局工作的便利条件，伙同他

[①] 该案例是笔者亲身经历的案件，在该案件现场的勘验中，现场发现一枚新鲜的烟蒂。但是通过分析犯罪嫌疑人的作案时间和空间，不可能在犯罪现场留下烟蒂。后经排查，该烟蒂为现场侦查指挥员所留。

[②] 李菲、张岩、薛少华等：《浅谈建立完善DNA数据库质控库的重要性》，载《第四届全国公安机关DNA数据库建设应用研讨会论文选》，群众出版社2015年版，第77页。

人长期从事盗墓活动，从中获利。

关于质控库的建设我们可以参考域外质控库建设较好的国家的做法，就拿加拿大为例。加拿大国家犯罪实验室认为，近年来先进的技术已经显著提高了遗传分析的灵敏度和分析能力，然而这种敏感性也增大了检测被认定为犯罪者的未知基因概况的风险，其中有很多情况下却来自犯罪现场勘验人员、技术人员和警察等外部来源。这些污染物可能会误导调查，使刑事案件长期处于未破状态。

意识到问题的严重性后，加拿大开始建设 DNA 质控库（DNA elimination database）。起初自愿提交 DNA 样本的犯罪现场勘验人员、技术人员和警察比例相当低。因此加拿大国家犯罪实验室对 DNA 质控库建设进行了改革：DNA 质控数据库执行隐私保护措施，并允许所有人员匿名；还在各个警察分局进行宣传，向犯罪现场勘验人员、技术人员和警察宣传 DNA 质控数据库的重要性和成功的经验。自 2011 年以来，自愿提供 DNA 样本的人员数量大幅增加。迄今为止已经获得了 327 份犯罪现场勘验人员、技术人员和警察自愿提交的 DNA 样本，其中含 46 份个人简介，占提交 DNA 样本数的 14%。并且这些样本已经与 58 起刑事案件相匹配。[①]

综上所述，DNA 质控库的建设是非常必要的。它对预防和发现检材污染，厘清内部指挥、勘验、送检人员对犯罪现场可能造成的污染，准确划定侦查范围具有至关重要的意义。关于质控库的范围，浙江省义乌市公安局的杨静开老师总结得很好。杨老师认为："质控库的样本采集应包括四类人员样本：一是可能对 DNA 物证引起污染的人员；二是各类案件中与现场物证有可能接触的人员；三是殡仪馆工作人员；四是 DNA 试剂和耗材生产商工作人员。"[②] 在即将投入使用的"金盾二期"全国公安机关 DNA 数据库中对质控库的人员范围进行了规定（参见图 2-1），包括现场勘验人员、实验室检验人员、刑侦专家、试剂耗材生成人员和其他无关

---

① Martine Lapointe, Anita Rogic, Sarah Bourgoin, et al., "Leading-edge Forensic DNA Analyses and the Necessity of Including Crime Scene Investigators, Police Officers and Technicians in a DNA Elimination Database", *Forensic Science International*: *Genetics*, No. 19, 2015, pp. 50–55.

② 杨静开：《DNA 数据库中质控库的建设和应用》，载《第四届全国公安机关 DNA 数据库建设应用研讨会论文选》，群众出版社 2015 年版，第 158 页。

人员。

(二) 人员信息的全面性

人员信息的全面性指在血样采集和录入 DNA 数据库系统时要确保人员的相关信息尽可能全面，主要包括：姓名、性别、出生日期、公民身份证号码、国籍、民族、案件类型、户籍地址、联系方式、工作单位、采集单位、采集人、采集人和单位联系方式、采集时间等信息。

1. 案件类型信息帮助成功破获恶性案件

案例八[①]：2009 年 2 月 13 日，在某市城区某城中村发生一起恶性故意杀人案，死者为年仅 8 岁的女童。死者生前被猥亵、强奸，并且肠子被掏出，现场十分血腥。由于案发时间为新年前夕，马上要过春节，地点位于市区城中村，再加上犯罪分子作案手段残忍，此案社会影响极大。接到报案后，市、区两级民警迅速出警，勘验现场。在现场的血泊里提取到一枚新鲜的烟蒂，但烟蒂的过滤嘴部分沾有血迹。市局 DNA 实验室对该沾有血迹的烟蒂进行检验，得出一混合 DNA 分型，包含两人的基因分型，其中主要分型为该受害人所留。DNA 检验人员将该混合分型拆分后，将一男性 DNA 分型录入 DNA 数据库中。由于案件并无其他有力线索，案件就此陷入了僵局。2013 年，市局 DNA 室检验人员在处理数据库比中信息时发现该烟蒂的 DNA 分型与相邻城市一起强奸幼女案的犯罪嫌疑人吴某的 DNA 分型比中。DNA 室检验人员马上将此信息上报市局信息研判部门。

考虑到本案现场不是封闭空间，现场提取的烟蒂与案件的实际关联性并不是很强。但是由于 DNA 数据库提示案件类型均为强奸幼女，这一点增强了侦查人员的信心。侦查人员与邻市公安局联系后，从邻市监狱提审该吴某时，吴某马上招供。至此，四年前影响恶劣的强奸杀害幼女案成功

---

① 这起案件是笔者亲身经历的案件。由于案发时间和地点较为敏感，再加上犯罪分子作案手段残忍，此案社会影响极坏。后经过 DNA 数据库比对锁定犯罪嫌疑人后，查看该比中人员的犯罪类型同样是强奸时，侦查人员分析，强奸、猥亵类案件的犯罪嫌疑人有高度的再犯可能性，且犯罪类型依然会集中在对女性侵犯类。此案说明 DNA 数据库中人员信息中的案件类型信息有极强的关联性。

告破。

2. 身份信息遗漏影响案件侦破效率

案例九[①]：2010年3月3—5日，短短数日内在某市主城区发生多起入室盗窃案，时值刚刚过完年，人们还沉浸在春节和元宵节的欢乐气氛中，一连串的盗窃案给节日气氛蒙上阴影。市局DNA实验室在其中两起盗窃案的现场擦拭物中检出同一男性的DNA分型。实验室检验人员将该男性DNA分型入库，数日后与邻市DNA数据库中2008年建库的违法犯罪人员连某某比中。但是，由于2008年DNA数据库录入不规范，仅仅有姓名和身份证号（后查身份证号码与连某某不对应，应该为冒用他人身份证），而无其他有效信息，至此案件陷入僵局。此后，在该区屡有入室盗窃案件发生，也将现场检材送检至DNA实验室，入库后能与之前系列盗窃案串并，但就是无法确定嫌疑人身份。直到2013年，该系列案物证又与邻市违法犯罪人员库中廉某某的DNA基因分型比中。通过DNA系统中完整的个人信息将廉某某抓获，此系列案件得以破获。

这个案例充分说明了违法犯罪人员信息全面性的重要性，如果2010年通过DNA数据库系统将该廉某某抓获，就不会有2010年之后几年的入室盗窃案的发生，人民群众的损失也会降到最低。

3. 采集时间和采集单位信息为破案提供情报支持

案例十[②]：2015年7月3日，在某市A区发生一起砸汽车玻璃盗窃车内财物案，案件现场遗留多处血迹，检验入库未比中违法犯罪库人员。后又对送检的烟头、食品包装袋、饮料瓶等案件检材处理后入库比对，发现多起案件物证相互比中，案件得以串并。2015年10月11日比中违法犯罪人员库李某，至2016年8月又有多起砸车玻璃案

---

① 该案件是笔者亲身经历案件。由于存在DNA数据库违法犯罪人员身份信息不全的情况，本来可以利用DNA数据库及时破案的时间段后移，导致更多群众财产损失，人员信息全面性的意义可见一斑。

② 周栋、拜永强、张颖：《DNA数据库导侦破获团伙系列盗窃案一例》，载《第五届全国公安机关DNA数据库建设应用研讨会论文选》，群众出版社2017年版，第715页。

物证与李某比中。后经调查李某从 2015 年初至 2016 年 8 月在某市 A 区疯狂作案。但仔细研判李某的个人信息发现，李某仅 12 岁，此系列案件很可能为教唆未成年具体实施盗窃的团伙犯罪。于是，DNA 实验室将此情况反馈至 A 区公安分局，建议分局技术人员加大此类案件的外围现场勘查力度，通过两个月的努力，与李某比中的 8 起案件中 3 起外围现场检材比中另一男性张某（18 岁），两人的 DNA 分型串并案件 26 起，经调查此系列案为李某和张某共同所为。

破案后反查 DNA 数据库及采集单位记录，发现李某和张某的血样信息被同一单位、同一时间录入 DNA 数据库，因该两人因涉嫌共同盗窃他人财物时被派出所采集血样。所以，DNA 数据库管理员在关注串并案件的同时要注意挖掘潜在关联信息，如本案两名嫌疑人血样采集信息存在同时采集、同一单位采集、同一案由采集，数据库内这些基本信息有很强的指向性，有效挖掘有利于及时发现相关人员信息，为快速、彻底破案提供情报支持。如果采集时间和采集单位信息录入不全面，此案很有可能找不到另一名嫌疑人而缩小战果。

第二节　现场物证信息的录入

一　及时性：影响破案效率

案件现场物证信息包括：案件发生时间、地点、基本案情、现场物证的提取时间、地点、部位，现场物证的颜色、形状、状态等信息。由于公安部要求 DNA 数据库现场物证的录入要以现场勘验信息系统录入为前提，所以环节的增加就对现场物证信息的录入提出了新的要求。但不可否认的是，案件现场物证信息录入的及时性对案件侦破确实有重大的影响。下面笔者通过内部资料获取的实际案例来对其进行说明和阐释。

案例十一[①]：2014 年 3 月 11 日零时许，S 市发生一起卖淫女被

[①] 刘金杰、张庆霞、苏芹等：《利用全国公安机关 DNA 数据库应用系统快速侦破抢劫杀人案件的体会》，载《第四届全国公安机关 DNA 数据库建设应用研讨会论文选》，群众出版社 2015 年版，第 542 页。

杀案，经现场勘查在犯罪嫌疑人洗手的水池内发现一枚烟蒂，S 市公安局刑科所检验后得到一男性 DNA 分型，并于 3 月 12 日输入"全国公安机关 DNA 数据库应用系统"进行比对。3 月 12 日上午 9 时许，数据库管理员在建库搜索时发现该 DNA 分型与 B 市录入的前科人员王某某比中，遂立即将比中结果通报 S 市公安局刑科所 DNA 负责人，询问案件进展和检材与案件关联程度，此时 S 市方面还未发现此比中情况，5 分钟之后，S 市方面回复案件未破获且该烟蒂为案件关键物证，得知此消息后，S 市公安局刑科所 DNA 数据库管理员找到涉案人员血卡，拿到实验室进行血样加急复核，经过不懈努力，在 4 个多小时后，得到了完美的复核结果，仅一个半小时，就从 S 市方面传来好消息，"烟蒂"比中的犯罪嫌疑人王某某已经供述犯罪事实。

此案的特殊性在于发生时间点是在全国"两会"期间，此案历时 38 小时即成功火速破获，彰显了现场物证信息及 DNA 分型录入及时性对于案件破获的重要性和独特优势。

案例十二[①]：2014 年 8 月 24 日，报案人吴某在 B 市 H 区某小学对面河东岸捞鱼时发现箱状物，打捞后发现箱内有尸块，遂报警。检验人员对送检的 46 份检材连夜进行检验，得到 DNA 结果后，立即将碎尸块的 STR 分型结果输入"全国公安机关 DNA 数据库应用系统"进行比对，与编号为 LZ110108××××的留置人员比对成功。经核查，该人员为卞某某，尸源认定成功，为案件的侦破提供了重要线索。

此案是关于未知名尸体类案件的侦破，这类案件关键在于尸源认定。尸源一旦确定，围绕尸源身份展开侦查，案件破获指日可待。此案中通过 DNA 检验及 DNA 数据库的应用，快速地认定了尸源，明确了凶杀现场，为案件的侦破提供了突破性方向。案件的快侦快破，现场物证无名尸块信

[①] 刘金杰、张庆霞、苏芹等：《利用全国公安机关 DNA 数据库应用系统快速侦破抢劫杀人案件的体会》，载《第四届全国公安机关 DNA 数据库建设应用研讨会论文选》，群众出版社 2015 年版，第 542 页。

息及 DNA 分型及时检验和录入起到了关键作用。

案例十三①：2014 年 11 月 11 日，B 市 D 区某镇某购物广场珠宝店发生一起抢劫案。在送检的"帽子、手提包、菜刀、饮料瓶"等检材上均检出同一男性 DNA 分型，将该分型结果输入"全国公安机关 DNA 数据库应用系统"进行比对，未得到反馈信息。考虑到数据比对需要时间，为快速侦破案件，DNA 实验室主动与公安部物证鉴定中心情报信息处联系，针对此重点样本信息要求进行后台比对。11 月 12 日早上 8 点将上述信息提交给公安部情报信息处，仅数分钟便得到反馈信息，比中 H 市籍犯罪嫌疑人林某。

此案是关于盗窃抢劫类案件的侦破，这类案件关键在于要从现场得到完整 DNA 分型。下一步就是及时录入 DNA 分型并及时比对。此案的特点是由于 DNA 数据库本身的运行特点决定跨省比对需要一定时间，但是及时与公安部取得联系，直接及时录入公安部 DNA 数据库后台，提高了比对效率。得以快速跨省比中犯罪嫌疑人，案件得以快速破获。

案例十四②：2011 年 7 月 30 日凌晨，S 省 J 市主城区内连续发生数起砸车、盗窃车内财物案。此案，一夜之间数辆轿车被砸，车辆毁损及车内财物被盗累计十余万元，一时间人心惶惶，社会影响极其恶劣，市局、分局领导要求限期破案。通过当晚监控视频发现嫌疑人所驾驶车辆为一辆黑色无牌比亚迪轿车，随后巡警在钟家庄办事处二圣头村附近巡逻时发现嫌疑车辆，嫌疑人已逃离，现场勘验后提取车内物品进行 DNA 检验。

送检物证有：甘碧牌矿泉水瓶一个，怡宝牌矿泉水瓶两个，红牛牌易拉罐一个（被嫌疑人用作烟灰缸，内有烟蒂一枚），手套两只，

---

① 刘金杰、张庆霞、苏芹等：《利用全国公安机关 DNA 数据库应用系统快速侦破抢劫杀人案件的体会》，载《第四届全国公安机关 DNA 数据库建设应用研讨会论文选》，群众出版社 2015 年版，第 542 页。

② 这起案件是笔者自己亲历的案件，该案件能够在短时间内迅速侦破得益于 DNA 实验室的检验人员的认真负责的工作态度。当数据库中出现比中信息时，应当在第一时间主动联系对方 DNA 实验室。另外，广东警方的快速反应和各警种之间的联动机制也发挥了重要作用。

灰色内裤一件、白色上衣一件、匕首一把。市局DNA检验人员受理案件后详细询问案情，根据检材情况制定不同提取方案：(1) 三个矿泉水瓶瓶口和匕首柄部用少量脱脂棉干、湿两步法擦拭，擦拭物纯化试剂盒提取。(2) 两只手套、灰色内裤和白色上衣用脱落细胞提取仪吸取，吸取物纯化试剂盒提取。(3) 红牛牌易拉罐的提取较为特殊，平时应该擦拭易拉罐口的唾液斑，但是这个易拉罐的罐口处已经被烟烫黑，如果这种情况下还做罐口的唾液斑的话，显然检出率会很低，因为DNA最怕的就是高温。检验人员分析，既然是作为烟灰缸，就应该有烟蒂存在。果然在易拉罐里找到一枚烟蒂，剪取烟蒂末端纸质外层用纯化试剂盒提取。

检验人员加班加点，十小时之内检出其DNA基因型：在送检的从嫌疑车辆内提取的甘碧牌矿泉水瓶瓶口、其中一瓶怡宝牌矿泉水瓶瓶口和红牛牌易拉罐内的烟蒂中均检出人类DNA基因型，为一男性所留。另一瓶怡宝牌矿泉水瓶瓶口中检出人类DNA基因型，为另一男性所留。灰色内裤和白色上衣中也检出人类DNA基因型，为第三个男性所留。至此，通过DNA检验可以得出结论，就是此嫌疑车辆内至少有三名可疑男性存在。

可以较为肯定地说，这三名男性就是前一晚疯狂实行砸车盗取车内财物的罪犯，可是他们到底是谁？人又在哪里呢？案件就此陷入僵局，如果在前几年，此类案件可能就无法破获，但是，随着全市DNA数据库的建立和完善，库容量不断增加并且已经和全国DNA数据库联网，这也就意味着全国各地联网的公安机关DNA数据实现了数据共享。DNA检验人员抱着试一试的想法将这三个男性嫌疑人的DNA基因型录入数据库中并上报至国家库中，令人欣喜的事情发生了，在送检的从嫌疑车辆内提取的甘碧牌矿泉水瓶瓶口、其中一瓶怡宝牌矿泉水瓶瓶口和红牛牌易拉罐内的烟蒂中均检出的男性DNA基因型与国家数据库中的违法犯罪人员熊某（现居住地：广东佛山）的STR分型相同。看到这个结果，DNA检验人员马上联想到这两种牌子的矿泉水产地确实是广东，而违法犯罪人员熊某正是广东佛山人，这难道仅仅是巧合？DNA检验人员马上联系到广东佛山市局DNA室的检验人员，要求进一步复核该嫌疑人血样并核实该嫌疑人的相关信息，以求案件能有进一步突破。

广东佛山反馈回来的消息太出乎大家的意料了，严格地说是个惊喜，不仅血样复核无误，而且佛山警方听到我方的案情介绍后几乎就已经肯定了该熊某就是 7 月 30 日在我市作案的犯罪分子，因为就在几小时前，熊某在佛山砸盗车内财物时被抓获，由于缺乏证据不能拘留，后又发现熊某吸毒，于是将其羁押在戒毒所。作案手段一致，案件性质相同，DNA 分型一致，换句话说，案件不仅破了，而且嫌疑人也被抓了。而此时距离受理案件仅仅过了不到 30 个小时，真应了那句话：运筹帷幄之中，决胜千里之外！

此案是笔者自己参与过的具有代表性的案例。此案能够迅速、漂亮地破获，犯罪嫌疑人在极短的时间内被抓获与 DNA 数据及时录入 DNA 数据库决然分不开。全国 DNA 数据库库容量的增加越大，DNA 数据的共享、比对、碰撞的效能就发挥得越明显，案件的破案率就越高。

案例十五[①]：2013 年 3 月 8 日，在 H 省 D 市发生一起母女俩被强奸杀害案。同年 4 月至 7 月又连续发生了 5 起系列强奸案，现场均遗留有犯罪嫌疑人的生物检材。但是现场生物检材检验后得到的 DNA 分型录入 DNA 数据库后未比中。后案件侦破后，经在本地 DNA 数据库中查询，上述案件犯罪嫌疑人当时为普通非涉案人员，其血样在 2012 年均已由本辖区民警采集过，只是由于仪器设备、人员、资金等问题未及时检验，其 DNA 信息未及时录入 DNA 数据库。

有些地区采集违法犯罪嫌疑人区分为重点涉案人员和普通非涉案人员，将现场物证区分为中心现场物证和外围现场物证。做此区分主要是要在平时繁重的 DNA 检验工作中根据检材的特点及与案件的关联程度做轻重缓急的区分。重点涉案人员和中心现场的检材暂优先检验入库，而普通非涉案人员和外围现场的检材暂缓检验的做法有点类似于现阶段法院系统受理、审判案件时采取的"繁简分流"案件审判模式。本身这种做法无可厚非，因为有些地区受限于财力和人力，采取这种做法实属无奈，但是

---

① 邹广发：《关于 DNA 数据库建设人员信息采集的体会》，载《第四届全国公安机关 DNA 数据库建设应用研讨会论文选》，群众出版社 2015 年版，第 133 页。

公安系统侦破案件的及时性和时效性与法院系统还是有些区别，况且有时外围现场的生物检材对案件破获的重要性一点不亚于中心现场，因为大多数犯罪嫌疑人在外围现场比在中心现场的警惕性低很多，留下有价值的生物检材的可能性明显高于中心现场。所以无论是中心现场还是外围现场生物物证，无论是重点涉案人员还是普通非涉案人员都要及时检验、及时录入DNA数据库。采集后未录入、检验后未录入在无形之中成了犯罪嫌疑人的避风港。

案例十六[①]：2014年3月某日，黄某在T市某区一路口被强行拉上一辆"三菱"牌汽车，后在车上被强奸。据被害人反映，犯罪嫌疑人实施犯罪过程中戴有避孕套（后被犯罪嫌疑人丢弃，未能找到），对受害人面部、双乳有过亲吻等动作。据此，技术人员在受害人阴道拭子未检出精斑的情况下，重点提取了受害人口唇拭子、双手指甲拭子、双侧乳房拭子等生物检材，送往市局DNA实验室检验。在受害人右侧乳房拭子中成功检出一男性DNA分型，经DNA数据库检索比对，成功比中本市发生于2012年8月和2014年1月的两起强奸、抢劫案现场物证。技术人员将三起案件串并后，及时调整思路，重新制定侦查方案，于2014年3月24日将犯罪嫌疑人刘某抓获，重新采集刘某血样复核，经DNA检验与三起案件的现场物证的DNA分型一致，确认三起抢劫强奸案均系该刘某所为。

在重新采集刘某血样时，刘某供述在2013年公安机关已经采集其血样。那为什么发生在2012年8月的抢劫强奸案没有及时比中破获呢？经调查，原来刘某因涉嫌吸毒在2013年底确实被属地分局采集了血样，但由于属地分局实验室装修、人员调整等原因，该血样一直被积压在分局，没有送检检验，造成该血样未能及时入库比对。

此案中刘某血样被采集之后没有按照相关规定及时送检，直至刘某两次作案被抓获后，该血样仍未送检。刘某在2013年即可被绳之以法，但在血样送检环节出现了问题，使此案成为深刻的教训。不可否认，DNA检验

[①] 张倩、聂同钢：《从一起系列强奸案的侦破看人员样本采集的重要性》，载《第四届全国公安机关DNA数据库建设应用研讨会论文选》，群众出版社2015年版，第544页。

技术，特别是 DNA 数据库对该系列案件的告破所起到的关键性作用。纵观案件检验的全过程，不难发现，从现场勘验、生物检材及人员样本的提取与送检到 DNA 检验，环环相扣，每个环节都不容忽视，尤其是现场生物检材及人员样本的及时高效送检，对 DNA 数据库发挥的作用至关重要。

二　完整性：影响比对效果

现场生物检材的完整性包括现场物证相关背景信息的完整性和现场物证 DNA 分型的完整性。前者包括案件编号、案件类型、案件简要情况、提取地点、提取时间、提取方式、物证名称、物证性状、送检前保存方式等。后者主要是指现场生物检材要获得单一的、可比对的 DNA 分型，即有效比对 DNA 数据。正所谓"做大违法犯罪人员库，做精现场物证库"，指的就是首先现场物证要检出 DNA 分型，其次要获得精良的有效分型。无论是混合 DNA 分型通过人工拆分或计算机拆分得到单一的常染色体 STR 分型，还是在强奸、猥亵、抢劫等男女混合样本中通过 Y 染色体扩增检验得到单一的 Y 染色体 STR 分型，都是希望能够达到入库比对，最终实现现场物证—违法犯罪人员比中从而破案或者现场物证—现场物证比中从而串并案的实战效果。

（一）现场物证相关信息的完整性

现场生物物证 DNA 数据采集最常见的问题是案件及物证信息的录入不完整、不准确、信息缺项问题严重。在 DNA 数据库中我们常常看到"某某盗窃案"或"某某某死亡案"字样的案件名称，既无时间又无地点；又如"血迹""可疑斑迹擦拭物""烟蒂"这样的物证名称，既无位置又无描述。做个较为恰当的比喻，现场生物物证的相关信息是外在表现，而现场生物的 DNA 分型是其内在核心。在 DNA 数据库中现场物证能否比中进而达到破案或者串并案关键是看其 DNA 分型是否一致，但表现在 DNA 数据库中是现场物证的表面信息。现场物证一旦比中，进入比中阶段，在比中通报中表现为一条条比中数据。随着现场物证库库容量的逐年增加，一天之内比中的数据流会呈几何式爆发。如果每一个案件的现场物证信息都是缺这个、少那个，都是简简单单地标记为"血迹""可疑斑迹擦拭物""烟蒂"，那么一旦比中，在比中页面显示出来必然是这幅场景："血迹"—"血迹"比中、"可疑斑迹擦拭物"—"可疑斑迹擦拭物"比中、"烟蒂"—"烟蒂"比中。问题就来了，此"血迹"是哪个案件上的血迹,此"可疑斑迹擦拭物"是在什么地点提取的擦拭物,此"烟蒂"又是什么牌子的烟蒂。这真是让人头晕目眩、哭笑不得,给后期的信息比对、核实和应用增加了额外的困难。

在互联网铺天盖地地引用"大数据"的名词时,公安领域的信息化也悄然进入大数据时代,调查取证工作的信息来源已经从公安内部的信息扩展到社会各个领域。近年来随着"全国公安机关 DNA 数据库应用系统"库容的迅速扩大,公安 DNA 领域同时进入专业性大数据时代。DNA 数据库中大量不完整的案件信息、人员自然信息,各种类型的比中信息通报,这些数据因为没有统一的顺序和格式,给分析和数据挖掘带来了更大的挑战。

DNA 数据库的大数据特征必然会带来一场侦查模式的革命,一场多系统、多参数、多维度、多警种的综合式的变革,而数据挖掘是首先选择的手段。大量基层公安机关现在已经将 DNA 数据库中各类生物物证的如案发时间、发案地点、现场物证采集时间和地点、人—物比中和物—物串并等相关信息与比中人员活动轨迹、人脸识别、上网信息和旅馆业系统等多维参数在数字地图上进行动画描绘显示,使用三维网状思维导图对团伙作案、多案多人随机组合的比中串并案件信息进行描绘均取得了较好的效果。随着各种新的分析工具开发、新的关联想法涌现,DNA 数据库中那些以前被认为最不起眼的小数据、旧数据也能被发掘出大价值,但是都要以数据信息的完整性为前提。

但是在取得成绩的同时,并不能掩盖随之而来的问题。那就是随着全国公安机关 DNA 数据库库容量的增多,可利用样本逐渐稀疏。换句话说,数据库中精良数据的比率是没有随着库容量的增加而提升的,甚至有大量垃圾数据,数据库中比中偏离也逐渐增多,这都给我们判定和使用证据带来困扰。

比中通报偏离是指非 DNA 实验室检验因素导致已发布的 DNA 比中通报的错误。例如侦查人员在利用 DNA 比中通报调查取证时,发现通报中涉及的相关人员基本信息有误,排除该人作案嫌疑;或者发现现场提取的物证虽然比中了犯罪嫌疑人,但经侦查人员核实该现场物证与本案无关等。出现上述问题的原因错综复杂,需要对现场物证及人员血样的提取采集、包装送检、检验储存等全过程进行综合分析与甄别。

案例十七[①]：2012 年 6 月 17 日，S 市公安局"全国公安机关 DNA 数据库应用系统"发布比中通报，外地上报的违法犯罪人员"曲某某"的 DNA 分型与本市 B 区辖区内发生的"2009 年某某工地盗窃案"现场提取的"烟蒂"比中。B 区公安分局接到比中通报后一方面重新核实该盗窃案以及提取的现场物证，另一方面 S 市公安局与外地公安局 DNA 实验室联系复核"曲某某"的 DNA 分型。一天后，外地公安局 DNA 实验室回复该"曲某某"的 DNA 分型经过复核无误。S 市公安局准备上报破案战果之时，B 区公安分局上报说该烟蒂的物证信息严重缺项，提取时间、提取地点未填写，这可能与该盗窃案无关，是当时由于应付上级考核而在外围现场提取的陈旧烟蒂。至此，该案件陷入僵局。

DNA 数据库发布的比中信息，需要多方研判才能利用。信息被利用的过程同时也是在验证该信息的可信度。例如，当一个现场物证与 DNA 数据库中某个人员盲比发生同一比中，DNA 实验室首先要对现场物证及被比中的人员进行复核，确认后才能将比中信息以通报的形式发布给送检单位。送检单位接到通报后，对该通报涉及的相关物证与人员进行研判，确认可利用后才能根据通报信息抓获犯罪嫌疑人。犯罪嫌疑人到案时必须再次取其血样送检 DNA 复核。当新采集的犯罪嫌疑人血样与现场物证再次比中时，DNA 实验室才能出具相关鉴定书。这就是目前大多数 DNA 实验室在面对比中信息时采取的策略。而在上述案例中恰恰是由于现场物证缺乏最基本的信息数据，导致案件陷入僵局。

（二）现场物证 DNA 分型的完整性

现场物证 DNA 分型的完整性指的是利用 DNA 检验技术在从现场提取送检的各种形式、各种类型的生物物证中获得能够用于 DNA 数据库比对的 DNA 分型。在实际案件中要想得到有价值的 DNA 分型并不简单，尤其现场物证处于各种复杂的自然环境中，各种温度、湿度、阳光照射、各种离子强度和酸碱强度对于 DNA 的影响可谓无处不在。提取 DNA 的过程是一个和各类环境斗智斗勇的过程，从这个角度来说，现场物证的相关信息

[①] 王桂敏、朱巍：《几例 DNA 比中通报偏离的追踪与思考》，载《第四届全国公安机关 DNA 数据库建设应用研讨会论文选》，群众出版社 2015 年版，第 250 页。

的完整性就显得非常重要。因为不同的提取时间、提取部位、载体特征、性状,甚至包括案情都对现场生物物证的提取十分重要。

案例十八[①]:2013 年 7 月 27 日,J 市公安局城区分局接到报警,在主城区某公共厕所女厕受害人许某在上厕所时被一男子猥亵,这已经是一星期内第 5 起类似案件。之前的数起案件女性受害人的阴部和乳房被猥亵,但由于报案之前受害人已经洗澡清洗失去了检验条件。最近这起案件猥亵未遂,犯罪嫌疑人仅仅与受害人有短时间肢体接触而未得逞。分局民警将女性受害人的白色 T 恤送检至市公安局 DNA 实验室。DNA 检验人员面对这件受害人穿过的白色 T 恤犯了难,这么大一件衣服提取部位定不下来,随便剪取一处检出女性受害人的 DNA 概率很大,对于案件的侦破没有任何帮助。于是 DNA 检验人员再次与分局民警沟通,希望受害人能提供与嫌疑人接触部位的线索。很快情况反映上来,女性受害人回忆当时出厕所时感觉有人接触自己臀部。DNA 检验人员重点观察白色 T 恤背侧下端,果然发现几处残缺的类似于指印的脏处。将这几处衣角布片剪下后,得到一个完整的男性 DNA。将该 DNA 分型录入"全国公安机关 DNA 数据库应用系统"后比中违法犯罪人员"李某某",至此该案件得以破获。

但是,有时现场物证的 DNA 分型不够全面不是因为物证而是试剂盒的问题。DNA 试剂盒不断推陈出新,检验技术不断提高,DNA 数据在新老数据的碰撞过程中,会出现个别错误比中。如 2002 年全国 DNA 检验普遍使用的扩增试剂盒只有 9 个基因座,而当年一个命案现场物证的 9 个位点刚好比中 2014 年 L 省一名 25 岁的刑嫌人员。按时间计算,如果是该人员作案,那案发时,犯罪嫌疑人年龄不过 13 岁,这就令人生疑。幸运的是该命案现场的物证保存完好,经过 16 个基因座试剂盒的重新检验,发现 16 个基因座中,除了旧试剂盒中的 9 个基因座分型相同,其余的均不同,最终排除了该名刑嫌人员。

另外,有很多现场物证是脱落细胞接触性 DNA,由于本身 DNA 含量

---

① 该案件是笔者所在实验室受理的案件,这起案件的成功检验说明案情对于 DNA 检验的重要作用。了解案情能够提高检验的成功率,并且在后续诉讼活动中能够与其他证据相互印证。

低，再加上有各种抑制物和干扰物，得到的基因型往往会出现位点不全、丢失或者出现混合分型的情况，在录入和使用这类数据时存在较大风险。即使是这样，聪明睿智的 DNA 检验人员会利用一切手段尽可能地得到满意的 DNA 分型，如：多次平行扩增、人工或计算机混合拆分、加体积加循环数等。正是靠着 DNA 检验人员这种锲而不舍的精神，利用 DNA 数据库破获了一个又一个积案。

案例十九[①]：2004 年 12 月 30 日中午，H 省 A 市某市场招待所 308 房间，一女性尸体躺在床上，手脚被捆，口鼻被透明胶纸缠粘。经查死者席某某，25 岁，H 省某市人，曾因卖淫被处罚。送检现场两团卫生纸和五枚烟蒂，经 DNA 检验，其中一团卫生纸上遗留的精斑和其中一枚烟蒂上的 DNA 分型一致，检验人员随即将此数据录入 DNA 数据库中。直到 2014 年 12 月 23 日，DNA 数据库比中通报显示该案现场物证 DNA 分型与邻市建库的违法犯罪人员冯某（男，Z 市 YC 区 YF 镇人）的 DNA 分型一致，冯某因酒后驾驶被区公安局查处，比中信息反馈给办案单位后，犯罪嫌疑人冯某于 2014 年 12 月 25 日在广东被抓获。经讯问，其很快供述其杀害席某某的犯罪事实。

案例二十[②]：2002 年 10 月 21 日，S 省 T 市 Y 区一居民家中发生一起故意杀人案，造成两位老人死亡、一名儿童重伤。十多年来，各级领导不断督办此案，参战民警也始终没有放弃案件的侦破。办案人员先后多次勘验现场，成立专案组，多次研究案情，案件侦破工作一直没有进展。2014 年 T 市公安局开展侦破命案积案行动，经反复认真检验现场唯一提取到的一只胶鞋，最终获得一男性 DNA 分型，并于 2014 年 11 月 17 日上报国家 DNA 数据库。2015 年 3 月 14 日，该案件鞋上的 DNA 分型与数据库中 2009 年 H 省 X 市的违法犯罪人员董某直接比中，为该起命案积案的侦破起到了关键的作用。

---

① 郭利红、刘亚举：《DNA 数据库在串并案件和侦破积案中的应用》，载《第四届全国公安机关 DNA 数据库建设应用研讨会论文选》，群众出版社 2015 年版，第 673 页。
② 张娟层、刘永康：《DNA 微量物证检验直接破获 12 年命案启示》，载《第四届全国公安机关 DNA 数据库建设应用研讨会论文选》，群众出版社 2015 年版，第 554 页。

案例二十一①：2003年12月19日，Z省Y市发生一起特大抢劫杀人案，居住在该市的方某某（男，时年40岁）、妻子曹某某（女，时年38岁）及母亲杨某某（女，时年70岁）被残忍杀害。现场勘查技术人员在现场及周边提取了大量的生物物证，并及时送省厅DNA实验室检验，省厅DNA实验室对现场物证进行了细致的检验，在现场血迹及死者杨某某阴道拭子上分别检出两名男性STR分型，并将检验结果录入全国公安机关DNA数据库中，但终因案情复杂以及当年办案条件的限制，案件一直没有获得实质性进展。

2013年11月20日，实验室技术员通过对数据库整理和比对，发现本案中现场血迹比中2013年8月18日H省Q市车内盗窃案中玻璃上血迹，实验室技术人员立即对取回的现场物证进行加做位点复核，确认无误。案件得到重大进展。为此市公安局成立了专案组，在上级部门的支持协助下，赶赴H省Q市深入侦查。然而狡猾的案犯再次隐匿，石沉大海。2014年10月16日上午，通过DNA数据库比对，发现本案中的死者杨某某阴道拭子比中Q市的违法犯罪人员梅某某（男，36岁，H省Q市L区人）。10月17日下午，在当地警方的配合下，顺利抓获犯罪嫌疑人梅某某、周某（男，37岁，H省Q市L区人），经审讯，两名犯罪嫌疑人交代了2003年12月18日晚因谋财而抢劫、强奸、杀人的犯罪事实。至此Z省Y市公安局破获了有史以来影响最大的命案积案。

案例二十二②：2004年6月30日凌晨，F省S县公安局民警家属刘某在公园人工湖畔被杀。因死者为民警家属，社会影响极大，引起了社会广泛关注和广大公安民警的强烈愤慨，一时间该案成为街头巷尾热议的话题。案发后，侦查人员将现场提取到的死者阴道擦拭物立刻送往省厅检验，获得犯罪嫌疑人DNA分型（受困于技术限制，当年仅能检验出8个位点）。由于案发时间为午夜，案发现场在荒郊野外，除了提取到犯罪嫌疑人的生物物证，没有其他有价值痕迹物证和线索。围绕现场提取的犯罪嫌疑人DNA，S县公安局一方面向全国

---

① 傅新爱、金胄、杨静开：《利用DNA数据库侦破11年前杀人案一例》，载《第四届全国公安机关DNA数据库建设应用研讨会论文选》，群众出版社2015年版，第632页。
② 王澍、江家荣：《锲而不舍、奋力攻坚破获十年命案》，载《第四届全国公安机关DNA数据库建设应用研讨会论文选》，群众出版社2015年版，第649页。

各地发出 DNA 协查请求，同时关注各地发案动态，对类似的强奸、杀人案件，迅速进行点对点联系，除向当地公安机关发出 DNA 协查通报外，有需要的还派人前往实地调查。10 年来，共发出 DNA 协查通报 2000 余份，走访 40 多个案发地公安机关。另一方面，围绕中心现场及周边地区，对有疑点的本县或外来人员不间断进行采血样比对工作。10 年来，共检验 DNA 血样 1.5 万余份。

随着 DNA 技术的不断成熟及应用的不断扩大，2009 年办案单位将检材重新送往省厅检验，此次检验将犯罪嫌疑人生物物证的 STR 位点增加到 16 个位点，同时增加了 Y-STR 位点，但仍未发现有价值的线索。2013 年犯罪嫌疑人周某因聚众赌博在 Q 市某派出所信息采集室被采集血样并检验入库。2013 年 11 月 8 日，省厅 DNA 实验室发现周某血样与"2004·6·30"案件现场提取的 DNA 一致，专案组迅速前往该地开展抓捕工作，当天专案组民警在一出租房内将犯罪嫌疑人周某抓获。经审讯，犯罪嫌疑人周某交代了 10 年前抢劫、强奸、杀人的犯罪事实：2004 年 6 月 29 日晚，周某因打牌输钱产生了抢劫的念头，伙同另一名犯罪嫌疑人前往公园物色目标，30 日凌晨在公园人工湖畔僻静处发现刘某独自一人，遂生歹意，对受害人刘某实施抢劫、强奸、故意杀人犯罪行为。

案例二十三[①]：2002 年 7 月 3 日，G 省 L 市公安局接到报警称：在 L 市某镇东侧的山上发现两具女尸，经现场勘验及法医解剖，两女为他杀窒息死亡，且均受到性侵。经查，两女为姐妹，从 G 省 F 市到 H 省 L 市的火车上在 G 省 L 市火车站被人骗下火车杀害。案发现场没有其他生物检材，在解剖时提取了两名女性尸体的阴道拭子进行 DNA 检验，得到了两名未知名男性的 STR 分型。由于案情复杂，又没有其他线索，无法确定犯罪嫌疑人，只能将这两名男性的 STR 分型输入 DNA 数据库进行比对。

2013 年 5 月，G 省 L 市公安局接到 H 省 Y 市公安局 DNA 实验室电话通知，在该市公安局 DNA 数据库中一名叫罗某的男子的 STR 分型比中 G 省 L 市两姐妹死亡案其中一男性的 STR 分型，在提取罗某

[①] 何宗师、徐达：《利用 DNA 数据库侦破一起十年陈案的经验与教训》，载《第四届全国公安机关 DNA 数据库建设应用研讨会论文选》，群众出版社 2015 年版，第 711 页。

的血样进行复核比对后，确定其为该案的犯罪嫌疑人。在对其进行审问的过程中，罗某供出该案另一犯罪嫌疑人陈某。经 DNA 检验，陈某的 STR 分型确实与该案中另一男性的 STR 分型一致。两名犯罪嫌疑人对自己的罪行供认不讳。通过 DNA 数据库的比对锁定，十一年的积案得以侦破。

现场生物物证信息完整性的重要性会随着时间的推移变得越来越明显，从上述几个超过十年的命案积案通过 DNA 数据库破获的案例就能看得出来。现场生物检材与人员血卡相比，其复杂性更高，不可控性更强。另外，对于现场检材来说最重要的一点是有许多现场检材都是极微量的。很多检材提取结束后，虽然载体还在，但是已经失去了意义。如上述案例中有的饮料瓶等脱落细胞擦拭物，当 DNA 检验人员将关键部位擦拭后，DNA 已经转移到擦拭棉签上了。该饮料瓶除了外观辨认外，对于 DNA 检验已无任何作用。可是另一个问题还得面对和解决，那就是所有科学证据又要具有重复检验的特性或者结果复现性。那如果关键的现场物证提取后的 DNA 只够一次检验怎么办？谁能保证那次检验一定准确无误？如果 DNA 数据库比中了，只复核违法犯罪人员血样就可以了吗？答案肯定是否定的。那现场物证已经用完怎么办？这都是需要我们探讨的问题，我们会在随后的章节中详述。

第三节 人员或现场物证 DNA 分型的录入标准

一 基因分型准入标准研究：数据的适格性

（一）基因分型结果的判断[①]

1. 图谱各基因座出峰的基本要求

图谱中各基因座峰型清楚明晰，各单峰峰高应当超过 100 个相对荧光单位，各基因座上位点数与等位基因分型标尺（Ladder）相应位置的位点数偏差应当在 ±0.5bp 范围内。每一泳道内标峰各峰出峰位置标定准确无误。Ladder 的每个等位基因峰均未超出每个基因座的范围，每个基因座峰

---

① 主要内容参考《人类 DNA 荧光标记 STR 分型结果的分析及应用》GA/T 1163—2014 的相关规定。

位点数字正确无误。已知阳性对照的出峰位点正确,阴性对照未出峰。"纯合子时,一个基因座基因峰的峰面积约为相邻基因座杂合子两峰的加和;杂合子时,一个基因座的两个基因峰的峰面积应当均衡,相差应当在30%以内。"①

2. 影子峰的认定

在 STR 分型图谱中,目标峰之前小一个重复单位的位置出现一个信号较弱的峰为影子峰(stutter peak)。"当一个样本的图谱中基因座的等位基因峰前小一个重复单位的位置出现一个小峰,峰面积与目标峰面积比值小于15%,判断为影子峰。"② 当图谱中将其显示为某一位点时,可将该峰的命名删除。"可以在扩增时减少扩增模板 DNA 量,也可以在电泳时减少跑电泳的 DNA 量,这样操作影子峰对图谱目标峰的干扰会最大程度降低。"③

3. 双尖峰和平头峰的判断

在 STR 分型图谱中,目标峰型的顶端出现两个峰尖,有的峰会在顶端出现短的平台,分别称为双尖峰(split peak)和平头峰(off-scale)。"等位基因的小片段比大片段更容易出现双尖峰现象。"④ 图谱中会将 + A 碱基基因峰以 Ladder 中相应等位基因的数字命名,而 – A 碱基基因峰则以 OL 命名。在不考虑等位基因微变异的前提下,可人工删除 OL 修正该基因峰的命名。提取时纯化样本 DNA、扩增时减少样本的 DNA 量及延长扩增最后一个循环之后的延伸时间来减少双尖峰或平头峰出现的情况。

4. 微变异峰的判读

与图谱 Ladder 上相应的基因峰在位置上仅有微小差异的等位基因峰称为微变异峰(microvariants),与 Ladder 上相应峰位置的该差异一般超过 0.5bp,经软件分析后图谱上自动命名为 OL,所以微变异峰又称 off-ladder 峰(OL 峰)。"电泳过程中出现的 OL 峰,可通过对其前后已经乳

---

① 参见吕泽华《DNA 鉴定技术在刑事司法中的运用与规制》,博士学位论文,中国人民大学,2010 年,第 43 页。

② 参见郑秀芬、纪贵金、刘超等《二组分混合 DNA 样品 STR 图谱解释》,《中国法医学杂志》2000 年第 4 期,第 205 页。

③ 参见侯一平主编《法医物证学》,人民卫生出版社 2009 年版,第 137—138 页。

④ 参见魏万昆《不同 PCR 扩增试剂盒检验血样 DNA 的检验结果对比研究》,《中国医学创新》2014 年第 11 期,第 24 页。

尖自动准确命名的碱基大小与 Ladder 等位基因的相对位置偏离情况进行分析，对 OL 峰进行人工校正命名。"[①] 人工校正命名时，可对照该 OL 峰比 Ladder 对应位置基因峰碱基片段大 1bp、2bp、3bp⋯，进行人工修正命名为 .1、.2、.3⋯。

5. 拔起峰的分析

图谱中一种颜色荧光的基因峰在另一种颜色荧光基因峰的位置中出现的峰称为拔起峰或渗透峰（pull-up 峰）。通常认为"拔起峰是由于扩增产物的染料颜色无法被检测仪器正确识别，两种不同颜色的光谱相互叠加相互干扰造成的峰"[②]。当图谱中一个样本的目标峰型所在的同一纵轴上的其他颜色的峰高极高，对目标峰相应位置出现渗透时，判断为拔起峰。扩增时减少样本模板 DNA 量可降低拔起峰出现的概率。

6. 等位基因丢失的判断

在 STR 分型图谱中，某个基因座显示只有一个基因峰，但该单峰面积与相邻杂合子双峰中的某一单峰面积相近，应当考虑为等位基因丢失（dropout）。考虑有等位基因丢失可能时，更换不同的引物序列的检测试剂盒重新检测。

7. 非特异峰的判读

在 DNA 检验中常遇到的非特异峰主要有荧光污染峰、伪峰和染料峰三种情形。荧光污染峰是各种能够在 500—600nm 产生荧光的物质产生的，如抗生素、维生素、多环芳香族化合物、荧光助色物质、纺织染料等，这种类型的峰通常显现出较大的峰宽，荧光光谱范围也较宽，这种峰在有机提取法中较为少见。伪峰的产生主要是电泳时基因分析仪的物理原因引起，如毛细管内的气泡、尿素结晶或仪器在电泳时电压出现波动等，通常伪峰比较高尖，很少具有正常峰型，且在四种颜色中出现在相同位置，很少有重复性。出现染料峰的原因主要是扩增试剂盒中的荧光染料与相应引物分离，电泳时与待测样本不同步通过毛细管而产生的，大宽峰是其主要特点，对扩增后产物进行纯化可在最大程度上减少染料峰的出现。

---

① 参见余建华、高静、向超杰等《云南汉族人群 15 个常染色体 STR 基因座的遗传多态性与 OL 等位基因的研究》，《昆明医科大学学报》2014 年第 7 期，第 34—38 页。

② 参见谢扬《非 CODIS 系统 8 个 STR 基因座荧光分型体系的构建及法医学应用》，硕士学位论文，河北医科大学，2010 年，第 38 页。

8. 混合分型的判读

混合分型是指图谱显示被测样本在多个基因座观察到三个或三个以上等位基因峰，分析该分型应当来自两个或两个以上的个体。混合样本来源为两个的最为简单也最为常见，但仍需分情况讨论：一个基因座上只有一个基因峰时，两个样本来源在该基因座上为同一等位基因的纯合子。"一个基因座上有两个基因峰时，可有 4 对等位基因组合；一个基因座上有三个基因峰时，可有 6 对等位基因组合；一个基因座上有四个基因峰时，可有 3 对等位基因组合。"①

当混合样本只来源于两个个体，且有可比对样本分型时，可筛选出另一样本的基因分型。当两个来源混合比例超过 10∶1，且均为杂合子时，占比较少的样本峰高与较多样本的峰高差异明显，可以通过峰高差异分离出两个来源的等位基因型。当混合样本来源于两个个体，峰高相差不大，且无对照样本；或混合样本来源于两个个体以上；图谱中多个基因座出现 5 个及 5 个以上等位基因峰时，不主观判读等位基因型。

9. 分型结果的表示

常染色体 STR 多态性检验结果的描述，根据 ISFH（国际法医血液遗传学会）标准列出所检验检材或样本的各个基因座的基因型，通常检验结果以表格形式列出。② 未得到分型或无法明确判定分型的标为"-"；Amelogenin 基因座可缩写为"Amel"，标为 X 或 X，Y。

进行 Y 染色体 STR 多态性检验结果的描述时，根据 ISFH（国际法医血液遗传学会）标准，报告各个 Y 染色体基因座的基因型。检验结果以表格形式列出，内容与常染色体结果相同，未得到分型或无法明确判定分型的标为"-"。

（二）手工录入分型与 CODIS 文件导入方式比较

1. CODIS 文件概述

CODIS 文件指的是美国生物应用公司（AB 公司）开发的 GeneTyper、GeneMapper 3.2/3.3 和 GeneMapper ID-X 分析软件所生成的表格文件。全国公安机关 DNA 数据库支持的 CODIS 文件有两种格式，即 GenoTyper 和

---

① 参见郑秀芬、纪贵金、刘超等《二组分混合 DNA 样品 STR 图谱解释》，《中国法医学杂志》2000 年第 4 期，第 204 页。

② 检验结果的表格内应当包含检材或样本的编号、基因座名称及分型。

DataBank。前者包含 Sample Information、Category、Peak1、Peak2、file Name 等，file Name 为图谱分析软件生成的文件名称，要求其组成满足包含"样本实验室编号"+"-"+"三位泳道号"的形式；后者文件格式不直观，且无法读取泳道号。

其中，随着 310、3100 等型号的基因分析仪的淘汰，Genetyper 分析软件已经不再使用。在应用 GeneMapper 3.2/3.3 和 GeneMapper ID-X 分析软件生成的 CODIS 文件向国家库中导入数据时，应选择 DataBank 这种形式，如图 2-5 所示。

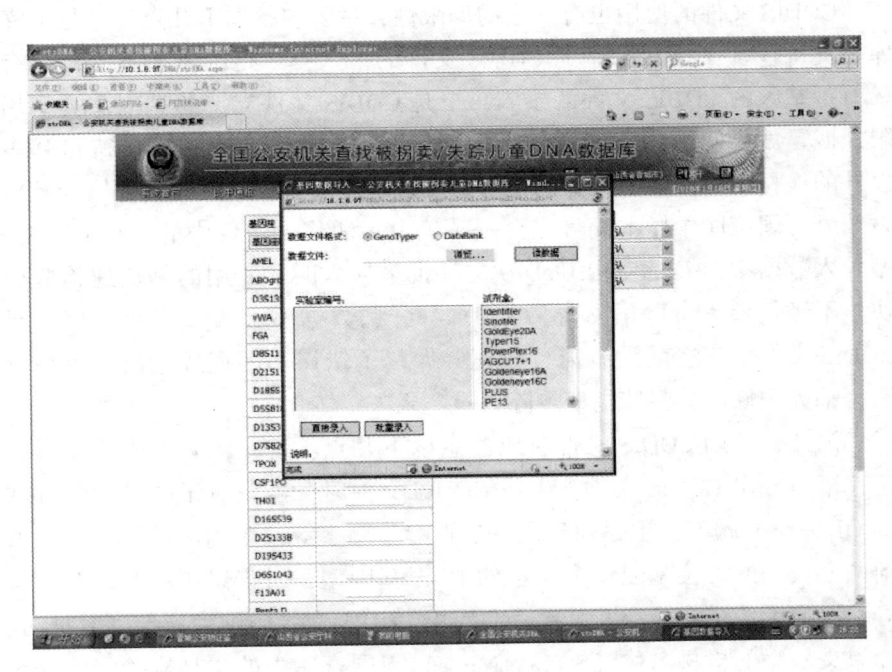

图 2-5　CODIS 文件导入方式

2. CODIS 文件进行批量导入的优势

首先，批量导入可以一次处理多个样本。笔者曾试过用 CODIS 文件一次性导入 200 个数据库样本的 DNA 分型。CODIS 文件本身对导出样本的个数无限制，而国家库只要分型符合入库条件，无论输入多少样本，只要基本信息已输入，分型都可以一次性导入。

其次，批量导入可以防止错误输入分型。为防止错误输入 DNA 分型，一般 DNA 实验室在向国家数据库中手工录入数据时通常都要两人协作，而且每输入一个分型后还要复核 2 次，加大了工作量。而用 CODIS 文件进行导入，只要在正常打出图谱后经检查无误，分型数据在生成 CODIS 文件和输入数据库的过程中就不会再产生错误，大大加快了数据输入速度。生成 CODIS 文件时会对 DNA 分型进行检查，对未完全修正的 OL 峰会自动报警，可以在一定程度上避免未修正完毕的图谱、分型存档或录入国家库。

3. CODIS 文件使用的局限性

CODIS 文件的使用也有一定的局限性，主要包括以下几点：一是国家库不支持包含 Y-STR 分型的 CODIS 文件的录入；二是国家库不支持含有稀有型基因的 CODIS 文件的录入；三是 CODIS 文件支持的试剂盒类型局限；四是如果使用 CODIS 文件导入时，文件上半部分存在太多待检列表以外的检材，即使下半部分的检材都在待检列表中，CODIS 文件格式及检材编号与国家库中样本编号完全一致，也无法将此文件中的检材 DNA 分型导入数据中；五是使用 CODIS 文件批量导入时，使用的是快速检验模块，不经复核，所以虽然导入的 DNA 分型数据不会直接上报，但一旦 CODIS 文件生成之前没有充分校正，保留了错误基因型或遗漏了等位基因，都无法修改，只能彻底删除，重新录入。

因此，使用 CODIS 文件时应注意以下几点：首先，必须先将图谱修正完毕再导出 CODIS 文件。生成 CODIS 文件时，虽然对于图谱中仍存在的 OL 峰会有报警，但是对于同一位点多于两个等位基因的情况会直接取前两个较小的等位基因作为样本的 DNA 基因型，对于误删的峰以及丢带等情况也无法进行检查。其次，在使用 CODIS 文件向国家库导入数据时，如果文件中的检材名称（Sample Name）与国家库中的样品实验室编号不完全相符，将无法识别，显示文件中的检材"无法导入，该样品不存在待检列表或存在重复编号"。因此，应在导出 CODIS 文件前使用样品名称与国家库中录入基本信息时的检材编号一致。

综上所述，与人工录入相比，CODIS 文件导入模式有利有弊，但正确使用 CODIS 文件导入确实能为样本比对、数据库输入节省大量的时间和精力。

（三）不符合录入标准基因分型的剔除

1. 不符合标准基因分型的剔除

在前述基因分型结果判读的基础之上，对入库的样本的每一个基因座要进行认真审核，确保每一个样本的每一个基因座均符合录入标准。一般情况下，DNA 数据库中允许在每个基因座上录入的分型不能超过 2 个，多数情况下为 2 个即杂合子，少数情况下为 1 个即纯合子。DNA 数据库中并不支持三等位基因的录入，所以为了使该样本的基因分型能够录入数据库中起到比对的作用，可以将该基因座数据删除，把剩余基因座的分型录入。

另外，上文中提到 CODIS 文件导入模式与人工录入相比具有很多优势，但是也不能完全依赖导入模式。在有的情况下，比如某一基因座上出现 stutter 峰，检验人员在审核图谱时并未注意到。如正确的分型应该是 13/15，但是在分型 13 之前有个 12 的 stutter 峰未手工删除，利用 CODIS 文件导入模式时，导入 DNA 数据库中的分型会默认为该基因座的分型为 12/13，而不是正确的 13/15 分型。所以人工剔除不符合录入标准的分型对于数据库中分型数据的适格性非常重要。

2. 对数据库中基因座容差数量设置的影响

DNA 数据库建库过程中所使用的扩增试剂盒五花八门，其中包含的基因座的数量和种类也是不尽相同。由于不同的基因座具有不同遗传学特性，不同品牌的扩增试剂盒在设计引物时并不会采用相同的理念。某些基因座自身因物序列变异，导致同一份样本在不同的扩增试剂盒中出现容差，进一步导致容差数设置条件差异，对后续比对效果又产生重大影响。

案例二十四[①]：2008 年 11 月 3 日，T 市 D 区公安分局接到报警称：张某在 D 区某处民房内遭到强奸。将送检的女性受害人的阴道拭子进行 DNA 检验，获得一男性 DNA 分型。将该男性 DNA 分型录入 DNA 数据库后，与犯罪嫌疑人赵某容差半对比中，其中基因座 D13S317 出现半对容差。后经调查现场物证检验所使用的扩增试剂盒与建库用的试剂盒不同，经过使用不同扩增试剂盒复核后发现该基因座上某些试剂盒存在位点丢失现象。

可见，DNA 数据库中录入什么样的分型数据不仅关系到数据库准入

---

① 王斌、黎方：《数据库比对发现等位基因缺失导致容差一例》，载《第四届全国公安机关 DNA 数据库建设应用研讨会论文选》，群众出版社 2015 年版，第 253 页。

问题，还要为下一步分型数据比对的效率和精度做准备。

二 基因座选择标准的探讨：数据的兼容性

在讨论过 DNA 数据库中分型数据的适格性问题后，紧接着就是数据兼容性的问题。数据兼容性就是指在数据库中存储的数据之间是否可以开展高效率的相互比对的特性。

影响 DNA 分型数据兼容性的首要因素就是建库扩增试剂盒的使用问题，建库扩增试剂盒直接决定数据库中存储分型的基因座的数量、种类，甚至还会涉及容差问题。目前，全国各级公安机关建库所使用的扩增试剂盒五花八门、种类繁多，颇有刘姥姥进大观园的感觉，让人应接不暇。只不过在市面上扩增试剂盒呈现百家争鸣的背后，却是基因座数量多、种类杂的问题，不能保证互通有无。最后导致不同地区之间的 DNA 分型数据比对时，可进行比对的相同基因座非常少，有的扩增试剂盒与其他试剂盒相交叉的基因座只有 3 个，这如何实现数据之间的有效比对？

在进行 DNA 数据库分型数据兼容性问题研究之前，需要先将市面用于 DNA 数据库建设的扩增试剂盒进行梳理，基于此，笔者对我国及域外国家在 DNA 数据库建设过程中所有可能用到的主流扩增试剂盒进行了统计整理，以此对 DNA 数据库数据兼容性问题进行探讨。

（一）我国常用建库试剂盒梳理

1. 常染色体 STR DNA 数据库

表 2-1 至表 2-4 统计的是目前国内市面上常用的 DNA 数据库建设用扩增试剂盒，表中用阴影标注的是 13 个 CODIS 核心基因座，"+"表示该试剂盒中包含该基因座，"-"表示该试剂盒中不含该基因座。

表 2-1　　DNA 数据库试剂盒基因座统计（常染色体数据库 1）

生产商	公安部物证鉴定中心		英潍捷基（AB）上海贸易有限公司				QIAGEN Hilden GmbH	
试剂盒	Typer15	Typer19	Sinofiler	Identifiler Id-D/ Id-Plus	Global Global-E	华夏白金	IDplex Plus	24plex QS
D18S51	+	+	+	+	+	+	+	+
D21S11	+	+	+	+	+	+	+	+

续表

生产商	公安部物证鉴定中心		英潍捷基（AB）上海贸易有限公司				QIAGEN Hilden GmbH	
试剂盒	Typer15	Typer19	Sinofiler	Identifiler Id-D/Id-Plus	Global Global-E	华夏白金	IDplex Plus	24plex QS
D3S1358	+	+	+	+	+	+	+	+
FGA	+	+	+	+	+	+	+	+
D8S1179	+	+	+	+	+	+	+	+
vWA	+	+	+	+	+	+	+	+
CSF1PO	+	+	+	+	+	+	+	+
D16S539	+	+	+	+	+	+	+	+
D7S820	+	+	+	+	+	+	+	+
D13S317	+	+	+	+	+	+	+	+
D5S818	+	+	+	+	+	+	+	+
TH01	−	+	−	+	+	+	+	+
TPOX	−	+	−	+	+	+	+	+
Amelo	+	+	+	+	+	+	+	+
Penta E	+	+	−	−	−	+	−	−
Penta D	−	−	−	−	−	+	−	−
D6S1043	+	+	+	−	−	+	−	−
D2S1338	+	+	+	+	+	+	+	+
D19S433	−	+	+	+	+	+	+	+
D12S391	−	+	+	−	+	+	+	+
D2S411	−	−	−	−	+	−	−	+
D22S1045	−	−	−	−	+	+	−	+
D10S1248	−	−	−	−	+	+	−	+
D1S1656	−	−	−	−	+	+	−	+
SE33	−	−	−	−	+	−	−	+
Y indel	−	−	−	−	+	+	−	−
DYS391	−	−	−	−	+	−	−	+

表2-2　　DNA 数据库试剂盒基因座统计（常染色体数据库2）

生产商	北京中生科瑞		普洛麦格（北京）生物有限公司					深圳华大
试剂盒	GSTAR 25	GSTAR 16ID	PP-16/HS	PP-21	PP-18D	PP-F	PP-F 6C	人类DNA分型
D18S51	+	+	+	+	+	+	+	−
D21S11	+	+	+	+	+	+	+	+
D3S1358	+	+	+	+	+	+	+	+
FGA	+	+	+	+	+	+	+	−
D8S1179	+	+	+	+	+	+	+	−
vWA	+	+	+	+	+	+	+	−
CSFIPO	+	+	+	+	+	+	+	−
D16S539	+	+	+	+	+	+	+	+
D7S820	+	+	+	+	+	+	+	+
D13S317	+	+	+	+	+	+	+	+
D5S818	+	+	+	+	+	+	+	+
TH01	+	+	+	+	+	+	+	−
TPOX	+	+	+	+	+	+	+	−
Amelo	+	+	+	+	+	+	+	+
Penta E	+	−	+	+	+	+	+	+
Penta D	+	−	+	+	+	+	+	+
D6S1043	+	−	−	+	−	−	+	−
D2S1338	+	+	−	+	+	+	+	+
D19S433	+	+	−	+	+	+	+	+
D12S391	+	−	−	+	−	+	+	+
D2S411	+	−	−	−	−	+	+	+
D22S1045	+	−	−	−	−	+	+	+
D10S1248	+	−	−	−	−	+	+	+
D1S1656	+	−	−	+	−	+	+	+
SE33	−	−	−	−	−	−	+	−
D18S1364	−	−	−	−	−	−	−	+
D11S2368	−	−	−	−	−	−	−	+
D13S325	−	−	−	−	−	−	−	+

续表

生产商	北京中生科瑞		普洛麦格（北京）生物有限公司					深圳华大
试剂盒	GSTAR 25	GSTAR 16ID	PP-16/HS	PP-21	PP-18D	PP-F	PP-F 6C	人类DNA分型
Y-GATA-H4	−	−	−	−	−	−	−	+
Y indel	+	−	−	−	−	−	+	−
DYS391	−	−	−	−	−	−	+	−

表2−3　　DNA数据库试剂盒基因座统计（常染色体数据库3）

生产商	司法部司鉴所	基点认知技术					苏州阅微	江苏苏博
试剂盒	Sifa™ 23plex	Golden eye 16A	Golden eye 16C	Golden eye 20A	Goldeneye BASIC	Golden eye 25A	Microreader 21 ID	21 plex
D18S51	+	+	+	+	+	+	+	+
D21S11	+	+	+	+	+	+	+	+
D3S1358	+	+	+	+	+	+	+	+
FGA	+	+	+	+	+	+	+	+
D8S1179	+	+	+	+	+	+	+	+
vWA	+	+	+	+	+	+	+	+
CSF1PO	+	+	+	+	+	+	+	+
D16S539	+	+	+	+	+	+	+	+
D7S820	+	+	+	+	+	+	+	+
D13S317	+	+	+	+	+	+	+	+
D5S818	+	+	+	+	+	+	+	+
TH01	+	+	−	+	+	+	+	+
TPOX	+	+	+	+	+	+	+	+
Amelo	+	+	+	+	+	+	+	+
Penta E	+	+	−	+	+	+	+	+
Penta D	+	+	+	+	−	+	+	+
D6S1043	+	−	+	+	+	+	+	+
D2S1338	+	+	+	+	+	+	+	+
D19S433	+	−	+	+	+	+	+	+

续表

生产商	司法部司鉴所	基点认知技术					苏州阅微	江苏苏博
试剂盒	Sifa™ 23plex	Golden eye 16A	Golden eye 16C	Golden eye 20A	Goldeneye BASIC	Golden eye 25A	Microreader 21 ID	21 plex
D12S391	+	−	+	+	+	+	+	+
D2S411	−	−	−	−	−	+	+	−
D22S1045	−	−	−	−	−	+	−	−
D10S1248	+	−	−	−	−	+	−	−
D1S1656	+	−	−	−	−	−	−	+
SE33	−	−	−	−	−	−	−	−
Y indel	−	−	−	−	−	−	+	−
DYS391	+	−	−	−	−	−	−	−

表2-4　DNA数据库试剂盒基因座统计（常染色体数据库4）

生产商	无锡中德美联生物技术有限公司				宁波海尔施基因科技有限公司		
试剂盒	AGCU17+1	AGCU Ex16	AGCU Ex22	AGCU Ex20	Typer-21G	PanGlobal	Compass
D18S51	+	+	+	+	+	+	+
D21S11	+	+	+	+	+	+	+
D3S1358	+	+	+	+	+	+	+
FGA	+	+	+	+	+	+	+
D8S1179	+	+	+	+	+	+	+
vWA	+	+	+	+	+	+	+
CSF1PO	+	+	+	+	+	+	+
D16S539	+	+	+	+	+	+	+
D7S820	+	+	+	+	+	+	+
D13S317	+	+	+	+	+	+	+
D5S818	+	+	+	+	+	+	+
TH01	+	+	+	+	+	+	+
TPOX	+	+	+	+	+	+	+
Amelo	+	+	+	+	+	+	+

续表

生产商	无锡中德美联生物技术有限公司				宁波海尔施基因科技有限公司		
试剂盒	AGCU17+1	AGCU Ex16	AGCU Ex22	AGCU Ex20	Typer-21G	PanGlobal	Compass
Penta E	+	−	+	+	+	+	−
Penta D	−	−	+	+	+	+	−
D6S1043	+	+	+	+	+	+	−
D2S1338	+	+	+	+	+	+	+
D19S433	+	−	+	+	+	+	+
D12S391	−	−	+	+	+	+	−
D2S411	−	−	+	−	−	−	−
D22S1045	−	−	−	−	−	−	−
D10S1248	−	−	+	−	−	−	−
D1S1656	−	−	−	−	+	−	−
SE33	−	−	−	−	−	−	−
Y indel	−	−	−	−	−	−	+
DYS391	−	−	−	−	−	−	+

表2-1至表2-4四张表中共涵盖扩增试剂盒生产商12家，扩增试剂盒种类33种，包括国产试剂盒生产商12家：公安部物证鉴定中心（2个）、司法部司法鉴定科学研究院（1个）、北京中生科瑞（2个）、深圳华大（1个）、基点认知（5个）、苏州阅微（1个）、江苏苏博（1个）、无锡中德美联（4个）及宁波海尔施（3个）；包括国外试剂盒生产商3家：美国应用生物（AB）6个、凯杰（QIAGEN）2个和普洛麦格5个。覆盖基因座数量27个，其中包括性别基因座1个，Y染色体基因座2个。另外需要指出的是，由于无锡中德美联生产的AGCU21+1试剂盒与目前市场主流建库试剂盒如AGCU EX22的基因座仅有3个相同，所以并未收录该次统计的表格中。如果加上AGCU21+1试剂盒多出来的18个常染色体基因座，目前国内用于常染色体建库的基因座就多达45个。

2. Y染色体STR DNA数据库

表2-5统计的是目前国内市面上可以查到的Y染色体DNA数据库建设用到的扩增试剂盒，表中用■标注的是快速突变基因座，用■标注的是Mini位点（小于200bp），用▨标注的是既是快速突变也是Mini位点。"+"表示该试剂盒中包含该基因座，"−"表示该试剂盒中不含该基因座。

表2-5　DNA数据库试剂盒基因座统计（Y染色体数据库）

生产商	英潍捷基（AB）	普洛麦格	基点认知	无锡中德美联		宁波海尔施	苏州阅微
试剂盒	Y filer plus	Y23	Y26	Y24	GFS Y	Y27	29Y
DYS19	+	+	+	+	−	+	+
DYS385a	+	+	+	+	+	+	+
DYS385b	+	+	+	−	+	+	+
DYS389I	+	+	+	+	+	+	+
DYS389II	+	+	+	+	−	+	+
DYS390	+	+	+	+	+	+	+
DYS391	+	+	+	+	+	+	+
DYS392	+	+	+	+	+	+	+
DYS393	+	+	+	+	+	+	+
DYS437	+	+	+	+	+	+	+
DYS438	+	+	+	+	+	+	+
DYS439	+	+	+	+	+	+	+
DYS456	+	+	+	+	+	+	+
DYS458	+	+	+	+	+	+	+
DYS448	+	+	+	+	+	+	+
DYS635	+	+	+	+	+	+	+
H4	+	+	+	+	+	+	+
DYS449	+		+	+	+	+	+
DYS527a				+	+		
DYS527b				+	+		
DYS522				+	+		
DYS444				+			
DYS447				+			
DYS388			+	+			
DYS460	+			+		+	+
DYS576	+	+	+			+	+
DYS481	+	+	+			+	
DYS549		+	+				+

续表

生产商	英潍捷基（AB）	普洛麦格	基点认知	无锡中德美联		宁波海尔施	苏州阅微
试剂盒	Y filer plus	Y23	Y26	Y24	GFS Y	Y27	29Y
DYS533	+	+	+			+	+
DYS570	+	+	+		+	+	+
DYS643		+	+				+
DYS627	+						+
DYS518	+						+
DYF387S1a	+						+
DYF387S1b	+						
DYS531					+		
DYS630					+		
DYS622					+		
DYS552					+		
DYS510					+		
DYS459a					+		
DYS459b					+		
DYS446					+		
DYS443					+		
DYS587					+		
A10					+		
DYS520					+		
DYS557					+		

表2-5中共涵盖扩增试剂盒生产商6家，扩增试剂盒种类7种，包括国产试剂盒生产商4家：基点认知（1个）、苏州阅微（1个）、无锡中德美联（2个）及宁波海尔施（1个）；包括国外试剂盒生产商2家：美国应用生物（AB）1个和普洛麦格1个。覆盖基因座数量48个，其中快速突变基因座7个、Mini位点19个，既是快速突变也是Mini位点2个。

（二）域外DNA数据库建设基因座选择

欧洲法庭科学研究所联盟（ENFSI）DNA工作组于2016年4月在其官方网站上发布了目前世界上DNA数据库建设常用扩增试剂盒统计情况

(见图 2-6)。[①]

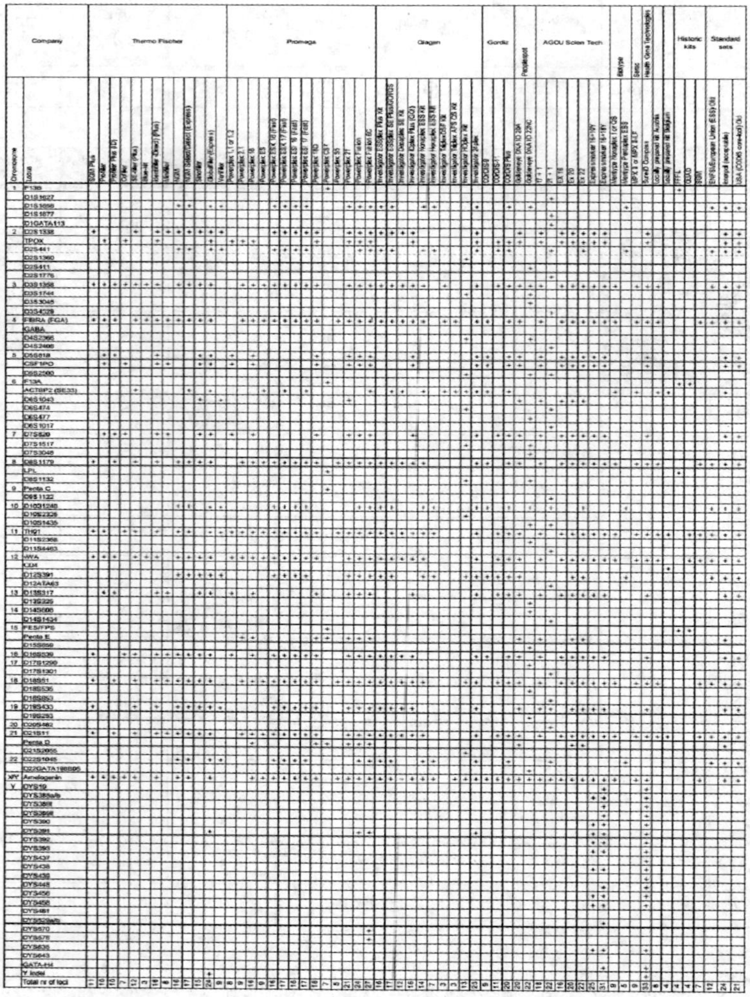

图 2-6 世界各国 DNA 数据库建设用试剂盒及基因座统计

如图 2-6 所示，根据欧洲法庭科学联盟（ENFSI）DNA 工作组的总结，目前世界各国用到的建库试剂盒涉及十余个试剂盒生产商或组

---

① European Network of Forensic Science Institutes, *DNA Database management review and recommendations*, ENFSI DNA Working Group Documents 1/1, Sep 14, 2017.

织，其中包括赛默飞世尔（Therm Fischer）、普洛麦格（Promega）、凯杰（Qiagen）、Gordiz、基点认知（Peoplespot）、AGCU 科技、Serac、Biotype、奥地利和比利时当地试剂盒生产商，另外该图还将欧洲法庭科学联盟（ENFSI）、国际刑警组织和美国 CODIS 的核心基因座也附加在内便于对比。

该图涉及扩增试剂盒 52 个，其中包括赛默飞世尔（Therm Fischer）13 个、普洛麦格（Promega）14 个、凯杰（Qiagen）10 个、Gordiz 3 个、基点认知（Peoplespot）2 个、AGCU 科技 5 个、Serac 1 个、Biotype 2 个、奥地利和比利时当地试剂盒各 1 个。这些扩增试剂盒覆盖 STR 基因座 72 个，其中常染色体基因座 67 个，性别基因座 1 个，Y 染色体基因座 2 个。

（三）关于 DNA 数据库基因座的选择及标准统一

1. 常染色体基因座选择

通过上文对我国及域外 DNA 数据库建设所需试剂盒的统计整理，发现与我国一样，国外也存在扩增试剂盒种类多、基因座数量良多种类繁杂的问题。但是国外仍有许多可以供我国 DNA 数据库借鉴的经验。我们知道要解决 DNA 数据库中分型数据兼容性问题，也就是为下一步数据库分型数据检索比对提供整齐度高的分型数据的问题。要解决这个问题的关键就是在国家层面设置核心基因座，要求无论哪个扩增试剂盒生产商生产的哪种扩增试剂盒至少都必须包含这些基因座。就像美国的 CODIS 核心基因座一样，任何美国试剂盒都必须包含这 13 个基因座（如表 2-1 至表 2-4 中标为绿色的基因座），使得不同的州或地方在跨区域检索比对的时候至少保证有 13 个基因座的数据兼容性和可比对性。2015 年初 FBI 宣布增加核心基因座的工作已经完成，并决定于 2017 年 1 月正式启用。至此，FBI 的 DNA 数据库 CODIS 系统的核心基因座由原来的 13 个，新增包括 D1S1656 等在内的 7 个基因座，变更为 20 个核心基因座。[①] 我国的国家层面的 DNA 数据库管理机关也应该对国内试剂盒的基因座进行规范，在通过前期调研、统计的基础上，寻找适合中国人群的核心基因座，从而从根本上解决 DNA 数据库分型数据的兼容性问题。[②]

[①] 资料来源于美国联邦调查局官方网站。
[②] 杜志淳、李莉、林源等：《中国"罪犯 DNA 数据库"STR 基因研究》，《中国法医学杂志》2000 年第 2 期，第 68 页。

2. Y 染色体基因座选择

关于 Y 染色体数据库中基因座的问题类似于常染色体数据库的基因座分型数据兼容性。但需要特别说明的是，关于 Y 染色体数据库中的基因座由于存在突变和片段大小的问题而显得有些不同。[①]

Y 染色体数据库中的基因座的选择涉及突变时，要充分考虑到当地的具体情况，如果选择突变率低的基因座建库，那么就意味着该基因座的遗传稳定性强，亲代与子代之间的 Y-STR 分型相同的概率大。但是由于不同 Y-STR 基因座突变率相差很大，不同的家系中男性个体的亲代和子代之间遗传稳定性差异也很大。如果数据库建设过程中一味选择突变率小、遗传稳定性强的基因座会导致圈定的范围过大。建议在建库时可以适当地添加突变率高的基因座，增强个体之间的识别性，两者结合才能达到最好的效果。

第四节　人员或现场物证信息和 DNA 分型数据的存储

各类人员和现场物证基础信息及其 DNA 分型的录入是人员血样和现场物证检验后得到 DNA 分型与之后的 DNA 数据库的检索比对的重要桥梁，其重要性对于 DNA 数据库不言而喻。录入过程实际上是一个信息和数据的转移过程，如此多种类不同的人员信息、案件信息、现场物证信息及人员和现场物证的 DNA 分型如何才能准确无误、完整及时地转移到 DNA 数据库中？如何才能实现不同实验室、不同操作人员的录入活动可溯源和可对照呢？如何能够保证录入 DNA 数据库后的数据维持正常状态呢？我们可以借鉴实验室认可或资质认定中的措施，DNA 实验室可以建立和保持对信息和数据控制管理的政策和程序，其内容一般可包括：信息和数据录入操作规程的编制和使用，数据控制程序等。鉴于本书讨论的重点，本节侧重后两项的论述。

一　信息和数据录入操作规程的编制和使用

在实验室认可或资质认定中受标准操作步骤的通用性要求或附加操作

[①] 参见袁丽《遗传标记分析对 DNA 证据的影响》，《证据科学》2012 年第 6 期，第 745 页。

第二章　DNA 数据库数据的录入和存储

的相关性要求或本机构个体操作的强制性要求等方面的对描述信息的缺失或不明确所限，可能会导致对方法的理解和操作有偏差或不统一，并影响或危及鉴定结果时，则鉴定机构应制定有关相应的细则或补充文件或附加说明等作业指导书。如果鉴定方法或标准已经包含了如何进行操作和使用的明确和足够的信息或已经具备具体的附加操作相关性要求的信息或本机构没有个体操作的强制性要求，并且该鉴定方法或标准可以被相关鉴定人员直接使用，则不必将其增补或改写为作业指导书。

撇开各类人员血样和各种现场物证的检验提取方法不论，就从检验后得到人员血样和各种现场物证的 DNA 分型开始一直到出具 DNA 数据库比对检索的鉴定文书，其间要经历各类人员血样、各种现场物证基础信息和 DNA 分型的录入，DNA 分型在 DNA 数据库中的检索比对，比中通报的判定上传，比中血样和现场物证的复核，比中通报的反馈等环节。在这些环节中尤其是录入环节需要操作的步骤繁多，程序烦琐，非常需要鉴定机构制定操作作业指导书。另外，由于录入、检索、比对、通报等环节都在计算机和数据库服务器中进行，如何维护计算机和服务器，保证 DNA 数据库的硬件时刻处于正常的工作状态，就更需要编制 DNA 数据库维护保养作业指导书。至于更重要的 DNA 数据库中的数据如何得以保障就交给数据控制程序来处理。

二　DNA 数据库信息和数据的控制

数据是 DNA 数据库得以发挥作用的关键所在，[①] 其重要性不言而喻，主要包括各类人员的相关信息、案件相关信息、现场物证的相关信息及人员和物证的 DNA 分型。作为数据载体的 DNA 数据库服务器的管理上文已经提及，那么管理和运行数据的软件和数据本身如何控制就成了另一个核心问题。

鉴定机构管理人员应当定期对 DNA 数据库运行过程中涉及的信息和 DNA 分型数据的形成和入库过程进行监督和核查，其中要重点留意分型数据导入的环节，"最终确保各类人员信息和 DNA 分型数据的录入、转

[①] 参见李盛《关于下一代 DNA 数据库构建的思考》，《刑事技术》2013 年第 1 期，第 50 页。

移和存储的真实性、完整性、正确性、可靠性和保密性"①。其检查方法主要有：鉴定人员的自查、复核人员的复查、监督人员的抽查等。

当 DNA 数据库的数据的录入涉及软件如数据库管理系统等时，鉴定机构对该系统功能是否正常、是否能够满足日常 DNA 数据及信息的录入和存储的要求要做到心中有数。对该数据库管理的软件系统进行必要的适应性验证和定期维护管理不可或缺。② 其内容主要如下。

（一）软件适用性确认

鉴定机构所使用的涉及 DNA 数据库建设的各种软件和系统都是该项确认活动的对象。其中可能包含一些鉴定机构自己设计的小软件，如基因频率计算软件或者血样信息管理软件。还有一些应用全国、整个公安系统的系统软件，如 DNA 数据库系统软件。这两类在确认时有些许的差异，前者是确认的主要对象，其原因是其不具有通常性。而后者并不是确认活动重点关注的范围，只有在特定情况下才会启动确认程序。

（二）数据保护管理程序

DNA 数据库的信息数据保护及管理程序对于鉴定机构来说必不可少，该机构就是在其预先制定好的程序的指引下实施对数据库中信息和数据的保护和管理。其保护措施主要有：鉴定机构所使用的计算机或自动化设备应使用正规版权的软件，并在该设备应用范围内使用，鉴定机构自行开发软件或其他外来软件，须经验证后才能使用；对所有使用的计算机或自动化设备，其使用人员应严格按照其操作规程进行使用；应设定操作者密码，以防止非授权人员未经许可修改数据，保证数据不被丢失和保护客户机密信息；对计算机或自动化设备得到的电子数据文件应定期备份，并分类保存以避免电子数据文件的破坏和丢失，对于不便于保存和备份的数据，应及时将其打印出来按日期分类保存；为防止原始数据的丢失或改动，任何人未经授权不得私自修改和删除计算机或自动化设备内的电子数据文件。

（三）数据运行设施的功能维护

DNA 数据库功能的正常运行离不开数据库本身的软件和硬件，如系

---

① 参见邓协和《论检测原始记录》，《现代测量与实验室管理》2004 年第 2 期，第 58 页。
② 参见郭晴晴《怎样按照实验室资质认定评审准则开展防雷检测工作》，《科技与企业》2012 年第 7 期，第 82 页。

第二章 DNA 数据库数据的录入和存储　　117

统管理软件和数据库服务器硬件。但是对于这些软件和硬件来说，它们本身也需要环境和条件的保障，如必要的电压、持续的供电等。鉴定机构应采取的维护措施主要有：DNA 数据库服务器的硬件必须接有不间断电源，以保证在断电后的一段时间内持续工作；外来 U 盘或移动硬盘等存储介质严禁连接 DNA 数据库服务器主机，以保证数据库软件和存储于其中的各类数据不受病毒侵害；DNA 数据库服务器内的程序文件只能由专人管理和处置；定期检查 DNA 数据库相关软件的版本，保证其时刻处于最新适用状态；定期对 DNA 数据库服务器主机进行杀毒，以确保其功能不受影响。

三　DNA 数据库信息和数据的安全性

各种人员基础信息一旦录入 DNA 数据库中，接下来就需要考虑数据库中存储数据的安全性问题。DNA 数据库中存储的各种电子数据包括"各类人员的基础信息、案件现场物证的相关信息及两者的 DNA 分型"[1]。其中 DNA 分型在数据库中表现形式就是一系列数字对的组合，并且建库选择的基因座大部分位于染色体的非编码区，与个人的疾病等隐私关联性较小。从生物安全的角度可以认为，DNA 基因分型对个体并不能造成威胁。反观前两者中现场物证信息和人员基本信息在数据库中记录翔实、分类明确、简单直观，这类信息一旦泄露必然会造成极其严重的后果。现场物证和案件信息对普通公民来说，还仅仅是作为茶余饭后的谈资，但是 DNA 数据库中存储的大量公民的姓名、性别、身份证号、籍贯、家庭住址和联系方式一旦泄露，对个人权益可能会造成更大的侵害。

但并不是说各种案件的现场物证的相关信息和各种 DNA 分型数据就不存在数据保护安全性的问题，只不过受篇幅所限，此处笔者想重点着墨于各种类型人员基础信息数据的安全性保护，以期达到以点带面的效果。

（一）黑客入侵导致个人信息篡改

黑客又称为骇客，是指那些对各种计算机系统知识高度掌握，可以通过各种手段破解系统密码，远程为电脑用户种植木马达到控制用户电脑

---

[1] 参见姜先华、李军、刘锋《法庭科学 DNA 数据库的建设与应用》，《中国法医学杂志》2004 年第 1 期，第 61 页。

的作用的人。由于我国所使用的大部分互联网浏览器如 IE 等的服务器最初均来自国外,所以在互联网方面一直存在许多漏洞。每年我国的互联网络受到来自海外的攻击数以亿计。于是为了保护我国互联网用户的安全,针对境外黑客的攻击,我国涌现出大量利用计算机手段反击境外攻击的高级技术人员,称之为红客。

在大多数人看来,黑客似乎离我们的生活较远,甚至只是在国外或者电影里的情节。前段时间上映的美国 DC 漫画电影《正义联盟》活灵活现地演绎了这一幕情节。电影放映到 72 分钟时,有这样一幕:正义联盟成员闪电侠和神奇女侠要开车进入反派所掌控的基地时,需要利用手掌纹和指纹进行身份验证。就在门卫对闪电侠进行数据库检索的同时,钢骨已经利用高超的电脑技术将闪电侠的个人照片、姓名、身份信息进行伪装后将该数据加入军方的指掌纹数据库中,使得闪电侠安全通过。类似这样的电影情节好像在带点科技性质的电影中已经屡见不鲜了,但是现实生活中还真的有这样的事情发生。

据 2009 年 7 月 15 日网易科技报道,仅 2009 年 4 月至 6 月短短三个月就有超过 40 个银行用户的账户遭到黑客攻击,其中还有客户的银行账户资金被盗。[1] 有人会说,香港经济发达,日平均交易量惊人,出现几起银行账户资金被盗在情理之中。而且黑客属于那些高科技电脑领域的人才,与咱们普通老百姓还是有一定距离的。但是事实不会说谎,2005 年 9 月网上报道了一起新疆乌鲁木齐普通书店女老板利用网上下载的密码破解软件疯狂盗窃不同人员银行账户资金的案件。[2] 该女老板从某财会学校毕业以后,经营着一家销售电脑软件和各类书籍的小书店。由于平时就对电脑比较感兴趣,经常在网上下载一些破解密码的小软件。从最初的破解电子邮箱密码到最后破解银行用户的账户密码,终于从一名普通的电脑爱好者成为一名黑客。被她盗走资金的受害对象有公司企业的银行账户,也有普通公民的个人账户,甚至还包括十几名监狱民警的工资卡账户。

可见黑客入侵计算机系统并不是只在电影中才有的情节,也不是那

---

[1] 《黑客入侵三账户盗走 28.9 万》,2009 年 7 月 15 日,网易科技网(http://tech.163.com/09/0715/08/5E8FR4P9000915 BF.html)。

[2] 《乌鲁木齐一女黑客入侵银行系统盗走十余万元》,2005 年 9 月 14 日,华盟学院网(http://bbs.77169.com/forum.php?mod=viewthread&tid=79103)。

些经济发达国家和地区的专利。黑客对电子数据的安全性威胁已经到了非常严重的地步。如果电脑黑客入侵公安机关 DNA 数据库系统中对数以千万计的个人信息更改一个，很难察觉。如果某个案件的现场物证比中的某个犯罪嫌疑人恰好就是被更改的那条数据，那岂不是又有造成冤假错案的风险。虽然每次数据库比中会再次按照数据库中的人员信息采集相关人员血样复核后会发现问题，但真正的罪犯到底是这数以千万计中的哪一个？这样就会给公安机关侦查破案带来不必要的麻烦，可见 DNA 数据库中数据的安全性对于 DNA 数据库证据的应用具有至关重要的意义。

（二）电脑病毒破坏 DNA 数据库稳定性

上文提到的例子都是互联网中遭遇黑客攻击的情形，于是又有人会说 DNA 数据库是嫁接在公安机关专网之上，其安全性无须过多担心。诚然，公安机关的公安专网是我国各种行政机关内部网络中安全性能最高的之一。因为基于公安机关侦查破案的保密性质，对公安网的性能要求非常高，所以基于公安专网运行的公安机关 DNA 数据库理论上应该在安全性上不会有太大的问题。但是由于全国范围内公安机关各级别、各地区、各警种对公安网使用的保密性意识、维护意识参差不齐，总有个别地方的公安网的补丁未及时打，网关后门留有漏洞，这就给别有用心的网络攻击黑客们留下了可乘之机。

2017 年 5 月 14 日，"一带一路"高峰论坛全球峰会在北京如约开幕。可就在这几日，全球爆发了"永恒之蓝"电脑病毒（又称蠕虫勒索病毒）。遭受攻击的国家遍及世界各地，几个主要国家的网络都纷纷中招。我国也未能幸免于难，而且该电脑病毒攻击的对象主要是政府网站、高校网络，其中就包括公安机关的专用网络系统。

由于该次电脑病毒攻击正好处于"一带一路"峰会的会议期间，国际和社会影响极大，许多计算机系统陷入瘫痪，电脑中存储的许多文件都无法打开，政府、高校、机关事业单位无法正常工作。病毒爆发之时正处于值班备勤期间，笔者在 DNA 数据库服务器上很不幸也看到了图 2-7 的画面，这就表示我们的 DNA 数据库服务器也中招了。经过对数据库服务器主机进行补丁升级、关闭 445 端口等相关服务器等措施，将服务器的操作系统恢复。然后利用之前备份的数据在本地 DNA 数据库服务器中进行恢复，万幸并未造成大的损失。

图 2-7 "永恒之蓝"病毒中毒后电脑界面

"永恒之蓝"电脑病毒攻击着实给公安机关的专网狠狠地上了一课，让公安专网的使用者清晰地认识到公安专网并不是避风港湾，其安全性能亟待提高。而基于公安专网构架的全国公安机关 DNA 数据库网络系统的安全性问题同样应该引起数据库的管理者和使用者的重视。

（三）DNA 数据库使用者类型杂乱，保密意识不强

在公安侦查办案实践中，能够接触到 DNA 数据库中人员信息等信息数据的人员其实并不限于 DNA 实验室的检验鉴定人员和 DNA 数据库的管理人员，有很多侦查民警包括警务辅助人员都能看到数据库中的资料。这就造成了 DNA 数据库的使用人员类型杂乱的局面，这对于 DNA 数据库中数据资料的安全性和保密性带来了极大的挑战。

2017 年 7 月 13 日，轰动一时的"山西黑社会老大出狱"案宣判，判处被告程某有期徒刑 5 年，追加减刑刑期 1 年，合并执行 6 年有期徒刑。意想不到的是，在这个案件的背后居然潜藏着公安专网泄密事件。2016 年 5 月，当被告程某在市检察院、市公安局、武警支队旁边的大酒店大肆庆祝出狱时，有仗义执言的民警将此事通过公安厅长信箱汇报至省公安厅。该事件视频在网上迅速升温，造成的社会影响极其恶劣，

公安部、省公安厅即时派专人调查此事。但是，同时一条微信在朋友圈里流传。这条微信的内容是一张公安厅厅长信箱的照片，其中举报民警的身份信息赫然在列，非常清楚。而此民警果然因为这条微信受到不明身份人员的威胁和恐吓。经查，该微信是邻市某公安分局协警在浏览厅长信箱时，由于此事影响极大出于好奇随手拍照发在微信朋友圈中。省公安厅随即将此协警开除。

如果说协警个人素质不高，对自身约束不严是主要原因，那么正式民警应该能够严守底线，保持清醒的头脑；但是，2017年6月6日搜狐网报道了一起警务人员违规泄露公民个人信息的案件。在该案件中某公安分局民警徐某利用自己的数字身份证书在公安网上的信息系统中非因工作需要非法查询公民个人信息，并将这些信息分批出卖给他人以获取利益。① 据说全国公安机关DNA数据库"金盾二期"改造升级时，将民警的数字证书进行绑定，以此来提高DNA数据库使用的专用性。但是这起案件再次告诉我们，对DNA数据库使用者的规范管理永远在路上。公民个人信息的安全性对于公民个人有时是非常重要的，山东徐××电信诈骗案就是学校学生个人信息泄露所致，我们真的希望类似于徐××这样的悲剧不要再上演。

笔者认为要解决DNA数据库数据安全性问题，就要从以下几个方面着手。

1. 加强信息保护安全法律宣传，形成守法意识

早在2008年9月25日，山西省第十一届人民代表大会常务委员会就通过了地方性法规《山西省计算机信息系统安全保护条例》，该条例第8条就明确对利用计算机系统严禁施行的行为进行了规定。② 2017年6月1日起施行的最高人民法院、最高人民检察院《关于办理侵犯公民个人信息刑事案件适用法律若干问题的解释》，该司法解释对非法获取、出售或者提供公民个人信息的情况进行了规定。③ 也就是说，法律法规其实早已对上述违法犯罪行为进行了规定。需要公民包括公安民警在内

---

① 《一民警因违规查询个人信息被开除公职！查询信息请免开尊口！》，2017年6月6日，搜狐网（http://www.sohu.com/a/146623906_662801）。
② 参见《山西省计算机信息系统安全保护条例》第8条之规定。
③ 参见最高人民法院、最高人民检察院《关于办理侵犯公民个人信息刑事案件适用法律若干问题的解释》第5条之规定。

加强法律法规的宣传，共同营造守法的氛围，形成守法的意识。

2. 利用计算机技术保障 DNA 数据库软硬件功能正常

DNA 数据库管理人员要定期查杀数据库服务器中病毒、升级更新杀毒软件，定期更新系统软件的插件，打好补丁。另外，DNA 数据库数据的定期备份尤为关键，在应对突发事故时可以起到"起死回生"的效果。

3. 借鉴国外 DNA 数据库管理经验和区块链技术，更好保证数据安全

美国的 DNA 数据库中在地方级和州一级的数据库中存储的人员信息仅仅为一条条特定且唯一的数字编码，每一条唯一性编码代表一个人员样本。人员样本的具体信息只能在国家级数据库中才能查到。英国的 DNA 数据库是由英国内政部和战略委员会负责对数据库的管理和监督，[①] 而内政部中也只能有不超过 30 个工作人员具有登录访问的权限。警方掌握其中的 DNA 分型资料，也可以收到比中通报，但是并不拥有访问 DNA 数据库的权限。可见，我国对于 DNA 数据库的数据管理权限还是较为松懈，英美等国的经验对我国 DNA 数据库的数据安全性有一定的借鉴意义。

另外，特别值得一提的是关于数据库数据存储安全性的措施可以借鉴区块链（block chain）的运行模式。区块链技术需要参与的多方（DNA 数据库多地使用者），传输的链条（通报的上传下达途径）和加密技术，与 DNA 数据库不谋而合。不久的将来使区块链技术中数据不可篡改性特点应用到 DNA 数据库数据的管理中，将会是另一番光景。[②]

综上所述，DNA 数据库中数据的录入原则和要求首先要体现基础信息类数据和 DNA 分型类数据的区分性，其次信息类数据要重点关注准确性、全面性、完整性和及时性的问题，而 DNA 分型类数据则要把侧重点放在数据适格性和数据兼容性方面。对于 DNA 数据库中各类信息数据的存储要在对各类信息数据录入操作进行规范的基础上对数据进行有效控制，同时务必重视 DNA 数据库数据安全性问题。

[①] 参见翁怡洁《法庭科学 DNA 数据库的风险与法律规制》，《环球法律评论》2012 年第 3 期，第 48 页。

[②] 《区块链保证数据的安全性》，2018 年 2 月 6 日，搜狐网（http：//www.sohu.com/a/221260588_99892856）。

第三章

DNA 数据库数据的检索与比对

DNA 数据库在刑事诉讼中发挥作用的主要方式就是检索和比对，利用 DNA 数据库中存储的海量数据的检索比对为各类案件的破获提供证据支持，本章就着重从公安机关在司法实践中经常使用的各类 DNA 数据库入手，分析各种类型 DNA 数据库在检索比对方面的不足和缺陷，以期为 DNA 数据库证据在诉讼中的应用提供规制基础。

第一节 全国公安机关 DNA 数据库发挥作用的制约因素

全国公安机关 DNA 数据库是所有类型数据库中公安机关使用范围最广、应用最为频繁的数据库。该数据库由公安部刑事侦查局、公安部物证鉴定中心和海鑫科技公司共同研发，由公安部物证鉴定中心主管、海鑫科技公司负责软件及硬件的维护和保障。该数据库一经投入使用便发挥了极大的作用，尤其是随着数据库库容量增大其检索比对功能成为公安机关侦查破案的有力武器。但是凡事都有两面性，在 DNA 数据库发挥作用的同时，我们也不能忽视其在侦查破案尤其是刑事诉讼整个环节中可能出现的问题。

一 数据库比对模式影响破案效率

案件的侦破讲究效率，尤其是刑事案件的侦办更是如此。犹如事故救援中人员生命抢救的"黄金 72 小时"一样，刑事案件也有类似的规则。随着犯罪分子反侦察意识的增强，国家各级交通设施的改善，恐怕这个黄金时间还在缩短。这就进一步要求 DNA 数据库能够发挥"快检快比"的功能,来实现刑事案件的"快侦快破"效果。但是往往事与愿违,在现实情况中这种"快检快比"的功能却很难实现。

(一) 漫长的比中间隔时间影响侦查破案

DNA 数据库的检索比对功能发挥作用依靠数据库中数据量的大小,库容量大检索和比对成功的可能性就大。但是还有一个因素也会影响 DNA 数据库作用的发挥,那就是检索比对的效率。在公安系统中通常用比中间隔时间来衡量这个效率,比中间隔时间越短,检索比对效率越高。

比中间隔时间是指将特定待比对的现场物证的 DNA 分型录入 DNA 数据库中执行检索比对的命令后,得到比中结果的时间间隔的长度。影响这一参数的因素有很多,其中就包括上文提到的数据库库容量的大小和数据库中是否包含有能比中的目标 DNA 分型。如果 DNA 数据库中就没有可能比中的目标 DNA 分型,那很难得到比中结果也就不难理解了。从这个角度来理解,其实这两个影响因素可以合并,因为如果数据库库容量足够大,达到能够将几乎所有的人员的 DNA 分型包含其中,那比中结果的获得是迟早的事情。

但是事实上,公安机关 DNA 数据库的比中间隔时间通常是比较长的,尤其是跨省市、跨地区时更是如此,我们来看看以下几个案例。

案例二十五:2006 年 7 月 5 日,在 X 自治区 W 市原工九团路边发现一辆夏利牌轿车驾驶员阿某被人杀害,随后又在边防指挥学校对面路边发现嫌疑人遗弃的车辆。经过现场勘验,在车辆内部发现了烟蒂三枚,可疑斑迹一处,DNA 室经过检验将上述物证录入国家 DNA 数据库。在 2016 年 6 月此案物证"驾驶室座位下遗留烟蒂"和"车左后门内侧可疑斑迹"比中 S 省 B 市违法犯罪人员吐某。刑侦大队民警在当地民警配合下于 B 市 S 区 W 电厂附近将犯罪嫌疑人吐某抓获,随后又在 S 路附近将另一名嫌疑人艾某抓获,后经复核,DNA 数据无误。

案例二十六:2008 年 11 月 17 日,在 S 省 W 市 G 路路口附近赛某被杀。两日后又发现涉案车辆。当时 DNA 室的同志们共检验案件检材 70 余份,在"驾驶座后包布上血迹""后排座位上血迹""白色线手套上血迹"中检出嫌疑人 DNA。及时将 DNA 数据入库,一直未有比中结果。在 2016 年 5 月本案物证比中 H 省 B 市犯罪嫌疑人何某。刑侦支队迅速安排人员赶往 H 省 B 市调查，在证据面前何某供认不讳，并供出同伙刘某，此案成功告破。

案例二十七：2009 年 3 月 4 日，在 H 省 S 市 J 路 22 号地下室楼梯处发现一人被杀。刑科所现场勘验人员及时赶往现场，及时收集提取证据，并将提取的 60 余份现场生物检材送至市局 DNA 室。最终在"死者刘某右腹部擦拭物""死者刘某肛周擦拭物""死者刘某左大腿内侧擦拭物""死者刘某右大腿内侧 1 号擦拭物"中检出嫌疑人 DNA。检验人员及时将 DNA 分型入库，未有比中结果。2016 年 5 月，该 DNA 分型比中异地犯罪嫌疑人李某，刑侦人员迅速将李某抓获，此案成功告破。

案例二十八：2012 年 1 月 15 日，在 S 省 M 市 J 路 211 号保健品商店一人被杀，分局接到报警后，现场勘验人员马上赶赴现场。勘验现场后提取现场生物检材 50 余份，送检至 M 市公安局 DNA 实验室。在送检的现场物证"死者上衣右袖滴状可疑斑迹"和"死者外裤右侧口袋处滴状血迹"中均检出一男性 DNA 分型，与死者 DNA 分型不一致，高度怀疑是犯罪嫌疑人所留。DNA 室检验人员将此 DNA 分型录入 DNA 数据库，未有比中结果。2016 年 5 月，该 DNA 分型比中异地犯罪嫌疑人王某，刑侦人员迅速与比中地公安机关联系。在当地公安机关的帮助下，连夜将其抓获，突击审讯犯罪嫌疑人王某，王某招供，案件得以顺利破获。

上述四个案例是笔者根据日常工作通过不同途径收集的具有代表性的案例，[①] 从录入待比对 DNA 分型到数据库比中后得到比中通报最长的历经 10 年（案例二十五），最短的也历时 4 年之久。仔细分析这四个案例，发现它们的共同点是均为异地比中即为跨省市比中。为什么跨省市的异地比中需要这么长时间呢？这恐怕和 DNA 数据库比对运行模式分不开。

（二）DNA 数据库运行模式导致比中时间延长

上文提到影响 DNA 数据库比中间隔时间的因素有数据库库容量的

[①] 宋爽、王鑫成：《浅析 DNA 数据库在破获陈年积案中发挥的作用》，载《第五届全国公安机关 DNA 数据库建设应用研讨会论文选》，群众出版社 2017 年版，第 107—108 页。

大小和数据库中是否包含有能比中的目标 DNA 分型。那是不是数据库库容量足够大，DNA 数据库的检索比对效率就一定高呢？理论上，如果在数据库中存在与待比对的 DNA 分型一致的目标分型，一定会得到比中结果。不过得到比中结果的快慢要看存储数据的服务器的内存大小，就像手机一样，内存是 16G 的要比 4G 的运行速度快得多。数据库服务也一样，必须在存储大量分型数据的前提下留下足够的空间供正常运行使用。

  这里笔者还得比较一下一对大家非常容易混淆的概念：检索和比对。检索是指仅仅将待比对的 DNA 分型录入 DNA 数据库中与指定选中的数据库子库进行比对，其比对模式类似于在第一章中讲到的一对多比对模式，这种模式仅限于比对目标为本地库的情况；而比对则指将该待比对的 DNA 分型及其所有相关案件信息、现场物证信息或人员信息录入数据库，执行的比对模式类似于第一章中讲到的多对多比对模式，这种情况下待比对的 DNA 分型会自动与全国库中的分型数据比对。一般在实践中 DNA 数据库使用人员会先执行本地库的检索命令，如果未比中，然后选择比对方式。说到这里另一个更重要的对比中间隔时间有影响的因素就呼之欲出了，那就是 DNA 数据库的检索比对模式。本地库的检索效率较高，这里就不再详述了，此处主要阐释一下 DNA 数据库的比对过程是如何影响比中结果的。

  图 3-1 形象地描绘了数据比对在 DNA 数据库中的运行路线。其中向右的箭头表示下级向上级公安机关上报的 DNA 分型数据，向左的箭头表示上级向下级公安机关下发的比中通报。DNA 数据库的比对过程主要包括：（1）将待比对的数据录入数据库后发起比对；（2）数据逐级上传至国家库；（3）数据在各级数据库中进行比对，形成比中或未比中的通报；（4）比中或未比中的通报沿原途返回下发至发起比对实验室。

  上述案例二十五至案例二十八就类似于图 3-1 中 A 省 B 市的 DNA 数据与 F 省 G 市的 DNA 数据比中。它的运行轨迹是这样的：第一步，A 省 B 市的 DNA 数据录入本地数据库并上报发起比对。首先这条数据会在本地库进行比对，通常这种情况结果反馈会比较快，因为这条数据只与本地数据库服务器中储存的十几万条数据比对。第二步，A 省 B 市的这条数据无论在本地是否比中，只要上报这条数据就会向上级 A 省数

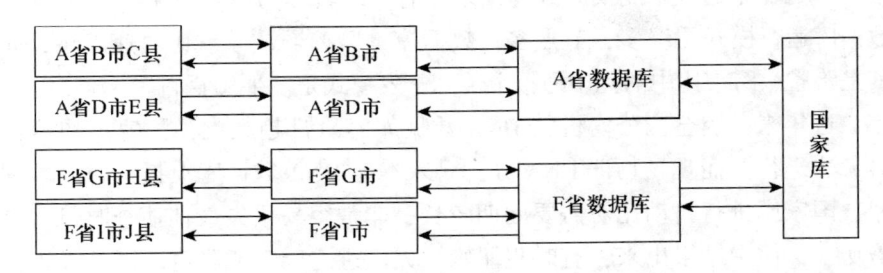

图 3-1　DNA 数据库数据的比对模式示意

据库汇总，到达 A 省数据库服务器后，与 A 省服务器中的上百万条数据比对。这一步其实就很消耗时间。

就拿笔者所在的山西省来说，全省有 11 个地市级数据库。地市级数据库上传至省厅的一条数据很有可能会花很长时间在排队的路上，因为在晋城市向上传数据的同时，必然会有太原市、大同市等其他地级市的数据在同时上传。就像网络信息高速公路一样，带宽就在那儿摆着，而数据却成百上千地增长，数据必然拥堵在上传的路上，更不要说好不容易进去了还要和上百万条数据比对。第三步上传到国家库，又有另外 31 个省（市、区）的数据在竞争，其比对速度可想而知。刚刚讲的是上传和比对数据，那么如果在国家库中比中了，要通知两边的 DNA 实验室，也就是要下发比中通报时，还得原路返回，这就是第四步。那就意味着还得再堵在回家路上，真是"数据在囧途"啊！

我国公安机关现行的 DNA 实验室体系为国家级、省级、地市级和县区级四层级体系。截至 2016 年底，全国公安机关共建成 DNA 实验室 598 个，其中部级（国家级）2 个，省级 32 个，地市级 349 个，县区级 219 个。如图 3-1 所示，可想而知 A 省 B 市的 DNA 数据与 F 省 G 市的 DNA 数据要想比中并且让两家得到比中通报竞争压力有多大，更不要说 A 省 B 市 C 县的 DNA 数据与 F 省 G 市 H 县的 DNA 数据。

全国 DNA 数据库每天比中信息常态高峰达上千条，有关处置工作往往涉及多个 DNA 实验室，这些信息一般均需查看、复检、复核、确认、反馈，工作任务环环相扣，办案质量和效能处处相关，在实际工作中存在不少问题。比中确认信息落地应用是 DNA 数据库服务实战的重要环节，但在实战中相当比例的比中通报，尤其是多发性侵财案件、跨区域系列案件等"小案件"的比中通报未能及时处理，未能有效地转化为破案成果。上述 DNA 数据库运行模式层级多，节点多，数据流量监控弱，导致比对速度慢，尤其是跨省、跨市比中的比中通报上传和下发模式是"罪魁祸首"。

近年来，因全国公安机关 DNA 数据库容量日趋庞大，国家库快速比对无法进行，而现场物证 DNA 分型录入本地 DNA 数据库上报到省级数据库、国家库进行自动比对需要周期较长，非常容易错失最佳侦查时机，事倍功半，比中结果出来，有时犯罪嫌疑人已逃之夭夭或隐身藏匿，投入大量人力、物力也不能及时破案。2015 年底，公安部为解决 DNA 快速比对破案，开发了全国公安机关 DNA 数据库快速比对实战应用平台，为全国基层办案单位利用 DNA 快速破案提供了有力保障。

案例二十九[①]：2016 年 2 月 3 日晚 10 时许，在 L 省 D 市 S 区中山路 301 号中国农业银行自助大厅内一流浪汉被杀死。因春节临近，案发现场地处市区繁华地段，新闻媒体第一时间介入报道案情，引起较大社会反响。通过现场视频研判，案犯面部特征较为模糊，无法用视频资料确定案犯身份。侦查人员将犯罪嫌疑人遗留在现场擦地面用的半张报纸和一本杂志送到市局刑侦支队 DNA 实验室进行检验。在送检的报纸上选取三处提取，均检出混合分型。在送检的杂志封面和目录页提取了两处，获得了相同的 DNA 分型。并且该分型在前述混合分型中均能找到。至此，初步确定该 DNA 分型为犯罪嫌疑人所留。技术人员立即将该 DNA 分型录入全国公安机关 DNA 数据库快速比对实战应用平台，立即比中 N 自治区 C 市违法犯罪人员郑某（男，42 岁）。在案发 22 小时内锁定犯罪嫌疑人。侦查人员立即对郑某轨迹进行合成研判，于 2 月 6 日将逃回 C 市的郑某抓获。在证据面前郑某对所犯罪行供认不讳。

在案例二十九中，案件发生后通过监控视频及现场勘查分析确认犯罪嫌疑人同为流浪借宿人员，部署大量警力清查市区各个角落的流浪人员，查找犯罪嫌疑人。通过 DNA 数据库快速比对实战应用平台锁定犯罪嫌疑

[①] 郑甲哲、胡政明：《利用 DNA 数据库快比平台快速查破杀人案一例》，载《第五届全国公安机关 DNA 数据库建设应用研讨会论文选》，群众出版社 2017 年版，第 536 页。

人郑某后立即撤回大批警力,仅派一支抓捕小组完成案犯的抓捕工作,既节省了警力,降低了破案成本,又大大提高了破案效率。

二 比中信息处理效率低下影响定罪量刑

全国公安机关近 600 家联网 DNA 数据库几乎每天都有少则几条多则上百条各类比中数据,主要包括以下几种情况:第一种,违法犯罪人员与违法犯罪人员比中信息;第二种,违法犯罪人员与现场物证比中信息;第三种,现场物证与现场物证比中信息;第四种,违法犯罪人员与无名尸体比中;第五种,失踪人员亲属与无名尸体比中。这五种比中信息各自发挥着不同的作用和效能:第一种比中信息首先起到了对违法犯罪人员血样进行复核的作用,其次能够描绘违法犯罪人员的活动轨迹,尤其是短时间内多次异地比中的情况。第二种比中信息直接导致案件的侦破。第三种比中信息直接导致多起案件的串并,为案件的破获提供了重要的方向。第四种和第五种比中信息直接认定未知名尸体的尸源。

每天全国范围内比中信息在最高峰时曾经达到数千条,有关比中数据的处理工作往往涉及多个 DNA 实验室,这些信息一般均需查看筛选、对比复核、确认反馈,工作任务环环相扣,办案质量和效能处处相关,但在实际工作中存在不少问题。首先就是处理比对信息的专职人员,也就是说每个 DNA 实验室必须至少有一名专门从事 DNA 数据库比中信息上传下发的数据库管理员。据笔者了解,几乎大部分的 DNA 实验室没有专职的 DNA 数据库信息管理员,都是 DNA 实验室检验人员兼职。试想每天平均上百条比中信息,实验室检验人员每天处理完自己手头的案件任务已经非常疲惫了,再腾出精力分析处理各类上百条比中数据不可能准确及时。

(一) DNA 数据库证据对定罪的影响

如果一个 DNA 实验室晚一个小时处理上报比中信息,另一个 DNA 实验室就可能晚一个月收到比中通报。这样不仅导致案件侦破效率降低,甚至有可能影响罪与非罪、罪名的认定的问题。

案例三十①:2015 年 10 月 7 日,在 S 省 J 市 C 区城乡接合部某废品收购站发生一起盗窃案。犯罪嫌疑人张某被废品收购站管理员发

---

① 此案系笔者本实验室受理的案件。

现，当场抓获扭送至派出所。面对民警，张某交代自己盗窃废品收购站内所收的废铜丝一盘，价值700元。但是张某只交代自己这一起盗窃案，对于其他犯罪行为一概不承认。派出所民警在将其血样采集后，常规送检至市公安局DNA实验室。而张某仅被派出所处以行政拘留五日。不久，市公安局DNA实验室在批量建库时将张某的DNA分型录入DNA数据库。2016年1月7日，DNA实验室数据库管理人员在日常查看比中通报时发现张某的DNA分型与2015年6月17日S省X市盗窃案、2014年11月14日S省C市盗窃案的现场物证比中，三个案件成功串并。

案例三十一[①]：2013年7月8日，在S省J市Q县某村镇发生一起盗窃案。犯罪嫌疑人齐某盗窃村镇变电站电线一盘，在盗窃时被值班的村民发现，该齐某仓皇逃窜。现场遗留齐某蹲点时吸烟后烟蒂两枚及剪断电线的断线钳一把。接到报案后，现场勘验人员将现场提取的生物检材送至市公安局DNA实验室。DNA实验室检验人员在送检的烟蒂和断线钳上检出一名男性DNA。DNA实验室检验人员将该DNA分型录入DNA数据库，数据库线索该现场物证比中本地违法犯罪人员齐某。DNA实验室检验人员马上将此比中信息反馈至Q县公安局刑侦大队，刑侦民警根据比中信息迅速将齐某抓获。面对民警，齐某只交代自己2013年7月8日在Q县某村镇盗窃电缆线的犯罪事实，对于其他犯罪行为一概不承认。由于齐某这起案件盗窃财物价值不够盗窃罪的数额，仅被派出所处以行政拘留。不久，市公安局DNA实验室数据库管理人员又发现该齐某的DNA分型与2012年12月17日S省J市Z县盗窃电缆案、2013年1月10日S省J市G县盗窃电缆案的现场物证比中，三个案件成功串并。

上述两个案例均属于盗窃类案件，且案件所涉财物均较小，属于DNA数据库破案中典型的"小案"。一般来说，到案件成功串并这个阶段似乎DNA数据库的作用已经到位了。但是仔细分析上述两个案例，两案在罪与非罪的认定上有所差别。

案例三十和案例三十一的共同特点是每一起盗窃案所涉案值均较小，

[①] 此案系笔者本实验室受理的案件。

单个案件均不构成盗窃罪,犯罪分子在被抓获甚至被当场抓现行后仅仅承认当前这一起案件,这也是目前盗窃类案件的显著特点。因为随着刑事案件打击力度不断增大,犯罪嫌疑人也逐渐认识到每次盗窃的财物不宜过大,如果单次涉案财物超过一定数额就构成盗窃罪。如果每次涉案财物均控制在很小的数额,仅仅够治安处罚的标准,那对于犯罪分子来说其面临的最多就是行政拘留15日的处罚,比起盗窃罪来处罚要轻得多。但是在2011年5月1日刑法修正案(八)实施后,特别是2013年4月4日起实施的《关于办理盗窃刑事案件适用法律若干问题的解释》之后,关于多次盗窃但每次盗窃数额较少的问题得到了解决。两高2013年出台司法解释规定两年内三次以上盗窃的认定为刑法规定的"多次盗窃"。而这个司法解释实施后,1998年施行的最高法司法解释废止,在这个司法解释中规定一年内三次以上盗窃认定为刑法规定的"多次盗窃"。事实上国内已有学者对这种情况有所关注。①

在案例三十中三起盗窃案发生时间分别为:2014年11月14日、2015年6月17日和2015年10月7日。三起盗窃案件均发生在2013年4月4日以后,根据2013年两高的司法解释,犯罪嫌疑人张某应当认定为盗窃罪。

而在案例三十一中三起盗窃案发生时间分别为:2012年12月17日、2013年1月10日和2013年7月8日。犯罪嫌疑人齐某的前两次行为发生在2013年4月4日以前,按照1998年最高人民法院的司法解释,齐某在一年内盗窃两次未达到法律及司法解释规定的一年内三次,故不构成盗窃罪。最后一次盗窃行为发生在2013年4月4日以后,根据2013年两高的司法解释,两年内齐某仅盗窃一次,也不构成盗窃罪,综合上述情况齐某不构成盗窃罪。

可见DNA数据库在认定类似于多次盗窃行为是否构成盗窃罪的问题上可以提供关键的证据。在司法实践中,类似于盗窃这类流窜性强、系列作案可能性大的案件类型DNA数据库有着其他手段所不具备的得天独厚

---

① 参见姜新国、许小珍《"多次盗窃"司法解释的理解和适用》,《中国检察官》2015年第9期,第22页。参见谢望原、周光权、宋丹等《盗窃案件适用法律难点五人谈》,《中国检察官》2014年第5期,第22页。参见刘春德《论盗窃罪中"多次盗窃"的认定》,《法制与社会》2015年第12期,第70页。参见张军兵《多次盗窃的若干问题浅析》,《法制与社会》2016年第5期,第262页。

的优势。盗窃类案件的犯罪嫌疑人具有的共同特点就是只会承认当前现行被抓获的一起案件，在无其他证据的前提下，绝对不会承认在之前、在其他地域的犯罪行为。而DNA数据库可以实现对同一犯罪嫌疑人犯罪行为的记录功能，并且可以做到全国联网。

但是如果DNA实验室数据库管理人员不能及时复核、排查、认定，甚至不把这些"小案"当回事而置之不理，可能导致数起孤立的涉案金额小的盗窃案件不能及时认定，这样比中通报就不能及时上报、下发和反馈，在DNA数据库系统中就不能及时反映出多次犯罪的情况，从而导致盗窃罪中的罪与非罪的认定问题。

（二）DNA数据库证据对量刑的影响

我国刑法中还对一些多次系列犯罪的量刑有不同的规定，如普通抢劫罪与构成抢劫罪加重犯的量刑幅度有很大差异。

案例三十二[①]：2014年7月10日，在S省J市G县级市某黄金店铺发生一起持枪抢劫金店案。两名犯罪嫌疑人实施抢劫，其中一名持枪控制，另一名手持斧头砸柜台玻璃实施抢劫行为。接报警后市县两级公安机关刑侦和刑事技术人员立即赶赴现场，在金店抢劫现场的一小块碎玻璃上提取到其中一名犯罪嫌疑人的DNA分型。DNA检验人员将该DNA分型录入DNA数据库中，未发现比中情况。专案组一方面将该现场DNA分型分发至邻近省市的DNA实验室继续进行比对，另一方面采取其他侦查手段，均未获得满意效果。2018年1月29日，在邻省某市发生一起持枪抢劫金店案，作案手法与前案极为相似。只不过犯罪嫌疑人并未在金店现场留下任何生物检材，幸运的是犯罪嫌疑人在当晚逃跑的过程中被当地警方抓获，在逃跑的路线上提取到犯罪嫌疑人用于作案的手套、所穿军大衣等生物检材。当地DNA实验室将这些检材检验后，发现与2014年S省J市持枪抢劫金店案的现场物证分型一致，至此两案串并，前案也得以在近四年后成功破获。

案例三十二中后一起抢劫案犯罪嫌疑人在被抓获后只承认这一起持枪

---

① 此案系笔者本实验室受理的案件，经过不懈努力于本书成稿时破获，其中DNA数据库的比对串并发挥了重要作用。

抢劫行为。但是当警方利用 DNA 数据库比对串并案件后，掌握这伙犯罪分子之前的犯罪事实和证据之后，该案的犯罪嫌疑人不得不交代了之前的犯罪行为。我国刑法第 263 条对普通抢劫罪的量刑为 3 年至 10 年有期徒刑，但是该条第 7 款规定有持枪抢劫情节的为法定的加重犯，刑期调整到 10 年有期徒刑起，甚至包括死刑。在该案中犯罪嫌疑人的抢劫罪定罪没有什么争议，但是一次抢劫和两次抢劫犯罪的量刑就会有差别。从这一点上看，DNA 数据库证据不仅对某些犯罪的罪与非罪问题有影响，对某些故意犯罪的量刑确定也有重要的作用。

综合以上两点，我们可以看出对于某些无论是重大的刑事案件如持枪抢劫金店案还是小型治安或刑事案件如系列盗窃案，快速处理 DNA 分型的比中通报，及时反馈比中信息对刑事案件的定罪量刑均有重要意义。

三 数据库比中人员认定的特殊情况

上文曾经提及数据库比对模式中有一类重要的模式是现场物证与违法犯罪人员比中的类型，这种类型可以直接导致案件的破获，这也是 DNA 数据库在刑事案件的侦查中发挥的最主要的作用，但是总有特殊情况出现，如双胞胎作案的情况。

（一）数据库无法解决双胞胎作案的人员认定

案例三十三[①]：2013 年 4 月至 10 月，在法国马赛连续发生多起强奸案，女性受害人年龄跨度较大，从 22 岁到 76 岁不等。案件发生后，马赛警方迅速调集警力展开侦破，通过现场勘验及与受害人沟通，提取到犯罪嫌疑人遗留在现场的生物物证。通过犯罪实验室的 DNA 检验，获得一男性 DNA 分型。由于在犯罪后将其中一名受害人的手机抢走，警方通过追踪被抢手机信号成功锁定犯罪嫌疑人。抓获该犯罪嫌疑人后，警方为防止该嫌犯狡辩手机系捡拾的情况，立即采集该嫌犯血样进行 DNA 检验，检验结果与强奸案现场所留生物检材 DNA 分型一致。再加上受害人辨认和现场监控录像显示就是该嫌犯出现在现场附近。按理说案件到此应该算破案了，但是新的问题出现

---

① 《法国双胞胎兄弟之一涉嫌强奸，警方难辨谁是罪犯》，2013 年 3 月 2 日，中国新闻网（http://www.chinanews.com/gj/2013/03-02/4609677.shtml）。

了。面对警方列举的似铁的证据，被捕嫌犯却并不承认自己犯罪，他辩称犯罪的应该是他双胞胎的兄弟。警方一下陷入被动，上述看似完美的证据一下变得苍白无力。

案例三十四[①]：2009年1月25日凌晨，德国柏林最大的购物商场"西方百货"被盗，价值数百万欧元的珠宝首饰失窃。监控显示犯罪分子有三人，他们显然对商场的防盗系统很熟悉，绕开警报从窗户进入，所以第二天商场才在发现被盗后报案。柏林警方发现在被盗现场除了遗留有一只手套外，没有任何有价值的物证。即使这样柏林警方仍然将这只手套送检至犯罪实验室，DNA检验人员成功地从手套上检出一男性DNA分型。柏林警方经过缜密的侦查，依靠这一DNA分型将一对双胞胎兄弟逮捕。无奈的是两人的DNA无法区分，而现场只有一只手套。也就是说现场的嫌犯只能是两人中的一个，由于不能确定是哪一个，而且有可能冤枉另一个，德国柏林法院最终判两人均无罪释放。

上面列举的国外的案例比较有代表性，但是与DNA数据库关系不大。而发生在我国南方的一例真实案件却切切实实是同卵双生带来的犯罪嫌疑人认定错误。

案例三十五[②]：2010年7月17日至8月10日，短短不到一个月的时间在G省G市和F市连续发生了十几起入室盗窃案。现场勘验人员在阳台窗户边缘、护栏及门把手上提取到脱落细胞擦拭物，勘验人员先后将提取到的十余起案件的现场生物检材送检至市局DNA实验室，很快检验结果出来了。DNA检验人员检出其中八起案件的现场生物检材的DNA分型，均为同一男性所留，就此这一系列案件得以成功串并。随即DNA检验人员将此男性DNA分型录入DNA数据

[①] 《德国一商场失窃，双胞胎之一涉案令警方困扰》，2009年2月24日，搜狐网（http://news.sohu.com/20090224/n262419274.shtml）。

[②] 该案件是笔者在日常工作中搜集的兄弟省市的真实案例，由于存在同卵双胞胎的情况，本来简单的案情复杂化，而目前DNA数据库在该领域仍然束手无策。参见高俊薇、王顺霞、马原等《利用DNA数据库比中犯罪嫌疑人孪生兄弟》，载《首届全国公安机关DNA数据库建设应用研讨会论文选》，中国人民公安大学出版社2009年版，第275页。

库中，很快在数据库中显示比中索某（男，24岁，G省S市X镇人）。数据库中该嫌疑人的身份信息比较详细，刑侦民警马上进行研判后，在G省S市将该索某抓获。但是奇怪的是，审讯索某时该嫌犯声称在2010年7月17日至8月10日这段时间并未离开过S市，并且可以提供公司同事的证明。后经警方去S市确认排除了该嫌疑人的作案时间。此案陷入僵局，难道是DNA数据库搞错了。经过DNA检验人员的复核也排除了这种可能。那是什么原因呢？另一组走访的民警反馈回情况，原来据索某同事反映该索某有一个双胞胎兄弟索某某，长期不务正业，偶尔会来公司找索某要生活费。根据这一情况，刑侦民警马上组织力量将索某某抓捕归案。索某某面对警方时供述了自己在G市和F市盗窃的事实，并交代了在S市曾被采集过血样，由于和兄弟索某长得极为相像，当时向当地警方提供其兄弟的信息。至此，案件得以成功破获。

在案例三十五中就充分暴露了现有DNA数据库的短板和缺陷，那就是对于同卵双胞胎的区分性不强。虽然该案例仅仅是极少数的个例，但是正如习总书记所说的要让老百姓在每一个案件中都感受到公平正义，这条路还很长。

（二）同卵双胞胎的遗传学原理

为什么说现有的DNA数据库对于区别同卵双胞胎有局限呢？那恐怕还得聊一聊同卵双胞胎的形成原理。

双胞胎主要可以区分为两类：一类是同卵双胞胎，一类是异卵双胞胎。前者是指受精时一个精子进入一个卵子体内后形成一个受精卵，在受精卵发育早期该受精卵分裂成两个受精卵。由于是从同一个受精卵分裂而来，这两个受精卵的遗传物质几乎完全一致。这种双胞胎不仅性别一样，长相、身高，甚至性格、喜好和习惯都非常类似。后者指受精时母体内有两个卵子，两个精子分别进入两个不同的卵子而形成两个受精卵。这种双胞胎性别可能不一样，长相、身高、性格、喜好和习惯有时会有很大差异。

正因为如此，在异卵双胞胎形成之初，由于形成两个受精卵的精子和卵子均不相同，作为亲代遗传给子代的遗传物质不相同的概率就很大，在DNA数据库中作为区分不同个体的同一认定工具就比较可靠。反观同卵双胞胎，由于在形成初期两者均是来自同一受精卵，其遗传信息在分裂成两个受精卵之前亲代至子代的分配过程已经完成，所以说两者的遗传信息完全相同。

（三）现有 DNA 数据库应对此类案件存在缺陷

现有的 DNA 数据库为什么无法区分同卵双胞胎呢？原因是现有的 DNA 数据库使用的是一代测序检测技术——短串联重复序列（STR）检测技术。STR 技术在区分非同卵双胞胎时具有检测时间短、成本低等特点，但是在区分同卵双胞胎时就显得有点黔驴技穷了。STR 技术检测的是不同染色体特定位置基因座上部分基因序列的重复单位的重复次数。比如说 A 的某个基因座上重复单位"AGCT"的重复次数为 12 次，那么 A 在该基因座上显示的数值就是 12。如另一人 B 的某个基因座上重复单位"ATCG"的重复次数恰好也是 12 次，那么 B 在该基因座上显示的数值也是 12。如果简单地用 STR 技术来比对就无法区别 A 和 B，更何况同卵双胞胎的大部分基因序列都相同。现在有资料表明，虽然同卵双胞胎的大部分基因序列都相同，但是由于后天两者所处环境等条件因素的影响，在某些序列会存在有甲基化或者乙酰化的区别，这些区别足以做到区分同卵双胞胎的目的，这也是下一步 DNA 数据库的发展趋势。在第一章中笔者就提到过在英国的国家 DNA 数据库中就存储着数十对同卵双胞胎的分型，甚至有数对同卵三胞胎的 DNA 分型。

四 现场物证的比中复核问题

刑事案件中现场物证的作用毋庸置疑，其中可以用于 DNA 检验的现场生物物证尤为关键。单从现场生物物证中所含有的 DNA 量来看，可以分为常规生物物证，如现场遗留的大量血迹或血泊；微量生物物证，[①] 如现场遗留的烟蒂或血滴；痕量生物物证，如现场留下半枚残缺指纹中包含的 DNA。随着犯罪分子作案手段更新、作案方法精进，留在现场的生物物证慢慢地从常规生物物证向微量物证演变，到现在在一些重大案件中几乎仅仅遗留痕量生物物证。这就要求 DNA 检验人员不断提高自身的检验水平，做到"匪高一尺、警高一丈"。只是随着司法体制改革的不断深

[①] 参见李树、宁淑华、王清山《浅谈微量生物物证的发现方法》，《广东公安科技》2010 年第 3 期，第 15 页。

入,证据意识已经渐入人心,DNA 检验人员不能只考虑检验鉴定环节,还需要对后续诉讼中证据的质证有所思考。对于 DNA 数据库证据来说,首先面对的就是现场生物物证 DNA 分型的复核问题。

(一)现场生物物证比中实际案例分析

此处笔者选取几个具有代表性的案例进行分析,试图以此为切入点阐释痕量现场生物物证的 DNA 分型复核问题。

案例三十六[①]:2015 年 11 月 9 日,在 H 省 G 县某镇村民刘某(女,77 岁)被人杀死在家中的床上。案件发生后,现勘人员立即赶赴现场勘查。死者居住于菜地里的简易棚户内,与县级公路只有一渠之隔,住所为简易红砖结构,空间低矮,物品杂乱。由于案发后进出现场人员众多,加上雨水等因素干扰,初次现场勘查未发现明显有价值的痕迹物证。复勘时,发现死者床前的电灯泡不见了,分析应为作案人卸下后带走。仔细检查灯帽,发现残缺指纹一枚。但遗憾的是,由于指纹特征太少,缺乏直接认定价值。鉴于指纹技术受到限制,DNA 勘验人员使用湿、干棉签两步提取法对残缺指纹的 DNA 进行了现场提取,并在实验室检验的各个环节进行了优化,最终成功获得较好的 DNA 分型,为案件侦破奠定了基础。DNA 检验人员将此 DNA 分型录入全国公安机关 DNA 数据库,未发现比中情况。

2016 年 3 月 13 日,该县附近村李某(女,83 岁)被人入室抢劫、强奸后抢走现金 81 元及手机一部。由于报案及时,专案组迅速反馈,勘验人员在受害人清洗处理前,及时进行了勘查提取。通过对受害人胸部提取的擦拭物进行 DNA 检验,成功检出一男性 DNA 分型。检验人员将此案件 DNA 数据录入 DNA 数据库,与"2015·11·9"命案所检出的 DNA 分型完全一致,案件得以成功串并。2016 年 5 月 23 日,两起案件的 DNA 分型与犯罪嫌疑人齐某比中。将嫌疑人齐某抓获后,经过实验室对齐某采血再次复核,确定上述两起案件中的 DNA 均为齐某所留,最终成功破获此案。

---

① 参见袁中杰、倪志伟、徐晓燕等《利用残缺单指纹 DNA 侦破系列抢劫强奸杀人案》,《第五届全国公安机关 DNA 数据库建设应用研讨会论文选》,群众出版社 2017 年版,第 670 页。

案例三十七[①]：2009 年 10 月 17 日，G 省 L 市某区发生一起抢劫杀人案，受害人遭抢劫并被杀死在路边。案件发生后，辖区公安局迅速启动命案侦破机制，通过勘查，提取到犯罪嫌疑人遗留现场的作案工具——带刀鞘小刀一把。勘验人员立即将该作案工具送往市局 DNA 实验室，但未检出有效 DNA 分型，且案发现场情况复杂，未获取有价值的线索，案件久侦未破。2016 年 6 月，办案单位再次送检 "2009·10·17" 抢劫杀人案作案工具。实验室人员受理该案后，鉴于该案检材曾经送检但未成功检测，且保存时间久远 DNA 信息损失较大，检验人员对检材进行全方位分析后，针对作案工具上犯罪嫌疑人最易接触部位，用棉签湿干两步法多点擦拭采样 20 余份。检验结果多为混合分型或未检出，无法拆分，只有在刀鞘一侧边缘处擦拭物检出单一男性 DNA 分型，具备比对条件。通过全国公安机关 DNA 数据库快速比对实战应用平台进行比对，成功锁定违法犯罪人员张某某。后经对张某某血样复核后，确定张某某为该案重要嫌疑人。

上述两个案例中关键物证均为疑难检材，它们的共同特点是目标 DNA 量少，要么是绝对量少（案例三十六中的半枚残缺指纹和受害人胸部擦拭物），要么是相对量少（案例三十七中的刀鞘边缘擦拭物）。在 DNA 检测领域，它们有一个共同的名字叫"接触 DNA"，通俗叫法为脱落细胞，属于上文提到的痕量现场生物物证。根据洛卡德物质交换原理，"人在接触不同载体时，会将人体上不同部位的生物物证遗留在接触的载体上"[②]。但鉴于人体部位的性质，如手心的出汗量要比手背的多得多，接触时间、接触面大小、载体表面光滑程度、剧烈程度等都会对载体表面遗留 DNA 的量有较大的影响。

（二）痕量现场物证无法进行复核检验

虽然接触性现场生物物证在侦破案件中发挥了重要的作用，但笔者不知道大家是否注意到一个重要的问题，那就是生物物证复核的问题。每次现场物证在 DNA 数据库中比中嫌疑人，总会把嫌疑人的血样再次采集，

[①] 参见高海鹏、哈飞、杨佳等《利用 DNA 技术破获七年前命案积案的思考》，载《第五届全国公安机关 DNA 数据库建设应用研讨会论文选》，群众出版社 2017 年版，第 708 页。

[②] 参见马静华《证据动力学：洛卡德的物质交换原理和犯罪重建理论》，《四川警官高等专科学校学报》2002 年第 1 期，第 72 页。

进行血样复核，只有复核结果与 DNA 数据库中的 DNA 分型一致才能认定犯罪嫌疑人，才算是破案。这么做的原因主要是在违法犯罪嫌疑人库建设的过程中，人员血样往往是大批量、大规模检验入库，难免会出现个别信息不准、相邻血样污染或相互颠倒交换的现象。为避免这种错误的发生，要求每次有数据库中人员比中的通报，都必须再次单独检验人员血卡。在现场物证—违法犯罪人员比中的模式中，人员血卡可以再次复核，甚至可以再次采集，那么现场物证呢？

首先需要回答的问题是，现场物证和人员比中后，现场物证需要像人员血卡那样再次复核吗？答案绝对是肯定的。现场物证作为典型的 DNA 证据，科学性是其重要属性，而科学性的核心是可重复性即结果可复现性。2016 年闹得沸沸扬扬的河北科技大学副教授韩春雨在英国期刊《自然·生物技术》上发表的关于基因编辑新技术 NgAgo – gDNA 文章，就是因为迟迟不能重复其实验结果而主动申请撤稿。进一步分析，如果现场物证需要像人员血卡那样进行复核，那么拿什么进行复核？有人说当然是拿现场物证进行复核，比如案例十二中的刀鞘。

事实上问题并没有这么简单，这得分情况讨论。第一种情况，类似于案例三十七这样载体上的生物信息比较多，属于微量生物物证，可以供检验人员进行重复性检验。但是也不能保证每次检验得出的检验结果都一样，也就是不能保证其具有可重复性。在该案例中 2009 年就未获得有效的 DNA 分型结果，而 2016 年就获得了有效的分型结果。从这一点看至少两次的检验结果就不一致，那又何来的结果可重复性。第二种情况，类似于案例三十六中的现场物证"半枚残缺指纹"和"受害人胸部擦拭物"，属于痕量生物物证。这类现场物证的特点是生物性检材的载体"灯帽"和"受害人胸部"已经不可能作为重复性检验的对象了，因为它们作为载体所承载的生物性检材已经一次性转移到湿干两份棉签上了。由于接触类 DNA 量通常都比较少，在提取环节为了得到完整的 DNA 分型会把棉签整个剪取以保证结果的获得。也就是说，转移后的棉签也不具备进行重复性检验的条件了。唯一可能留存的是 30—50 微升的提取后模板液体，重复性检验只能拿这极微量的模板液体作为检验对象。而在实际检案中，这可怜的几十微升的液体根本就扛不住检验人员为保证出结果而反复扩增反复检测，即使真的留下了，DNA 实验室也保存不了多久。一方面模板液体一定时间保存后而不具备检测的条件，另一方面案件检材日积月累前几年的模板液体会因为无处存放而被丢弃。这样一来，DNA 数据库中比中的现场物证就无法进行复核。在这种情况下现场物证及后续转化而来的鉴定意见的证明力就大打折扣了。

第二节　公安机关 Y-DNA 数据库应用的局限性

2017 年 5 月 16—17 日第三届世界人类身份鉴定大会（HIDS）在奥地利维也纳举行。为期两天的会议聚焦"打击犯罪，提升安全"的主题，邀请了全球法医遗传学界 30 多位顶级专家，汇聚了来自全球 60 多个国家 350 多位人员参会，其中包括警察和来自科研机构、执法机构的专家及技术人员。中国派出了 20 多名代表参加会议，更有 4 位代表在会上介绍了中国法医遗传学的最近进展和法医 DNA 数据库应用的现状。此次科学盛会围绕四大主题，分别是：拓展 DNA 在预防犯罪方面的应用，新一代测序在全球法医 DNA 检测流程中的应用，DNA 数据库在侦破案件尤其是积案中的运用以及 DNA 日常、创新法医遗传学应用。

其中最引人瞩目的是 Gordon Thomas Honeywell 机构政府事务部（GTH-GA）主席 Tim Schellberg 先生所做的题为《2017 年度 DNA 比中大奖》的分享。GTH-GA 是全球知名的法医 DNA 数据库咨询机构，多年来致力于推进全球各国法医 DNA 数据库设立和完善。2017 年，GTH-GA 设立了年度 DNA 比对大奖，以表彰全球范围内利用法医 DNA 数据库技术破获疑难案件、积案和悬案的法医 DNA 科学家及侦查团体。作为表彰法医 DNA 数据库技术在解决和预防犯罪方面的价值而设立的该全球性奖项，入围案例需要符合以下条件。

案件类型：悬案，从积案的犯罪现场获取的 DNA 与之前数据库中的嫌疑人数据相匹配，从而确定犯罪嫌疑人。并且可接受家族查询匹配。人口失踪案件，通过 DNA 数据库匹配确认失踪人员。

案件时间：若悬案在提交时还没有刑事审判结论，则案发时间应在过去 24 个月内；若悬案在提交时已有刑事审判结论，则刑事判定须发生在过去 24 个月内。对于已有刑事审判结论的悬案，对案件发生时间不做限制；对于失踪人口案件，则对失踪人口的匹配确认必须发生在过去的 24 个月内。

案件性质：受到广泛的社会关注或具有重大公共安全影响的严重刑事案件。

第三章　DNA 数据库数据的检索与比对　　　　　　　　　141

经过 7 位资深法医 DNA 专家评委投票表决，在 15 个国家提交的 50 个案件中，意大利的 Yara Gambirasio 被害案和中国甘肃白银案的破获分别以 4 票和 3 票斩获年度 DNA 比中大奖冠亚军。

案例三十八[①]：从 1988 年起的 14 年时间里，甘肃省白银市连续发生 9 起女性被杀害案。与此同时，在其邻区内蒙古自治区也发生了性质相似的案件。凶手作案手段残忍，反侦察意识强，社会反响极大。这就是著名的甘肃白银"8·05"案件。经过警方对多起案件现场生物物证的检验，证实上述 9 起案件均为同一人所为。但是由于案情历时时间过久，案情复杂，又没有其他破案的突破口，案件迟迟不能破获。

2016 年 4 月，甘肃省公安厅 DNA 实验室对保存的白银"8·05"案件的部分现场生物检材进行常染色体及 Y 染色体重新检验，检出包含 27 个位点的 Y-STR 基因型和包含 24 个位点的常染色体 STR 基因型信息，为案件的成功侦破提供了充分的科学证据。2016 年 8 月，白银市公安局将所有采集的重点人员血样送省厅 DNA 实验室进行 Y-STR 检验、比对分析。利用省厅 DNA 实验室高通量 DNA 检验平台，很快完成了万余份重点人员血样的检验，与白银"8·05"案件的 Y-STR 基因型数据进行比对，比中前科人员高某明。在确定了高某明家系后，通过紧张有序地对该家系的排查，最终锁定犯罪嫌疑人高某勇。至此，这个历时 28 年、影响重大的系列杀人案宣告成功破获。

Y-DNA 数据库在实际案件的侦破中发挥的作用是毋庸置疑的，但我们还是不能回避其在应用中的局限性。

一　数据库比中并不是同一认定
（一）多个基因座完全比中并不一定来自同一父系

案例三十九[②]：1991 年 5 月 23 日，在 H 省 J 市 X 县某 W 乡镇一

[①] 王涛、高静：《甘肃省法庭科学 DNA 数据库建设情况与应用现状中的思考》，载《第五届全国公安机关 DNA 数据库建设应用研讨会论文选》，群众出版社 2017 年版，第 68 页。

[②] 张强、闪春霞、王磊等：《关于 Y 数据库建设与应用的思考》，载《第五届全国公安机关 DNA 数据库建设应用研讨会论文选》，群众出版社 2017 年版，第 216 页。

农场机井房内发生一起两人被杀命案。魏某某（女，31岁，家住H省J市X县W乡镇H村）及其子曹某（男，4岁）被杀害后，尸体被抛于野外机井中，此案久侦未破。

2015年，H省J市公安局DNA实验室利用Y-filer试剂盒检验送检的现场生物检材，得到16个位点的检验结果，并将该结果录入本地Y数据库中进行比对，结果零容差比中家系932个。由于比中家系数量过于庞大，刑侦部门想要从中筛选出目标家系难度太大，案件侦破再次陷入僵局。2016年H省J市公安局DNA实验室利用Y-filer PLUS试剂盒再次对该案现场生物检材增加位点检验后，得到27个位点的Y-STR分析结果，零容差在本地DNA数据库中比对未比中家系。经跨区域比对，17个位点零容差比中H省S市N县史庄村一史姓家系，通过对该家系梳理并采集血样进行常染色体检验，发现史某顺家系中史某朗血样的检验数据与现场物证的检验数据Y-STR分型一致，常染色体DNA分型符合单亲遗传关系。遂将史某朗其他三个儿子采血检验，结果均排除，案件再次陷入僵局。后经走访，发现史某朗还有一儿子史某周已于2006年死亡。2016年5月27日，在当地公安机关的配合下进行开棺验尸，提取了犯罪嫌疑人史某周的磨牙12枚及双侧股骨2根，将检材送至公安部物证鉴定中心进行DNA检验，确认了"1991·5·23"恶性强奸杀人案的犯罪嫌疑人就是史某周，从而使这起掩藏了25年的恶性案件最终得以侦破。

（二）同一父系个体Y-STR分型并不一定完全相同

案例四十[①]：2013年3月20日晚，G省B市中国黄金连锁金店内发生一起持枪抢劫金店案。当晚，一蒙面戴帽男子手持枪支闯进金店，趁着营业员还没反应过来之际，用铁锤将柜台玻璃砸烂，将柜台内价值27万元的黄金抢走，然后迅速逃离现场。3月27日，在B市B镇H村一条二级路段边的废弃土场内发现一辆被丢弃摩托车。经

---

① 梁燕、高峰、梁鳅双等：《Y-STR排查人员经验教训——记广西北流市3·20黄金抢劫案》，载《第四届全国公安机关DNA数据库建设应用研讨会论文选》，群众出版社2015年版，第724页。

现场勘验与2013年3月20日晚中国黄金首饰店被持枪抢劫作案车辆相似。案件发生后，现场提取到作案工具铁锤一把、案犯手被割伤后遗留在现场的多处血迹。经检验，铁锤锤柄上检出一男性DNA分型，与现场血迹的DNA分型一致，至此确认犯罪嫌疑人DNA分型。3月27日发现的丢弃的摩托车上提取到的血迹、口罩、现场创可贴、现场王老吉饮料瓶均检出一男性DNA分型，与抢劫现场的男性DNA分型一致。据此认定该摩托车为犯罪嫌疑人逃跑时丢弃。

随后按照专案组的要求对丢弃摩托附近重点村庄进行大量采血排除。4月16日经Y-STR检验发现附近村庄冯姓家族Y-STR与犯罪嫌疑人的Y-STR仅有一个等位基因不同，其余15个等位基因全部相同。考虑到有可能是该基因座上有突变，毕竟15个基因座相同至少说明该家系离嫌疑人已经很近了，随后重点加大对冯姓家系的排查力度。但是经过长达三个月对冯姓家系的DNA检验，没有发现任何一名冯姓男子的Y-STR与犯罪嫌疑人的一致，最少都相差一个等位基因。这时专案组考虑其他姓氏家系会不会在千百年的遗传演进中发生突变恰好与冯姓相近。8月17日晚，专案组通过技侦排查发现李某荣有重大嫌疑。于是密取李某荣叔叔李某和李某荣同胞弟弟李某文血样，经Y-STR检验李某的DNA分型与犯罪嫌疑人一致，而李某文的DNA分型却相差一个等位基因，并且与部分冯姓家系人员完全一致。经过慎重考虑决定对李某荣实施抓捕，采集其血样检验后与现场所留生物物证的常染色体及Y染色体DNA分型一致，在铁的证据面前，李某荣供述了抢劫金店的犯罪事实。

上述两起Y-STR数据库及相关技术比对过程中都走了或多或少的弯路。在案例三十九中，现场物证的Y-STR分型经DNA数据库比对竟然无容差比中932个家系。我们闭着眼睛也知道犯罪嫌疑人不可能出自这每一个家系中，可见即使完全比中也不一定来自同一家系。而在案例四十中，当第一次发现现场物证与冯姓家系存在一个等位基因的差别时考虑为同一家族内基因突变造成，结果使排查工作扩大化。当排查犯罪嫌疑人李某荣时，发现其亲弟弟李某文的Y-STR基因型与其也相差一个等位基因，而与部分冯姓家系人员一致。可见即使是同一父系的两个个体，其Y-STR分型也并不一定完全相同。

案例三十九和案例四十给我们日常 DNA 数据库应用比对工作提供了很好的经验和教训，分析在两案例中出现工作失误的原因大致可归结为以下两方面。

1. Y-STR 基因座存在突变的问题

通常认为"Y 染色体只存在于男性个体中，具有父系遗传特点，以单倍型遗传模式在同一家系的男性个体中传递，同一父系群体中的男性个体原则上应该具有相同的 Y-STR 分型"[①]，即该种遗传模式就是传统意义上的"传男不传女"。"Y 染色体非重组区的遗传标记因为父系遗传和单倍群分布具有人群特异性等特点，是追溯父系祖先的最佳选择，可用于人类迁徙、地理起源、祖先构成和家系繁衍。"[②] 但是，在使用 Y-STR 基因座时要考虑到其具有突变的特点。

研究表明，Y-STR 基因座的突变率明显要高于常染色体，且涉及的基因座数量较多。吴微微等对中国汉族人群的 17 个 Y-STR 基因座的突变情况做了研究，研究结果显示，在 DYS456 等 13 个 Y-STR 基因座中，近 800 对生物学父子的 Y 染色体传递中共观察到超过 40 次的突变，其平均突变率达到 0.0028。其中突变率最高的基因座是 DYS458，达到 0.0104。DYS389I 和 DYS635 突变率较低，仅为 0.0012。[③] 案例四十中就出现了较为极端的情况，经过成千上万代的遗传中的多次突变导致可能无关的两个家系成员居然 Y-STR 分型一致。所以，这就提醒我们在使用 Y-STR 数据库比对结果时要充分考虑突变的各种情况。

2. Y-STR 试剂盒选择问题

首先，试剂盒所包含基因座数量不能太少。近年来，我们在实际工作中发现，由于 Y-STR 基因分型识别率较低，在实际案例中利用某一试剂盒检测出较少数量的基因座在数据库中无容差比中许多家系，但加做基因座后又可以排除为同一家系的情况时有发生，随着入库 Y-STR 分型的增多，这种无价值比中越来越多，甚至有误导案件侦破方向的情况发生，增

[①] 参见彭珊、刘超、王瑛等《Y-STR 遗传标记在大家系中的突变》，《法医学杂志》2015 年第 2 期。

[②] 参见谢小冬、王希隆、周瑞霞等《回族学研究新视角——分子遗传学和生物信息学在回族学研究中的应用初探》，《回族研究》2006 年第 4 期。

[③] 参见吴微微、郝宏蕾、任文彦等《中国汉族人群 17 个 Y-STR 基因座突变研究》，《中国法医学杂志》2012 年第 6 期。

加建库样本所使用试剂盒的基因座数量已经迫在眉睫。在案例三十九中，利用 Y-filer 检测结果在本地 Y 数据库中进行比对，零容差比中家系 932 个，侦查工作难以进行。遂对现场所留物证进行增加基因座检验后，零容差在本地数据库中未比中家系。经跨区域比对，17 个位点零容差比中一史姓家系，使侦查工作行之有效。

其次，DNA 数据库建设所使用的试剂盒与案件现场物证或犯罪嫌疑人所用试剂盒中所包含的基因座要匹配，以利于后期的检验和比对工作。不同地区数据库建设所使用的试剂盒所包含的基因座要尽量统一。基因座不统一，不仅影响具体的比对工作，而且会增加检验部门的工作量。当前市场上基因座数增多的试剂盒不断涌现，如 pp23、Yfiler Plus，这些商业试剂盒基因座选择差异较大，选择哪种试剂盒建库更加科学合理，符合中国人家系排查应用，便于 Y 数据库服务实战，需要全国公安机关统一谋划，建议公安部相关主管部门制定《全国公安机关 Y 数据库建设规范》，对 Y-STR 核心基因座的选择做出统一要求。

最后，Y-STR 试剂盒中快速突变基因座数量的增加对于 DNA 数据库的建设有利有弊。我们先来说说什么是快速突变基因座，正如上文所说 Y 染色体的特性决定了 Y-STR 基因座存在突变的情况，其基因座的平均突变率为 0.002。有很多 Y-STR 基因座都会在漫长的人类遗传进化过程中发生突变，但并不是所有的基因座都容易发生突变。基因突变的特性在有的 Y-STR 基因座上表现出很强的惰性，它们可能在遗传物质向下传递的数千甚至数万代都不会发生突变。著名的美国总统托马斯·杰弗逊与黑人女奴所生后代及河南曹操墓发掘所引发的曹操后代的追溯靠的就是这些惰性 Y-STR 基因座。而与之相对的就是那些快速突变基因座，这些 Y-STR 基因座易受到外界环境因素和人体内部环境条件的影响，隔几代甚至向下一代传递时就会发生突变。

在第二章中笔者将现在市面上常用的用于数据库建设的 Y-STR 试剂盒进行了列举，其中主流试剂盒生产商的 Y-STR 试剂盒基因座详细区分了快速突变基因座。而且近几年试剂盒生产商在新出的试剂盒中都增加了快速突变基因座，如 AB、普洛麦格、基点认知、中德美联、宁波海尔施、苏州阅微等试剂盒生产商的试剂盒中大都增加或原本就存在基因座 DYS449、DYS576、DYS570、DYS627、DYS518、DYF387S1a/b。

惰性突变 Y-STR 基因座由于其突变能力较弱、遗传稳定性强，这类基因座存在的目的是划分家系时将几乎全部家系成员尽可能地网罗进来，避免有漏网之鱼，适用于相对传统、地理环境相对封闭地区的 Y 染色体 DNA 数据库建设。而快速突变基因座由于其突变性能较强，代与代之间的遗传稳定性相对较差，这类基因座存在的目的是在大的家系内增强各自子家系的识别能力，减少排查的工作量。另外，这类快速突变基因座的增加可以使 Y-STR 数据"走出去"，实现 DNA 数据跨区域、大范围的比对，使 Y-STR DNA 数据库只能在本地比对的短板得到最大限度的遏制，使其也能在身处多地交界地域、人口频繁流动的市区案件中发挥重要作用。可见试剂盒中增加快速突变基因有利有弊，必须充分考虑数据库建设所在地区的实际特征合理选择。

二 远距离流窜作案比对效果差

我国民族众多，特别是中西部省份由于地理因素，不同种群人群彼此隔开，阻碍了种群间人员交流，从而使基因交流受阻。因此在一个相对稳定的自然群体中，其民族特有的等位基因或者由于基因突变出现的新的等位基因可以代代相传而且保持相对稳定，群体内某个体基因型与群体基因型频率越相近，该个体与群体的同源性就越高。所以利用 Y-STR 进行大规模家系排查建立 Y-STR DNA 数据库不是适用于所有地域和所有案件，主要适用于案发地周围环境相对封闭，人口流动不大，居民思想相对保守，两性行为相对传统，以父系方式群居，家系相对清楚的区域。例如某省某县籍特定人员为侵财类案件的高危人群，在类似这些地域建立 DNA 数据库较为合适。但是在北上广等一线城市，人员流动性大，人员构成复杂，居留时间不定，并呈现多民族混居状态，对于建立 Y-STR DNA 数据库来说，不仅前期家系图谱绘制困难，而且后期比对效果也不太明显。

三 案件大规模人员排查成本高

案例四十一[①]：2014 年 7 月 10 日下午 5 时许，在 S 省 G 市（县级市）发生一起持枪抢劫金店案，价值 80 余万元的黄金首饰被抢，

---

① 该案笔者亲身经历，通过 Y-STR 技术大量排查犯罪分子途经乡镇的人员，历经 3 个月仍未有破案线索出现。

发案现场位于主城区商业步行街老庙黄金店内。据店内监控视频显示，当天下午临近下班时，黄金店内冲进两名男子。两名男子均戴有摩托车头盔，其中一名男子手持单管长筒猎枪挎于胸前，另一名男子随身携带挎包，手持斧头。两人进入店内后，持枪男子负责威胁和控制店内保安和服务员，另一名男子利用斧头敲碎柜台玻璃，取走柜台内的黄金首饰。整个作案过程持续时间不超过 5 分钟，犯罪分子作案手法老练狠辣，动作迅速。随后两人乘坐摩托车迅速逃离现场。

由于案发地点处于市区繁华商业地段，社会影响极其恶劣。公安局接到报警后市县两级公安机关相关部门迅速出警，现场勘验部门针对中心现场和外围现场进行了认真细致的勘验。对中心现场金店内犯罪嫌疑人可能接触过的地方进行了地毯式的搜索和提取。犯罪嫌疑人在金店内遗留敲击柜台的斧头，在其中一处柜台的碎玻璃上留下绿豆大小可疑血迹，在外围现场金店隔壁的胡同内发现一个渔具包（后经沿路监控视频追踪显示，该渔具包用于放置长筒单管猎枪）。市局 DNA 实验室检验人员从中心现场碎玻璃上的可疑血迹和渔具包上检出同一男子的常染色体 DNA 分型和 Y-STR 分型，后经分析该分型为持斧头男子所留。中心现场和外围现场所有生物检材均未检出持枪男子的 DNA 分型。DNA 实验室检验人员将持斧头男子的常染色体 DNA 分型录入全国公安机关 DNA 数据库，未发现比中结果。

由于当时未建 Y-DNA 数据库，专案组结合视频侦查提供的情况，决定在犯罪分子沿途出现和消失所经过的 G 市和 Q 县共 8 个乡镇进行 Y-STR 分型排查。这 8 个乡镇人口接近 18 万人，其中男性人口 9.5 万。专案组在全市范围内抽调民警分成 8 个小组，分别赶赴这 8 个乡镇进行入户调查和家系图谱绘制工作。历时 35 天工作组共绘制家系图 4318 份，采集血样 11235 份。另外，专案组派出另一组民警携带现场物证提取后的模板 DNA 赴复旦大学生命科学研究院求助专家，经过专家利用 Y-SNP 检验，推断该犯罪嫌疑人为维吾尔族、回族、东乡族和保安族的概率较大。于是这一路民警马不停蹄立马奔赴陕西、甘肃、宁夏和青海等有上述少数民族的省市去比对 Y-STR 数据。据专案组领导回忆，该抢劫案值 80 余万元，但是专案组在该案上投入的时间和精力不用说，单是花去的各项费用已经超过 300 万元。

上述案例给我们提供了一个 Y-STR 数据库建设的新途径，那就是结合大要案件中 Y-STR 的排查，以案促建，重点采集，既有广泛性又有针对性地开展建库工作。

以案促建，即以具有 Y-STR 排查条件但无明确犯罪嫌疑人的现行或未破命案、恶性强奸案、故意伤害案、抢劫案、系列盗窃案等大案、要案为依托，在开展人员排查工作的同时完成家系调查及 Y-STR 检验工作，建立相关人员家系及 Y-STR 数据库，在建库的同时推动案件侦破。同时，对犯罪嫌疑人不明确的杀人、强奸、抢劫、损失在 1 万元以上的盗窃、系列盗窃及影响重大等案件中现场遗留具有检验条件的生物检材进行检验，建立现场检材 Y-STR 数据库。

重点采集，即各分局、县局结合当地的发案情况，在所属辖区范围内开展重点地区、重点人员家系排查，根据排查情况筛选确定采集对象后，交由各分局、县局对确定采集对象进行样本采集。

四　遗漏家谱绘制信息影响破案效率

案例四十二[1]：2016 年 3 月 23 日 12 时许，H 省 J 市 W 县 D 镇某村村民冯某（女，汉族，75 岁，W 县 D 镇某一村人）被杀死在家中。经过现场勘验，在中心现场及死者家门口对面菜地边的可疑脚印旁分别提取到一枚较为新鲜的烟蒂，这两枚烟蒂系同一品牌。经检验，其 Y-STR 数据一致并且入库后比中 D 镇某村石姓家系。此家系较小且符合年龄段有作案时间和作案条件的人员就只有石某（男，汉族，37 岁，W 县 D 镇某二村人）一人，随即取其血样进行检验。结果其血样 DNA 与现场烟蒂一致，经审讯石某供认不讳。此案历经 26 小时成功告破。

案例四十三[2]：2014 年 10 月至 11 月连续多日夜里，在 Y 省 X 市 A 乡发生数起强奸案。该乡某村寡居多年的村民陆某（女，63 岁）在家中三次被人蒙面强奸，作案手段极其残忍，犯罪方式极其变态。

---

[1] 张强、闪春霞、王磊等：《关于 Y 数据库建设与应用的思考》，载《第五届全国公安机关 DNA 数据库建设应用研讨会论文选》，群众出版社 2017 年版，第 215 页。

[2] 柴家建、谢红良：《Y-STR 家系排查在基层实战中的几点思考》，载《第五届全国公安机关 DNA 数据库建设应用研讨会论文选》，群众出版社 2017 年版，第 475 页。

关键的是受害人无法对犯罪嫌疑人体貌特征进行细致描述。经 DNA 检验鉴定，三次提取的阴道拭子为同一 STR 分型。由于该地极其边远闭塞，人员流动很不频繁，所以非常适合利用 Y-STR 技术进行排查。DNA 检验人员在进一步获取现场生物检材的 Y-STR 分型后，遂对案发地周围 7 个自然村内 44 个家系进行 Y-STR DNA 分型进行排查。在经过长达 1 个月的检验、筛选、排查后，发现没有任何一个家系的 Y-STR DNA 分型与犯罪嫌疑人留在现场的生物检材 DNA 分型一致，甚至相差 5 个等位基因以上。这时 DNA 检验人员意识到可能是外地流窜作案，但是由于犯罪嫌疑人在现场留下的物证和线索极少，再加上流窜作案因素侦查难度就陡然增大了，案件侦查陷入僵局。一个月后，在派出所入户调查的过程中有一名 80 多岁的老人溯源海姓家系时提及，海姓一小分支中的海某系新中国成立后从邻省领养而来，该海某虽然已有 70 余岁，但身体相当硬朗。至此，海某成为重要的嫌疑对象。经检验该海某的 DNA 分型与现场生物检材的 DNA 分型一致，该案得以破获。

家系排查和家系图谱的绘制作为 Y 数据库建设的前期基础工作要尽量详尽扎实，若能做到"全、大、异、准、细"，会使以后的侦查工作简单、快速、有效。在案例四十二中，比中家系的情况及家系成员的基本情况，通过数据库的查询一目了然，为案件的侦破提供了较为准确的信息，从而使该案可以快速侦破。在案例四十三中，侦查人员和 DNA 检验人员在决定使用 Y-STR 技术进行排查后，对案发地周围 7 个自然村内 44 个家系中相关人员血样进行了检验，下的功夫不可谓不大。但是由于前期对家系排查工作没有做深做细，遗漏海某系数十年前从外省外迁至本地的重要信息，导致该案陷入僵局。另外，该案还有一个特点是无论重要线索提供人还是犯罪嫌疑人均为 70 岁以上的老人，如果案件迟迟无法破获而搁置的话，数年之后无论是线索提供人还是犯罪嫌疑人死亡后，该案件真有可能会石沉大海。

总之，家系调查需要村委会、居委会、社区、派出所、刑事侦查、刑事技术、户政管理及警务保障等多个部门协同配合，需要对每个村庄、每个社区进行认真整理核对，工作任务量巨大。怎样建设数据库，建设一个怎样的数据库，是全面铺开，毕其功于一役，还是选择相对封闭、人员流动较少的农村区域开展工作，采取"农村包围城市"的策略，逐步铺开？至于选择哪种模式，是各地建设 Y-DNA 数据库的实验室均需面对的问题。国内个别实验室尝试在高危人群中建设 Y-DNA 数据库，如攀爬盗窃案特征明显的某省某县特定人群。但这些区域很多流出人员身份信息不详，家谱不清，出现 Y-STR 比中后，建库地公安机关难以查清嫌疑人家谱，导致实际案件中应用价值有限，值得深思。

五 数据库无法全国联网比对

Y-STR 数据库检索比对软件对利用 Y-STR 技术检验现场生物检材、进行确定范围家系排查来说是检验成果的最后一步，也是最关键的一步。这一步可能关系到之前侦查方向推断的正确与否，如果在排查的范围内成功锁定犯罪嫌疑人所在家系，那不仅案件破获指日可待，而且起到了对于之前犯罪分子分析的印证作用，增强了侦破案件的信心；如果长时间在划定的排查范围内迟迟无法锁定犯罪嫌疑人，不仅案件破获遥遥无期，而且会动摇之前对犯罪嫌疑人轨迹的分析，产生会不会不是本地人而是流窜作案的怀疑。Y-STR 数据库检索比对结果对于案件侦破的重要性可见一斑。

Y-STR 数据库检索比对软件还有一个重要的作用就是它其实是所有划定范围内与 Y-STR 有关的家系绘制、人员筛选、血样采集、血样检验、Y-STR 分型录入、DNA 分型比对、人员排除过滤和人员锁定的所有过程的总记录。很难想象在一个重大案件的 Y-STR 排查过程中，仅靠几组人马、几次走访、几次采集、几次检验就能锁定犯罪嫌疑人。案件的破获必定是一个长期、枯燥、烦琐的过程，在这样漫长的过程当中如果仅靠人工去记录一次又一次的走访、采集、检验、比对，非常容易出问题，不仅耗费时间而且容易做无效重复劳动。Y-STR 数据库检索比对软件作为后台大脑可以轻松解决这些问题。

虽然数据库检索比对软件系统功能强大，但是它的缺点也不容忽视。首当其冲的就是，Y-STR 数据库检索比对软件系统短时间内无法实现全国联网比对。我们知道，DNA 数据库系统中的数据发挥效果的最根本环节在于比对环节，而比对环节要想最大限度地发挥实战功能最关键的因素是数据共享。数据共享程度的高低在一定程度上影响着比对效果的大小，从而在一定程度上制约着 DNA 数据库作用的发挥。

案例四十四[①]：2015 年 Y 省 L 县油菜花旅游节期间，多依河景区油菜花田边发生系列抢劫强奸外地女性游客的案件，社会影响极其恶劣。经现场检材检验后获得常染色体和 Y 染色体 DNA 分型结果，比对后确定该系列案件为同一犯罪嫌疑人所为，将 DNA 分型录入 DNA 数据库内，未发现比中结果，由于此人具有较强的反侦察能力，此案一直未能破案。数月后在滇贵黔三省刑侦工作联席会议上，Y 省 L 县通报该系列案件后，毗邻 L 县的 G 自治区 X 县公安局侦查员认为该系列案件与其辖区一起强奸案可能有关联。因犯罪嫌疑人的体貌特征及其作案手法很相似，经过对 Y-STR 分型比对成功串并案件。于是两地公安机关合力在 X 县普合苗族乡境内通过 Y-STR 家系排查破获该案，抓获犯罪嫌疑人覃某。

Y-STR 数据库在公安系统中目前数据共享程度最高到达省一级，在省内发生案件中已经发挥了重要的作用。但在跨省流窜作案的情况下，只能通过各种形式进行沟通，比如联席会议、发送协查通报。但是这几种形式真是远水解不了近渴，并不能从真正意义上解决实际问题。案例四十四中，Y 省 L 县发生的案件获得的 Y-STR 分型结果录入本地 DNA 数据库无法比中，只好通过三省联席会议的方式进行人工串并，其效率不可谓不低。所以 Y-STR 数据库像常染色体 DNA 数据库那样实现全国联网、数据共享真的非常紧迫。

但是由于目前公安部全国公安机关 DNA 数据库自带的 Y-STR 功能区，无快速比对功能，不能进行家系管理，无数据比中通报功能，其设计已无法满足大批量 Y 数据库需要满足的客户基本需求，亟须升级和改进。而国内多家公司推出了 Y-STR 数据库应用系统，这些系统具有储存、比对功能，大多设计了较为人性化的人员管理、家系管理、基因管理等功能，但均为独立于全国公安机关 DNA 数据库的新系统，推广使用后，必然会存在数据库整合、数据共享等诸多难题。笔者建议，部、省级公安机关应与全国公安机关 DNA 数据库开发公司沟通，借鉴市场上推出的 Y 数据库先进经验，设计出界面友好、理念超群的 Y 数据库，并将其整合到

[①] 柴家建、谢红良：《Y-STR 家系排查在基层实战中的几点思考》，载《第五届全国公安机关 DNA 数据库建设应用研讨会论文选》，群众出版社 2017 年版，第 475 页。

全国 DNA 数据库中，形成全国公安机关共用一套 Y-STR 数据库的新格局，为构建一个全国联网、数据共享的广泛性的 Y 数据库打下坚实的基础。

第三节　查找被拐卖/失踪儿童 DNA 数据库的不足

2016 年 2 月 14 日，中央电视台 2015 年度感动中国人物评选结果如期揭晓。这一年度的感动中国人物中有诺贝尔奖获得者屠呦呦、中国女排主教练郎平、著名词作家阎肃等公众人物，其中最不起眼的要数来自吉林通化普通家庭的秦艳友、张宝艳夫妇。2016 年 12 月 12 日上午，第一届全国文明家庭表彰大会在北京召开。席间一名来自吉林通化的名叫张宝艳的女性受到习近平总书记的亲切接见。2013 年 9 月 30 日，张宝艳应邀参加在北京举行的公安部打拐工作座谈会，时任国务委员、公安部部长，现任中央政治局委员、政法委书记郭声琨同志接见了张宝艳。2011 年 8 月 2 日，公安部召开侦破系列特大拐卖儿童团伙座谈会，时任国务委员、公安部部长，原中央政治局委员、政法委书记孟建柱同志接见了张宝艳。我们不禁要问这张宝艳为何许人也，为何频频现身主流媒体，又为何频频受到党和国家领导人接见。张宝艳，女，宝贝回家志愿者协会理事长、宝贝回家网站创始人。

一提到宝贝回家网站大家似乎眼前一亮，没错，就是那个帮助了无数个家庭、父母找到亲人的网站。该网站于 2007 年 4 月 30 日正式开通，是国内第一家，也是唯一一家面向被拐卖、流浪乞讨儿童的公益寻亲网站。网站现在已经走过了十余个年头，从最早期只有张宝艳夫妇两人自费维护网站，到现在引起国家重视，受到爱心企业、爱心人士赞助，上百名志愿者参与。截至目前，在宝贝回家网站登记家寻宝贝的有 39518 人，宝贝寻家 33168 人，已经帮助 2243 人找到亲人。

2014 年 4 月 5 日晚 10 点 33 分，中央电视台综合频道播出了一档真人秀节目，节目的名字叫《等着我》。节目一经播出就长时间获得超高收视率，成为央视近年来收视率最高的季播节目。① 这是一档什么栏目？为什

---

① 《〈等着我〉：大门打开后的故事　永远无法彩排》，2016 年 5 月 11 日，凤凰网（http://art.ifeng.com/2016/0511/2880675.shtml）。

么会在电视剧、娱乐节目当道的今天成功逆袭成为民众热捧的节目呢？《等着我》是中央电视台综合频道推出的全国首档国家力量全媒体大型公益寻人真人秀。自开播以来共播出 100 余期节目，线上线下平台已经累计帮助数千位求助者，在"等着我"的官方网站正中央显著位置实时发布更新数据：截至今天，《等着我》节目组已经成功找回 2230 例。

其实，无论是民间组织还是央视品牌节目在打拐寻亲的过程中，尤其在信息共享、传播宣传等方面均发挥了重要的作用。而从生物学上真正起到打拐寻亲认定作用的还得靠 DNA 技术，还得靠查找被拐卖/失踪儿童 DNA 数据库（简称"打拐 DNA 数据库"）。鉴于全国高发的拐卖案件和严峻的反拐形势，2009 年 4 月公安部刑事侦查局在全国范围内开展专项行动，重点打击拐卖妇女儿童的刑事犯罪。[①] 同年 5 月 10 日，公安部统一建立全国公安机关"打拐 DNA 数据库"，这个系统的运行为全国范围内打拐行动注入了一剂强心针，收效明显。一时间全国各地拐卖妇女儿童的案件侦破成果呈爆发式增长，各地利用"打拐 DNA 数据库"找到被拐儿童或父母的典型案例层出不穷。

案例四十五[②]：2003 年 10 月 4 日，G 省 Z 市 2 岁幼童曾某某被人拐走，其父亲曾某立即报案。接到报案后，Z 市 D 公安分局对该案十分重视，迅速成立专案组，全力以赴开展侦查破案，并采集曾某夫妇的 DNA 样本录入 DNA 数据库，力争尽快找到失踪儿童，让他们早日团聚。2004 年 6 月，D 公安分局成功破获卢某某、王某系列拐卖儿童案，解救了一批被拐卖儿童，虽然此案也牵涉曾某某被拐卖案，但由于种种原因仍然未能将该案破获。

2009 年 5 月，全国公安机关"打拐 DNA 数据库"正式启用，Z 市公安局组织 DNA 专业人员将 2001 年以来失踪的儿童及亲属的基因型和信息重新录入全国"打拐 DNA 数据库"，其中包括曾某夫妇，数据库比中信息显示曾某夫妇与 G 省 J 市 H 县一名被收养儿童林某

[①] 高晓莹：《拐卖儿童之犯罪学探析》，《中国青年政治学院学报》2010 年第 6 期，第 90 页。

[②] 王会品、谢云铁、杨巍等：《DNA 数据库显威力、失散骨肉终相聚——广东省首例利用"打拐"DNA 数据库解救被拐儿童》，载《首届全国公安机关 DNA 数据库建设应用研讨会论文选》，中国人民公安大学出版社 2009 年版，第 358 页。

某三者之间存在亲子关系,正式锁定曾某某的所在位置。7月23日,专案组到J市H县联系当地警方到收养曾某某的人家中了解情况。但其养父林某一直隐瞒搪塞警方,不肯透露曾某某的去向。在见不到曾某某的情况下,专案组秘密提取了曾某某使用的牙刷,经DNA专业人员加班加点,确认该牙刷上遗留的DNA和被收养儿童林某某完全相同。至此,专案组有足够的信心确定被收养儿童林某某就是被拐卖6年之久的曾某某。该案件的成功破获是全国第二例、G省第一例利用全国"打拐DNA数据库"比中被拐卖儿童的案例。

案例四十六[①]:1991年5月8日13时许,家住S省X市L县某村村民白某、李某夫妇的儿子白某某(1987年11月27日出生)在自家门前玩耍时失踪,后经多方查找无果。事后调查得知白某某被一骑摩托车的男子抱走,特征不详。2000年3月,全国开展打击拐卖妇女儿童犯罪专项行动时,采集了白某、李某夫妇血样送检公安部。2009年11月,按照公安部的工作要求,L县公安局派员取回2000年全国"打拐"专项斗争中所送的700余份血样,按照打拐要求检验入库。2010年3月22日,白某、李某夫妇血样被重新检验入库。2014年1月8日,经系统盲比,发现白某、李某夫妇血样与S市公安局录入的被拐儿童陈某血样比中,在19个基因座上符合遗传关系。经过调查复核,于2014年2月20日确定陈某就是23年前被拐卖的白某某。

案例四十七[②]:1998年2月23日,家住S省W县某村村民王某、叶某夫妇的儿子王某某被拐骗。在2000年全国开展打拐专项行动中,王某、叶某夫妇血样被采集,经检验比对,未发现比中情况。2013年6月25日,X市公安局L分局向我局送检一名叫李某的儿童血样进行落户前审查,经检测比对发现李某与2000年检测录入的王某、叶某夫妇血样在9个STR位点上比中。为了进一步确证比中结果,市局安排专人,经多方查找重新采集了王某、叶某夫妇血样进行检验比对。7月1日,经过重新检测,发现王某、叶某夫妇血样与李某血样在19个STR

[①] 赵杰、贺永锋、宋振等:《利用"打拐"DNA数据库盲比破获两起陈年拐卖案件的体会》,载《第四届全国公安机关DNA数据库建设应用研讨会论文选》,群众出版社2015年版,第752页。

[②] 同上。

位点上比中，从而确认李某就是 15 年前被拐骗的王某某。

"打拐 DNA 数据库"在运行的数年中在打拐寻亲中发挥了不可替代的作用。但是其缺陷和不足也不能回避。

一 检验效率低下，比对结果反馈缓慢

全国公安机关"打拐 DNA 数据库"建立于 2009 年，该数据库在设计之初就借鉴和吸收了全国公安机关 DNA 数据库的优点和长处，尽可能做到扬长避短。打拐数据库没有采用全国公安机关 DNA 数据库的四级建库模式，而是采用一级建库模式，统一登陆公安部服务器，所有 DNA 数据直接在公安部服务器中比对。因而在进行数据比对时，不会出现数据队列堵塞现象，客观上提高了比对的工作效率。但是有利就有弊，打拐 DNA 数据库在以下几个方面的缺陷严重制约了比对的效果。

（一）检验单位过少导致血样积压

由于全国公安机关"打拐 DNA 数据库"采取的是一级建库模式，即存储 DNA 数据的服务器只有一个，存放在公安部。各省级、地市级公安系统的 DNA 实验室有录入被拐儿童、被拐儿童父母个人信息的端口，各省和个别副省级市、普通地级市的 DNA 实验室有录入人员血样 DNA 分型的权限。而这些具有录入 DNA 分型权限的实验室同样就是具有血样检验权限的 DNA 实验室。这类实验室数量非常有限，全国只有 42 家，其中包括部级 1 家：公安部物证鉴定中心 DNA 实验室；省级（包括省、直辖市、自治区、新疆生产建设兵团）DNA 实验室 32 家；地市级 9 家：合肥市公安局 DNA 实验室、福州市公安局 DNA 实验室、泉州市公安局 DNA 实验室、厦门市公安局 DNA 实验室、济南市公安局 DNA 实验室、菏泽市公安局 DNA 实验室、临沂市公安局 DNA 实验室、武汉市公安局 DNA 实验室、贵阳市公安局 DNA 实验室。这 9 家地级市要么是副省级省会城市，要么是打拐形势严峻，重要的拐卖儿童的流出地或流入地。

上述列举的无论是公安部，还是省级公安机关、副省级省会城市公安机关的 DNA 实验室除了要应对突发的大案要案、大型事故、大型活动安保的检测等非常规工作外，日常要处理的常规案件量相当巨大，每年平均在 5000—10000 件不等。另外，每年要完成数以万计甚至十万、几十万计的违法犯罪人员的数据库建设任务。靠这些精力严重透支的 DNA 实验室来完成打拐数据库的建设，时间效率上难以得到保障。换句话说，打拐数据库一级建库模式能够从最大程度上保障比对环节的效率，但是数据库的血卡积压，检验缓慢，导致数据库中的数据流入变慢会反过来影响数据库中数据的比对效果。

（二）打拐库系统入口人员和案件类型要求与信息录入要求标准不一

打拐数据库系统在录入时对人员类型和案件类型有严格的要求，而对人员信息的录入却要求较低，存在标准不一的问题。

1. 只能录入被拐儿童和父母，其他人员类型不支持

打拐数据库系统全称叫"全国公安机关查找被拐卖/失踪儿童信息系统"，进入系统后页面上方显示的子类中人员类型只有儿童和父母两类。儿童又包括五种类型：解救的被拐卖儿童，来历不明、疑似被拐卖的儿童，来历不明的流浪、乞讨儿童，未知名儿童尸体和其他类型。父母指寻找自己被拐卖的孩子的生物学父亲和母亲。由于人员类型受限，导致在其他情况下无法实现打拐寻亲的目的。就拿30—50岁的被拐妇女来说，妇女自己报案声称自己为被拐卖妇女，要求利用打拐DNA数据库寻找父母。这种情况下只能按被拐卖儿童的类型录入打拐数据库系统，但随之而来的问题是，被拐卖妇女不属于五种儿童类型的前四种，只能使用第五种兜底类型。但是考虑到被拐妇女的年龄问题，30岁左右还好说，40岁甚至50岁的妇女她们的父母至少70岁甚至有的已经死亡，录入系统进行比对的意义有待商榷。另外，父母早亡只有祖父母或外祖父母的情况也无法录入。

2. 只能录入"打拐类"刑事案件

虽然该系统名字中有"失踪儿童"字样，但是在实际办案中办案单位必须将案件立为"打拐类"刑事案件才允许录入，否则按失踪人员或失踪人员亲属对待，只能录入全国公安机关DNA数据库系统。这么做的意义在于使打拐数据库系统中的数据尽量真实，数据的有效性和精良率能得到提高。但是这样无形之中将大量数据推向全国公安机关DNA数据库系统。

3. 人员信息录入必填项过少且无审核机制

该系统中仅仅行政区划、科所队（6位数字代码）、联系人、联系电话、儿童姓名、性别为必填项。不仅必填项太少，而且必填项的有效性有待提高。如科所队本来是用来寻找办案单位的有效方式，但是这个6位数字代码默认为"111111"，失去了原本的意义。儿童姓名更不具有实际意

义，大部分被拐儿童在案发时年龄均偏小，名字的辨识意义不大。本来身份证和姓名有查重功能，重复身份证号和名字禁止录入或系统提示，由用户自己决定是否录入的功能有一定限制作用，但是并未考虑到审核机制，如身份证可以不录入或随便录入几位、随便编造一个几位的数字系统都能通过。这为后续 DNA 数据库比中情况落地带来了极大的麻烦。

（三）打拐数据库中数据存在严重不均衡的情况

据笔者自己工作的经验，打拐数据库中存在严重的数据不均衡、不匹配的情况：儿童数据多，父母数据少。经过笔者对打拐数据库的统计，2017 年录入打拐国家数据库的儿童的 DNA 分型为 112347 条数据，而与此相对的父母 DNA 分型数据为 5257 条数据。一个为十万级的数据，待比对的为五千级的数据，两项数据严重不均衡，非常影响比对的效果。

如图 3－2 所示，笔者登录打拐 DNA 数据库检索到从 2000 年 1 月 1 日至 2018 年 1 月 16 日全国及山西省各市的库容量统计结果。从整个全国打拐 DNA 数据库的数据总量来看，其中儿童的 DNA 分型为 631735 条数据，而与此相对的父母 DNA 分型数据为双亲 71990 条、单亲 15834 条数据。儿童的 DNA 分型数据与父母的 DNA 分型数据也还是不均衡的，其比对效果便可见一斑。

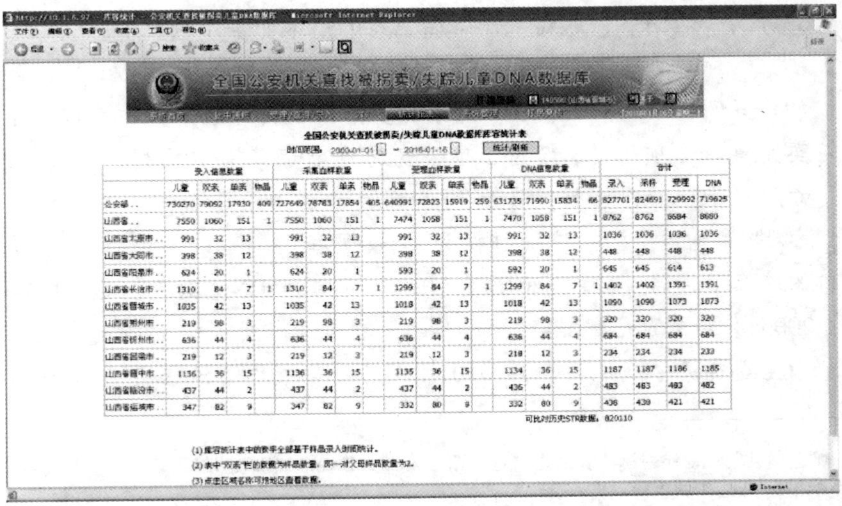

	录入信息数量				采集血样数量				受理血样数量				DNA信息数量				合计			
	儿童	双系	单系	物品	儿童	双系	单系	物品	儿童	双系	单系	物品	儿童	双系	单系	物品	录入	采样	受理	DNA
公安部..	730270	79092	17930	409	727649	78783	17854	405	640991	72823	15919	259	631735	71990	15834	66	827701	824691	729992	719625
山西省..	7550	1060	151	1	7550	1060	151	1	7474	1058	151	1	7470	1058	151	1	8762	8762	8684	8680
山西省太原市..	991	32	13		991	32	13		991	32	13		991	32	13		1036	1036	1036	1036
山西省大同市..	398	38	12		398	38	12		398	38	12		398	38	12		448	448	448	448
山西省阳泉市..	624	20	1		624	20	1		593	20	1		592	20	1		645	645	614	613
山西省长治市..	1310	84	7	1	1310	84	7	1	1299	84	7	1	1299	84	7	1	1402	1402	1391	1391
山西省晋城市..	1035	42	13		1035	42	13		1018	42	13		1018	42	13		1090	1090	1073	1073
山西省朔州市..	219	98	3		219	98	3		219	98	3		219	98	3		320	320	320	320
山西省忻州市..	636	44	4		636	44	4		636	44	4		636	44	4		684	684	684	684
山西省吕梁市..	219	12	3		219	12	3		219	12	3		218	12	3		234	234	234	233
山西省晋中市..	1136	36	15		1136	36	15		1135	36	15		1134	36	15		1187	1187	1186	1185
山西省临汾市..	437	44	2		437	44	2		437	44	2		436	44	2		483	483	483	482
山西省运城市..	347	82	9		347	82	9		332	80	9		332	80	9		438	438	421	421

可比对历史STR数据：820110

(1) 库容统计表中的数字全部基于样品录入时间统计。
(2) 表中"双系"栏的数据为样品数量，即一对父母样品数量为2。
(3) 点击区域名称可按地区查看数据。

图 3－2　打拐 DNA 数据库库容量示意

（四）打拐库与国家数据库无法对接影响比对效果

前文已经提到了各种原因导致原本应该在打拐数据库中的数据大量流入全国公安机关 DNA 数据库中，使原本可以发挥比对效果的匹配不复存在。换句话说，在全国公安机关 DNA 数据库中存在大量可与被拐卖儿童以及被拐卖儿童的父母比对的数据。因为在全国公安机关 DNA 数据库中存储有各种类型的人员：违法犯罪人员库、质控人员库、基础人员数据库、失踪人员亲属库、未知名尸体库等。[1] 随着被拐卖儿童年龄的增长，其进入社会后会从事各行各业，如果流离失所、无所依靠会发生小偷小摸甚至犯罪就会进入违法犯罪人员库；如果被拐后接受良好的教育进入公安系统或其他保卫部门工作就会进入质控人员库；如果随着年龄的增长有一技傍身，打零工短工但未发生违法犯罪的情况就有可能进入基础人员库。

另外，上文已经提到打拐数据库中数据存在严重不均衡的情况，被拐卖儿童的父母数据比例少。这部分数据大部分存储在全国公安机关 DNA 数据库失踪人员亲属库中，而且这个数据库中能够解决上文提到的人员类型限制的问题。如果被拐卖儿童在拐卖的过程中已经死亡呢？可以通过与未知名尸体库比对来实现这个功能。可见打拐库与全国公安机关 DNA 数据库无法对接导致信息不能比对非常影响打拐战果的实现。

（五）打拐库信息单一导致打拐战果难以落地

上文中提到打拐 DNA 数据库中很多条信息仅仅限于被拐儿童或被拐儿童父母的一般信息，这对于比中后信息的落地非常不利。

案例四十八[2]：2010 年为进一步落实公安部组织的"全国打击拐卖儿童"专项行动，G 省 J 市公安局将全市范围内福利院、收容所、寺庙等场所疑似被拐卖儿童的信息全部录入全国公安机关查找被拐卖/失踪儿童信息系统（打拐 DNA 数据库），其中有个儿童叫罗某娃的信息也一并入库，2016 年 12 月经打拐 DNA 数据库比对确认，2005 年被拐的儿童罗某娃与 G 省 S 市某派出所采集的罗氏夫妇符合亲生遗传关系。经核查，2010 年 9 月罗某娃作为流浪儿童被 H 县福

---

[1] 参见覃江、侯碧海、陈红娟《论广西公安机关 DNA 数据库建设》，《广西警官高等专科学校学报》2006 年第 2 期，第 6 页。

[2] 夏平平、程红霞、王胜利等：《多系统联合使用圆了被拐儿童罗某十多年寻亲梦》，载《第五届全国公安机关 DNA 数据库建设应用研讨会论文选》，群众出版社 2017 年版，第 679 页。

利院收养，其为养父母遗弃（更名为詹某新）。罗某娃2011年12月私自离开H县福利院，办案人员通过多方调查、走访，一直未果。

2017年3月"打拐办"再次启动寻找罗某娃的计划，针对罗某娃在福利院未入户、没有身份证这一情况，分析罗某娃为了生存，打黑工、流浪、偷盗的可能性大，极有可能作为违法犯罪人员已录入全国公安机关DNA数据库，于是将罗某娃的STR分型录入其中进行比对，与2015年录入全国公安机关DNA数据库的违法犯罪人员周某顺比中，并有身份证件信息，因J市公安系统自2015年以来所有的违法犯罪人员血样采集均通过警务综合应用平台中的综合信息采集模块，查询该应用平台后，显示周某顺2015年因小偷小摸被带到派出所讯问教育后释放，并记载其经常与一名叫詹某新的流浪儿一起行窃。经调查核实，周某顺并非被拐儿童罗某娃。推断2015年录入全国公安机关DNA数据库的违法犯罪人员可能是詹某新冒用周某顺的信息。办案人员再次利用詹某新在全国公安机关DNA数据库、警务综合应用平台等系统查找相关关联信息，最终查明詹某新即罗某娃，现羁押于某地看守所。

本案例中的被拐卖儿童能够圆十多年前的寻亲梦，关键在于当地公安机关积极响应公安部的文件精神，坚持扩大疑似被拐卖儿童信息采集范围，除主动到公安机关报案的情况外主动出击，将全市范围内福利院、收容所、寺庙等场所的疑似被拐卖儿童也纳入采集对象范围，并要求入所后及时采集，以免人员流转，错失信息的收集。

另外，本案综合运用全国公安机关查找被拐卖/失踪儿童信息系统（打拐DNA数据库）、全国公安机关DNA数据库应用系统和警务综合应用平台成功锁定被拐卖儿童，从另一个侧面凸显打拐DNA数据库信息单一化、战果落地难的特点。

二 数据库容量增大导致的比对问题

从2009年5月打拐DNA数据库运行以来，库容量逐年增加。数据库中不仅有2009年5月之后受理的人员样本信息和分型数据，还将之前的数据也收录其中，该库库容量示意图见图3-2。

如图3-2所示，从2000年1月1日至2018年1月16日全国及山西省各市的库容量一目了然。截至目前，全国打拐DNA数据库中录入被拐儿童及父母的信息827710条，采集样本824691条，库内存储DNA分型数据719625条。最高峰时该库内存储有820110条可比对的DNA分型数据。通过该数据库比中确认失踪/被拐儿童身份4420条，其中被拐时间最长的达36年，产生了良好的社会效益。但是在发挥重要作用的同时，其也暴露出一些问题。

（一）假阳性父—母—子"三联体"错误比中

父—母—子"三联体"指的是"在利用DNA检验技术进行亲缘身份认定或亲子关系鉴定时常用的一种亲缘关系组合：生物学父亲、生物学母亲和生物学子女"①。通常进行亲缘关系鉴定的方式有两种：第一种，父—母组合与子/女进行比对，寻找子/女；第二种，配偶—子女组合与父/母比对，认定父/母。第一种方式就是打拐数据库认定被拐卖儿童或被拐卖儿童父母的模式。第二种方式多见于寻找失踪人员或认定未知名尸体。其原理是孟德尔遗传定律，即遗传学中的两个基本定律：分离率和自由组合律。分离率主要是指亲代的两个配子在向下一代传递的时候，必然会分开传递，每次只能遗传其中一个配子。自由组合律指的是亲代的两个配子在每次向子代传递时，具体是哪个配子向下一代传递是随机的。两个定律联合在一起就使得生物学子代中的每一对等位基因必然有一个来自生物学父亲，而另一个来自生物学母亲。

1. 父母双亲DNA分型比中儿童，但通过性别和年龄等数据库信息否定

案例四十九②：2013年10月16日，H省公安厅DNA实验室在将一批疑似被拐卖儿童的信息录入全国公安机关查找被拐卖/失踪儿童信息系统（打拐DNA数据库）的过程中，发现比中信息栏中有比中消息反馈。系统中名叫党某某的男性儿童的DNA分型数据与一对籍贯为S省M市某县的李某、王某夫妇的DNA基因分型三联体比

---

① 参见周密、张韩秋、汪军《标准三联体非父排除率计算公式的推导和验证》，《法医学杂志》2007年第4期，第363页。
② 该案例为笔者在日常打拐数据库建设中经常遇到的情况，DNA分型比中仅仅是前提条件。该案例中被拐儿童父母寻找的目标儿童为女童，而本地实验室被拐儿童为男童，仅通过性别就可以排除。

中，DNA 实验室检验人员马上对该党某某的男性儿童的血样进行复核，确认其 DNA 分型准确无误。随即与 S 省 M 市公安局 DNA 实验室联系，将情况反馈给对方后得到的消息是李某、王某夫妇丢失的孩子为女童。遂将该条比中信息解除关联。

案例五十[1]：2012 年 5 月 23 日，S 省 J 市公安局 DNA 实验室接到 S 省公安厅 DNA 实验室通知，要求核实一条全国公安机关查找被拐卖/失踪儿童信息系统（打拐 DNA 数据库）疑似被拐卖儿童的比中信息。系统中名叫晋某某的女性儿童的 DNA 分型数据与一对籍贯为 Y 省 K 市某县的孟某、倪某夫妇的 DNA 基因分型三联体比中。另外，S 省公安厅与 Y 省 K 市公安局联系后反馈的消息中称，该女童于 2010 年 6 月左右在当地的集市上走失，时年 5 岁。S 省 J 市公安局 DNA 实验室查找血样采集底册，发现该晋某某系 2012 年全省组织采集福利院儿童时刚刚采集的 60 余名儿童中的一个。DNA 实验室检验人员立即赶赴市福利院，找到该晋某某，发现该女童不满 2 岁，刚刚学会走路。年龄上不符合对方实验室的要求，于是在再次对晋某某采血进行复核确定无误的情况下向省厅反馈解除该条比中信息关联。

2. 多对父母 DNA 分型比中同一儿童 DNA 分型

案例五十一[2]：2014 年 8 月 7 日，S 省公安厅 DNA 实验室发现全国公安机关查找被拐卖/失踪儿童信息系统（打拐 DNA 数据库）的比中信息栏中有比中消息反馈。系统中名叫田某某的男性儿童的 DNA 分型数据与籍贯分别为 S 省 M 市某县的李某、王某夫妇，A 省 H 市某区的章某、许某夫妇，G 省 T 市某县的延某、冯某夫妇等 14 对夫妇的 DNA 基因分型三联体比中。DNA 实验室检验人员发现这一情况后，首先马上对该田某某的男性儿童的血样进行复核，确认其 DNA 分型准确无误。随即又对这 14 条比中信息逐条分析研判，发现

---

[1] 该案例是笔者在工作中遇到的案例之一，此案是通过年龄进行排除。
[2] 该案例是笔者所在省省厅下发的核查通报中的内容，随着打拐库中库容量的增加，2000 年之前 9 个位点的 DNA 基因分型会发生大量的无效比中，这也是实际中存在的主要问题。

这些多对父母 DNA 分型均未达到公安部要求的 20 个基因座的数量，有的仅有 9 个位点，多为 15 个位点。后经与公安部打拐 DNA 数据库服务器维护人员联系，发现这些数据均为 2009 年打拐数据库运行前检验，系统运行后导入的 2009 年以前的 DNA 分型数据。F 省公安厅 DNA 实验室将该田某某的男性儿童包含有 20 个位点的 DNA 分型通过公安部下发至这 14 个实验室进行加做位点的排查，后均排除。

在案例五十一中出现的问题是属于历史遗留问题，数据库中基因座数量偏少导致的大量无效比中。而且位点数越少无效比中越多，为下一步排查核实带来了很多困难。随着时间的进展，打拐 DNA 数据库对检验和录入的基因座数量要求越来越严格，20 个位点为最低要求，有的地区已经提高到 24 个、26 个位点，而新的扩增建库试剂盒的不断更新也为位点的增加提供了可能。

由于打拐 DNA 数据库与全国公安机关 DNA 数据库相比库容量相对有限，所以案例四十九和案例五十中出现的情况的概率比较小，但还是时有发生，随着库容量的增加这种随机无效的比中会越来越多。

2012 年江苏省常州市公安局巴华杰等就报道了利用配偶—子女组合与父/母比对，认定父/母模式在 DNA 数据库中比中多个样本的案例。[①]

案例五十二：2012 年 J 省 C 市发生一起强奸致孕案件。巴华杰等人将女性受害人及引产胎儿进行 DNA 检验后得到的 DNA 分型录入 DNA 数据库中进行配偶—子女组合与可疑父比对，以求寻找犯罪嫌疑人。结果比中犯罪嫌疑人 427 条记录。也就是说在 DNA 数据库中有 427 名男性符合上述"三联体"的亲缘关系。由于先前女性受害人及引产胎儿扩增使用的试剂盒仅包含 9 个基因座，所以在数据库中比中较多在意料之内。随后检验人员将女性受害人及引产胎儿扩增基因座数量至 15 个位点，这 427 例男性嫌疑人就被排除到只剩下 3 例。也就是说，在数据库中有 3 例男性嫌疑人在 15 个位点的情况下仍然符合"三联体"的亲缘关系。然后再将案件检材和剩下的 3 例增加

---

① 巴华杰、刘亚楠、张璐等：《DNA 数据库"标准三联体"亲缘关系比中应用价值初探》，《中国刑警学院学报》2012 年第 1 期。

位点至 19 个，终于又淘汰掉 2 个，找到了真正的男性犯罪嫌疑人。

而到了 2015 年，北京市公安局的赵怡等人利用同样的配偶—子女组合与父/母比对，认定父/母模式比中了更多的数据。[1]

案例五十三：2015 年 B 市某区发生一起强奸致孕案件。赵怡等人将女性受害人及引产胎儿进行 DNA 检验后得到的 DNA 分型（15 个位点）录入 DNA 数据库中进行配偶—子女组合与可疑父比对，以求寻找犯罪嫌疑人。结果比中犯罪嫌疑人 7 条记录。也就是说在 DNA 数据库中有 7 名男性符合上述"三联体"的亲缘关系。后将案件检材及这 7 名男性犯罪嫌疑人血样增加位点扩增至 19 个位点，全部排除。后经与办案单位核实，该 7 名犯罪嫌疑人均无作案时间。

短短 3 年的时间，DNA 数据库中的数据增加了上千万条，直接导致 15 个位点进行配偶—子女组合与父/母比对模式下错误比中数量由 3 例攀升至 7 例。关键是这 7 例错误比中的数据经过计算其累积父权指数均高于 10^6，均达到了认定亲缘关系的程度，不禁让人感到后怕。[2] 所以在数据库中用 15 个基因座来认定亲缘非常不可靠，并且仅仅依靠父权指数大于 10^4 这个单一标准来衡量亲缘关系也不可靠。[3] 但是，如果父—母—子三联体有三个基因座不符合遗传规律，也不能简单地排除，要综合多方面因素判定。[4]

（二）数据库中出现大量无效单亲"二联体"比中垃圾信息

上文已经提到在打拐 DNA 数据库中储存了大量被拐卖儿童和寻找被拐卖儿童的生物学父亲和母亲的 DNA 分型。大量不同类型的数据在数

---

[1] 赵怡、王平峥、刘莹等：《DNA 数据库"假三联体错中"信息分析研究》，《刑事技术》2016 年第 6 期。

[2] 周建东：《亲权鉴定 DNA 数据库查询结果解释中存在问题简议》，载《中国法医学理论与实践创新成果精选——全国第九次法医学术交流会论文集》，中国法医学会，2013 年，第 182 页。

[3] 伍新尧、杨庆恩、刘雅诚等：《亲权鉴定判断标准和结论表述的建立》，《中山大学学报》（医学科学版）2010 年第 1 期。

[4] 任贺、郭剑章、陈星等：《3 个 STR 基因座变异亲子鉴定 1 例》，《法医学杂志》2010 年第 6 期。

库中碰撞、比对，每一分钟都会有比对的结果反馈。

之前分析过父—母—子"三联体"及其两种比对模式：父—母组合与子/女进行比对，寻找子/女；配偶—子女组合与父/母比对，认定父/母。其实数据库在认定父—母—子"三联体"之前是分别进行了两个"二联体"的比对，分别是父—子"二联体"和母—子"二联体"。换句话说，在形成大量的父—母—子"三联体"比中通报之前，在系统中已经形成了数倍于父—母—子"三联体"比中数据的"二联体"通报。从遗传学角度来说，数据库中大量 DNA 分型数据要想形成父—母—子"三联体"比中是很难的。因为首先要在父—子"二联体"的比对中符合孟德尔遗传规律，接下来还要接受母—子"二联体"是否符合孟德尔遗传规律的检验。所以这两步比对的符合性检验只要过了任意一步就会形成父—子"二联体"或母—子"二联体"比中通报。"二联体"不同于"三联体"，即使是将数据库中样本的基因座数量增加到 20 个，依然会有大量的无效比中通报。

图 3-3 中就是笔者所在单位的打拐 DNA 数据库中出现的大量单亲比中的情况示意图。在图中可以看到，同一 DNA 分型在数据库中有 26 条单亲比中。其中有 17 条是无容差比中，10 个基因座无容差比中 2 条，15 个基因座无容差比中 4 条，16 个基因座无容差比中 11 条。仅有 1 个容差的有 9 条数据，其中 18 个基因座 1 个容差比中 3 条，19 个基因座 1 个容差比中 6 条。考虑到基因座的突变情况，容差 1 个基因座并不能简单地将该条数据判定删除。这就在无形之中增加了 DNA 实验室数据库管理人员的工作量，他们需要花费大量的时间去排查、去核实、去处理，因为只有将这些数据及时筛选、排除，认定或解除关联后，数据库中数据比对速度才能保持正常运转。

（三）数据库中有大量疑似拐卖儿童排查数据影响比对效果

随着改革开放城镇化的不断深入，城乡一体化程度越来越高，随之而来的许多社会性问题层出不穷。而户籍问题也是其中重要的一个，由于这个问题直接涉及老百姓的民生和幸福指数的高低，公安机关在其中就扮演了重要的角色。尤其是在政府体制改革的大背景下，在转变政府职能、提高政府服务群众水平的浪潮中公安机关就成了当之无愧的排头兵和冲锋号。

近年来，各级公安机关的 DNA 实验室在服务当地群众招工上户等户

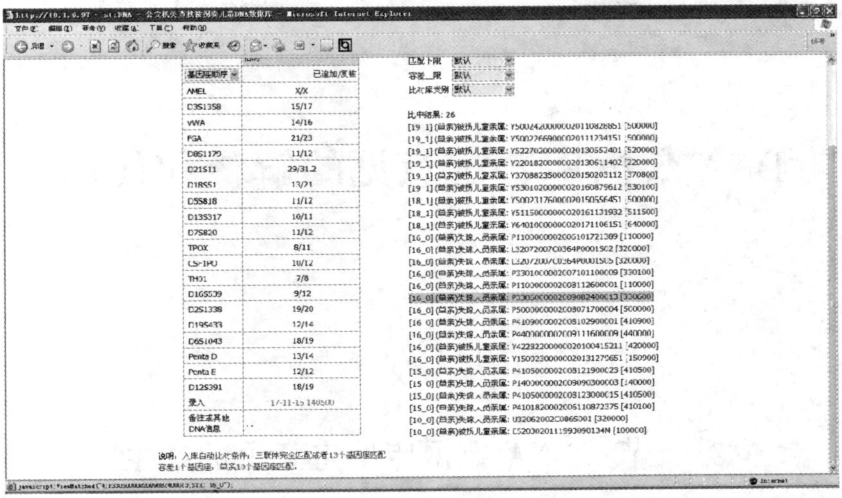

图 3-3　打拐 DNA 数据库大量二联体比中示意

籍相关工作方面做了大量工作。以笔者所在的地市级公安机关 DNA 实验室来说，全市人口总量为 230 万，下辖 6 个县区。每年为群众解决招工上户而进行的亲子鉴定超过 200 例。但是还有一项工作与打拐 DNA 数据库息息相关，那就是各县区户籍部门在为收养或来源不明的儿童上户之前需要市公安局在全国公安机关打拐 DNA 数据库中核查该儿童的身份，以排除其为被拐卖儿童的可能。如此一来，每年会有大量的儿童信息和 DNA 基因型录入打拐 DNA 数据库。大量这种类型的数据充斥于打拐 DNA 数据库中，势必会影响真正的被拐卖儿童或被拐卖儿童父母数据在 DNA 数据库中的比对效率。

第四章

DNA 数据库鉴定意见的解释和使用

第一节　DNA 数据库鉴定意见的产生

一　DNA 数据库鉴定意见的形成

（一）DNA 数据库鉴定文书形成的环节

DNA 数据库鉴定文书是 DNA 数据库在刑事诉讼侦查阶段运行的最后一个环节，鉴定文书是 DNA 数据库使用的最终产品。我们通过一个示意图来看看鉴定文书的出具在 DNA 数据库运行过程中所处的位置（见图4-1）。

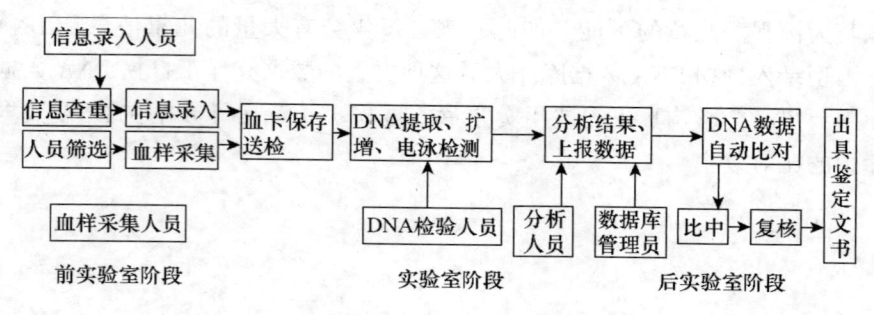

图 4-1　DNA 数据库鉴定意见产生流程

如图 4-1 所示，DNA 数据库运行流程中总共分为以下三个环节。

1. 前实验室阶段

该阶段包括血样采集人员的工作，不同类型人员的筛选和各种人员

（包括违法犯罪人员、失踪人员亲属、被拐卖儿童及其父母、未知名尸体和各种质控库人员）DNA 数据库样本采集（包括血样样本和唾液样本）；现场勘验人员的工作，不同类型的现场物证检材的提取（包括各类案件中遗留在现场各种载体上的血液斑、精液斑、唾液斑、尿液斑、汗液斑等各种人体体液斑迹，人体组织碎片和各种接触痕迹脱落细胞擦拭物）；信息录入人员的工作，上述各类人员的个人基本信息和各种现场物证相关的案件情况，物证提取的位置，物证的形状、性质、颜色和状态等信息录入 DNA 数据库中。完成上述工作后等待送检，即将进入下一个阶段。

2. 实验室阶段

该阶段以不同类型 DNA 数据库人员和各种类型的现场物证的送检为开端。在人员样本和现场物证受理后，DNA 实验室检验人员便开始了物证检材的初检、DNA 提取、PCR 扩增、电泳检测和分型结果分析的检验过程。在得到符合入库标准的分型结果后，数据库管理员采取 CODIS 批量导入为主、人工录入为辅的分型录入方式将大量检验完毕的 DNA 分型结果录入 DNA 数据库中，选中分型数据点击上报，数据便经历地市级至省级再到国家库的过程。DNA 分型数据汇聚到国家库中进行数据比对。

3. 后实验室阶段

这个阶段包括 DNA 分型数据在各级数据库中的自动比对和比中通报的上传下发的过程，各类比中通报（包括人员—人员比中、物证—物证比中和人员—物证比中）的消息反馈和人员血样复核过程，DNA 数据库比中鉴定文书出具过程。

经过上述过程的描述可知，DNA 数据库比中鉴定文书的出具是公安机关 DNA 数据库使用的最后一个环节。

（二）DNA 数据库鉴定文书形成的影响因素

DNA 数据库比中鉴定文书的书写之前需要完成如下工作：首先，DNA 数据库管理人员发现 DNA 数据库中有比中通报后，要确认该比中通报属于上述哪种类型的比中通报。如果属于人员—人员比中和物证—物证比中的情况不需要出具鉴定文书，只有人员—物证比中模式才需要出具鉴定文书。其次，DNA 数据库管理人员会将该人员的唯一性编号告知该案件的原检验人员，该检验人员会依据唯一性编号找到该人员的样本进行重新复核检验，如果检验结果与 DNA 数据库中的 DNA 分型一致，这时会通知此案件的办案民警。并要求办案民警将该犯罪嫌疑人的样本再次采集后重新送检，检验人员会对送检的人员样本再次检验以确定其 DNA 分型与数据库中比中的现场物证分型一致。最后，检验人员会依据复核后的人员 DNA 分型出具 DNA 数据库鉴定文书。需要注意的是，DNA 数据库鉴定文书中人员血样和现场物证的送检时间和检验时间是不一样的，有的甚至会相隔很长时间，因为很多时候 DNA 数据库在案件发生后的很长时间才会比中。

在经过上述一系列步骤之后，DNA 检验鉴定人员就会依据复核后的人员样本和现场检材的 DNA 分型书写 DNA 数据库鉴定意见。不难看出鉴定意见的书写或形成的影响因素会包括很多方面，比如复核检验时仪器设备的状态，从首次检验到复核检验过程中现场物证的保管情况，根据不同的样本和检材是否能够选择正确的检验方法保证结果复现性，以及能够保证上述活动正常进行的环境条件如温湿度、设施条件如电压、用水等。这部分内容笔者会在第五章浓墨重彩地阐述，此处不赘述。但是鉴于 DNA 数据库鉴定意见与普通 DNA 鉴定意见的不同点及比中后所经历的不同步骤，此处笔者还是想强调一下人的因素在 DNA 数据库鉴定意见形成中的作用。

1. 专职的 DNA 数据库管理员

从比中通报的判定一直到鉴定意见的书写之前所经历的各个环节，必须有专门的人员每天在 DNA 数据库系统中负责通报的辨别、分类、判定，并将比中情况向上级数据库用户和比中对方发送通报。另外，还得及时向比中案件的侦查人员反馈比中信息以采集人员样本进行复核，向检验鉴定人员反馈比中信息以复核现场物证。可以说 DNA 数据库管理员位于人员—现场物证比中通报的中间，是促使案件比中破获的桥梁。

2. 比中案件的侦查人员

从表面上看，人员—现场物证比中通报的两端分别是违法犯罪人员和现场物证，其实也是案件的侦查人员和现场物证的检验鉴定人员。在数据库管理员将比中信息反馈至案件的侦查人员后，侦查人员需要对该条比中通报进行辨别式研判。结合案件情况，分析该违法犯罪人员是否有作案时间、案发时是否有在现场的可能等情况。如果其他条件均具备，还得在第一时间将该犯罪分子的样本采集后送检至检验鉴定人员。所以比中案件的侦查人员在 DNA 数据库鉴定意见的形成中也非常重要。

由于 DNA 数据库鉴定意见形成过程的特殊性，上述两类人员的作用举足轻重。换句话说，要想从人员这个角度保证 DNA 数据库鉴定意见的质量，提高其应用效率，这两类人员的工作效率至关重要。

二　DNA 数据库比中鉴定文书的乱象

DNA 数据库比中鉴定文书作为 DNA 数据库证据中最重要的一种，由于其在后续的诉讼环节接受检察机关和审判机关的审查，其重要性不言而喻。但是在司法实践中，DNA 数据库比中鉴定文书无论是在内容上还是形式上乱象丛生，式样繁多，着实让检察官、法官和辩方律师们有不明所以、不知所措的感觉。

（一）鉴定文书名称和文书编号样式繁多

法官和检察官拿到一份鉴定文书，首先看到的就是鉴定文书的名称和文书编号。而鉴定文书的内容形式花样繁多首先就表现在鉴定文书名称和文书编号上。笔者收集了山西省多个公安机关 DNA 实验室不同时期出具的鉴定文书样式，以供比较研究。具体情况如表 4 – 1 所示。

表 4 – 1　　　　山西公安机关鉴定文书名称和编号样式统计

单位	鉴定文书名称 2017 年之前	鉴定文书名称 2017 年	鉴定文书编号 2017 年之前	鉴定文书编号 2017 年
省公安厅	DNA 个体识别鉴定书（2016）	鉴定书	（晋）公（司）鉴法物字〔2016〕1 号	（晋）公（司）鉴法物字〔2017〕1 号
	DNA 检索比对报告（2016）		（晋）公（司）鉴（法物）字〔2016〕2 号	
	亲缘关系鉴定书（2012）		公（晋）鉴（法物）字〔2012〕1 号	
	法医物证鉴定书（2011）		公（晋）鉴（法物）字〔2011〕1 号	
	生物物证鉴定书（2009）		公（晋）鉴（法物）字〔2009〕1 号	
忻州市局	DNA 检索比对报告（2014）	鉴定书	（晋）公（忻）鉴（物证）字〔2014〕1 号	（忻）公（司）鉴（法物）字〔2017〕1 号
朔州市局	法医物证鉴定书（2011）	鉴定书	（朔）公（法）鉴（物）字〔2011〕第 1 号	（朔）公（司）鉴（DNA）字〔2017〕第 1 号
临汾市局	法医物证鉴定书（2012）	鉴定书	（临）公（法）鉴（物）字〔2012〕001 号	（临）公（司）鉴（法物）字〔2017〕02A1 号

续表

单 位	鉴定文书名称 2017年之前	鉴定文书名称 2017年	鉴定文书编号 2017年之前	鉴定文书编号 2017年
	亲缘关系鉴定书（2013）		（临）公（法）鉴（物证）字〔2013〕S120号	
晋城市局	法医物证检验比对意见书（2011）	鉴定书	（晋市）公鉴（法物）字〔2011〕001号	（晋市）公鉴（法物）字〔2017〕1号
	法医物证鉴定书（2012）		（晋市）公鉴（法物）字〔2012〕1号	
大同市局	法医物证鉴定书（2012）	鉴定书	（同）公（物）鉴（DNA）字〔2012〕001号	（同）公（司）鉴（法物）字〔2017〕1号
吕梁市局	法医物证鉴定书（2012）	鉴定书	（吕）公（法）鉴（物）字〔2012〕1号	（吕）公（司）鉴（法物）字〔2017〕1号
长治市局	鉴定书（2012）	鉴定书	（长01）公鉴（物证）字〔2012〕0001号	（长）公鉴（物证）字〔2017〕1号
运城市局	法医生物物证检验及检索比对报告（2012）	鉴定书	（运）公（司法）鉴（物）字〔2012〕1号	（运）公（司法）鉴（法物）字〔2017〕1号

通过对表4-1的分析，可以得出以下结论。

1. DNA数据库鉴定文书经历了各种名称变化之后终归同一

仅山西一省省厅和各地市DNA实验室所出具的DNA数据库鉴定书就有如下几种名称：（1）《DNA个体识别鉴定书》和《法医物证检验比对意见书》，这两种鉴定书的名称一般用于人员—物证比中模式，案件物证和人员均为本地数据库中物证和违法犯罪人员，经复核人员血样后出具的鉴定书。（2）《DNA检索比对报告》，这种鉴定书的名称一般用于人员—物证比中模式，案件物证为外地数据库中物证，比中人员为本地人员，办案部门到异地办案需要相关比中证明，经复核人员血样后出具的鉴定文书。（3）《亲缘关系鉴定书》，这种鉴定书的名称一般用于人员—人员比中模式，多见于全国公安机关DNA数据库中失踪人员亲属和未知名尸体的亲缘关系比中，以及"打拐"DNA数据库中被拐卖儿童或父母的亲缘关系比中，经复核人员血样后出具的鉴定书。（4）《法医物证鉴定书》，这种鉴定书名称出现较晚，是部分公安机关为了避免鉴定文书名称种类过多可能带来的混乱的笼统称呼，这种鉴定书名称适用于多种比对模式。

第四章　DNA 数据库鉴定意见的解释和使用　　171

另外还有两种形式类似的《DNA 数据库比中报告单》，这种报告单严格意义上不能称作鉴定书，这种报告单适用于人员—物证比中模式，案件物证为本地数据库中物证，比中人员为外地人员，办案部门为了到异地将违法犯罪人员缉拿归案需要相关比中证明，如图 4-2 和图 4-3 所示。

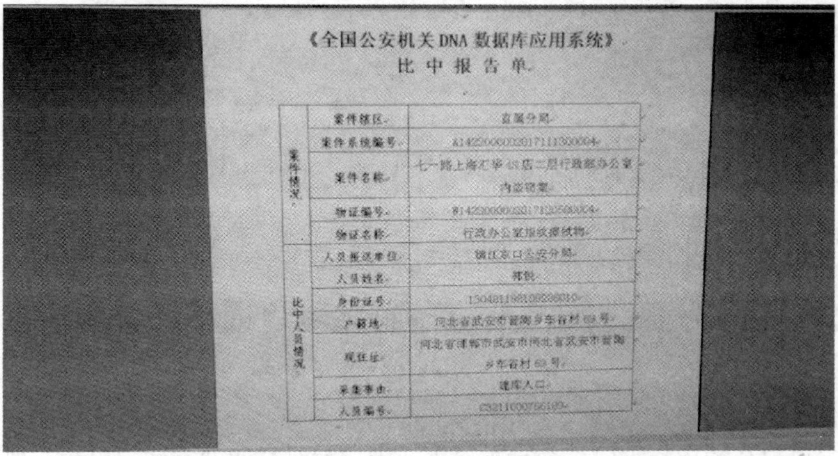

图 4-2　DNA 数据库比中报告单

但是到了 2017 年底，山西全省公安机关的 DNA 数据库鉴定书名称全部统一为《鉴定书》。这是因为在 2016 年底至 2017 年，全省市级 DNA 实验室全部通过资质认定工作的评审，使鉴定文书的名称得以统一。

2. DNA 数据库鉴定文书编号依然呈现百家争鸣的状态。

2017 年之前鉴定文书编号不统一的情况比较复杂，大体可以分为以下三种情况。

（1）省厅与各地市之间的鉴定文书编号不统一。如同样是 2011 年省厅出具的法医物证鉴定书和朔州市公安局出具的法医物证鉴定书，虽然鉴定文书名称一样，但是鉴定文书编号格式却不同。省厅的鉴定文书编号是"公（晋）鉴（法物）字〔2011〕1 号"，其中"公"指公安，"（晋）"是山西的简称，代表山西省厅，"（法物）"代表鉴定专业为法医物证 DNA 专业。而朔州市公安局出具的鉴定文书编号是"（朔）公（法）鉴（物）字〔2011〕第 1 号"，其中"（朔）"代表朔州市，"公"指公安，"（法）"代表法医类鉴定，"（物）"代表鉴定专业为法医物证 DNA 专业。

图 4 – 3　DNA 数据库比中情况

两个单位在利用各种简称类表示鉴定文书编号时有两处不同：第一，地方简称与公安的相互顺序不同，省厅是公安在前，地方简称在后，而朔州市局的做法正好相反。这一点上似乎朔州市局更有道理，于是省厅在 2016 年前后将两者的位置做了调换，使得在称谓顺序上更加合理。第二，对于鉴定专业的表示繁简程度上不同，省厅采用更加简单实用有代表性的"（法物）"代表鉴定专业，而朔州市局采用两步走的办法，先表明是法医，再表明是 DNA。这种做法有点烦琐，朔州市局也意识到这点，所以在 2017 年换成更为简洁明了的"DNA"。

（2）各地市之间的鉴定文书编号不统一。如同样是 2012 年临汾市公安局出具的法医物证鉴定书和晋城市公安局出具的法医物证鉴定书，虽然鉴定文书名称一样，但是鉴定文书编号格式不同。晋城市公安局的鉴定文书编号是"（晋市）公鉴（法物）字〔2012〕1 号"，其中"（晋市）"是晋城市的简称，"公"指公安，代表山西省厅，"（法物）"代表鉴定专业为法医物证 DNA 专业。而临汾市公安局出具的鉴定文书编号是"（临）公（法）鉴（物）字〔2012〕001 号"，其中"（临）"代表临汾市，"公"指公安，"（法）"代表法医类鉴定，"（物）"代表鉴定专业为法医物证 DNA 专业。两个单位在利用各种简称类表示鉴定文书编号时有两处不同：第一，对于鉴定专业表示繁简程度上的不同，这一点与省厅和朔州市局的差别相同，在此就不再赘述。第二，鉴定文书流水号使用格式不同，晋城市局使用的是流水数字前不带"0"的方式，而临汾市局恰好相反。这一点上笔者认为晋城市局的做法有标准依据。国家推荐性标准《党政机关公文格式》（GB/T 9704—2012）第 8.1.5 条对党政机关公文的发文字号格式进行了规定。① 按照这条规定，似乎朔州市公安局的鉴定文书编号加"第"字也不妥当。

（3）同一鉴定机构自己在不同时期鉴定文书编号规则都不相同。如晋城市局 2011 年的（晋市）公鉴（法物）字〔2011〕001 号和 2012 年的（晋市）公鉴（法物）字〔2012〕1 号。不同之处就是鉴定文书编号中序号是否加虚位的问题，晋城市局于 2011 年底通过国家实验室认可的评审，通过对相关国标的学习后，对鉴定文书编号的规则有了新的认识。

2017 年后，鉴定文书的名称虽然得以统一，但 DNA 数据库鉴定文书编号仍然是一派百花齐放的场面。如以忻州为代表的"（忻）公（司）鉴（法物）字〔2017〕1 号"，以朔州为代表的"（朔）公（司）鉴（DNA）字〔2017〕第 1 号"，以晋城为代表的"（晋市）公鉴（法物）字〔2017〕1 号"。忻州等市局普遍在鉴定文书编号上加"公（司）"表示公安司法的含义，代表公安系统的内设鉴定机构也在司法系统进行备案管理。朔州市局鉴定文书编号的特殊之处在于用"DNA"代表鉴定所属专业。晋城市局鉴定文书编号的特殊之处在于没有加"（司）"字。全省各地市 DNA 实验室的鉴定文书名称和编号可谓内容丰富、形式多样。

（二）鉴定文书内容各异

关于 DNA 数据库比中后出具的鉴定书，其内容上也存在形式多样的问题。由于 DNA 数据库鉴定书与普通 DNA 鉴定书的主要区别在于，后者鉴定书中现场物证的送检检验时间与比对人员样本的送检检验时间间隔不会太长。而 DNA 数据库鉴定书中送检检验现场物证的时间与比中后送检检验比对人员样本的时间可能间隔几个月、几年甚至十几年的都有。目前在司法实践中往往有两种鉴定书内容的书写方式：第一种，现场物证的

---

① 《党政机关公文格式》（GB/T 9704—2012）第 8.1.5 条规定："发文字号由发文机关代字、年份和序号组成。发文机关标识下空 2 行，用 3 号仿宋体字，居中排布；年份、序号用阿拉伯数码标识；年份应标全称，用六角括号'〔〕'括入；序号不编虚位（即 1 不编为001），不加'第'字。"

DNA 分型录入 DNA 数据库后，等待比中结果。在比中结果反馈、比对人员样本复核后将现场物证和比对复核的人员样本统一写在一份鉴定书中。只不过这份鉴定书中现场物证和比对人员样本的送检检验时间可能会间隔很长，而且鉴定书出具的时间以后一个时间为准。第二种，现场物证检验后获得分型的当时就出具检验报告，同时将该现场物证的 DNA 分型录入 DNA 数据库中，待其在 DNA 数据库中获得比中结果，经过对比对人员样本复核后再出具与之前的检验报告相比对的鉴定书。这样同一个案件的卷宗档案中会有两份鉴定文书，一份现场物证的检验报告和一份比对人员样本与现场物证比对的鉴定书。现在大多数 DNA 实验室采取后一种做法，其好处是现场物证当时检验完毕就出具检验报告既能落实"一案一档"的档案管理要求，又能避免案件比中间隔时间长所带来的档案内容缺失等问题。

另外，关于 DNA 数据库鉴定书内容还有两种不同的写法，那就是鉴定书中是否书写 DNA 数据库比中过程与比中详细信息的区别。笔者引用一份鉴定书，其中关于比对过程和信息的部分是这样描述的："将 X 号检材 STR 分型结果输入全国公安机关 DNA 数据库中，经比对查询，与数据库中编号为 R140500000201311260000X 的违法犯罪人员张某（男，身份证号：14040219921115XXXX）在 Identifiler 系统的 15 个基因座分型结果相同。经实验室再次进行 DNA 检验分析，STR 结果在 Identifiler 系统的 15 个基因座与原分型结果一致。"笔者认为加上这部分内容较为稳妥，如果不加也应该在档案中附加类似于图 4－3 那样的比中情况截图，这样可以保证证据链条的完整性。

（三）鉴定文书书写标准不一

上述鉴定文书的名称和编号及内容的不统一较为常见，但深究其原因其实是我国出台的鉴定文书书写标准不统一，目前现行有效的鉴定文书书写规范主要有以下两个。

2014 年 5 月 9 日，公安部发布了公共安全行业标准《法庭科学 DNA 检验鉴定文书内容及格式（GA/T 1161—2014）》。[①] 其中第 5.4.1 条规定："标题包括：鉴定机构中文全称、'法庭科学 DNA 鉴定书'或'法庭科学

[①] 参见公共安全行业标准《法庭科学 DNA 检验鉴定文书内容及格式（GA/T 1161—2014）》。

DNA 检验鉴定报告'字样和发文编号。发文编号按照 GB/T 9704 的要求，由发文机关和发文字号组成。"

2017 年 2 月 16 日，公安部发布了《公安机关鉴定规则》。[①] 其中第 45 条规定："鉴定文书分为《鉴定书》和《检验报告》两种格式。"并且在附件中添加了鉴定书的标准格式，鉴定书的文书名称仅有三个字"鉴定书"，鉴定专业类型在鉴定文书发文字号中体现。

可见目前现行有效的两个部委规章在规定 DNA 鉴定文书格式上存在冲突，而且对于文书发文字号和鉴定书内容的规定又太过空泛，让适用的各级公安机关无所适从。好在公安部在 2017 年下半年发布了公共安全行业标准《法庭科学 DNA 检验鉴定文书内容及格式（GA/T 1161—2017）征求意见稿》，在该文件的第 5.5.1 条规定："标题包括：鉴定机构中文全称、'鉴定书'或'检验报告'字样和发文编号。发文编号按照鉴定机构资质认定要求的编号规则编号，由年和发文字号等组成。"这一条内容的修改统一了鉴定文书名称，也算是一大进步。

第二节　DNA 数据库鉴定意见的解释

DNA 数据库鉴定意见完成后，等待它的将会是在后续诉讼程序尤其是在法庭上对其内容的解释。一份完整的 DNA 数据库鉴定意见包含哪些重要的内容呢？通常按鉴定书内容的排列顺序，它会有鉴定书标题、文书编号、委托机构的信息、简要案情、检材和样本情况、受理和检验的时间地点、检验鉴定所采用的方法流程、检验结果描述、基于检验结果的论证、基于论证后得出的意见，最后还有鉴定人员的签名和鉴定机构的盖章等信息项。

那是不是只要写在鉴定书里的内容都需要向法庭做出解释呢？答案是否定的，事实上只有在鉴定书中那些能够对控辩双方的主张具有实质性意义的争议事项才需要鉴定人解释。否则诉讼资源和诉讼效率将无法得到有效保障。但是这并不代表一个小小的不起眼的事项不会成为律师或者专家辅助人，甚至法官关注的对象。一旦成为这些人关注的对象，恐怕鉴定人真的需要多费些口舌了，因为恰恰是这些鉴定人平时见怪不怪、习以为常

[①] 参见《公安机关鉴定规则》之相关规定。

的小地方可能会引发争议。

就拿鉴定书的标题举例,以往涉及 DNA 检验的鉴定书有的叫"法医物证鉴定书"。律师会依据司法鉴定相关法律之规定,[①] 要求鉴定人解释,因为该法律第 2 条将鉴定种类分为具体的 3 大类,其中包含法医类和物证类。单从名称上看,这种"法医物证鉴定书"的称谓非常容易引起歧义,需要解释。另外还有一种"个体识别鉴定书"和"亲缘关系鉴定书"的称谓,本身 DNA 检验鉴定中的个体识别就包含同一认定和亲缘关系认定。如果使用亲缘关系进行的个体识别应该用哪种鉴定文书的标题呢?实在是让人摸不清头绪,需要解释。所以为避免这种不必要的解释,公安部在 2017 年颁布的《公安机关鉴定规则》中将鉴定文书的标题统一称为"鉴定书"。

可见,就小小的鉴定文书标题就有这么多需要解释说明的地方,如果将上述鉴定书包含的内容一个个掰开来揉碎了解释,估计篇幅也不允许。此处笔者仅就法庭上控辩双方经常争议的事项进行阐述,以期能够对法庭了解 DNA 数据库鉴定意见有所帮助。

一 案件情况及检材样本

《公安机关鉴定规则》第 46 条规定:"鉴定文书应当包括:……(五)案件名称或者与鉴定有关的案(事)件情况摘要;(六)检材和样本的描述。"[②] 如果说委托单位送检的检材和样本是鉴定意见的来源的话,那么案件情况就是检材和样本的来源。这两者绝对是分不开的,并且对鉴定意见的形成有至关重要的作用,也是在法庭上经常受到律师质疑的事项。

(一)现场检材和比对样本在证据解释中的作用

现场提取的生物物证是 DNA 检验鉴定的起点,也是 DNA 检验重要的对象。所以在鉴定书中体现出来的现场物证的信息必须做到完全准

[①] 《全国人民代表大会常务委员会关于司法鉴定管理问题的决定》第 2 条规定:"国家对从事下列司法鉴定业务的鉴定人和鉴定机构实行登记管理制度:(一)法医类鉴定;(二)物证类鉴定;(三)声像资料鉴定;(四)根据诉讼需要由国务院司法行政部门商最高人民法院、最高人民检察院确定的其他应当对鉴定人和鉴定机构实行登记管理的鉴定事项。"该法律已于 2015 年 4 月 24 日第十二届全国人民代表大会常务委员会第十四次会议上修正。

[②] 参见《公安机关鉴定规则》第 46 条之相关规定。

确，这个准确既包括对其提取位置、颜色、形状等信息准确记录，也包括与各种现场照片、视频资料和勘验提取笔录等其他证据相一致。笔者就曾经遇到一起出庭解释的案件，从现场提取的一条嫌疑人的裤子针对其颜色的记录现场勘验系统中记录的是"绿色裤子"，现场勘验提取笔录中记录的是"深绿色裤子"，而鉴定意见上描述的是"墨绿色裤子"。因为在这条裤子上检出受害人的血迹，从而将嫌疑人与该案件关联到一起。律师提出鉴定意见中检验的"墨绿色裤子"与勘验提取笔录中记录的"深绿色裤子"并不是同一条裤子，最后经过查看现场勘验提取的视频资料证明就是同一条裤子，只不过不同的人对这种颜色的称呼不同。

另外需要特别提到的是，鉴定书中关于现场物证的检验部位的描述可能会对犯罪嫌疑人的定罪产生影响。在一起办案单位送检的强奸案件中，送检检材为一条女式内裤，DNA检验人员在内裤上检出一男性精液斑，与该案某犯罪嫌疑人的DNA分型一致。在庭审中，辩方律师声称被告并未强奸女性受害人，而只是用其生殖器在被害人臀部擦蹭射精。该案的焦点就转移到内裤上精斑的部位问题，如果在内裤的臀部位置检出精斑可能就会比较支持辩方的意见，如果精斑在裆部位置就可能倾向于控方的主张。最终，鉴定人出庭对检出男性精斑在内裤上的位置做出解释。

尤其对于DNA数据库鉴定意见来说，现场物证与比对人员样本送检和检验时间非常重要。现场物证的送检和检验时间一定不能在DNA数据库比中时间之后，而比对人员样本的复核检验的送检和检验时间却一定在DNA数据库比中时间之后。这一点一定要在鉴定意见的检材和样本信息中注明，并且要保证当时送检当时检验，不能有任何迟延。这一点是辩方律师最喜欢质疑的部分。

（二）案件情况对证据评价的作用

鉴定书中陈述的案件情况会包含很多信息，如案发时间、案发地点、犯罪嫌疑人的性别、民族、籍贯等事项。千万别小看这些信息，上文说到案情是送检样本检材的源头指的就是案情中的案发时间、案发地点就决定了现场物证的提取时间和提取地点。如果鉴定书案情中描述的现场地点和现场勘验笔录中记录的地点不一致，就有可能导致鉴定意见从根本上被推翻。

另外，从犯罪嫌疑人与现场物证比中后计算随机匹配概率和似然比率来说，案情会提供许多关键的信息。如案情中介绍：案件发生在某市，犯罪嫌疑人为男性，操当地口音。就在这有限的案件信息中，鉴定人在检验得到现场物证经数据库比中该嫌疑人，要计算随机匹配概率时，采用该地的基因频率数据而得到的证据会大大提高其证明价值。

二　鉴定意见相关统计学基本概念的解读

对检验对象进行 DNA 检验会出现 3 种结果：分型相同、分型不同和不能下结论。而在 DNA 数据库中只有两种情况：比中和未比中。同传统 DNA 鉴定一样，DNA 数据库只有在比中时才会在鉴定意见的论证部分进行统计学计算，其目的是为该比中赋予统计学意义，量化这种比中证据的价值，以期为下一步的证据价值的解释和评价做铺垫。下面就 DNA 数据库鉴定意见中常遇到的术语和概念做一简要介绍。

（一）随机匹配概率

随机匹配概率是指待测样本的基因分型在特定群体中可能与另一随机无关个体匹配的可能性大小。"正确理解随机匹配概率非常重要，不能将该概率简单地理解为除被告之外的其他随机个体在犯罪现场留下相关证据的概率，更不能理解为其有罪的概率或被告无罪的概率。"[1] 事实上这个概率与实际生活中发现与目标基因分型匹配的概率也不完全是一回事，前者仅仅是在特定群体中的统计学概念，而后者是个真值。在 DNA 数据库中比中的现场检材和比对人员样本的基因分型均为多个基因座的分型，所以随机匹配概率的计算不得不引入乘法原理的概念。

"处于 Hardy-Weinberg 平衡和连锁平衡的群体中，基于对基因型独立的假设，全部的匹配概率等同于单个基因座匹配概率的乘积。这个多个基因座匹配概率的乘积被称为乘法原理。"[2] 换句话说，多个独立 STR 基因座相乘所得出的匹配概率可以降低与不相关个体的随机匹配概率。

---

[1]　[美] John M. Butler：《法医 DNA 分型：STR 遗传标记的生物学、方法学及遗传学》，侯一平、刘雅诚主译，科学出版社 2007 年版，第 364 页。

[2]　吕泽华：《DNA 鉴定技术在刑事司法中的运用与规制》，博士学位论文，中国人民大学，2010 年，第 27 页。

（二）似然比率

似然比率（LR）是对于同一证据在不同假设条件下的两个概率的比值。[1] 例如，一个来自犯罪现场作为证据的检材的 DNA 分型与犯罪嫌疑人的 DNA 分型在数据库比中，对于两者比中的原因有两种可能的假设：第一种，犯罪嫌疑人在犯罪现场留下了其生物检材；第二种，犯罪嫌疑人被检测基因座的 DNA 分型碰巧与现场检材比中，而事实上他并不是真正的罪犯。

似然比率的公式表述为：

$$LR = H_p/H_d \qquad \text{式（1）}$$

其中分子 H_p 代表控方假设的概率，分母 H_d 作为辩方假设的概率。简单地说，似然比就是控方假设的概率除以辩方假设的概率。由于控方假设是基于嫌疑人与现场检材有关联而做出的，所以 H_p 为 1。而辩方假设 H_d 可以由该基因型出现在人群中的基因频率计算得出。如果该基因型是纯合子 $H_d = p^2$，如果该基因型是杂合子 $H_d = 2pq$，其中 p、q 分别为该基因座上等位基因的基因频率。

似然比率的公式就变成：

$$LR = 1/p^2; \quad LR = 1/2pq \qquad \text{式（2）}$$

如果一个似然比率的值大于 1，则证据支持控方假设，如果小于 1，则支持辩方假设。例如某现场检材比中某嫌疑人的基因型的似然比率为 1000，则表明该现场检材为该嫌疑人所留的可能性是该群体中除嫌疑人之外其他无关个体所留的可能性的 1000 倍。

（三）父权指数

如果要探讨亲缘关系个体 DNA 数据库比中的情况，即被测男子不能排除为孩子的生物学父亲，那么我们就要用统计学来计算其为孩子生物学父亲的可能性。此时通常计算父权指数（PI）。

父权指数是"两种假设可能性的比值，分子表示父权概率，分母表示同种族的随机男子是孩子生物学父亲的概率"[2]。具体来讲，分子指假设被检男子为生父，检出基因型的概率；分母指假设随机男子为生父，检出基因型的概率。父权指数是两种不同假设下概率间的似然比率。这个似

---

[1] 蒋世洪：《浅谈 DNA 信息的正确解读与合理利用》，《中国公共安全》（学术版）2012 年第 3 期，第 97 页。

[2] 参见林汉光、许传超、唐剑频等《常染色体 STR 三体基因座父权指数计算方法探讨》，《中国法医学杂志》2013 年第 5 期，第 401 页。

然比率反映了第一种假设是第二种假设的多少倍,从而判断其证明力。随机匹配时,未检测的随机男子遗传给孩子某一等位基因的概率与该人群此基因频率相同。

父权指数通常公式表示为:

$$PI = X/Y \qquad 式(3)$$

其中 X 是被控父提供基因的频率,Y 是该人群随机男子提供基因的概率。通常,被控父为纯合子时 X 等于 1,为杂合子时 X 等于 0.5。在计算随机男子提供生父基因概率时常常要使用不同基因座在人群中分布的概率。"对于所有被检测的遗传基因座,先计算每个基因座的 PI 值,各个基因座 PI 值的乘积则为累积父权指数(CPI)。肯定父权关系的最低标准 PI 值需要超过 10000。"[①] PI 值等于 10000 意味着被控父为孩子生父比随机男子为孩子生父的可能性大 9999 倍。

对于"打拐库"中被拐卖儿童的身份鉴定,鉴定人所关心的问题是:某个孩子是否属于被鉴定父亲和母亲生物样本。这完全和常规亲缘关系鉴定中所提到的问题相反,称为反向亲缘关系鉴定。

(四) 贝叶斯(Bayes)定理

贝叶斯定理是一项逻辑法则,它能够解决新证据的出现对之前的判断有多大的修正作用。该定理是由英国牧师托马斯·贝叶斯(1702—1761年)于 18 世纪提出,随后由皮埃尔-西蒙·拉普拉斯侯爵(1749—1827年)继续研究形成。英美法系中该定理现在被公认为是在诉讼活动中如何使鉴定意见的解释和陈述更具逻辑性的一个有效模式。该理论在我国的司法实践中尚未应用,此处仅做浅尝辄止的讨论。

贝叶斯定理的公式表述形式为:[②]

$$\frac{\Pr(H_p \mid E, I)}{\Pr(H_d \mid E, I)} = \frac{\Pr(E \mid H_p, I)}{\Pr(E \mid H_d, I)} \times \frac{\Pr(H_p \mid I)}{\Pr(H_d \mid I)} \qquad 式(4)$$

这是贝叶斯定理的优势形式,其中 H_p 表示控方假设,H_d 表示辩方假设,E 表示 DNA 分型结果的证据,I 表示包括案件前期调查等限定条件信息。等式的左边部分表示在案情等限定条件 I 之下,当 DNA 分型证据 E 出现后的后验优势比。等式的右边乘号的左边表示 DNA 分型证据 E 的似

[①] 参见《法庭科学 DNA 亲子鉴定规范》(GA/T 965—2011)。

[②] 参见 [美] Ian W. Evett、Bruce S. Weir《DNA 证据的解释——法庭科学中的统计遗传学》,黄代新、杨庆恩、刘超主译,中国人民公安大学出版社 2009 年版,第 19 页。

然比率，等式的右边乘号的右边表示证据 E 出现之前的先验优势比。这样贝叶斯公式就变为：

后验优势比 = 似然比率 × 先验优势比　　　　式（5）

虽然贝叶斯定理还不能解决法庭科学证据解释的一切问题，但它至少是目前进行科学证据分析的最佳数学模式。Ian W. Evett 教授认为应用贝叶斯理论分析证据，应该有三条基本原则："第一，对证据进行评估必须同时具备对该证据的假设和与之相对立的合适的替代假设。第二，在某种假设前提下特定 DNA 证据出现的概率是在对鉴定结果的解释中最核心，也是首先要解决的问题。第三，那些取得无误的案情是除相对立的合适替代假设之外另一个需要重视的问题。"[①]

三　鉴定意见语言表达问题

《公安机关鉴定规则》第 47 条规定："鉴定文书的制作应当符合以下要求：……鉴定文书格式规范、文字简练、图片清晰、资料齐全、卷面整洁、论证充分、表述准确；使用规范的文字和计量单位。"[②] 该条文对鉴定意见的语言表达提出了要求："文字简练、论证充分、表述准确。"其实鉴定意见的语言表达问题一直是困扰检察官、律师和法官的一个问题，因为鉴定意见的一句充满歧义的表述需要鉴定人一趟趟地检察院、法院跑断腿的情况屡见不鲜。

此处笔者试着就争议最大、在司法实践中运用最多的现场物证与违法犯罪人员比中的同一认定的鉴定意见的表述进行分析。例如，在某案件中在盗窃现场提取的烟蒂检验后得到 DNA 分型，录入 DNA 数据库后比中数据库中违法犯罪人员张某。经过对现场物证和张某比对样本复核检验后，确认之前的检验结果正确无误。该鉴定意见常见的两种表述是：第一种："在送检的从 ×× 盗窃案现场提取的烟蒂上检出人类 STR 基因分型，与张某的 STR 分型相同，似然比率为……" 第二种："从 ×× 盗窃案现场提取的烟蒂与张某的 STR 分型相同，在排除同卵多胞胎、外源性污染和近亲的前提下，支持该烟蒂为张某所留的可能性为 99.9999%。"

[①] 参见［美］Ian W. Evett、Bruce S. Weir《DNA 证据的解释——法庭科学中的统计遗传学》，黄代新、杨庆恩、刘超主译，中国人民公安大学出版社 2009 年版，第 32 页。

[②] 参见《公安机关鉴定规则》第 47 条之相关规定。

第一种表述在检验结果的描述上较为客观，是对检验结果直接陈述。这种表述的意思换句话说就是："由于现场提取的烟蒂中检出的 STR 分型与张某的相同，所以该烟蒂要么是张某留下的，要么是和张某 STR 分型相同的其他人留下的。"而似然比率表示与张某 STR 分型相同的人（包括张某在内）是该烟蒂所留者的可能性是与张某 STR 分型不同的人是该烟蒂所留者的可能性的倍数，似然比率越大，与张某 STR 分型相同的人（包括张某在内）是该烟蒂所留者的可能性就越大。但是这种表述并没有"客观"彻底，因为鉴定人并不能说该烟蒂和张某的 STR 分型相同，这句话过于绝对。应该更加客观地表述为："该烟蒂和张某在检出的 × 个基因座上分型相同"，因为仅仅检验了十几个 STR 基因座相同，并不代表着所有的基因座分型都相同。然而这种表述却是检察官、律师和法官不愿意看到的，因为这种鉴定意见没有告诉法官张某到底是不是烟蒂所留者。

第二种表述预先设置了一系列前提条件，如"同卵多胞胎、外源性污染和近亲"看似保守，其实是有推卸责任的嫌疑。被检测对象是否有同卵多胞胎兄弟姐妹和近亲，不是 DNA 实验室检验人员的分内职责，这些事情是侦查人员甚至是法庭调查的内容。如果每份鉴定意见都这么写，检验人员的精力恐怕都要花在调查嫌疑人是否有同卵多胞胎兄弟姐妹和近亲的问题上。再说"外源性污染"的表述，检验人员只能保证检材进入实验室以后到离开实验室的环节不被污染，至于检材处于前实验室阶段有没有被污染，检验人员无法保证，也就更无法排除。但是这种表述采用了一种法官喜欢的说法："支持该烟蒂为张某所留的可能性为 99.9999%。"这种表述不仅替法官做了事实判断，而且给出了证据评价的量值。但是客观地说这种表述有僭越法官职权的嫌疑，因为在法庭上法官才是事实裁判者，鉴定人只能就现场检材和嫌疑人在 DNA 检验结果方面是否一致，比不一致的人概率高多少发表意见。而现场检材是不是嫌疑人所留就已经跨入事实判断的领域，超出了鉴定人的职责范畴。

综上，笔者认为现场物证与违法犯罪人员比中的同一认定的鉴定意见的表述应该参照公共安全行业标准《法庭科学 DNA 检验鉴定文书内容及格式（GA/T 1161—2017）征求意见稿》中 5.5.5.2.1 的表述："××检材检出的人血/人精斑/DNA/STR 分型与×××在×个基因座基因型相同，其似然比率为××"，较为妥当。

四　DNA 数据库检索比对证据的证明力问题

常规 DNA 证据和 DNA 数据库证据最大的区别其实就是是否经过 DNA 数据库的检索比对过程。那两者的证明力有区别吗？这恐怕是这篇论文需要解决的一个重要问题。而关于这个问题，国内司法实践领域似乎并未觉得两者有太大区别而将其忽视，简单地将传统 DNA 证据与经过 DNA 数据库检索比中后的证据混为一谈。但是，仍有少量实务型学者看到了两者的区别。① 由于这方面国外的研究较多，在这里笔者试着结合国外关于这方面的资料比较一下两者在证明力方面的区别。

第一种情况：在某盗窃案件现场提取到作案人遗留的烟蒂，经过案件调查走访锁定嫌疑人张某，采集张某血样经检验与现场提取的烟蒂 DNA 分型一致。

第二种情况：在某盗窃案件现场提取到作案人遗留的烟蒂，经过侦查人员各种工作无法锁定嫌疑人，将现场提取的烟蒂 DNA 分型录入 DNA 数据库中，比中嫌疑人张某。

有学者将第一种情况称为"合理根据案件"，第二种情况称为"数据库检索依赖案件"。② 国外有学者将第一种情况中获得似然比率称为"可能起因似然率"（probable cause LR），③ 表示某犯罪嫌疑人被锁定的原因不是基于其 DNA 分型，而是由于其他诸如辨认或走访等侦查手段的似然比率。另有学者将第二种情况中获得的似然比率称为"数据库检索似然率"（database search LR）。④ 仔细分析这两种情况可以简单归纳为现场物证与多大数量的样本进行比对的问题，如第一种情况现场物证与嫌疑人比对，而第二种情况现场物证与数据库中所有人比对。假设第一种情况为库容量为 1 人的数据库，这个问题就演化为数据库容量是否会对证据的证明力有所影响的问题。

---

① 刘静坤：《DNA 证据及其审查判断若干问题研究》，《山东警察学院学报》2015 年第 1 期，第 87 页。

② 张智杰、吕德坚：《从数据库搜索争论看 DNA 统计评估》，《中国司法鉴定》2015 年第 5 期，第 79 页。

③ Balding, D. J. and P. Donnelly, "Evaluating DNA Profile Evidence When the Suspect is Identified Though a Database Search", *J. Forensic Sci*, No. 41, 1996, p. 603.

④ 参见 [美] Ian W. Evett、Bruce S. Weir《DNA 证据的解释——法庭科学中的统计遗传学》，黄代新、杨庆恩、刘超主译，中国人民公安大学出版社 2009 年版，第 247 页。

(一) 争论——数据库容量是否会降低证据的证明力

假设侦查人员需要通过 DNA 检验的方式对可能包含犯罪嫌疑人的大范围人群进行摸排或者在相应的数据库中寻找犯罪嫌疑人。人们通常会考虑一个问题，这种基于大范围检索比对而提供的证据，其证据价值是否会受到比对对象样本数量的影响。换句话说，如果某人通过检索庞大的数据库，或者开展大规模调查才最终找到分型比中的结果，那么这种比中的结果作为证据的价值是否会因为检索比对对象的数量增加而有所降低。1996 年美国 DNA 技术国家研究委员会（NRC Ⅱ）出版了《法医 DNA 证据的评估》，其中建议 5.1 是这样描述的："当嫌疑人通过 DNA 数据库的搜索被找到之后，随机匹配概率应该乘以数据库中人数总量 N。"[①] 持上述观点的学者认为，任何凭借个体特征如指纹或 DNA 分型进行个体识别的证据，其证据价值都是与错误认定的概率成反比的。而比对次数越多，错误认定的概率就越高，证据的证明力就越低。另外，学者们还认为如果某分型在数据库中检索比中的概率很高，那么基于该结果获得的证据的证明力就会很小。[②]

大多数人认为，数据库的库容量越庞大，利用数据库检索比对后得到比中结果的概率就越高。如果某分型特征在特定人群中出现的概率是一千分之一，那么当检索比对的数据库容量是 10000 时，就可以期待从数据库中找到 10 个比中的结果。毫无疑问，在这种情况下必然会得到多于 1 个的比中结果，而且比中结果出现的概率会随着数据库规模的扩大而有所提高。这样就得出了数据库的库容量越大，证据的证明力就越弱的结论。

但有学者指出这是一种错误的结论，该学者认为问题的症结不在于得到比中结果的概率有多少，而在于一旦找到比中的结果后，该比中结果的证据价值有多大。[③] 当然，同样值得思考的另一个问题是，如果犯罪嫌疑人不是罪犯，那么获得错误比中结果的概率有多高，数据库库容量大小会

[①] 参见［美］John M. Butler《法医 DNA 分型：STR 遗传标记的生物学、方法学及遗传学》，侯一平、刘雅诚主译，科学出版社 2007 年版，第 464 页。

[②] Stoney, D. A. and Thornton, J. I., "A Critical Analysis of Quantitative Fingerprint Individuality Models", No. 31, 1986, p. 1209.

[③] 参见［美］伯纳德·罗伯逊、G. A. 维尼奥《证据解释——庭审过程中科学证据的评价》，王元凤译，中国政法大学出版社 2015 年版，第 167 页。

影响到证据评价吗？关于这个问题应该根据两种情况分别解答：第一，当证据评价者了解该基因分型在人群中出现的概率时；第二，当证据评价者无法获取该基因分型在人群中出现的频率时。

当能够获取该频率时，如果是某人在现场遗留生物物证，那么比中结果的概率应该等于该基因型在整个人群中出现的频率。举例说明，假设以所有某国成年男子大约2000万人为检索范围，罪犯的检索特征点是虹膜颜色是蓝色，加入能够通过查询医学文献获知，该人群中眼睛虹膜是蓝色的个体出现的概率是一万分之一，这样在该国大约有2000名成年男子具有蓝色的虹膜。那么其中一人可能是罪犯的优势比为1∶1999。通常数据库不可能包含该国所有的2000万男性，如果数据库中只包含其中100万成年男性，按已知的万分之一的出现概率，在该数据库中预期可能会有100个比中结果。但是由于概率已知，在未建库的1900万男性中，还会有大约1900个眼睛虹膜是蓝色的男性个体。当把数据库容量增加至1000万，以虹膜为蓝色检索预计在数据库中会有1000个男性符合。但是我们知道同样在未建库的另一半男性也有1000个男性符合要求。所以无论数据库库容是多大，支持犯罪嫌疑人是罪犯这一假设的后验优势比都是1∶1999。可见数据库的库容量大小并没有对证据的价值产生任何影响。

因为并不是所有人群的基因群体学数据都有报道，当该频率无法获取时，为了找到一条比中结果，我们能够做的就是将该基因分型录入现有的尽可能包含范围广的数据库中进行比对。因此如果这个数据库库容量为1万，而且有且只有一条比中记录，我们就可以估算出在该人群中这个基因型出现的频率为1∶10000。如果数据库的库容量为10万，而且只有一条比中记录，那么我们可能会认为在该人群中这个基因型出现的频率为1∶10万。也就是说随着数据库库容量的增大，该特定基因型在该人群中出现概率就越小。按照贝叶斯定律及相关统计学知识可知，在简单的人员与现场物证比对的模式下，该基因频率越小，随机匹配概率就越低，支持该分型所留者为罪犯的似然率就越高，在先验优势一定的情况下后验优势比也越高，基于比中结果所提供的证据的证明力就越强。试想一下，如果比对的数据库容量无限增大至整个国家人群，而犯罪嫌疑人又肯定为该国人，数据库比中只有该人一条比中数据，那通过数据库比中获得的证据价值肯定是增大而不是减小。综上，无论在该基因频率是否已知的不同情况下,数据库的库容对证据的价值至少不会变小。这样就出现了关于数据库库容量对证据价值影响的争论。

（二）正确理解统计学在 DNA 数据库证据解释中的作用

上述争论反反复复经历了十几年,目前在国际上比较占优势的观点倾向于"数据库检索依赖案件"比中结果的证明力要略微高于"合理依据案件"的证明力。但我们要清醒地认识到,这个结论只是纯粹从统计学角度分析的结果。统计学分析只是在法庭审判中为证据解释和证明力评估提供了一个可以量化的参考模式,在我国法官始终扮演着法庭上认定证据价值的终极角色。统计学模型在法庭审判的证据认定中始终是配角,是处于协助地位的。鉴于此,正确认识统计学在证据解释中的作用更有利于刑事诉讼各方诉讼活动的开展。①

第三节　DNA 数据库鉴定意见的解读错误

DNA 数据库鉴定意见由于其本身存在的特殊内在特点,在诉讼过程中的各个环节的使用可能存在这样或那样的问题,下面笔者试着从刑事诉讼活动中各个主体的角度来解读这些错误。

一　侦查人员对鉴定意见的使用

侦查环节是 DNA 数据库鉴定意见产生的环节,也是刑事诉讼中首先应用的阶段。DNA 检验人员将鉴定意见出具以后,侦查人员会马上利用其开展其他侦查活动。但是大部分侦查人员并不是法庭科学技术及 DNA 数据库方面的专家,有的可能非常熟悉刑事诉讼程序但对证据法知识了解甚少,所以会在 DNA 数据库鉴定意见的运用方面出现这样或者那样的理解错误。

（一）把检验报告当成鉴定意见使用：DNA 数据库不存在检验报告

上文提到公安部于 2017 年发布了《公安机关鉴定规则》的第 45 条和第 46 条第 11 款对鉴定文书做出了分类规定,将鉴定文书分为《鉴定书》和《检验报告》两种类型。其中《鉴定书》须得出鉴定意见,而

---

① 参见王传超、李士林、周怀谷等《将 DNA 鉴定技术正确应用于司法实践——反驳〈DNA 难堪"证据之王之责"〉一文》,《中国社会科学报》2011 年 2 月 17 日第 007 版,第 2 页。

《检验报告》只需直接得出检验结果即可。① 由此可见，检验报告和鉴定书还是有区别的。两者最大的区别就是会否通过分析论证得出鉴定意见。于是就有侦查人员问了，有没有得出鉴定意见有区别吗？这鉴定书和检验报告同样都是你们机构、你们几个鉴定人出具的，对于诉讼活动有区别吗？答案是绝对肯定的，笔者试着在本节对其区别进行分析。

《刑事诉讼法》第 48 条规定了刑事诉讼活动中可以用于证明案件事实的八种法定证据种类，②其中鉴定意见赫然在列。那么什么又是鉴定意见呢？有学者认为鉴定意见是指"鉴定人运用科学技术或专门知识对诉讼的专门性问题进行鉴别和判断并提供的个人意见"③。有学者认为鉴定意见是"有鉴定资格的专业人员就案件中的专门问题向司法机关提供的结论性意见。……鉴定意见不是对案件事实的客观记录或描述，而是鉴定人在观察、检验、分析等科学技术活动的基础上得出的主观性认识意见"④。还有学者认为"公安司法机关或者当事人就案件中的专门性问题，指派或聘请具有专门知识的人进行鉴定后提出的结论性意见，谓之鉴定意见。鉴定意见旧称鉴定结论，由于称结论容易误导人们以为这是最后一种权威性判断，忽略它不过是证据的一种，是否采纳为定案的依据还需要经过检验确认，因此，为将鉴定结论拉下神坛，如今改称鉴定意见"⑤。上述 3 种关于鉴定意见概念的表述，其共同点之一就是必须由鉴定人或有专门知识的人给出意见，这也是鉴定意见的核心。换句话说，"鉴定意见属于意见证据的一种，在英美法系中意见证据的采纳需要特殊的例外，知情外行证人不能就其所见所闻发表意见，但专家证人发表的意见就属于例

---

① 《公安机关鉴定规则》第 45 条规定："鉴定文书分为《鉴定书》和《检验报告》两种格式。客观反映鉴定的由来、鉴定过程，经过检验、论证得出鉴定意见的，出具《鉴定书》。客观反映鉴定的由来、鉴定过程，经过检验直接得出检验结果的，出具《检验报告》。"第 46 条第 11 款规定："《鉴定书》中应当写明必要的论证和鉴定意见，《检验报告》中应当写明检验结果。"

② 《中华人民共和国刑事诉讼法》第 48 条规定："可以用于证明案件事实的材料，都是证据。证据包括：（一）物证；（二）书证；（三）证人证言；（四）被害人陈述；（五）犯罪嫌疑人、被告人供述和辩解；（六）鉴定意见；（七）勘验、检查、辨认、侦查实验等笔录；（八）视听资料、电子数据。"

③ 参见张保生主编《证据法学》（第二版），中国政法大学出版社 2014 年版，第 212 页。

④ 参见何家弘、刘品新《证据法学》（第五版），法律出版社 2013 年版，第 178 页。

⑤ 参见张建伟《证据法要义》（第二版），北京大学出版社 2014 年版，第 271 页。

外,也就是说鉴定意见可以作为证据被法庭采纳"①。那鉴定书和检验报告哪个属于证据,哪个又不属于证据呢?经过上述分析,答案其实已经很明显了,单从专家证人发表意见的角度来看,检验报告不能算作证据,严格意义上不能作为证据被法庭所采纳。

正所谓有原则就有例外,恰如英美法系意见排除规则有例外一样,我国的司法解释就对检验报告作为定罪量刑的依据做出了规定。② 该规定是针对司法实践中一些需要使用专门的业务技能或专业知识加以判断,但是现实中又没有符合法定要求的鉴定机构能够对其进行鉴定活动,在这种情况下司法解释所做出的对现有鉴定体制机制的补充性规定。该法条中并没有将专门性问题的鉴定成果称为鉴定意见,但从法律意义上讲起到的效果与鉴定意见无异,只是其法律效力较鉴定意见为略差些,因为法条规定检验报告只能作为定罪量刑的参考。从证据法的原理分析,能够到达定罪量刑阶段的材料已然是跨过了证据采纳的法庭门槛了,已经具备可采性了。至于司法解释法条所说的"参考"和《刑事诉讼法》所说的定案的"依据",至少在字面上只不过是依赖程度不同而已,两者之间到底有何实质性差别,很难说得清楚。因此,该司法解释条文实际上也赋予了检验报告在特定条件下的作为定案依据的可能性。③

再说回 DNA 数据库鉴定文书,前文笔者提到,目前国内公安机关采取的模式是现场物证检验后获得分型的当时就出具检验报告,同时将该现场物证的 DNA 分型录入 DNA 数据库中,待其在 DNA 数据库中获得比中结果,经过对比中人员样本复核后再出具与之前的检验报告相比对的鉴定书。这样同一个案件的卷宗档案中会有两份鉴定文书,一份现场物证的检验报告和一份比对人员样本和现场物证比对的鉴定书。这两份鉴定文书中,前一份检验报告并不属于最高人民法院司法解释所规定的特殊情况下出具的检验报告,因而其还是不具有成为证据的可能性,而后一份鉴定书确实属于真正的证据。但是,在司法实践中侦查阶段的侦查人员仍然将前

---

① 参见郭华《刑事诉讼专家辅助人出庭的观点争议及其解决思路》,《证据科学》2013年第4期,第435页。

② 《最高人民法院〈关于适用中华人民共和国刑事诉讼法〉的解释》第87条规定:"对案件中的专门性问题需要鉴定,但没有法定司法鉴定机构,或者法律、司法解释规定可以进行检验的,可以指派、聘请有专门知识的人进行检验,检验报告可以作为定罪量刑的参考。对检验报告的审查与认定,参照适用本节的有关规定。"

③ 易延友:《证据法学:原则 规则 案例》,法律出版社2017年版,第269页。

一份检验报告当作理所当然的证据使用,这种理解和做法是不妥的。

(二) 错误估计 DNA 数据库鉴定意见的证明力

鉴定意见尤其是 DNA 类鉴定从其应用到刑事诉讼活动中的那一天起,其在侦查阶段的使用就特别受到侦查人员的青睐。原因就是 DNA 类鉴定背后复杂高深的科学原理、富含科技含量的精密仪器给了侦查人员一种没来由的自信。再加上 DNA 鉴定具有其他种类鉴定无法比拟的同一认定的功能,使 DNA 鉴定意见被冠以"证据之王"的美称。[①] DNA 鉴定因其具有的科学性、客观性特点使其鉴定意见的准确性得以最大限度的保障,在侦查活动中发挥的作用越来越重要。但是事物总有两面性,在侦查人员对其依赖的同时却没有考虑到任何鉴定活动都是人操作的活动。有了人的因素介入后,包括操作失误、观念固化等因素的影响,使原本代表科学公正的 DNA 及 DNA 数据库技术在转化为成果,在侦查活动中应用时反倒成为形成错案的有力帮凶。DNA 鉴定意见的身份正在从"证据之王"向"是非之王"转变。[②]

1. 错误使用 DNA 数据库比中结果

毋庸置疑的是,DNA 数据库在现今刑事案件的侦查活动中发挥着越来越重要的作用。但是如何正确适度地使用 DNA 数据库比中结果及鉴定意见,需要充分考虑 DNA 数据库运行的各个环节,不能完全不假思索、不加辨别地完全相信,也不能完全对 DNA 数据库比中情况置之不理,不加考虑地完全忽略。

(1) 过分相信 DNA 数据库比中结果导致错案

案例五十四:云南卢荣新错案

2012 年 9 月 10 日下午,云南省西双版纳傣族自治州勐腊县瑶区乡沙仁村发生一起强奸杀人案。[③] 该村补角寨的妇女邓某某去自家地里劳作,到了晚上 7 点家人发现她被杀害,尸体被埋在地里。案件发生后,民警立即对现场进行勘验,并对现场及被害人相关生物检材进

[①] 宋方明:《"证据之王"DNA 的正确应用》,《中国检察官》2011 年第 7 期,第 14 页。

[②] 柴会群:《司法鉴定:从"证据之王"到"是非之王"》,《政府法制》2010 年第 3 期,第 19 页。

[③] 《云南卢荣新涉嫌故意杀人、强奸一案二审宣告无罪》,载新浪网,http://news.sina.com.cn/c/2017-01-07/doc-ifxzkssy1122880.shtml,2017 年 1 月 7 日。

行提取，特别重要的是勘验人员在被害人被掩埋的地点附近的小河内找到一把锄头，后经被害人家人辨认该锄头就是当天其所使用的锄头。9月12日早上，卢荣新在本村村民家中聊天之时被警方带走了解情况。数日后，卢荣新在自己家中被逮捕。2014年6月至次年12月，卢荣新经历了一审、发回重审、再次审判后仍然被判决为死刑缓期执行。卢荣新再次提出上诉，这次案件卷宗来到云南省高级人民法院刑一庭法官手中。很快这起看似证据确凿的案件被省高院的法官看出了端倪，经过详细审查证据卷宗，焦点集中在从河水中提取的锄头上。省高院的法官认为泡在水中的锄头锄柄上检出 DNA 的可能性很小，但此案中不仅检出而且与卢荣新的 DNA 分型比中，很是蹊跷。

2016年6月，相关部门申请云南省公安厅和公安部物证鉴定中心对案发现场物证进行了重新鉴定。在死者身上检出了一名男性个体 DNA，该 DNA 分型既不是死者丈夫的，也不是卢荣新的 DNA 分型。同年7月，专案组利用该男性 DNA 分型锁定犯罪嫌疑人洪树华。

至此，真凶显现，卢荣新的冤情得以洗刷！

分析上述过程并结合公安机关内部通报的情况，[①] 我们可以看到导致公安机关在案发后数日内即将卢荣新锁定为犯罪嫌疑人的罪魁祸首就是从现场小河内提取的锄头锄柄上提取的擦拭物的鉴定意见，就是这份鉴定意见将公安机关认定的凶器"锄头"与卢荣新关联到一起。正是由于侦查人员对于鉴定意见的深信不疑，在卢荣新多次对其罪行不承认的前提下仍然认定其为该案的案犯，这导致到审判阶段整个刑事诉讼过程一错再错，最终酿成错案。

（2）完全忽视 DNA 数据库比中结果导致错案

案例五十五：浙江张辉、张高平叔侄冤案

2003年5月19日，杭州市西湖区某居民在散步时发现附近水沟里有一具女尸，遂立即向杭州市公安局西湖区分局报案。公安机关接

[①] 云南卢荣新错案发生后，全国公安机关在内部对此案进行了通报。通报内容中涉及 DNA 实验室检验人员在提取现场提取的锄头时，与 DNA 数据库建库人员的血样发生交叉污染，导致在锄柄擦拭物中检出卢荣新的 DNA 分型。

到报案后立即展开侦查,迅速查明该女性被害人为王某,时年17岁。该女性被害人在遇害的前一日搭乘张氏叔侄两人驾驶的去上海的货车,途经杭州下车。公安机关在掌握此情况后,于数日后将张辉、张高平二人抓获。经过长时间审讯后,张氏叔侄被迫对其犯罪行为全盘交代。"从2004年4月起的半年内,张氏叔侄历经中院和省高院的两审终审,分别被判处死刑缓期执行和15年有期徒刑。后经张高平本人及家属的申诉,2013年3月法院最终认定张氏叔侄二人无罪。"[①]

浙江叔侄冤案与云南卢荣新错案的区别在于,在前案中浙江杭州警方的DNA实验室的检验人员曾经在女性被害人的指甲内附着物中检出过张氏叔侄以外的另一男性的DNA分型,但是杭州警方的侦查人员并未对此鉴定意见引起重视,而是继续利用特殊的审讯方式将张氏叔侄二人定为本案的罪犯。事实上,杭州警方的DNA实验室检验人员将女性被害人指甲附着物的DNA分型录入DNA数据库中,检索比中犯罪嫌疑人勾海峰。而该犯勾海峰已经于2005年因另一起强奸杀人案被执行死刑。

2. 过分依赖鉴定意见,而忽视与其他证据的对应与印证

其实鉴定意见只不过是证据的一种,而且是属于间接证据的种类。但就是其本身所具有的客观性和科学性才使侦查人员对其盲目依赖,大多数侦查人员忽略了鉴定意见结果的公正性是有前提和基础的,而且鉴定意见不能仅靠自己就包打天下,需要和其他证据相互印证、相互对应来体现其证明力。而其相互印证和对应性又分为内部印证和外部印证。

(1) 鉴定意见的内部印证:与检验对象的同一性

《最高人民法院关于适用〈中华人民共和国刑事诉讼法〉的解释》第84条规定:"对鉴定意见应当着重审查以下内容:……(三)检材的来源、取得、保管、送检是否符合法律、有关规定,与相关提取笔录、扣押物品清单等记载的内容是否相符,检材是否充足、可靠。"[②] 该法条对鉴定意见的内部印证性进行了规定。所谓鉴定意见的内部印证指的就是"鉴定所需的检验对象的来源如相关提取笔录、扣押物品清单的记录与鉴

[①] 参见《2013年中国十大影响性诉讼》,《法制资讯》2014年第1期,第53页。

[②] 参见《最高人民法院关于适用〈中华人民共和国刑事诉讼法〉的解释》第84条之相关规定。

定意见的记录是否相符"[①]。鉴定意见与检验对象的符合性其实是鉴定意见准确性的基础，如果提供检验对象的来源出了问题，鉴定活动无论如何遵照程序，结果都不会正确。

（2）鉴定意见的外部印证：与案件其他证据的对应性

《最高人民法院关于适用〈中华人民共和国刑事诉讼法〉的解释》第84条规定："对鉴定意见应当着重审查以下内容：……（九）鉴定意见与勘验、检查笔录及相关照片等其他证据是否矛盾。"[②] 该法条规定了鉴定意见的外部印证性。勘验、检查笔录及物证照片和鉴定意见一样同样都是法定证据类型，只不过与内部印证性不同的是鉴定意见的产生并不一定直接来源于这些证据，但是这些证据可以通过其他方式对鉴定意见的合理性起到印证作用。如果鉴定意见与勘验、检查笔录及物证照片相矛盾，可能是鉴定意见有问题，也有可能是其他证据出了问题。[③] 但是内部印证性不同，如果鉴定对象的来源出了问题，鉴定意见就一定不正确。

3. 过分依赖 DNA 数据库，忽视其他侦查手段

在侦查阶段刑侦民警还容易形成这种思维定式，那就是 DNA 数据库可以作为一种有力的侦查手段，从而忽视其他侦查手段。这大概是 DNA 数据库近年来迅猛发展，在一个又一个大案要案中发挥了重要作用所致。但 DNA 数据库并不是万能的，尤其在很多情况下，DNA 数据库发挥作用的间隔时间很长。对于刑事侦查工作来讲，破案需要具有时效性。笔者在第三章论述 Y-STR 排查成本较高的部分曾经举过一起笔者亲身经历的持枪抢劫金店的案件。该案件在案发后，现场勘验人员将现场物证送检至 DNA 实验室后，经过 DNA 检验人员的检验得到一个男性犯罪嫌疑人的 DNA 分型。将该分型录入 DNA 数据库中，直至 3 年半之后，邻省又发生了一起持枪抢劫金店的案件。经过对犯罪嫌疑人遗留的手套、军大衣等物证的检验后，得到两个男性犯罪嫌疑人的 DNA 分型。将这两个 DNA 分型录入 DNA 数据库后，与作者所在的公安机关的案件物证串并。但是邻省

[①] 参见曹坚《发挥后道环节优势开展刑事二审检察建议工作》，《广州市公安管理干部学院学报》2014 年第 1 期，第 47 页。

[②] 参见《最高人民法院关于适用〈中华人民共和国刑事诉讼法〉的解释》第 84 条之相关规定。

[③] 参见马秀娟《刑事错案中鉴定意见应用的问题及对策》，《中国司法鉴定》2014 年第 3 期，第 98 页。

警方采用视频技术和设卡堵截的方式将犯罪嫌疑人抓获,而更加值得一提的是,邻省的案件中犯罪分子并未在金店现场遗留任何有价值的生物物证。如果不是设卡及时,一旦让犯罪分子逃出包围圈,那案件的侦破就难上加难了。可见,DNA 数据库虽然能够发挥破案的作用,但是如果在侦查阶段过分倚重 DNA 数据库而忽视其他侦查手段,有时效果并不一定好。

(三) 侦查人员对于数据库的误解

对于侦查人员来说,DNA 数据库鉴定意见需要在此多费些笔墨是很有必要的。因为如果将 DNA 数据库鉴定意见作为证据来评价,侦查人员很可能会对 DNA 数据库产生某些误解,所以更应注意以下几点。[①]

(1) 位于 DNA 数据库的比中通报中一端的违法犯罪嫌疑人并不一定就是该案件的犯罪分子。侦查人员应该考虑到如下情况:第一,在考虑统计学概率和潜在的犯罪嫌疑人群体包含案件罪犯的前提下,比中犯罪嫌疑人的数量应该等于犯罪嫌疑人群体的人口总数乘以该基因型组合在该人群中出现的频率。第二,数据库中可能并未包含真正的案件罪犯,此时 DNA 数据库中显示的比中通报可能是由于某种原因而导致的"假阳性"比中通报,侦查人员不能轻信该条比中通报,必须结合其他证据来进行必要的验证工作。

(2) 如果 DNA 数据库中显示有一条比中通报,这并不意味着侦查人员对该条基因型数据的检索比对工作就此结束了,相反他们的工作才刚刚开始。因为这一条证据需要侦查人员逐项核实,如 DNA 基因分型是否正确,该条基因分型所对应的人员的信息是否准确,是否遗漏可能的重要信息,如果信息有所遗漏能否通过信息溯源的方式找回,进一步开展侦查工作,指导抓获犯罪嫌疑人。

(3) DNA 数据库的比中通报虽然是作为 DNA 数据库证据来运用,但应当清醒地认识到其证明力的大小还是受到各种因素的限制。不能单单依据孤立的一条比中通报就"理直气壮"地认定犯罪嫌疑人为案件的罪犯。但是如果同样的 DNA 分型又在异地出现一条比中通报或者在本地相隔数月之后出现一条或多条比中通报,这种情况下这些比中通报综合在一起的证明力就要有所增强。

[①] 参见 [美] 伯纳德·罗伯逊、G. A. 维尼奥《证据解释——庭审过程中科学证据的评价》,王元凤译,中国政法大学出版社 2015 年版。

（4）DNA 数据库检索比对功能的最大程度发挥形态就是那些全民建库的国家级 DNA 数据库。在这种情况下，侦查人员会简单地认为现场物证与数据库中的人员比中就应当破案了，如果未比中的话就应该不是本国的人员作案。但要注意得出这种结论的前提是全民 DNA 数据库建设的全面性与准确性要匹配国家侦查手段的必要性。

（5）侦查部门的负责人应当也有必要正确理解 DNA 数据库检索比中结果的意义，这个比中结果在某种程度上有助于其对警力进行安排，重新调整侦查方向。但是这里有个问题需要指出，由于法官与侦查人员所处的位置不同，他们手中掌握着许多与该案件相关联的证据，所以他们两者对于 DNA 数据库证据的证明力有着不同的理解。

上述讨论的问题是侦查人员在进行数据库检索比对或者进行大规模排查时需要重点关注的。如果侦查人员没有找到其他证据可以锁定犯罪嫌疑人，相对于随机个体而言，在数据库中出现比中往往导致支持某人犯罪的证据的似然率要更高。在这个时候更不能盲目高兴，一定要谨记那些在数据库以外的人群中可能存在类似于该犯罪嫌疑人的情况。在其他条件同等的情况下，数据库内外分型组合匹配者都应该得到侦查人员同样的重视程度。有些时候侦查人员会犯下这样的错误，即认为某一基因型组合相同的似然率代表着支持该犯罪嫌疑人有罪的概率，并进而寻找支持这一有罪假设的证据，这必然导致陷入先入为主的有罪推定观念之中。

二 检察官/辩方律师对鉴定意见的使用

（一）转换条件错误

当现场提取的犯罪分子遗留的生物物证与犯罪嫌疑人血样的 DNA 分型相同时，可根据该 DNA 分型组合在群体中的基因型频率计算出的概率来表明证据的证明力大小，这是司法实践中的通常做法。关于该证据一种常见的表述是："如果从现场提取的该生物物证是犯罪嫌疑人之外的其他人留下的，则获得这种基因型的概率是 1%。"该表述经常被错误地理解为："从现场提取的该生物物证来自其他人的机率是 1%。"其实这句话还可能有很多其他表达方式，但关键在于所有的检察官都应清醒地意识到，前一句话并不能推导出后一句的表述，可以借用上文提到的 Bayes 理论的相关公式对上述两种表达用符号来表示，有助于我们弄清楚这两者之间的差异。

第一种表述可以用符号表示为：Pr（G_c | H_d, I）= 1%；

第二种表述可以用符号表示为：Pr（H_d | G_c, I）= 1%。

在上述公式中，Pr 表示概率，G_c 表示从现场提取的该生物物证的分型，H_d 表示非犯罪嫌疑人的其他人，I 表示除 DNA 证据以外的包括案件情况在内的其他因素。这样一来区别就很明显了，前一种表述强调的是获得现场物证分型的概率，而后一种表述强调的是非犯罪嫌疑人的其他人的概率。

根据后一种表述可进一步阐述为："从现场提取的该生物物证来自犯罪嫌疑人的概率是 99%。"[①] 这种解释对于被告人极为不利，这就是转换条件错误。事实上，鉴定人去讨论现场物证有多大可能性来自犯罪嫌疑人并不恰当，这类事项应该由法庭来解决。根据贝叶斯公式，不仅要考虑 DNA 证据，还要考虑包含案情在内的其他证据。

（二）控方忽略专家辅助人的使用

专家辅助人在某种意义上相当于英美法系所称的专家证人，其职能是对庭审中某些涉及专门性问题进行解释或者保证能够对鉴定意见中争议问题进行充分质证。[②] 一般情况下，专家辅助人是由辩方申请而为了质疑控方的鉴定意见的。在这样的程序设计之下，法庭审理中可以形成控方鉴定人和辩方专家辅助人就鉴定意见做出所依据的原理、方法、步骤和结果分析充分对抗，以达到法庭对该鉴定意见充分理解的目的。[③] 这样检控方就形成了一种思维定式，认为专家辅助人是辩方向法庭申请用来质疑控方证据的。但其实这种惯常思维是对专家辅助人制度理解的偏差。就拿我国的法律规定来说，《刑事诉讼法》第 192 条第 2 款规定："公诉人、当事人和辩护人、诉讼代理人可以申请法庭通知有专门知识的人出庭，就鉴定人作出的鉴定意见提出意见。"[④] 从这条法律条文的内容来看，专家辅助人

---

① 参见蒋鹏飞《高科技侦查之利弊权衡及其规制》，《法治研究》2012 年第 8 期，第 88 页。

② 参见杜春鹏、李尧《英国专家证人制度对完善我国司法鉴定人制度之借鉴》，《证据科学》2012 年第 6 期，第 720 页。

③ 参见刘广三、汪枫《论我国刑事诉讼专家辅助人制度的完善》，《中国司法鉴定》2013 年 2 期，第 1 页。

④ 参见《中华人民共和国刑事诉讼法》第 192 条第 2 款之规定。

的申请主体不只是辩护人和诉讼代理人，公诉人和当事人均可申请。[①] 就刑事诉讼的控方来说，受害人及其法定代理人的控诉职能绝大部分由公诉方代替，也就是说其实法律规定公诉方也能申请专家辅助人。通过控方专家辅助人的出庭提高本方所提鉴定意见证据的证明力，恰恰是控方在庭审程序中忽略的。在专家证人制度应用纯熟的英美法系国家，在遇到对鉴定意见等科学证据的质证过程中，控辩双方都会提出自己的专家证人以求在最大程度上支持本方的主张。下面发生在美国的代顿案中，控方就是利用专家证人成功证明了 DNA 数据库的有效性。

案例五十六：DNA 数据库的有效性——代顿案[②]

被告代顿因非法侵入被害人住宅并将被害人强奸，被指控为一级性侵和一级入室盗窃。在第一次法庭审判中，陪审团未能做出裁决，在重审中被判有罪。

阿拉斯加州犯罪侦查实验室对在侦查中从现场提取的生物物证进行了 DNA 检验分析，检验结果显示在检出的 6 个基因座上被告代顿的 DNA 分型与被害人阴道内提取精液的 DNA 分型一致。这就意味着被告可能是被害人阴道内提取精液的潜在来源。犯罪侦查实验室的一名专家利用州政府的 DNA 数据库中的数据，计算出该 DNA 基因分型在数据库中不同种群中出现的频率。但是专家却不能够计算出该 DNA 基因分型在阿萨巴斯卡印第安人群体中出现的基因频率，因为州政府 DNA 数据库中没有阿萨巴斯卡人群的群体数据。而不幸的是，被告恰好是一名阿萨巴斯卡印第安人。

在第一次审判中，被告辩称在没有阿萨巴斯卡群体数据的情况下，经该 DNA 数据库计算得出的基因频率不能被法庭使用。在此情况下，被告当庭否认了自己入室强奸的事实。第一次审判陪审团未能做出裁决。

在第一次审判后，犯罪侦查实验室短串联重复序列（STR）分析技术对现场物证和被告的样本再次进行检验，得到 13 个基因座的

[①] 参见尹丽华《刑事诉讼专家辅助人制度的解读与完善》，《中国司法鉴定》2013 年第 3 期，第 4 页。

[②] 参见易延友《证据法学：原则 规则 案例》，法律出版社 2017 年版，第 307—309 页。

DNA分型结果。同时实验室还在DNA数据库中建立了阿萨巴斯卡印第安人的基因样本数据。

在高等法院的重新审判中控方再次提出证据证明，被告代顿的DNA基因分型与从被害人处提取的精液的DNA基因分型一致，不能排除该精液是被告来源的可能性。此外，控方还提供了被告的DNA基因分型在阿萨巴斯卡印第安人中出现的频率，该频率计算结果是基于DNA数据库中阿萨巴斯卡人群群体数据得出，被告人对此表示反对。他认为，在运用这个数据库得出科学证据前必须先要在陪审团不在场的情况下，依据多伯特规则对阿萨巴斯卡数据库的可靠性进行审查。由于被告代顿是阿萨巴斯卡印第安人，在该数据库下，该DNA基因分型随机重复的概率是250万分之一，该频率具有极高的证明力。

这样阿萨巴斯卡数据库的可靠性和有效性就成为案件中该基因分型频率证明力的关键所在。在重审中州政府申请了布鲁斯·布德沃博士（联邦调查局资深法庭科学家）作为建立DNA数据库的专家证人出庭。法官认为该专家证人适格，被告也未提出反对意见。布德沃博士作证称：阿萨巴斯卡数据库在科学上是有效的，它包含了专家分析和运用DNA数据库需要依赖的数据。该数据库中检验的13个STR基因座为国家DNA数据库的一部分，是被全国和国际普遍接受的。他还提到他本人是一篇关于阿萨巴斯卡数据库相关论文的合作作者，这篇论文在被告重审后发表在《国际法医学杂志》上，而代顿未申请使用专家证人。

最终法官确定了该数据库的可靠性，因此该基因频率证据得以被采用。

(三) 辩方律师的误解

1. 通过转换证据确定犯罪的前概率

辩方律师更容易犯的错误是通过转换证据确定犯罪的前概率。例如，现场生物物证的DNA基因型在人群中出现的可能频率是10万分之一。那么在一个人口总量为100万的城市中就可能有10个具有此DNA基因型的个体。辩方律师的错误在于认为这10个人是犯罪嫌疑人的概率是一样的，这个推论又是十分荒谬的。因为在一个特定案件中，特点现场生物检材的

DNA 基因型与前概率无关，前概率仅与调查案情有关。

2. 对期望值的误解

如果某一 DNA 分型在群体中的可能出现频率是一百万分之一，那么预计在一个 100 万人口数量的群体中会有 1 名个体拥有此种 DNA 分型。如果在该数量群体中真发现了具有该 DNA 分型的个体，就直接认定该个体是罪犯，这个结论也是十分荒谬的。在实际情况中，具有这种 DNA 分型个体的数量可能没有，也可能会比 1 个更多。因为每一个 DNA 分型都有自己特定的在某一群体中可能出现的概率，而期望值是由每一种分型按其自身概率计算得出的一项统计学数值，其结果可能与实际数值相差很远，也有可能不是唯一的数值。例如，某省高校理科学生男女比例为5：1。但这并不意味着，所有高校所有理科院系的男女生比例都是这个数字，有的院系要比这个数值高，有的要比这个数值低。

3. 对群体数据认识的误区

具有特定 DNA 分型的个体在某一人群中获得出现的概率值，是基于对这一人群中一定数量的样本的 DNA 分型资料调查、检验和计算得出的，也就是说在这一人群中并不是所有的个体均在检验后获得分型。最理想的设想是，所调查的群体正好就是可能提供现场生物物证的人群。群体范围应根据假设条件和案情，如现场情况、证人证言等来确定。在实际的频率计算中，并不是每发生一起案件都要重新针对该群体进行调查取样。

但这里需要指出的是，在否定某犯罪嫌疑人是该案件罪犯的假设条件下，该犯罪嫌疑人的种族和民族背景已经没有什么意义了。比如某犯罪嫌疑人具有维吾尔族血统，辩方律师称现场生物物证不是该嫌疑人所留，并以此提出该犯罪嫌疑人的 DNA 分型概率计算应当基于同样是维吾尔族的群体遗传背景的样本资料上。其实辩方律师的逻辑是错误的，既然辩方律师假设现场生物物证不是该嫌疑人留下的，那么他的种族背景就不用考虑了。因为此时辩方律师的辩护意见应该是：在现场物证不是嫌疑人留下的假设前提下，现场物证 DNA 图谱的概率是指除嫌疑人外的其他人留下现场物证的概率。

（四）辩方律师对专家辅助人使用的关注点

在传统的检验鉴定模式下，部分鉴定意见有利于检控方，而部分鉴定意见有利于辩护方。尤其在刑事公诉案件中，辩护方常常会质疑隶属于公安机关的鉴定人所提供的鉴定意见是否能够不具有偏向性，这时辩护方总是习惯于向法庭申请专家辅助人的帮助。

虽然专家辅助人的使用通常在一些有影响的大案中见到，但随着司法体制改革的不断深入，公民法制意识的不断加强，公安机关的鉴定人可能会在任何一起案件的出庭过程中遭遇专家辅助人的质疑。但是在司法实践中，辩方律师在对辩方专家辅助人的使用上很难起到有效的作用。其关键点在于，辩方律师通常倾向于使得专家辅助人得出有利于本方的鉴定意见，或者得出不同于公诉方鉴定人的鉴定意见以达到削弱公诉方鉴定意见的证明力，甚至最终使得法庭排除控方鉴定意见。如果只是简单地找控方鉴定的漏洞，好像觉得专家辅助人就没有干什么实质性的工作一样，这种理解实际上是一种误解。在我国福建的念斌案中，辩方申请的香港政府化验所的专家辅助人正是发现控方提供的现场物证的毒物检验结果图谱居然与阳性对照的图谱一样，导致法庭对该鉴定意见排除。

一位曾经服务于英国内政部的法庭科学专家，目前为辩方律师提供专家服务。他曾经这样写道："辩方律师提出的问题并非围绕在'由我单方提供的分析结果与由控诉方专家证人提供的分析结果是否一致'上面，而应关注控诉方专家在报告中的论述的观点的显著性如何。错过了这一点，辩方律师便错过了其主要职能的绝大部分。"[①]

（五）同一认定与亲缘认定模式对身源认定的证明力不同

2010年5月，在监狱服刑多年的河南商丘村民赵作海得知，法院审判认定他所杀害的同村村民赵振响回来了。赵作海案中由于未对被害人的尸源进行正确的认定，导致出现"亡者归来"的闹剧。最高人民法院于2013年10月9日出台《关于建立健全防范刑事冤假错案工作机制的意见》，其中第9条第2款对刑事案件命案中被害人身份的确定方式做出了规定，其中就包含有DNA鉴定等方式。[②] 为了防止冤错刑事案件的发生，各级公安机关在涉及人员死亡的刑事案件中必须对死亡的当事人进行尸源认定。在上述法条中所提供的各种确定尸源的手段中，DNA鉴定方式无疑是公安机关的首选。而通过DNA数据库认定尸源的案件中至少包括以

---

① ［美］伯纳德·罗伯逊、G. A. 维尼奥：《证据解释——庭审过程中科学证据的评价》，王元凤译，中国政法大学出版社2015年版，第131页。

② 最高人民法院《关于建立健全防范刑事冤假错案工作机制的意见》第9条第2款规定："对于命案，应当审查是否通过被害人近亲属辨认、指纹鉴定、DNA鉴定等方式确定被害人身份。"

下两种类型。

1. 同一认定模式

同一认定比对模式主要出现在全国公安机关 DNA 数据库中,以各类人员与未知名尸体比中为多见。其中各类人员可能包括违法犯罪人员、失踪人员亲属、案件中录入的受害人以及基础库中的人员。同一认定比对模式是指在比中通报的两端两类人员的 DNA 基因型完全一致,属于一对一的比对模式。举例说明,某一未知名尸体和某一违法犯罪人员比中,两者的 DNA 分型的某两个基因座的分型分别是 16 和 12/14。在这种模式下,要认定该未知名尸体就是这名违法犯罪人员的可能性大小需要通过计算似然比率来评价。而似然比率是匹配概率的倒数,匹配概率的计算要用到统计学中的乘法原则来合并多个基因座的表型频率。在这个例子中两个基因座的复合匹配概率就等于 $p_{16} \times p_{16} \times 2 \times p_{12} \times p_{14}$,其中 p_{16} 指的是该基因座上分型为 16 的等位基因频率,似然比率就是这个乘积的倒数。

2. 亲缘认定模式

亲缘认定比对模式在数据库中的应用主要体现在两个方面:第一,全国公安机关 DNA 数据库中的未知名尸体身份通过亲缘比对模式认定,这种情况又可分为父母—子女比中模式和配偶子女—另一配偶比中模式;第二,"打拐库"被拐儿童身份通过与父母亲缘比对模式确定。此处仅讨论标准三联体的情况,其认定原理与同一认定完全不同。

亲缘认定的原理是基于孟德尔遗传定律中的分离率和自由组合律来判断父—母—子标准三联体是否符合遗传关系,在此基础上计算假设父的父权指数来评价证据价值的高低。举例说明,未知名尸体是一中年男子,DNA 数据库中有一对配偶—子女的 DNA 分型数据与之符合三联体遗传关系。该未知名尸体的其中一个基因座分型为 11/12,配偶的分型为 13/14,子女的分型为 11/13。根据孟德尔遗传定律,子女分型中的每一个等位基因均能在该未知名尸体和配偶的分型中找到,即子女分型中的 11 可能来自该未知名尸体,而 13 来自配偶。其计算父权指数的公式也因三联体各方分型组合的不同而各异,具体情况如表 4-2 所示。

表4-2　　　　　三联体各种基因型组合父权指数计算公式①

疑父分型	母亲分型	孩子分型	PI
P	PQ	P	$1/p$
P	Q 或 QR	PQ	$1/p$
P	P	P	$1/p$
PR（或 PQ）	Q 或 QR 或 QS	PQ	$1/2p$
PR（或 PQ）	PQ	P	$1/2p$
PR	P	P	$1/2p$
PQ	PQ	PQ	$1/(p+q)$
P	PQ	PQ	$1/(p+q)$
PR	PQ	PQ	$1/(2p+2q)$

注：p、q 分别为等位基因 P、Q 的频率。

3. 关于同一认定与亲缘认定模式对身源认定的证明力相同的误解

一直以来，检察官和辩方律师并没有对上述两种尸源认定的方式进行区分。这两种尸源认定的方式无论从技术原理、计算方法，还是数据库的比对方式和认定要求上都不一样。比如，同一认定要求似然比率达到百亿以上的数值越高越好，而亲缘认定的累积父权指数要求至少达到 10^4 以上。另外，就拿上文举的例子来说，未知名尸体的其中一个基因座分型为 11/12，配偶的分型为 13/14，子女的分型为 11/13。那如果另一个未知名尸体的分型是 11、11/13、11/14 是不是都可以呢？换句话说，父母通过亲缘关系认定子女，大儿子符合，小儿子也符合，到底是大儿子还是小儿子呢？而同一认定模式的——一对应方式更为直观，是与否一目了然，其证据的证明力要高于亲缘认定模式。

三　法官对鉴定意见的使用

（一）我国对鉴定意见审查评断的法律规定

2010 年发布的《关于办理死刑案件审查判断证据若干问题的规定》

---

① 参见《法庭科学 DNA 亲子鉴定规范》（GA/T 965—2011）。

（下文称五机关规定），① 其中第 23 条对鉴定意见的审查内容做了详细规定，主要涉及以下几个方面：鉴定人回避的情形，鉴定机构和鉴定人资质，鉴定程序合法性问题，证据链条合法性、完整性和印证性问题，鉴定的程序、方法、分析过程合规性问题，鉴定意见所必须具备的形式要件，必须有明确的鉴定意见，鉴定意见的关联性和对鉴定意见的异议问题。

2010 年最高人民检察院印发两份司法解释，其中第 19 条对鉴定意见的审查内容做出了规定。② 该两份司法解释在前述五机关规定的基础上，对鉴定意见相关问题又进行了更为详细的规定。2011 年 3 月 3 日，最高人民法院办公厅在全国法院系统转发了该司法解释。

最高人民法院于 2012 年 12 月 20 日颁布相关司法解释，其第 84 条再一次对鉴定意见的审查进行了规定。③ 仔细将该司法解释与 2010 年五机

---

① 最高人民法院、最高人民检察院、公安部、国家安全部、司法部颁布《关于办理死刑案件审查判断证据若干问题的规定》第 23 条规定："对鉴定意见应当着重审查以下内容：（一）鉴定人是否存在应当回避而未回避的情形。（二）鉴定机构和鉴定人是否具有合法的资质。（三）鉴定程序是否符合法律及有关规定。（四）检材的来源、取得、保管、送检是否符合法律及有关规定，与相关提取笔录、扣押物品清单等记载的内容是否相符，检材是否充足、可靠。（五）鉴定的程序、方法、分析过程是否符合本专业的检验鉴定规程和技术方法要求。（六）鉴定意见的形式要件是否完备，是否注明提起鉴定的事由、鉴定委托人、鉴定机构、鉴定要求、鉴定过程、检验方法、鉴定文书的日期等相关内容，是否由鉴定机构加盖鉴定专用章并由鉴定人签名盖章。（七）鉴定意见是否明确。（八）鉴定意见与案件待证事实有无关联。（九）鉴定意见与其他证据之间是否有矛盾，鉴定意见与检验笔录及相关照片是否有矛盾。（十）鉴定意见是否依法及时告知相关人员，当事人对鉴定意见是否有异议。"

② 最高人民检察院《关于适用〈关于办理死刑案件审查判断证据若干问题的规定〉和〈关于办理刑事案件排除非法证据若干问题的规定〉的指导意见》第 19 条规定："审查鉴定意见，要着重审查检材的来源、提取、保管、送检是否符合法律及有关规定，鉴定机构或者鉴定人员是否具备法定资格和鉴定条件，鉴定意见的形式要件是否完备，鉴定程序是否合法，鉴定结论是否科学合理。检材来源不明或者可能被污染导致鉴定意见存疑的，应当要求侦查机关（部门）进行重新鉴定或者补充鉴定，必要时检察机关可以另行委托进行重新鉴定或者补充鉴定；鉴定机构或者鉴定人员不具备法定资格和鉴定条件，或者鉴定事项超出其鉴定范围以及违反回避规定的，应当要求侦查机关（部门）另行委托重新鉴定，必要时检察机关可以另行委托进行重新鉴定；鉴定意见形式要件不完备的，应当通过侦查机关（部门）要求鉴定机构补正；对鉴定程序、方法、结论等涉及专门技术问题的，必要时听取检察技术部门或者其他具有专门知识的人员的意见。"

③ 最高人民法院《关于适用〈中华人民共和国刑事诉讼法〉的解释》第 84 条规定："对鉴定意见应当着重审查以下内容：（一）鉴定机构和鉴定人是否具有法定资质；（二）鉴定人是否存在应当回避的情形；（三）检材的来源、取得、保管、送检是否符合法律、有关规定，与相关提取笔录、扣押物品清单等记载的内容是否相符，检材是否充足、可靠；（四）鉴定意见的形式要件是否完备，是否注明提起鉴定的事由、鉴定委托人、鉴定机构、鉴定要求、鉴定过程、鉴定方法、鉴定日期等相关内容，是否由鉴定机构加盖司法鉴定专用章并由鉴定人签名、盖章；（五）鉴定程序是否符合法律、有关规定；（六）鉴定的过程和方法是否符合相关专业的规范要求；（七）鉴定意见是否明确；（八）鉴定意见与案件待证事实有无关联；（九）鉴定意见与勘验、检查笔录及相关照片等其他证据是否矛盾；（十）鉴定意见是否依法及时告知相关人员，当事人对鉴定意见有无异议。"

关规定第 23 条进行对比，发现两法条一脉相承，内容几乎一致，只是将法条的顺序进行了调整。

综上所述，我国法律对庭审中鉴定意见的审查主要体现在鉴定机构、鉴定人、鉴定对象及鉴定程序等几个方面。①

(二) 英美国家对鉴定意见的接受过程

英美法系国家对于鉴定意见的接受是伴随着其审判制度、专家证人从知情证人中分离及专家证言可采性规则的发展而不断演变的。② 由于英美法系国家很少有鉴定意见的说法，鉴定意见是作为意见证据排除的例外而出现在法庭上的。由于英美法系的专家证人制度比较具有代表性，此处仅就英美国家对专家证言可采性规则有重要意义的判例进行梳理，以期对我国法庭鉴定意见审查有所借鉴。

1. 英国专家证言的可采性规则判例③

英国是英美法系的发端，其对专家证言可采性最早的记录是在 1554 年英国波克力诉莱斯·陶玛斯（Buckley v. Rice Thomas）一案中。在该案中主审法官桑德斯对法学以外的其他门类的科学持一种积极的接受态度，他在该案中指出："假若在法官审理的法律事务中出现了其他科学领域的知识，我们法官通常会需要这些相关科学知识的支持，这是一件让人称赞和颂扬的事情。因为这样做会使得法庭对法律以外的其他科学技术更具有接纳性，这不仅没有贬低法律，反而更值得推崇。"④

1782 年的弗科思诉察德（Folkes v. Chadd）一案中的主审法官采纳了一名工程师的专家证言，该工程师认为防洪设施的某些设计可以导致港口的淤塞。⑤ 这个案件中对工程师证言的采纳标志着英国专家证言可采性

---

① 我国法律对庭审中鉴定意见的审查主要体现在如下几个方面：(1) 鉴定机构和鉴定人的合法性；(2) 鉴定人的回避情形；(3) 鉴定对象保管链条的完整性、相符性和可靠性；(4) 鉴定意见形式要件的完备性；(5) 鉴定程序的合法性；(6) 鉴定过程和方法的合规性；(7) 鉴定意见的明确性；(8) 鉴定意见与案件待证事实的关联性；(9) 鉴定意见与其他证据是否矛盾；(10) 鉴定意见的及时告知与异议问题。

② 李小恺、李涛:《美国科学证据可采性规则的分析与借鉴》，《长安大学学报》（社会科学版）2012 年第 2 期，第 97 页。

③ 季美君:《英国专家证据可采性问题研究》，《法律科学》2007 年第 6 期，第 105—108 页。

④ Buckley v. Rice Thomas (1554) l Polwd. 118, 124.

⑤ [英] 杰佛瑞·威尔逊:《英国刑事司法程序》，刘丽霞等译，法律出版社 2003 年版，第 232 页。

规则的建立。

1894 年的银锁（R v. Silverlock）一案中，法官认为证人虽然不具有任何笔迹鉴定方面的资质证书和官方培训的经历，但是证人自己在平时对笔迹的兴趣爱好和业余训练足以使其具有在笔迹方面的专家证人的资格。[1] 该案的主审法官认为：对于案件中涉及的特定领域的专家证人，其资格的认定关键是看其是否具有该领域的专业能力和知识，而不会因为过去缺乏经验基础而将其专家证言排除。[2] 该判例事实上确立了英国法庭对专家证人资格适度宽松的规则，在实际庭审中，专家是否适格是由法官自由裁量的范围。

1975 年的特纳（R v. Turner）一案中，案件的主审法官认为："该案被告向法庭所提供的证明其杀害女友时属于激情杀人的精神疾患的医学证明不能被认定为专家证言。原因是该证据不属于只有精神科专家才能做出的判断，作为非专家的普通人根据其普通常识也能给出这样的意见。"[3] 该判例确立了英国专家证言采纳的普通知识规则。[4] 这一规则的内容要求假如案件的争点属于普通知识范围，即使专家提供的证据对案件的审理有帮助依然不能采纳。

1991 年的罗伯（R v. Robb）一案中，案件的证人鲍德温博士提供证言称其在接到被告罗伯的敲诈电话后，通过电话另一端被告的声音认定罗伯的身份。主审法官采纳了鲍德温博士的证人证言。在罗伯的上诉中称鲍德温的证言违反了类似于意见证据规则的要求，不能为法庭采纳。而主审法官则称，法庭采纳该证人证言是充分考虑到鲍德温博士的从事语言学和语音学研究的从业背景和业务技能之后，将该证言采纳为专家证言，而不是简单的知情证人证言。该判例事实上确认了英国专家证言采纳的专业领域规则。[5]

2. 影响美国专家证言可采性规则的判例及法规

美国的专家证言可采性规则虽然源自英国，但显然在发展进程中规则

---

[1] R v. Silverlock (1894), QB 766, CCR.
[2] 郭金霞：《鉴定人资格认证制度研究》，《中国人民公安大学学报》2004 年第 2 期，第 127 页。
[3] R v. Turner (1975), QB 834, 841 – 2, CA.
[4] 季美君：《英国专家证据可采性问题研究》，《法律科学》2007 年第 6 期，第 105—108 页。
[5] R v. Robb (1991), 93, Crapp R 161, 165.

的建立要比英国更加清晰、更加具有指导性，法庭对科学证据鉴定的接纳标准也因为一个又一个著名的案件不断地改进。其中具有标志性意义的案例和规则按照时间顺序依次有 1923 年弗赖伊诉合众国案①、1975 年版《联邦证据规则》、1993 年多伯特诉梅里·道医药公司案②、1999 年库霍姆轮胎案③及 2000 年版《联邦证据规则》。

  1923 年，哥伦比亚特区上诉法庭在弗赖伊诉合众国案中采纳了测谎仪得出的证据结论。这一具有里程碑意义的决定树立了在庭审前关于科学证据的采纳规则，现在被称为"弗赖伊标准"。弗赖伊标准规定："法庭可以采纳的专家证言应当是被充分认知并且被同行所认可的普适的科学规律及发现。"④ 这一规定使经过了彻底讨论并获得科学界同行认可的新的检测方法准许适用。面对该规则法庭事实上需要做两件事：第一，将提交的专家证言在科学领域内归类；第二，判断该专家证言在该科学领域内是否被普遍接受。由于弗赖伊规则第一次将科学证据清晰地划出了判断标准，改变了以往的法官判断的无序状态，所以该规则一度成为证据采纳的标准规则。有资料显示，直到 2011 年仍有包括哥伦比亚特区和 14 个州依据该规则采纳专家证据。

  1975 年，美国国会颁布了《联邦证据规则》，该规则第 702 条是关于专家证言可采性的规定，其具体内容为："如果科学、技术或者其他专门知识将帮助事实审判者理解证据或者确定争议事实，因知识、技能、经验、训练或者教育而有专家资格的证人，可以以意见或者其他形式作证。"⑤ 根据该条文的规定，要想使在法庭上发表专家证言具有可采性，必须满足以下三个要求："一是专家证言必须基于科学、技术或其他特定知识；二是该专家证言必须对事实裁判者理解证据或判断争议事实有所帮助；三是专家必须适格。"⑥ 该条文关于专家证言可采性的规定似乎与弗赖伊规则的规定不太一致，因为整个条文都没有提到行业普遍接受的问

---

① Frye v. United States, 293 F. 1013, 1014 (D. C. Cir. 1923).
② Daubert v. Merrell Dow Pharmaceuticals, 509 U. S. 579, 580 (1993).
③ Kumho Tire Co. v. Carmichael, 119 S. Ct. 1167, 1175 (1999).
④ 参见王进喜《美国〈联邦证据规则〉(2011 年重塑版) 条解》，中国法制出版社 2012 年版，第 214 页。
⑤ 同上书，第 221 页。
⑥ 参见樊崇义、吴光升《鉴定意见的审查与运用规则》，《中国刑事法杂志》2013 年第 5 期，第 5 页。

题，而在除去科学性的因素外，仅仅强调了与案件事实的相关性问题。

1993年，联邦最高法院在审理多伯特诉梅里·道医药公司案时宣称在弗赖伊案中确立的证据采纳规则条款并不绝对，① 同时授予了法官以更宽泛的自由裁量权，应当允许法官自己根据专家证言的理解形成自由心证，在案件中自主采纳。这就是著名的"多伯特规则"。为了使法官在这方面做得更好，法院提出了以下指导方针："第一，检验所依据的科学理论和技术方法必须能够得到验证并经过同行评审；第二，该项科学理论和技术方法必须经公开发表；第三，有已知的并且可以接受的错误率；第四，在相关科学领域内被广泛地认可接受。这基本就意味着相关的技术以及理论必须经过公布、测试、评审和接受等阶段，并且持续受到监督以保证其准确性。"②

1999年，联邦最高法院通过库霍姆轮胎案将"多伯特规则"中字面含义中的"科学"和"技术"领域，进一步拓宽至《联邦证据规则》第702条所涵盖的"其他特定专业知识"，从而使诸如工程专家等专家证言具有了可采性。

2000年，美国国会基于对多伯特案件、库霍姆案件的考虑后对《联邦证据规则》第702条进行了修订。③ 修订后的第702条对专家证言的采纳提出了更为严格的要求："一是专家证言必须基于充足的事实或数据；二是该专家证言必须基于可靠的原理和方法；三是专家必须将该原理和方法合理地运用于该案件事实中。"④

（三）对DNA数据库鉴定书审查时容易出现的问题

1. 没有意识到鉴定意见中现场物证并未经过复核检验

这个问题在第三章现场物证比中后无法进行复核一节中已经提到，在此笔者将从法官的角度再次进行分析讨论。上文已经将我国法官对鉴定意见进行审查时的注意事项列明，鉴定程序合法性和鉴定过程的合规性问题

---

① 参见徐静村、颜飞《通过程序弥合知识的鸿沟——论科学证据对刑事审判的挑战及应对》，《中国司法鉴定》2009年第2期，第3页。
② 参见王进喜《美国〈联邦证据规则〉（2011年重塑版）条解》，中国法制出版社2012年版，第215页。
③ 参见胡铭《专家辅助人：模糊身份与短缺证据——以新〈刑事诉讼法〉司法解释为中心》，《法学论坛》2014年第1期，第50页。
④ 参见王进喜《美国〈联邦证据规则〉（2011年重塑版）条解》，中国法制出版社2012年版，第216页。

也位列其中。但是具体到 DNA 数据库鉴定意见需要合什么样的法，又要遵什么样的规，这让法官判断起来比较困难。尤其是 DNA 数据库鉴定书有着其他种类鉴定书不一样的特点，这就使得法官对这类鉴定意见判断起来更加有种顾此失彼的感觉。[①] 此时法官使用的最好的办法就是"坐山观虎斗"，通俗地讲，就是利用专家辅助人与鉴定人的对抗逐步将鉴定意见的争点一一剖析，直到形成自己的心证为止。

要想"观虎"观得好，观出门道，那就必须对 DNA 数据库的运行特点和程序有个基本的了解。在每次 DNA 数据库鉴定意见出具之前，一定是有数据库比中通报，尤其是在现场物证—违法犯罪人员比中的模式中，必须要经历样本复核的流程，这就是要遵守的规范。法官在审查鉴定意见时就要重点审查 DNA 检验人员对样本的复核情况。复核的目的是什么呢？鉴定意见作为科学证据的代表，其本质属性必然是科学性，而科学性的核心是可重复性即结果可复现性。所以复核的目的就是要达到结果复现的效果，来证实鉴定意见的科学性。

在现场物证—违法犯罪人员比中的模式中，比中通报的两端都需要复核，这个问题已经讨论过了。人员血卡可以再次复核，甚至可以再次采集，那现场物证呢？如何复核现场物证？事实上问题并没有这么简单，这得分情况讨论。第一种情况，如果载体上的生物信息足够多，可以供检验人员进行重复性检验。比如烟蒂这类现场物证，第一次检验时检验人员可以剪取半圈过滤嘴纸片，复核检验时还可以剪取剩下的半圈。第二种情况，类似于现场物证"窗户边缘上的半枚残缺指纹"。这类现场物证的特点是生物性检材的载体"窗户边缘"已经不可能作为重复性检验的对象了，因为它们作为载体所承载的生物性检材已经一次性转移到湿干两份棉签上了。由于接触类 DNA 量通常都比较少，在提取环节为了得到完整的 DNA 分型会把棉签整个剪取以保证结果的获得。也就是说，转移后的棉签也不具备进行重复性检验的条件了。唯一可能留存的是 30—50 微升的提取后模板液体，重复性检验只能拿这极微量的模板液体作为检验对象。而在实际检案中，这可怜的几十微升的液体根本就扛不住检验人员为保证出结果而反复扩增反复检测。即使真的留下了，DNA 实验室也保存不了

[①] 参见杨建国《论科学证据可靠性的审查认定——基于判决书中鉴定结论审查认定的实证研究与似真推理分析》，《中国刑事法杂志》2012 年第 1 期，第 104 页。

多久。一方面模板液体一定时间保存后而不具备检测的条件，另一方面案件检材日积月累前几年的模板液体会因为无处存放而被丢弃。这样一来，DNA 数据库中比中的现场物证就无法进行复核。在这种情况下，现场物证及后续转化而来的鉴定意见的证明力就大打折扣了。

再拿上文提到的云南卢荣新案件举例。错案发生后，云南省公安厅和西双版纳州公安局对该案件的 DNA 检验过程进行了总结，发现是在对关键物证——现场提取的锄头锄柄部进行擦拭时发生了交叉污染，对该擦拭物检验后检出 DNA 分型入库后比中卢荣新的 DNA 分型。这个时候，西双版纳州公安局 DNA 实验室不可谓不认真，他们再次采集卢荣新的血样进行了复核。在复核后确认 DNA 分型无误的前提下，出具了鉴定意见。按理说西双版纳州公安局 DNA 实验室严格按照数据库比中后操作规程进行检验，但致命的是没有对现场物证锄头柄擦拭物进行复核。而锄头柄擦拭物就类似于上述"窗户边缘上的半枚残缺指纹"，都属于接触性微量 DNA 检材，都属于仅供一次性检验的现场物证。如果 DNA 实验室的人员对锄柄再次检验还能检验出卢荣新的 DNA 分型，那实验室人员就要警醒了，会不会是污染了。而云南高院的法官观察到泡在水里的锄柄擦拭物得到 DNA 分型的可能性不大，但是该案的关键法官们却并未注意到，那就是大多数 DNA 实验室并不会对 DNA 数据库比中的现场物证进行复核，这才是问题的关键。

2. 没有注意到 DNA 数据库鉴定书与普通 DNA 鉴定书的区别

DNA 数据库鉴定书由于 DNA 数据库种类不同而导致鉴定书类型不同，如全国公安机关 DNA 数据库中人员—现场物证比中模式出具的鉴定书是同一认定型鉴定书，失踪人员亲属—未知名尸体比中模式出具的鉴定书是亲缘关系类鉴定书；如"打拐数据库"中被拐儿童—被拐儿童父母比中模式出具的鉴定书是亲缘关系类鉴定书；Y-STR DNA 数据库中 Y-STR DNA 分型比中模式则较为特殊，由于 Y-STR 特殊的遗传特点（父系遗传，同一父系个体在排除突变的前提下 Y-STR 分型相同），其鉴定书兼具同一认定型和亲缘关系类鉴定书的特点。说其具有同一认定型特点是因为同一父系个体的 Y-STR 分型相同，说其具有亲缘关系的特点是因为 Y-STR 分型相同也不能认定个体。

相比之下，普通 DNA 鉴定书的产生过程并不经过 DNA 数据库这个环节。鉴定书中的检验对象通常都是当时送检、当时检验，并且有明确的比对对象。不存在像 DNA 数据库建库样本那样大量采集样本而出现张冠李戴式的错误。只需要在本次检验鉴定的过程中严格按照标准方法和流程进行鉴定活动后出具鉴定书即可。

鉴于全国公安机关 DNA 数据库鉴定文书类型的复杂性，此处仅拿其中人员—现场物证比中模式下出具的鉴定书为例，分析其与普通 DNA 鉴定书的区别。

（1）是否需要复核人员和现场物证不同

人员—现场物证比中模式下出具的 DNA 数据库鉴定书在出具之前需要对比中的人员血样进行复核，这一点在之前的论述中已经述及。考虑的因素除了实验结果的可复现性以外，还要克服进入实验室之前可能出现的采集错误的可能性。在司法实践中，比中人员的样本复核已经成为常态，并且常态做法是要求将比中犯罪嫌疑人抓获后现场采集，采集后进行复核。但是对于现场物证的复核由于种种原因，要么是提取后模板 DNA 已经用完，要么是根本就没有复核的意识而导致现场物证没有进行复核。但是至少在有些实验室已经认识到应该对比中的现场物证进行复核。而对于普通 DNA 鉴定书来说，现场物证和比对嫌疑对象的血样经常是同时送检，当时检验，检验完毕后就马上出具鉴定书。这个过程中不会涉及对人员和现场物证的复核检验问题。

（2）是否需要描述数据库比对过程不同

人员—现场物证比中模式下出具的 DNA 数据库鉴定书一般包括两种模式：第一种，首先需要以比中报告单或者数据库比中截图的形式对数据库比中的过程进行描述，然后再将人员样本复核检验情况写入出具的鉴定书中。第二种，直接将该现场物证在数据库中比中过程、人员样本复核情况在鉴定书中进行描述，以整体鉴定书的形式出具。而普通 DNA 鉴定书由于不存在数据库比对的过程，无论是鉴定书书写之前还是之时都不需要对数据库的比对过程进行描述。

（3）鉴定过程的构成内容不同

人员—现场物证比中模式下出具的 DNA 数据库鉴定书的过程其实是与另一份检验报告比对的过程。DNA 数据库比中具有时间上的远隔效应，当一个案件的现场物证经过 DNA 检验获得其 DNA 分型后，没有现行的犯罪嫌疑人可以作为即时的比对对象。DNA 检验人员需要做的就是将该现场物证的 DNA 分型录入 DNA 数据库以待后续的比对结果。那么那份检验获得 DNA 分型的现场物证呢？难道就放在那里，一直等到数据库中出现比中结果后再书写鉴定书？事实上，在司法实践中这一做法屡受辩方律师的诟病。所以现在的做法就是，在获得 DNA 分型后及时出具该现场物证的检验报告，以待后续数据库的比对结果。一旦有朝一日数据库中有比中结果，经过比中人员样本复核后，再出具与该检验报告比中的鉴定书。所以，检验报告和鉴定书共同构成了人员—现场物证比中模式下出具的 DNA 数据库鉴定过程。但是对于普通 DNA 鉴定书来说，远远没有这么复杂。

综上所述，如果法官没有注意到 DNA 数据库鉴定文书类型的复杂性和与普通 DNA 鉴定书的不同，仍然将审查的重点仅仅集中在鉴定机构、鉴定人的合法性、鉴定方法程序的合规性等表面性要素，[①] 很难对检控方提交的 DNA 数据库鉴定意见证明力进行衡量。

四 鉴定意见解读错误之原因分析

此处笔者试着从偏见和唯科学主义的角度对侦查人员、检察官、律师及法官对鉴定意见解读错误之原因进行浅显的分析。

（一）关于偏见及唯科学主义

1. 偏见是一个社会心理学，或者更加准确地说是认知心理学的概念

指的是社会中某一群体或个人对其他群体或个人及其做出或即将做出的行为的态度。这种态度通常都带有预先性及不公正性的判断。[②] 通俗地讲，"先入为主"也是偏见的一种表现。[③] 偏见主要有社会、特定群体及个人和认知三个来源，[④] 其主要有如下几种表现：第一，对人群的分类归属偏见，通常所说的刻板印象就属于这种情况。[⑤] 在对社会知识的认知过程中，人们不自觉地会得出一些貌似正确的看法，如我国北方人身材高大

---

① 参见袁丽《论 DNA 鉴定结论的证据效力研究》，《中国司法鉴定》2008 年第 3 期，第 82 页。

② 参见邵道生《当代社会的病态心理分析与对策》，社会科学文献出版社 1990 年版，第 32 页。

③ 参见［美］布恩·埃克斯特兰德《心理学原理和应用》，韩进之、吴福元、张湛等译，知识出版社 1985 年版，第 41 页。

④ 参见钟毅平《偏见及其认知来源》，《山东师大学报》（社会科学版）1999 年第 2 期，第 55—56 页。

⑤ 参见吕勇《社会刻板印象与图示》，《社会心理研究》1992 年第 4 期，第 34—39 页。

的较多而南方人矮小的较多。这就是利用某种参数将人群进行分类,当遇到一个身材矮小的个体就会将南方人的特征提取出来,认为该个体十有八九是南方人。第二,对种族和性别偏见。主要表现在对某一特征过分关注导致原本不相关的两个参数错误相关,典型的例子如女司机。当在马路上行驶的轿车有车速过慢、红灯变绿灯起步就熄火、两车交会时自己轿车不动让对方先过现象时,通常大家都会认为这必然是女司机。这种偏见通常与做出判断者的情感和情绪紧密联系,又称为情感、情绪偏见。第三,对群体偏见。这种偏见常见的表现形式为不同群体内外或同一群体内亚群体之间的认知偏差。[1] 例如某一群体对本群体内成员的行为就较为理解和认同,同样或类似的行为如果出自其他群体,理解和认同的程度则大为不同。

2. 唯科学主义

即过分强调自然科学在文化价值体系中的作用,认为科学技术万能的观点。[2] 这种观点过分夸大了科学技术尤其是自然科学的作用,而忽视了人文科学和社会科学的作用。[3] 其危害性在于认为任何社会认知活动均可以用自然科学技术来解决,而对人生观、价值判断等人文社科领域的判断亦简单地妄图通过几个公式、算式来评判。

(二) 鉴定意见误用的原因分析

上文中笔者将刑事诉讼中不同的角色进行区分,列举不同的诉讼角色对 DNA 数据库鉴定意见使用中可能出现的错误,此处试着从偏见及唯科学主义的角度对其误用的原因进行深层次分析。

1. 侦查人员

侦查人员将检验报告当作鉴定意见,过分相信 DNA 数据库比中结果可以用群体服务偏见和唯科学主义来解释。首先,侦查人员视做出检验报告的刑事技术人员为同一群体内的个体,他们做出的检验报告是什么性质不是侦查人员关注的对象,是否是本群体内的个体做出的报告才是侦查人员关注的焦点。其次,盲目地将科学技术奉为神明的思想即唯科学主义也

---

[1] 参见张中学、宋娟《偏见研究的进展》,《心理与行为研究》2007 年第 2 期,第 151 页。
[2] 参见范岱年《唯科学主义在中国:历史的回顾与批判》,《科学文化评论》2005 年第 6 期,第 27 页。
[3] 参见黄念然《形式主义文论中的唯科学主义批判》,《中国人民大学学报》2016 年第 4 期,第 140 页。

是导致这种误用的原因。

侦查人员完全忽略 DNA 数据库比中结果可以用群体服务偏见来解释。在群体偏见里有一种亚群体偏见,虽然刑事技术人员与侦查人员同属于公安机关这样一个大群体中,但是在有些地方依然存在对刑事技术亚群体的偏见,这是导致出现这种误用的主要原因。

2. 检察官及辩护律师

条件转换错误,对专家辅助人的不当使用可以用群体服务偏见解释。由于检察官和律师总是站在本方的角度去思考问题,所以面对刑事技术人员出具的客观中立的表述意见,总是习惯性地从有利于本方的方向进行解释,所以出现条件转换错误在所难免。对专家辅助人的不当使用也是这样,检察官和辩护律师先入为主地将专家辅助人的诉讼地位进行了定性,这也是一种典型的群体偏见。

对期望值的误解,对群体数据认识的误区可以用情感情绪偏见解释。这两类误解和误区分别涉及类似于性别和种族的偏见问题,由于检察官或律师在遇到类似于性别和种族的问题时习惯于将两者与本方的诉讼主张挂钩,这其实就是情感情绪偏见最为常见的例证。

认为同一认定与亲缘鉴定证明力相同可以用唯科学主义观点解释。与前述的检验报告有异曲同工之妙,检察官过多关注出具鉴定意见的外在形式及其科学技术的外衣,过分夸大科学证据的证明作用,唯科学主义观点其实已经在不经意之间体现得淋漓尽致。

3. 法官

未意识到现场检材未经复核以及两种鉴定书的区别表面上看是由于法官对 DNA 数据库运行的过程不熟悉导致,但是究其根本可以用唯科学主义观点解释。法官在遇到类似 DNA 这种披着高科技外衣的科学证据之时,"守门人"的底气显得尤为不足,甚至会退居二线,让检控方鉴定人和辩方专家辅助人相互你来我往、唇枪舌剑。法官只是对鉴定意见的形式要件严加把关,而把鉴定意见等科学证据的关键内核交给法庭科学家来评判,这从根本上也是唯科学主义观点的体现。

第五章

法庭科学 DNA 数据库的规制

第一节 法庭科学 DNA 数据库的技术规制

2005年2月28日审议通过，2005年10月1日起正式实施的《全国人民代表大会常务委员会关于司法鉴定管理的决定》（下文简称2.28《决定》）第5条明确规定了"从事司法鉴定或法庭科学领域活动的机构应当为在业务范围内进行司法鉴定所必需的依法通过计量认证或者实验室认可的检测实验室"[1]，该法条不仅为司法鉴定/法庭科学机构从事相关司法鉴定活动设定了准入门槛，而且为司法鉴定/法庭科学机构管理中引入认可或资质认定手段。

2.28《决定》颁布后的同一年，国家相关部门相继出台了关于本行业鉴定机构的管理办法。[2] 次年底，最高人民检察院也出台了规范人民检察系统鉴定机构的管理办法。[3] 2008年中央政法委员会出台关于司法鉴定管理的文件，并联合公安、国安、检察、法院、司法五部委遴选出10家国家级司法鉴定机构，其中将鉴定机构通过实验室认可或资质认定作为入选的硬性标准。[4]

---

[1] 参见《全国人民代表大会常务委员会关于司法鉴定管理问题的决定》之规定。该法律已于2015年4月24日第十二届全国人民代表大会常务委员会第十四次会议修正。
[2] 司法部于2005年9月29日颁布了95号部长令《司法鉴定机构管理办法》，公安部于2005年11月7日颁布了83号部长令《公安机关鉴定机构登记管理办法》。
[3] 最高人民检察院于2006年11月出台了《人民检察院鉴定机构登记管理办法》。
[4] 参见《最高人民法院、最高人民检察院、公安部、国家安全部、司法部关于国家级司法鉴定机构遴选结果的通知》（司发通〔2010〕179号）。

DNA 数据库作为 DNA 实验室所从事的鉴定活动的重要组成部分，作为质量管理活动中最具代表性的实验室认可与资质认定在 DNA 数据库的技术规制方面必然会起到重要的作用。

一　实验室认可与资质认定的联系与区别

（一）实验室认可与资质认定的概念

认可是指"正式表明合格评定机构具备实施特定合格评定工作能力的第三方证明，认可适用于合格评定机构"[①]。

资质认定是指"国家认证认可监督管理委员会和省级质量技术监督部门依据有关法律法规和标准、技术规范的规定，对检验检测机构的基本条件和技术能力是否符合法定要求实施的评价许可"[②]。

（二）实验室认可与资质认定的联系

1. 法律、法规和规章为两者共同的"上位法"

相关法律、法规和各类规章内容是实施实验室认可和资质认定活动的前提和根本遵从。本章开篇就提到的 2.28《决定》这部法律是所有在其规定范围内的司法鉴定机构必须遵守的根本性前提性要求。除此之外，其他部门同样对实验室认可和资质认定做出了规定。例如国家相关部门发布通知规定"三大类"司法鉴定应当申请通过实验室认可或资质认定。[③]

国家质量监督检验检疫总局 2015 年 4 月 9 日颁布，同年 8 月 1 日起实施的《实验室和检查机构资质认定管理办法》中对为司法机关、行政机关、仲裁机构等相关活动提供数据和结果的鉴定机构均要求取得资质认定的资格。[④]

[①] 认可的概念参见国家推荐标准《合格评定词汇和通用原则》（GB/T 27000—2006）。

[②] 资质认定的概念参见国家质量监督检验检疫总局 2015 年 8 月 1 日起施的《检验检测机构资质认定管理办法》第 2 条第 2 款之规定。

[③] 2008 年司法部和国家认证认可监督管理委员会颁布的《关于开展司法鉴定机构认证认可试点工作的通知》（司发通〔2008〕116 号）将北京、江苏、浙江、山东、四川、重庆 6 省市作为试点，期限为 2 年。

[④] 国家质量监督检验检疫总局 2015 年 8 月 1 日起施的《检验检测机构资质认定管理办法》第 3 条规定："检验检测机构从事下列活动，应当取得资质认定：（一）为司法机关作出的裁决出具具有证明作用的数据、结果的；（二）为行政机关作出的行政决定出具具有证明作用的数据、结果的；（三）为仲裁机构作出的仲裁决定出具具有证明作用的数据、结果的；（四）为社会经济、公益活动出具具有证明作用的数据、结果的；（五）其他法律法规规定应当取得资质认定的。"

2. 两者均能提升司法鉴定的质量

严格按照实验室认可和资质认定的规范要求开展鉴定活动，必然会从根本上改变之前随意鉴定、任意鉴定的状态。鉴定活动的全流程规范了，鉴定活动的结果就能从根本上得到保障，鉴定活动的质量也就得到了提升。

3. 两者均重视管理要素和技术要素

两者均通过对投诉、记录控制、管理评审等管理要素对鉴定活动所需的一切资源进行合理配置，从内部自发地形成一种良性的运行机制，促使鉴定机构的运转健康有序。通过技术要素，如人员、仪器设备、检材样本、方法流程和环境设施等对鉴定活动所需的技术环节进行规范，保证鉴定活动运行的技术方面精准有效。上述两者紧密结合、相互促进共同保证鉴定的质量。

4. 具有相同的有效期

最新的实验室认可评审和资质认定评审办法将原先的 3 年有效期均提升至 6 年，这种规定从一定程度上减少了频繁的现场评审、文件审查以及换证发证过程中资源的消耗，也是响应政府机构改革、提高政府办事效率的一种体现。

5. 前期准备工作相似

首先，建立质量体系。具体到 DNA 数据库所在的 DNA 实验室来说，编制质量体系文件的活动就是要结合实验室的实际情况，依据相关实验室认可和资质认定的相关规定和文件构建质量体系。[①]

其次，申请参加具有能力验证提供者资格的机构组织的"盲测"——能力验证。

能力验证活动的组织方要求参加方在提交试卷时必须隐去任何能够体现其身份的信息，只用特定代码代替，以消除参加方真实信息对能力验证组织方的干扰，所以又称这种考核方式为"盲测"。在实验室认可和资质认定中还有一个类似的概念叫实验室间比对，它与能力验证的区别主要体现

---

① DNA 实验室编制质量体系文件主要依据有：《司法鉴定/法庭科学机构能力认可准则 CNAS-CL08：2013》《司法鉴定/法庭科学机构能力认可准则在法医物证 DNA 鉴定领域的应用说明 CNAS-CL28：2014》《检验检测机构资质认定评审准则（2015 年版）》《检验检测机构资质认定刑事技术机构评审补充要求》和相关专业认可指南及法律法规。构建质量体系主要是编制实验室自己的《质量手册》《程序文件》《作业指导书》和相关质量记录和实验记录表格等。

在两方面：第一，能力验证和实验室间比对的组织方不同；① 第二，两者的范围不太一样，能力验证范围通常较大，参加者一般为某一行业的大多数鉴定机构；而实验室间比对的范围通常仅局限于少数几个实验室之间，如能力验证未获得满意结果的实验室可以申请与能力验证结果满意的实验室在某个项目上进行实验室间比对。从参加的范围角度上说，能力验证是较大规模的实验室间比对。

（三）实验室认可与资质认定的区别

1. 评审主体不同

实验室认可的评审主体与资质认定的评审主体有显著的差异。②

2. 评审依据不同

公安机关的 DNA 实验室认可活动的评审依据主要是《司法鉴定/法庭科学机构能力认可准则 CNAS-CL08：2013》《司法鉴定/法庭科学机构能力认可准则在法医物证 DNA 鉴定领域的应用说明 CNAS-CL28：2014》；资质认定活动评审的依据主要是《检验检测机构资质认定评审准则（2015 年版）》《检验检测机构资质认定刑事技术机构评审补充要求》。

3. 评审对象不同

DNA 实验室认可评审的对象是被评审的实验室及其 DNA 检验检测人员的管理能力和技术能力。

DNA 实验室资质认定评审的对象是被评审 DNA 实验室的管理体系、服务、产品及实验室不同岗位上的从事 DNA 检验鉴定的人员。

4. 评审频次不同

上文提到最新的实验室认可评审和资质认定评审办法将原先的 3 年有效期均提升至 6 年，但是现场评审的频次，实验室认可和资质认定还是不太相同。"实验室认可在一个 6 年的周期内，现场评审包括监督评审、复评审在内共实施 6 年 4 次的现场评审；而资质认定在一个 6 年的周期内，现场评审的次数依据被评审方的上一次现场评审的效果进行调整，会重点关注现场评审效果差的鉴定机构，对于这种鉴定机构可能会在 6 年的周期

---

① 能力验证的组织方必须为能力验证提供者，而实验室间比对的组织方只需要为通过实验室认可和资质认定的实验室即可。

② 实验室认可的评审主体是中国合格评定国家认可委员会（CNAS）。资质认定的评审主体是国家认证认可监督管理委员会和各省、自治区、直辖市人民政府质量技术监督部门。

内进行 1—2 次的不定时飞行检查式的现场评审。"① 而对于前次现场评审效果好的鉴定机构，可能 6 年内一次都不会进行现场评审，而是通过书面报告的形式进行文件审查。

5. 涵盖要素不同

实验室认可涵盖 24 个要素，其中包括"15 项管理要素和 9 项技术要素"②。

资质认定涵盖 19 个要素，其中包括"11 项管理要素和 8 项技术要素"③。

6. 具体流程不同

实验室认可活动的具体流程包括："第一步，建立体系。DNA 实验室需要建立管理体系，并有效运行。第二步，提交认可申请。按要求提交认可申请书及相关资料。第三步，受理决定。CNAS 秘书处审查申请资料，决定是否接受申请，在认为必要的情况下安排初访。第四步，对书面申请材料进行评审。第五步，对申请认可的 DNA 实验室实施现场评审。第六步，整改验收。需要时，不符合项的整改验收。第七步，批准发证。评定，批准，颁发认可证书。第八步，后续工作。获得认可证书后的监督评审、复评审、扩大认可范围和认可变更等活动。"④

资质认定的具体流程包括："第一步，申请。第二步，作出是否受理的决定。第三步，技术评审。质监部门组织相关领域的专家组成现场评审组，根据 DNA 实验室申报的领域和参数对其进行技术评审，并书面告知申请人。第四步，DNA 实验室准备迎接现场评审。第五步，纠正措施。

---

① 参见李得恩、李存香《青海省疾病预防控制中心实验室质量管理回顾和展望》，《中国卫生检验杂志》2015 年第 2 期，第 905 页。

② 参见 CNAS-CL01：2018《检测和校准实验室能力认可准则》之相关规定。实验室认可涵盖 24 个要素，其中管理方面包含组织；管理体系；文件控制；委托受理；分包；服务和供应品的采购；服务客户；投诉；不符合鉴定工作的控制；改进；纠正措施；预防措施；记录的控制；内部审核；管理评审 15 个要素。技术方面包含人员；设施和环境条件；鉴定方法及方法的确认；设备；测量溯源性；抽样/取样；检材/样本的处置；鉴定结果质量的保证；鉴定文书 9 个要素。

③ 参见 2016 年 8 月 1 日正式实施的《检验检测机构资质认定评审准则》之规定。资质认定涵盖 19 个要素，其中管理要求包括：组织；管理体系；文件控制；外部信息；服务和供应品的采购；鉴定委托和司法鉴定协议书评审；投诉；纠正措施、预防措施及改进；记录；内部审核；管理评审 11 个要素。技术要求包括：人员；设施和环境条件；鉴定方法；仪器设备和标准物质；量值溯源；鉴定材料处置；结果质量控制；鉴定文书 8 个要素。

④ 实验室认可活动的具体流程参见《实验室认可指南》CNAS-GL01：2014。

第六步，评审决定。根据现场评审及后续整改实施的情况决定是否授予 DNA 实验室资质认定证书。第七步，公布、发放资质认定证书。质监部门自现场评审完毕的法定期限内，根据现场评审结果做出是否批准的决定。如果同意批准，质监部门会向 DNA 实验室授予资质认定证书，并授予其资质认定标志的使用权；如若不同意批准，质监部门会以书面的方式通知申请的 DNA 实验室，并向其说明不予批准的理由。第八步，复查。"[1]

7. 活动性质不同

实验室认可活动原则上是自愿申请，可申请可不申请，强制程度较弱，结果不需要政府承认，而是在国际范围互认组织间认可。而资质认定活动从根本上讲是一项行政许可行为，该活动的程序和步骤完全符合行政许可活动的特征。从性质上讲有以下四个特点：强制性认证，依法申请，专家评审，政府承认。

8. 互认范围不同

实验室认可评定的结果以及在通过实验室认可评定的 DNA 实验室之间的检验结果均能实现互认。由于实验室认可互认体系已经超越国家的范畴，所以其活动及检验结果在国际上、区域与区域间及组织与组织间均能互认。

资质认定活动的"检测结果和出具的鉴定文书互认范围远远没有实验室认可的广泛，它仅仅在全国范围内通过资质认定的鉴定机构或实验室之间互认"[2]。

二　法庭科学 DNA 数据库的技术规制核心要素

通过对上述这些实验室认可和资质认定联系和区别的比较分析，可知两种合格评定方式对于司法鉴定活动的管理是相通的，对于 DNA 数据库的技术规制和质量保障可以归结为以下六项核心要素。[3]

---

[1] 资质认定活动的具体流程参见《检验检测机构资质认定管理办法》国家认监委第 163 号令。

[2] 参见祝卫国、王炳新《加强特种设备检验机构资质管理的建议》，《中国质量技术监督》2014 年第 6 期，第 58 页。

[3] 技术规则和质量保障中六大核心要素的部分内容参见牟峻、唐丹舟主编《司法鉴定/法庭科学机构认可不符合项案例分析》，中国质检出版社 2015 年版。

（一）"人"——DNA 数据库使用人员的管理

DNA 数据库使用人员主要是指利用 DNA 数据库进行日常检验和录入各类人员和现场物证的信息及 DNA 分型，进行检索比对、数据库硬件、软件和数据维护和处理以及出具 DNA 数据库鉴定文书的实验室人员和鉴定人员。

在鉴定机构管理体系中，影响其鉴定工作结果和质量的诸多因素中，人员是最重要的因素，也是鉴定机构运转必不可少的部分。[1] DNA 数据库使用人员的能力、各种人员之间的相互配合、检验技术、比对检索技术的提高和完善需要通过培训、考核、管理、监督的往复循环，保证这个人员体系的正常运作、人员体系作用发挥，并最终保障鉴定机构的不断发展壮大。对人员进行有效的监督，控制相关活动的工作质量和结果的准确性及有效性；建立和保存人员的管理记录，形成人员档案。

DNA 数据库使用人员管理的要点有如下几个方面。

1. 人员的能力确认和授权

鉴定机构应建立和保持人员管理程序，正确识别鉴定机构业务范围和活动领域对人员的能力需求，包括教育、培训、经验（经历）和技能的需求。

具体到 DNA 数据库使用人员的能力确认和授权就是首先要确定检验和录入各类人员及现场物证的信息和 DNA 分型人员、进行检索比对的人员、数据库硬件、软件和数据维护和处理人员以及出具 DNA 数据库鉴定文书的鉴定人员的岗位职责、任职条件和工作权限等。并且按照教育背景是否对应、专业技术职称高低、工作年限的长短及在不同岗位工作经验丰富与否等方面适当安排合适的人员担任合适的岗位，并且兼顾人员结构比例适当的原则。各类岗位人员经过专业培训及考核合格后，书面授权上岗。

2. 人员的培训和有效性评价

DNA 实验室应当根据 DNA 数据库运行的实际情况建立和保持相关人员的培训程序和机制，借助评价的手段从制度上保障人员培训的有效性。

针对 DNA 数据库不同类型的使用人员所从事的不同工作特点进行培

---

[1] 参见贾志慧、刘超、李越等《DNA 数据库质量控制有关问题探讨》，《广东公安科技》2005 年第 1 期，第 30 页。

训的差异化分类：检验和录入各类人员及现场物证的信息和 DNA 分型人员既要求具有对样本卡和现场物证的检验能力，[①] 又要熟练掌握信息录入和 DNA 分型录入的要求。数据库检索比对人员要具备各种数据库、不同类型数据的检索比对的能力。数据库硬件、软件和数据维护和处理人员要求具备一定的计算机硬件、软件维护和操作技巧，要求对数据库中各类通报及时处理上传下达和组织人员样本的及时复核、结果反馈。出具 DNA 数据库鉴定文书的实验室人员要求具备除常规法医物证 DNA 鉴定文书书写和表述的基本能力外，还要熟悉 DNA 数据库的比对模式。上述不同种类、不同岗位 DNA 数据库使用人员培训计划的制订、实施及效果评价除了要考虑人员的不同层次外，这些岗位的特点也是要重点考虑的内容。

3. 人员的监督

鉴定机构对人员的监督，应确保他们具有相应的能力和其工作符合管理体系的要求并满足当前和预期工作任务的要求。

监督的内容可包括：DNA 数据库使用人员的资格确认、血样或现场物证的标识和受理、检验方法的选择、血样或现场物证检验的实际操作、检验仪器设备的使用、DNA 数据库软件、硬件的操作维护、环境条件的监控、原始记录的管理、DNA 分型数据的判读、DNA 分型数据的录入及检索比对、鉴定文书的书写和出具、工作流程时限、检验的公正性和 DNA 数据库数据的保密性等。

4. 人员管理记录

鉴定机构应保留所有 DNA 数据库使用人员在各自岗位上的能力确认材料、职能授权材料及保持其能力水平的继续教育、培训等记录并定期维护有关内容消息，该记录一般以人员档案的形式保存，其内容可包括：个人简历；学历、学位、人员监督记录；人员健康记录；重大责任事故的记录等。

(二)"机"——DNA 数据库软硬件的更新维护

仪器设备是鉴定机构的重要鉴定资源之一，是 DNA 检验鉴定活动及 DNA 数据库运行的重要载体，是获取 DNA 检验结果和 DNA 数据库检索比对结果的重要工具。前期 DNA 检验鉴定的仪器设备的正常运行和使用

[①] 参见刘烁、花锋、唐丹舟等《法庭科学实验室质量控制研究综述》，《刑事技术》2013年第 2 期，第 5 页。

是后续 DNA 数据库分型数据的前提和来源，而 DNA 数据库自身的软件、硬件的更新和维护又对数据库自身功能的发挥至关重要。因此，DNA 实验室应建立和保持上述相关设备管理程序，其内容一般包括设备的配置、操作与使用、维护和保养、检定校准、期间核查和功能核查、维修和报废的管理。

由于涉及 DNA 数据库的仪器设备既包括前期各类人员血样和现场物证的检验、结果分析所使用的仪器设备和分析软件，也包括后期录入人员及现场物证信息和 DNA 分型的 DNA 数据库的软硬件。由于所涉及的仪器设备较多且内容较为复杂，考虑到本书论述的重点，此处仅对 DNA 数据库软件系统和硬件服务器等设备的控制的管理要求进行重点描述。

1. DNA 数据库软硬件的正确配置

鉴定机构可根据所开展的鉴定项目对照相应的鉴定方法标准，正确配备充足的满足鉴定工作需要的全部设备（包括抽样、物品制备、数据处理和分析所需的），其数量与工作量对应并满足《司法鉴定/法庭科学机构认可仪器配置要求》（CNAS-AL14）的要求。DNA 数据库的正确配置指 DNA 数据库软件系统和硬件服务器等设备的合理装配。包括需要提供足够数量的配置满足各类 DNA 数据库软件系统的电脑，如电脑的内存要求、硬盘容量和分区要求、操作系统要求、浏览器要求；需要提供足够数量的配置满足各类 DNA 数据库软件系统的服务器，如服务器的内存要求、硬盘容量和分区要求、操作系统要求、是否需要磁盘阵列等因素。

2. DNA 数据库软硬件的功能核查

仪器设备的功能核查主要内容包括两方面：一方面，设备准确度的识别和确定。DNA 实验室用于前期 DNA 检验鉴定的仪器设备和 DNA 数据库服务器硬件及其软件均应达到实现其功能所需的要求，并应当核查上述仪器设备的使用是否完全依照作业指导书的要求。仪器设备准确度的确定依据是所开展的鉴定方法的要求，同时兼顾实现的可能性和测量溯源性。另一方面，设备正常工作状态的识别和确定。DNA 实验室在正确配置仪器设备的基础上，在前期 DNA 检验环节应对诸如电子天平或恒温金属浴等仪器设备进行检定校准，对于扩增仪及基因分析仪进行功能核查，以保障所配置的设备时刻处于正常工作状态，并满足实验室规范和相关鉴定活动的标准要求。由于 DNA 数据库软件系统及操作电脑和硬件服务器并不涉及检定校准的问题，所以对其要重点进行功能核查，使上述软硬件时刻处于正常运行状态。目前这项工作在前期借鉴国外先进经验的基础上，大部分国内 DNA 实验室已经成为常态。[①]

3. DNA 数据库软硬件的使用

DNA 实验室针对数据库的软件和硬件的管理和维护应当实现制度化和程序化，以确保数据库的软件硬件均能正确使用和保持良好状态。其内容可包括：特殊类型仪器设备及软件如基因分析仪和 DNA 数据库管理系统的授权管理；操作使用管理；维护保养管理；记录管理；设备的配件管理（说明书、手册、备品、耗材、工具、软件）；环境设施管理；内务管理。DNA 数据库软件系统及操作电脑和硬件服务器的使用应该按照上述要求执行，授权专人操作使用，专人维护保养，专人对 DNA 数据库相关软硬件的记录、配件、环境设施和内务进行管理。

4. DNA 数据库的使用记录

DNA 实验室应根据仪器设备（包括软件）的用途、价值、功能及其管理需求等进行分类，结合具体的鉴定活动中对仪器设备（包括软件）溯源管理的情况，来确定保存具有重要溯源意义的设备及其软件的各种记录。鉴定机构通常应对规定的或重要的仪器设备（包括软件）建立其仪器设备档案及动态管理和保存其相应的各种记录。DNA 数据库软件系统及操作电脑和硬件服务器从用途和功能上讲不属于检测设备和环境设施设备，而属于检测数据存储、检索和比对的检测配套设备。从价值上讲，属于单台价值在十万元以上的大型仪器设备。在对 DNA 数据库软件系统及操作电脑和硬件服务器的分类厘清后，其操作使用记录、维护保养记录、环境监控记录、功能核查记录、维修/报废记录等才能更加准确详尽。

5. DNA 数据库软硬件的维护

DNA 实验室应建立对数据库软硬件的诸如版本更新、系统升级、病毒查杀、硬盘扩容等维护措施，以保障 DNA 数据库在进行检索比对、发送通报时不受软件和硬件的影响。其管理一般可包括：对仪器设备更新部件的一般性维护保养管理；依据仪器设备的使用年限、使用频次、故障率、运行状态和功能核查结果等方面的维护计划管理；依据维护保养计划，按照仪器设备维护保养规程的实施管理；对仪器设备维护实施的计

---

① 参见刘健、胡兰、姜成涛等《美国法庭科学 DNA 鉴定实验室质量控制标准》，《法医学杂志》1999 年第 4 期，第 250 页。

划、实施记录及技术资料的归档管理。

6. DNA 数据库软硬件的保护

DNA 实验室应建立对 DNA 检验鉴定和 DNA 数据库使用关于硬件与软件保护的控制管理规定,以保证 DNA 建库相关仪器设备(包括 DNA 检验设备、DNA 数据库服务器和数据库软件)始终处于功能正常状态,确保建库活动的正常进行。

(三)"料"——DNA 数据库证据的保管链条

对于司法鉴定/法庭科学机构而言,通常习惯于将鉴定的对象统称为检材/样本,不同鉴定领域其内容不同,对于 DNA 检验鉴定领域来说,鉴定的对象主要是各种来自人体的组织、斑迹等生物性检材样本。检材/样本不仅是实施鉴定活动的对象,其代表性、有效性和完整性会直接影响鉴定结果的准确性;同时,检材/样本也是客户的财产和个人隐私物品及信息,更是证明案(事)件事实的重要物证。因此,检材/样本的控制管理是鉴定机构鉴定活动全过程管理的重要组成部分,其管理覆盖了检材/样本自进入实验室和整个鉴定活动过程及活动结束后的全部过程。对于 DNA 数据库证据来说,其内容包括各种人员血样和各类现场物证的送检、受理、检验、血样和现场物证本身及中间产物的储存、鉴定机构内部及外部的流转、检材/样本信息及 DNA 分型的录入、信息数据的检索比对管理、比中后的复核、血样和现场物证本身及中间产物的保留或清理等管理环节。

对于常规 DNA 检材/样本来说,检验后得出其 DNA 分型,直至出具鉴定文书就完成了鉴定活动。但对于 DNA 数据库检材/样本来说,不仅要对检材/样本进行检验,而且最重要的是要把检材/样本的信息和 DNA 分型录入 DNA 数据库中,通过 DNA 数据库使得这些数据信息发挥比对检索、破获案件、串并案件的作用。所以 DNA 数据库检材/样本不仅包括实实在在的血样和现场物证,还包括检验过程的中间产物以及存储在 DNA 数据库中随时发挥比对检索作用的数据信息。DNA 数据库检材/样本的管理要求包括如下几个方面。

1. 管理程序要求

鉴定机构应建立并实施各种人员血样和各类现场物证的送检、受理、检验、血样和现场物证本身及中间产物的储存、鉴定机构内部及外部的流转、检材/样本信息及 DNA 分型的录入、信息数据的检索比对管理、比中后的复核、血样和现场物证本身及提取后 DNA 模板等中间产物的存储及处理的程序。DNA 数据库检材/样本是鉴定机构的"鉴定对象",同时也是鉴定机构的"客户的财产"和"案(事)件物证",保护其完整性不仅是鉴定活动的需要,也是司法鉴定物证管理、保护客户机密和所有权的需要以及鉴定机构证明其诚信服务的需要。

该程序应围绕着 DNA 数据库检材/样本处置的过程保护其完整性(过程完整性和实物完整性)所需要开展的活动的全部规定。同时,该程序应对 DNA 数据库检材/样本在 DNA 实验室所经历的过程的记录要求进行管理规定,该记录构成了 DNA 数据库检材/样本"保管链"的核心内容。鉴定机构应确保"保管链"记录的完整性和可溯源性。在司法鉴定/法庭科学领域,鉴定结果作为法庭审判的物证需要进行相关的法庭质证,"保管链"记录的完整性和可溯源性不仅仅是法庭质证的关键内容之一,更是相关物证能否被法庭采信的重要前提条件。

2. 检材/样本的标识

鉴定机构应根据其鉴定活动的特点和管理要求,建立便于使用的、可溯源的、具有唯一性的 DNA 数据库检材/样本的标识系统。该标识系统一般可包括:区分不同 DNA 数据库检材/样本的唯一性标识;同一 DNA 数据库检材/样本在不同流转阶段的状态标识;DNA 数据库检材/样本存放区域的空间标识;如果合适,还包含 DNA 数据库检材/样本群组的细分和其在实验室内部甚至外部传递的标识。

3. 检材/样本的接收和记录

鉴定机构在 DNA 数据库检材/样本接收时,应对其适用性和完整性进行检查并记录异常情况或偏离。检材/样本的接收控制一般包括由客户/委托方送检的检材/样本或提取转移的检材/样本的交接,也包括在鉴定机构各实验室内部流转过程的交接。鉴定机构可以针对不同类别的检材/样本和鉴定活动性质,规定不同的接收条件管理要求。DNA 数据库检材/样本接收的管理主要指适合性和完整性控制,其管理活动包括对检材/样本的清点、检查、核对、确认、记录等方面的内容。

其中适合性是指对所接收的检材/样本的数量、重量、状态、标识、特征、保存条件等是否适合鉴定目的和要求;完整性是指对所接收的检材/样本及其提供的资料信息是否完整和齐全,如数量、重量、包装、附件的相关记录和检材/样本相关的信息等。

4. 检材/样本的存储、处置和记录

对于 DNA 数据库检材/样本来说，尤其要强调在 DNA 数据库系统中各种人员血样和现场物证的信息和 DNA 分型的录入、检索、比对和复核以及一些特殊现场物证比如一次性提取的物证的中间产物的储存和复核问题。鉴定机构应当根据实际需要，重点针对上述情况编制作业指导书。此外，鉴定机构应有检材/样本接收、发放、传递的管理程序，防止检材/样本在实验室内外部转移过程中丢失、损坏或发生混淆。而对 DNA 数据库系统中各种人员血样和现场物证的信息和 DNA 分型的录入、检索、比对和复核以及一些特殊现场物证比如一次性提取的物证的中间产物的储存和复核的记录，是对 DNA 数据库检材/样本的存储、处置的最好反映。

（四）"法"——DNA 数据库建设的标准化

两个远隔千里的 DNA 实验室其 DNA 数据库中的基因分型能够比中，DNA 数据库建设活动的标准化绝对是必不可少的环节。那么什么是标准化呢？标准化是指"为了实现在特定领域内最优状态，体现互利共赢，应对当前存在的或可能发生的问题及隐患，制定、颁布和使用在同一领域内具有强制性或指导性的可以共同反复使用的文字性材料的活动"[1]。可见标准化是一个"不断重复的过程，该过程包括对标准化文件的制定、实施、修改、再实施的"[2]。而标准化文件就是标准化活动的产品，是各个行业实施标准化行为的依从。2017 年 11 月 4 日修订、2018 年 1 月 1 日施行的《中华人民共和国标准化法》对各类标准的制定、实施、监督管理和法律责任进行了规定。[3]

除了按照级别层次分类以外，标准化文件还可以按标准化文件的约束力进行分类：第一，强制性标准，是由法律规定必须遵照执行的标准。第二，推荐性标准，这种标准的约束力和标准的强制执行力较第一种弱，国家并不要求强制执行，企业、检测机构和实验室可以根据自身工作需要参

---

[1] 标准化的定义参见《标准化工作指南第 1 部分：标准化和相关活动的通用术语》（GB/T 20000.1—2014）。

[2] 参见刘耀《法庭科学标准化》，《内地与香港法证科学标准化、规范化研讨会论文集》，2002 年 2 月。

[3] 《中华人民共和国标准化法》于 1988 年 12 月 29 日第七届全国人民代表大会常务委员会第五次会议通过，2017 年 11 月 4 日第十二届全国人民代表大会常务委员会第三十次会议修订，该法自 2018 年 1 月 1 日起施行。该法律中将我国的标准分为国家标准、行业标准、地方标准、团体标准和企业标准。

照执行。第三，暂行标准，这种标准的约束力和强制执行力是三种标准中最弱的，其最大的特点是存在实效的暂时性。依据该类标准在本企业或行业的实施情况，依照法律规定的程序废止或者转化为推荐性标准或强制性标准。

对于 DNA 数据库领域来说，其活动的质量保证和标准化具有重要的意义。[①] DNA 数据库建设活动所涉及的公安机关警种多、步骤繁、流程杂，并且呈现一环套一环，顺序性强的特点。前期人员筛选、身份核查如果做得不细、做得不精、做得不准，前期家系调查做得不深入、家系图谱绘制不完整，前期被拐儿童基础信息采集不完全、身份生理特征登记不详细，被拐儿童父母联系方式记录不准确，后期血样采集、样本检验越是准确，后期在 DNA 数据库检索比对时出现错误的概率就越大。这种环环相扣的工作，任何环节都不能有任何纰漏。正所谓"基础不牢、地动山摇！"DNA 数据库发挥作用在检索比对环节，但是之前人员筛选、身份核查、样本采集、信息录入、样本保存送检、样本检验、分型录入、通报判定都是基础，只有这些基础做认真、做仔细、做牢固，后期 DNA 数据库发挥作用才更安全、更高效。而且结合我国公安机关的 DNA 数据库运行的特点，全国近 600 家实验室在进行 DNA 数据库建设活动，如果在国家层面没有形成一个规范各个环节的标准化体系，那必然会出现各自为战、自说自话的情况。众所周知，在刑事诉讼中 DNA 数据库发挥作用主要体现在检索比对环节，如果标准不统一，会在很大程度上影响比对效果，从而影响 DNA 数据库作用的发挥。

目前，法庭科学 DNA 数据库领域常用的标准化文件主要是《法庭科学 DNA 数据库建设规范》（GB/T 21679—2008）[②]。与法医物证 DNA 检验鉴定相关的公共安全行业标准有以《法庭科学 DNA 实验室检验规范》（GA/T 383—2014）为代表的 10 个标准化文件，技术规范有以《亲权鉴定技术规范》（SF/Z JD0105001—2010）为代表的 5 个标准化文件。现行有效如此多标准，关于在 DNA 数据库建设过程中应当优先使用哪个标准

[①] 参见胡兰、陈松、张国臣《国家法庭科学 DNA 数据库建设势在必行》，《刑事技术》2003 年第 6 期，第 5 页。

[②] 除《法庭科学 DNA 数据库建设规范》（GB/T 21679—2008）外，涉及 DNA 数据库建设的标准化文件还有《公安机关 DNA 数据库选用的基因座及其数据结构》（GA 469—2004）和《法庭科学 DNA 数据库现场生物样品和被采样人信息项及其数据结构》（GA 470—2004）。

呢？推荐性标准不是强制执行，那在实际应用中如何使用呢？这个问题中国政法大学的袁丽副教授给出了自己的观点："鉴定机构需按一定顺序遵守和采用技术标准和技术规范。如不执行推荐性标准，则必须明示自己鉴定机构执行的标准，这是对委托方和双方当事人的一种质量承诺，更是展示和提高自己鉴定质量信誉度的主要手段。"[①]这个观点笔者非常赞成。其实这个标准使用优先顺序在《司法鉴定程序通则》[②]和《司法鉴定/法庭科学鉴定过程的质量控制指南》[③]中已经有所规定，国家标准的适用总是排在优先的位置。

就拿DNA数据库建设领域的三个标准之一的《法庭科学DNA数据库建设规范》（GB/T 21679—2008）来说，该标准就是从事数据库建设活动的国家标准，虽然此标准为推荐性执行性质，其使用顺位应当仅次于法律法规，或者仅就标准化文件的范畴来说，这个国标应当排在首位，其次才是公共安全行业标准和指导性技术规范，但是对于这个国标来说有些方面需要在此重点讨论一下。由于该国标是2008年4月24日发布，同年8月1日实施的，到现在已经经历了大概10年的时间，更遑论另外两个行标时间更久。这十年的时间恰好是全国DNA数据库蓬勃发展的十年，国标中的许多规定在现在来讲有很多不太适应实际的地方亟须修改。例如"3.2 结构 法庭科学DNA数据库采用三级结构，分别为国家库、省级库、市级库"[④]。事实上截至2016年年底，全国公安机关已建成DNA实验室598个，其中部级2个、省级32个、地市级349个、区县级219个。也就是说DNA数据库已经形成四级结构。另外，国标中关于基因座的描述部分规定了常染色体18个备选基因座和7个核心基因座，并且规定现场物证和违法犯罪人员DNA分型检出和录入的下限为9个基因座，这样的规

[①] 参见袁丽《我国法医物证鉴定领域标准化问题及对策研究》，《证据科学》2016年第3期。

[②] 《司法鉴定程序通则》（2016年修订版）第23条规定："司法鉴定人进行鉴定，应当依下列顺序遵守和采用该专业领域的技术标准和技术规范和技术方法：（1）国家标准；（2）行业标准和技术规范；（3）该专业领域多数专家认可的技术方法。"

[③] 实验室认可文件《司法鉴定/法庭科学鉴定过程的质量控制指南》（CNAS-GL36）4.5.2："选择鉴定方法原则上按下述排列顺序选择：a）法律法规规定的标准；b）国家标准；c）公共安全行业标准；d）委托方指定的方法；e）其他方法：技术组织发布的方法、仪器生产厂家提供的指导方法或者鉴定机构制定的内部方法。"

[④] 具体内容参见《法庭科学DNA数据库建设规范》（GB/T 21679—2008）。

定显然无法与爆发式增长的库容量相匹配。所以亟须出台适应当今 DNA 数据库建设形势的标准化文件。①

(五)"环"——DNA 数据库环境设施的控制

1. 设施和环境条件管理概述

设施是指实施 DNA 检验鉴定活动和 DNA 数据库建设活动的场地或场所,包含办公场所和工作场所(实验室、检材处理室、仪器室、检材/样本存放室等),以及与活动相关的支持服务设施(如供水、供电、供气、通风、恒温、恒湿、消防通道、紧急救护系统、废液和废气及废物处理系统等)。

环境条件是指影响 DNA 检验鉴定活动和 DNA 数据库建设活动结果质量的各种环境条件。② 除此之外,环境条件既要考虑对污染物环境保护的影响,更要考虑对鉴定人员安全健康保护的影响。

设施和环境条件的管理和控制的目的是给鉴定机构的各工作场所创造一个良好的工作条件,以保证鉴定结果的质量和提高工作效率,同时可减少环境责任事故的发生,降低运行成本,优化鉴定机构的形象。

2. 设施和环境条件的控制和管理要求

鉴定机构在正确识别设施和环境条件需求基础上,应配置保证鉴定活动开展所必需的设施和环境条件。对于 DNA 数据库来说,基本的供水、供电、供气、通风、恒温、恒湿、消防通道、紧急救护系统对于前期的 DNA 检验来说非常必要,这里只想强调一下不间断电源配置的重要性。不间断电源对于 DNA 数据库服务器来说尤其重要,因为大多数数据录入、检索及比对的工作在上班时间段,而数据库数据的每天保存各地一般选择在凌晨数据库自动保存每天更新的数据。不间断电源可以保证数据不丢失和比对实时进行不间断。

检测和控制环境条件是为了保证所提供条件的符合性,记录则提供符合的证明和溯源性。当环境条件危及鉴定结果时,应停止鉴定活动,并核查已获得的实验数据的可靠性,若有怀疑应恢复符合规定的环境条件进行

---

① 参见李晓斌、唐泽英、徐振波等《从行业规范谈 DNA 数据库的建设发展》,《刑事技术》2002 年第 2 期,第 40 页。

② 参见 GB/T15481—2000《检测和校准实验室能力的通用要求》中对环境条件的描述,包括物理的和环境的因素,如温度和湿度、灰尘、生物消毒、纯净度、通风排气、噪声、振动、辐射、交叉污染、电磁屏蔽和照明等。

重新测试。每一份检材/样本在实验室流转的任何一个环节应当都能找到对应的每一天的环境条件、存储条件的记录，只有这样才能保证证据的完整性、准确性、可靠性和溯源性。

提取和检验人员血样与现场物证的空间应隔离，防止人员血样对现场物证的影响。再比如，DNA 实验室检验的程序要求检验过程的单向流动，即提取、试剂配制、扩增和电泳的流程不能倒流。这就要求实验室的环境条件要充分考虑到这些因素，在扩增时要区分试剂配制区域和扩增加样区域，不能从电泳室反向流动到扩增室甚至更前的环境空间。[①] 实验室的通排风系统要保证新鲜无污染的空气从实验室上方吹入，含有大量扩增产物的气溶胶从实验室下方抽走。或者能够具有开放式的对流新风，保证最大程度在最短时间内消除实验室的污染隐患。这方面国外的做法较为规范，具有借鉴意义。[②]

鉴定机构对"各工作区域分区应有明显的标识，对于进入或使用影响鉴定质量的区域应加以控制，防止非相关人员未经批准而误入"[③]。当客户或委托方要求进入鉴定工作区域时，应采取必要的安全保密措施。但是在此监督过程中，DNA 实验室应当采取必要措施保证此案以外的其他客户的机密不被泄露。另外，鉴定机构应建立和保持良好的内务管理的程序和政策，以确保其作业环境满足技术规范的要求。

（六）"测"——DNA 数据库比中结果的复核

检索比对是 DNA 数据库最为强大的功能，也是其在各类案事件中发挥其他手段都无法比拟作用的根本。前文提到 DNA 数据库中存储的各类数据是这根本的核心部分，也就是说要利用这核心部分进行检索比对。那如何保证数据库中数据的准确性和可靠性呢？其中一个重要的手段就是复核。DNA 数据库中一旦有比中结果或比中通报，DNA 实验室检验人员或 DNA 数据库管理人员首先需要做的事情就是复核，而复核数据库中的数据有涉及比中通报两端数据相关信息、比中人员血样和现场物证 DNA 分

[①] 参见赵兴春、季安全、胡兰等《法医 DNA 鉴定实验室质量控制和质量保证》，《中国法医学杂志》2002 年第 1 期，第 46 页。

[②] 参见郭燕霞《澳大利亚联邦警察局法医 DNA 实验室管理与质量控制简介》，《刑事技术》2012 年第 3 期，第 4 页。

[③] 参见李安、许鸢森、俞虹《试谈 DNA 实验室质量控制与质量保证》，《云南警官学院学报》2009 年第 2 期，第 111 页。

型、检测检验结果、数据的转移和鉴定文书的出具等方面，所以需要复核的内容就要重点从这几个环节着手。

1. 比中通报两端数据相关信息的复查

当 DNA 数据库中出现比中通报时，首先要对比中通报进行归类。比中通报按比中地域分为本地比中和异地比中，其中前者指的是比中通报两端数据均源自本地 DNA 数据库，而后者指的是比中通报两端其中之一数据源自本地 DNA 数据库，另一方数据来自异地 DNA 数据库。在本地比中的通报中，本地 DNA 实验室可以看到通报两端的所有数据，所以在进行数据复查时应当也具备两端数据复核的条件。在异地比中的通报中，本地 DNA 实验室由于无法看到异地侧数据的详细信息，所以只需复查本地一侧的相关信息。

比中通报还有另一种分类，那就是按比中通报两端数据的性质区分，可分为三种类型：第一种，人员和人员比中。这种比中报类型引发的结果可能是身源认定，如违法犯罪人员库中的数据与未知名尸体库中的数据比中；也可能仅仅是轨迹刻画或只起到变相的血样 DNA 分型复核的作用，如不同时间、不同地区违法犯罪人员库中的数据比中。第二种，案件现场物证与案件现场物证比中。这种比中通报类型引发的结果通常是案件的串并。第三种，人员与案件现场物证比中。

无论是上述五种比中通报中的哪一种，比中通报涉及的相关人员信息、案件信息、现场物证信息均要与受理案件时接受检材和物证的材料进行核对，确保这些信息纸质版和数据库版的一致性。

2. 比中人员血样和现场物证 DNA 分型的复核

无论是哪种比中通报至少会涉及各类人员和（或）各种案件的现场物证，在核对完毕两者的基础信息后，下一步要复核的就是人员血样和现场物证 DNA 分型。对人员血样进行复核时通常优先选择的方法是重新对血卡进行 DNA 检验，如果犯罪嫌疑人在案，那就会重新采集该犯罪嫌疑人血样进行复核检验；如果犯罪嫌疑人在逃，那就会在 DNA 数据库血样卡保管室中依照犯罪嫌疑人在 DNA 数据库中的唯一性编号按图索骥找到该人的血卡进行复核检验。[①]

---

① 参见许冰莹、景强、李建京等《法医物证学 DNA 实验室质量控制标准及开放式管理模式的探索》，《昆明医学院学报》2007 年第 3 期，第 77 页。

对于现场物证的复核检验与人员血卡复核相比略显复杂，原因在于案件现场物证具有一定的特殊性。其特殊性在于有些现场物证存在检验的不可重复性和结果不可复现性。这种现场物证主要集中在脱落细胞类接触性DNA，其载体上承载的目标 DNA 的微小的含量是主要原因。我们知道 DNA 数据库证据属于科学证据的一种，而科学证据的根本属性是科学性，而科学性的根本属性又是检验的可重复性和结果可复现性。从这个意义上讲，现场物证的这些特点是其致命的硬伤。所以在实际工作中很少有复核现场物证的，一般都是复核人员血样。认为违法犯罪人员血样大规模建库可能出错，而现场物证一案一检不易出错，这种观点实际上极不可取，但在实际工作中又不在少数。

3. 检测检验结果、数据转移的核查

比中通报两端的人员和现场物证，无论是其基础信息还是 DNA 分型都存在从受理接收、检验检测后的纸质版到 DNA 数据库中电子版的转移过程，这个转移过程是否出现问题也需要核查。

（1）基础信息的转移

DNA 数据库比中通报所涉及的基础信息至少包括违法犯罪人员的基础信息和案件现场物证基础信息。前者包括如姓名、身份证号和实验室唯一性编号等信息；后者主要指案件基本情况、现场物证的提取相关信息（如提取的时间、地点、部位）和物证类型等信息。这些信息在案件或者人员血样受理时办案单位都会提供，但这些信息都要转移至 DNA 数据库中，所以要保证这个转移过程中不要出错。

（2）DNA 分型数据的转移

人员血样和现场物证的 DNA 分型的转移其实就是 DNA 分型的录入过程。这个问题在第二章手工录入分型与 CODIS 文件导入方式比较中已经进行过较为详细的论述，结论也比较明确。要想最大限度地保证 DNA 分型数据转移的准确性，要在 DNA 分型图谱符合导入要求的前提下，尽量以 CODIS 文件导入方式为主，以人工录入核查为补充。

4. 对鉴定文书的审核

最后就是对比中后出具的 DNA 数据库相关的鉴定文书的审核，这部分内容在第四章中已经稍有涉猎，重点会在下一节 DNA 数据库证据的质证中详细讨论。此处仅阐述对鉴定文书中相关信息和数据的审查问题。鉴定文书中也会包含案件简要案情、违法犯罪人员基本信息、现场物证的基本信息以及人员和现场物证的 DNA 分型。这个环节就要重点审查案件简要案情、违法犯罪人员基本信息、现场物证的基本信息与案件受理材料内容是否一致；重点核对人员和现场物证的 DNA 分型与 DNA 检验图谱中的分型是否一致。

三　法庭科学 DNA 数据库的技术规制路径

鉴定标准化是鉴定质量管理的基础和前提。鉴定标准化贯穿于鉴定质量管理的始终，鉴定标准化和全面质量管理都是全员参加的全过程的全面性工作，它们具有一致的目标。鉴定的质量管理是运用各种科学方法的综合质量管理，它改变了那种随心所欲、无章可循的随性式的操作方式，也试图努力摆脱那种一味重视行政命令对于鉴定活动指导的尴尬和无奈。因此，鉴定质量管理的开展可以使鉴定标准化更具有科学性。

以实验室认可和资质认定为代表的鉴定质量管理活动和鉴定标准化相互交织，你中有我、我中有你，共同为法庭 DNA 数据库的规制谋划了一条技术路径：

以质量管理和标准化为基础，加强 DNA 数据库使用人员的管理，保障 DNA 数据库软硬件的维护防护，夯实 DNA 数据库证据的保管链条，强化 DNA 数据库环境设施的控制，积极推进 DNA 数据库建设的标准化，重视 DNA 数据库比中结果的复核。

第二节　法庭科学 DNA 数据库的法律规制

刑事诉讼中司法证明活动就像一条奔流入海的大河，河流的上游可能是高山上的冰川融雪，也可能是一条条形态各异的涓涓细流。这些散落在各处的冰雪和水流逐渐汇聚、融合形成大河主流，在大河向东奔流的路途中又不断有大小不一的支流冲击着大河并最终汇入主干，随着一同流入大海。那些最初散落在各处的冰雪和水流就像是零散分布于各处的证据，汇聚、融合形成大河主流就像是完成了取证活动准备进入诉讼审判阶段。而这大河主干向前奔流就像是审判阶段程序的向前推进，路途中不停地有各种支流冲击汇聚又像极了庭审中举证、质证和认证环节。难怪有学者称"司法证明像一条作业流水线，取证、举证、质证和认证四个环节中取证是基础，举证和质证是枢纽，认证是核心。它们在刑事诉讼中缺一不可，共同构成了一个完整的体系"①。

关于 DNA 数据库证据的取证和数据存储问题通常会涉及公民的权利，如公民的知情权、人格权、生命健康权和隐私权等。而在审判阶段，虽然有少量的取证活动，但还是主要集中在举证、质证和认证三个环节上，庭审过程中对 DNA 数据库证据的检验必将会对侦查环节中证据的获取和运用有重要的反哺作用。

一　DNA 数据库样本采集与公民权利的冲突

（一）血样撒网式采集与公民知情权/名誉权

2004 年 7 月 20 日新华网报道：② 在一起影响恶劣的重大刑事案件侦破过程中，某省公安机关在案发区域周边近百村庄、十几万村民范围内进行大规模血样采集。利用采集的数千份血样与现场生物检材进行比对，最终，锁定犯罪嫌疑人张某，该张某也供认其罪行。虽然现在技术发展了，可以利用常染色体 STR 结合 Y 染色体 STR 及 Y-STR 数据库进行家系排查（如父系排查，可以在同一父系中选择 1—2 名代表整个家系），可以减少被采血人数，但是从法律的角度看，这种做法有没有法律依据，刑事诉讼法第 130 条关于提取犯罪嫌疑人血液的规定，又能不能适用于那 1000 多名被警方检测 DNA 的公民？警方到底有没有权力根据其主观的怀疑而对那么多人进行未经他们同意的 DNA 检测？那些人到底有没有义务接受警方的 DNA 检测？更重要的是，这种做法是否侵犯了公民的人权？那么这种取证的方式到底合不合法，这种证据是否应该被排除？要回答上述一连串问题，恐怕先要对撒网式采集这种做法稍做分析。

那是不是这种撒网式采集只是我们中国特有的做法呢？实际上根本不是这样。在强调自由和民主权利保障的英国和美国同样有这样的情况发生，事实上世界上第一次采用 DNA 检测进行撒网式筛查是 1986 年至 1987 年在英格兰的纳伯格地区，有超过 4000 名成年男性接受了遗传检测。对于采用传统的血型检测未能排除与现场物证同一身源者，采用"DNA 指纹"或多位点的 RFLP 技术进行了检测。基于此次大规模 DNA 筛查和警

---

① 参见何家弘、刘品新《证据法学》（第五版），法律出版社 2013 年版，第 211 页。
② 《强奸四人　杀死五人　"杀人淫魔"张光旗湖北被捕》，2004 年 7 月 20 日，新华网（http://news.xinhuanet.com/legal2004-07/20 content_ 1617537. htm）。

方其他方面的努力,最终逮捕了 Colin Pitchfork。然而,也有人对这一大规模筛查方式的成本效益比提出了质疑,因为事实上 Colin Pitchfork 是第 4583 个被检测的男性。①

在 1994 年秋于佛罗里达迈阿密戴德县开展的一次遗传筛查可能是美国有史以来最大的一次类似行动,有超过 2100 人接受了 AmpliType PM 和 HLA-DQA1 分型检测。在 1994 年 9 月至 1995 年 1 月期间,有 6 名妓女在半径 3 英里范围内被杀,依据此前一项对皮条客的被捕记录选定了最初的测试人群。在调查过程中,通过 PM + DQA1 筛查试验在 2100 名受测群体中发现有 3 人匹配,但在随后采用 RFLP 分型时这 3 人又被排除了,后一方法具有更高的个体识别力。最后当一名潜在的受害人鼓足勇气向警方报警后,这一连环强奸杀人案罪犯才被逮捕。因此虽然这名凶手的 DNA 分型图谱与先前从 6 起案发现场获得的物证样本 DNA 分型图谱相匹配,而且这一证据也被用于对他的指控,但显然,这一大规模的筛查行动并未对逮捕凶手发挥作用。②

1. 撒网式样本采集——DNA 数据库血样采集对象泛化

(1) 血样撒网式采集的利益驱动

上面的例子充分说明了一个问题,那就是撒网式血样采集不只是中国的特色,英国、美国等经济发达的西方国家也存在,而且数量并不少见,效果评价也并不相同。2004 年 9 月发布的一份对美国过去 20 年中所开展的 DNA 大规模筛查行动的调查报告,建议警方不能仅仅依据对犯罪嫌疑人的一般性描述就开展 DNA 大规模筛查。另外,一份于 2006 年 4 月提交至欧洲法庭科学研究所联盟 (the European Network of Forensic Science Institutes, ENFSI) DNA 工作组的研究报告则指出,在欧洲所开展的 439 次大规模 DNA 筛查行动中,有 315 次成功锁定凶手。欧洲这一高达 72% 的成功率表明,在其他努力均告失败的情况下,这种以 DNA 情报为先导的筛查行动对于案件的侦查是有利的,虽然这一方式在某些地区难以获得公众的广泛接受。

那么到底是什么原因推动血样撒网式采集行动愈演愈烈呢?有人说中

---

① [美] John M. Butler:《法医 DNA 分型专论:方法学》(第三版),侯一平、李成涛主译,科学出版社 2013 年版,第 210 页。

② 同上。

国公安机关历来主张的"命案必破"机制是背后最大的推手。"命案必破"的口号是 2004 年公安部南京会议上正式提出来的，即要求公安机关在侦破命案时要有必破的决心和信念，保证每一起命案都要破获。"命案必破"属于政策性要求，本身并没有错误，难道公安部要求各地公安机关遇到命案时不要认真对待吗？只不过随后为了加大工作力度，命案必破被列入年度考核排名中，这原本的"真经"被念歪了。随之而来的就是各地公安机关为了完成任务，刑讯逼供，冤假错案接踵而至，而这一点正是被国内学者广泛诟病的原因。这样看来"命案必破"真的是撒网式采血的幕后黑手呀！其实近年来"以审判为中心"司法体制改革走向纵深，证据裁判主义观念已经深入人心。聂树斌案、呼格吉勒图案和念斌案的重新宣判，使得公安机关深深地认识到证据的重要性，不符合事实规律的"命案必破"口号彻底偃旗息鼓。

从另一个角度分析，如果"命案必破"机制真的是幕后推手的话，那英国、美国难道也有类似于中国的"命案必破"，要不然无法解释欧洲那 439 次大规模 DNA 筛查行动，更无法解释美国在 2004 年之前的 20 年都有类似的行动。看来"命案必破"的嫌疑减轻了，那到底什么是其背后最大的利益驱动呢？笔者认为在排除了"命案必破"的政策性因素之后，只剩下侦查机关的职业荣誉感和使命感激励着警察对案件破获的决心和信心。笔者作为基层一线的侦查人员曾经参与多次类似的大规模筛查行动，曾经与一线民警探讨过这个问题。民警给我讲了一个场景：每次民警出警，老百姓总要质问我们某某杀人案破了吗？你们警察是干什么的？老百姓都保护不了？每当某某重大案件破获后，出警遇到老百姓，老百姓总会对我们竖起大拇指。直到那一刻我才明白了什么是职业荣誉感和使命感，是什么激励着他们对每一案件的辛苦付出。但是，不得不说这种大规模筛查式血样采集在法理上还是存在很大问题的。

（2）血样撒网式采集与公民的知情同意权和知情选择权

知情权，即公民了解信息的权利，随着知情权外延的不断扩张，该项权利已经不仅仅是一项公法范畴的概念，其在私法领域的应用已经屡见不鲜，最常见的就是病人本人及近亲属的手术风险告知、手术类型的选择等知情同意权和知情选择权。在上述多起国内外为了刑事案件侦破而采取的撒网式采集血样活动中，某一被采集人虽然没有权利向公安机关了解案件的侦破情况和相关信息，但是必然有权利询问自己被采集的血样所做的用途,是否可能会被用于进行侦查破案之外的其他目的,如基因检测等。自己是以什么身份被采集血样,血样被采集后是如何保存的。被采集人也有选择权,可以选择被采集或者不被采集。也可以选择采集血液或采集类似于唾液等其他生物检材,还可以在被采集血液样本时选择在指端采集或者在耳垂采集。这些都涉及公民的知情同意权和知情选择权。

撒网式血样采集主要突出的是采集对象的非正常扩大特点,只有有证据证明明显与案件有关联的、具有重大嫌疑的人员才能被划进采集范围。重大案件的犯罪嫌疑人通常就只有1—2人,那4000多人中剩下的数千人都有犯罪嫌疑似乎就说不通了。这种情况下,对大量无辜人员的血样采集必须事先征得被采集对象的同意,必须事先将采集目的、采集血样的用途和检验后获得DNA分型存放的库别与被采集人沟通,在取得被采集人的同意后方可采集,否则必然会侵犯他们的知情同意权和知情选择权。

(3) 血样撒网式采集与名誉权侵害

血样撒网式采集导致的后果必然就是DNA数据库中会储存大量该案件上的无辜人员的DNA分型和DNA血样。一般情况下,公安机关会将这些划定范围内的"嫌疑人员"的个人信息和DNA基因分型存放于用作基因频率调查或研究用途的基础库中,因为没有任何证据证明这些大量的"嫌疑人员"有作案嫌疑。但是存放于基础库中依然需要经被采集人同意,否则违反其知情同意权,更违反科学研究的伦理学规范。

那如果将这些大量的个人信息和DNA基因分型存放于违法犯罪人员库中呢?这样会带来更多的问题,首先没有证据证明这些"嫌疑人员"有嫌疑,这一点之前已述及。其次更重要的一点是,一旦将这些人员录入违法犯罪人员库,这些人就有了不良记录,对以后的升学、招工、参军、政审影响非常之大。笔者曾经就经历过有关部门要求DNA室对某人在DNA数据库的违法犯罪人员库中进行检索,以此来证明该人无犯罪记录的情况。但是,在违法犯罪人员库中存放着某人的记录,尤其是经过长年累月的保存,人们的记忆可能模糊,但是数据库记录一直保留,真到了那一天这一切就无法解释了。

名誉权是人格权权利束项下的一项具体的子权利。名誉权的客体是名誉,名誉就是自然人或法人享有的客观社会评价。《关于审理利用信息网络侵害人身权益民事纠纷案件的规定》第13条对网络用户或者网络服务提供者提供的信息与国家机关提供的信息不符所引发的民事纠纷进行了规定。① 那如果国家机关提供的信息不准确并且侵犯当事人的名誉权呢？2017年6月7日公布的《中华人民共和国政府信息公开条例》（修订草案征求意见稿）第48条规定："公民、法人和其他组织认为行政机关依申请公开政府信息的行为侵犯其合法权益的，可以依法申请行政复议或者提起行政诉讼。"② 现今DNA数据库绝大部分为公安机关掌握，作为行政机关其DNA数据库中存放了大量公民个人信息，而且关键是类似于撒网式采集的对象均简单而不加区分地存放在违法犯罪人员库中，这些"被放入犯罪嫌疑人库"中的非犯罪嫌疑人被进行了区别对待，人为地致使其社会评价降低。而如果要寻找源头又与血样采集人员和DNA数据库管理人员不无关联。可见采集对象泛化所带来的问题不可忽视。

2. 国外的规定及做法

我们首先看看欧盟国家关于DNA数据库采样对象的规定和做法。③ 由于2008年欧洲人权法院对马普案的判例对欧洲各国建设DNA数据库影响极深，所以欧盟各国DNA数据库样本采集对象主要集中于被定罪的罪犯和有明确证据的犯罪嫌疑人。但是各国的具体规定又不太一样，英国对已判有罪的罪犯所涉及的犯罪范围较宽，包括所有法律规定的犯罪。犯罪嫌疑人采集的范围也较宽，包括调查官有理由怀疑与案件物证有关的可能触犯任何法定犯罪的嫌疑人。比利时规定只能采集被定罪的罪犯，而且采集对象仅限于涉及人身侵害犯罪。捷克规定可以采集除轻型犯以外的所有被判有罪的罪犯，只有在嫌疑人被提起诉讼后才能采集比对样本。法国对定罪的罪犯限制于特定类型的犯罪：性侵、人身犯罪、恐怖犯罪、抢劫、蓄意暴力犯罪、绑架、侵财、运输毒品、拉皮条等。德国限于经警察和法官认定具有社会危害性的已判罪犯：所有侵犯生命的犯罪、恐怖犯、性侵、绑架、抢劫、盗窃、纵火等重型犯罪。匈牙利限于刑期5年以上的犯罪及暴力性侵、涉外犯罪、针对青少年犯罪、系列犯或有组织犯罪、毒品

---

① 《关于审理利用信息网络侵害人身权益民事纠纷案件的规定》第13条规定："网络用户或者网络服务提供者，根据国家机关依职权制作的文书和公开实施的职权行为等信息来源发布的信息，有下列情况之一，侵害他人人身权益，被侵害人请求侵权人承担侵权责任的，人民法院应予支持。"

② 参见《中华人民共和国政府信息公开条例》（修订草案征求意见稿）第48条之规定。

③ European Network of Forensic Science Institutes, *ENFSI report on dna legislation in europe*, ENFSI Documents 3/11, Sep 27, 2016.

犯罪、诈骗犯、涉枪、恐怖、核能源、国家安全、公共安全类犯罪。欧盟国家的情况就不一一列举了，详细情况如本章表5-1所示。

美国要对联邦和州的情况进行区分。① 联邦层面从最初仅对特定类型的联邦重刑犯，到对所有的联邦重刑犯，最后到对所有因联邦重罪而被逮捕和拘留的人员。部分法律还对允许上传至NDIS并检索的DNA分型数据范围进行了扩展，从因犯罪而遭起诉的人员扩展到所有依法采集的样本，后者包括各州依法授权采集被逮捕人员的DNA分型数据。除了确保NDIS能够存储和检索被逮捕者和其他依法采集的DNA样本外，2005年通过的DNA指纹法案在联邦层面将DNA采样范围扩展至所有的已判刑罪犯和被美国政府拘留的非美国公民。各州的情况不一样，其中只有22个州规定必须在定罪后采集DNA样本，而剩余的28个州允许在定罪前就可以采集DNA样本，而且采集对象主要限于性侵犯、所有暴力犯罪、盗窃、所有重刑犯、未成年犯罪和被逮捕的犯罪嫌疑人。

3. 我国目前的做法

我国目前关于DNA数据库样本采集主要集中在如下三种途径。（1）案件排查。案件排查是我国目前最具有执行力的样本采集方式，一旦遇到影响力较大的案件，在行政命令的驱使下公安机关会投入大量的警力在划定的侦查范围内大量采集。这种情况下，被采集对象的工作也比较好做。附近的群众为了早日破案，早日抓住犯罪分子后能还自己一个安全的生活环境，出于这种考虑公众会比较配合。所以目前为止，通过案件排查采集血样效率较高，但存在采集对象泛化的可能性也最大。（2）完成建库采血任务。在我国DNA数据库高速发展的几年内，虽然公安部一直对外强调不能下发建库数量的任务，但是每到年底会下发建库数量各省的排名通报。这直接导致各省之间加强了建库的数量竞争，比较重视的省份为了完成每年建库数量的增长会给各地市下发建库任务。各地市在完成了所有刑事案件已判人员、犯罪嫌疑人的采集后，发现任务还没有完成，这个时候会不自觉地将采集对象的范围扩展至违反治安管理人员，更有甚者在办理居民暂住证等证件时也会采集其血样。（3）基础库建设。基础库建设是对大规模案件排查血样在数据库中储存找到了一个暂时的避风港。

---

① 参见［美］John M. Butler《法医DNA分型专论：方法学》（第三版），侯一平、李成涛主译，科学出版社2013年版，第197页。

由于那些明显不具备犯罪嫌疑的人员录入违法犯罪人员库会引发一系列严重问题，所以只好退而求其次录入基础库。但是为了基因频率和科学研究所设立的基础库还是需要经受医学伦理学的考验才允许录入，目前国内很少有几家公安机关的 DNA 数据库的基础库中的人员在采集当时经过被采集对象的允许并告知其血样只用于科学研究。

鉴于我国的法律对于 DNA 数据库采集人员范围未作规定，于是有学者对 DNA 数据库被采集人员的范围进行了讨论，在同时考虑 DNA 数据库发挥作用效果和保护人权两方面因素时，认为如下这三类人员作为人员库的范围较为合适："已被立案侦查的犯罪嫌疑人、已被法庭定罪的罪犯和从三所及监狱释放的人员。"[①] 笔者对该观点比较赞成，这个范围以法庭审判定罪为中心适度向前后延伸，较为适宜。但是考虑到有助于服刑释放人员回归社会功能的实现，应该把采集时间节点提前至其在三所或监狱羁押期间更为妥当。

（二）打击犯罪效能最大化与保障公民人格权利

1. 强制采样的必要性——DNA 数据库样本采集程序刚性过足

随着改革开放的不断深入，经济发展水平的不断提高，社会成员违法犯罪的情况也大有愈演愈烈之势。公安机关担负着维护国家安全、公共安全、集体和公民的人身财产安全的保障职责，作为公安机关主要手段的刑事侦查，其必要性就显得非常重要了。[②] 首先，刑事侦查是打击犯罪活动的有力手段。当今国家、集体和人民利益受侵害的方式不断翻新、花样繁多，这就要求公安机关加大打击力度、提高侦查水平，将刑事侦查这把打击犯罪的利剑磨砺得更加锋利。其次，刑事侦查是社会治安管控和预防犯罪的有效抓手。正如扁鹊四见蔡桓公之古文中所讲：蔡桓公之疾病由轻至重分别位于"腠理""肌肤""肠胃"和"骨髓"。刑事犯罪固然是社会的顽疾，犹如"肠胃"和"骨髓"之疾。而各类小偷小摸治安案件有如"腠理""肌肤"之病，如果不及早根治和控制，早晚会发展和演变成严重刑事案件，可见社会治安预防控制的重要性。而刑事侦查高压的打击态势对各类违法犯罪分子的震慑作用也是非常明显的，每次国家采取各类严

[①] 参见章少青《我国公安机关 DNA 数据库的体系标准研究》，《江西公安专科学校学报》2008 年第 3 期，第 117 页。

[②] 参见李学军、张卫萍、张吉林《侦查机关强制性采取物证比对样本的必要性及合法化路径研究》，《证据科学》2009 年第 2 期，第 211 页。

打专项行动之后，社会面貌就焕然一新。最后，刑事侦查是刑事诉讼活动的关键环节，是检察院审查起诉、法院审理案件的前提和基础。虽然关于"警察做饭、检察院端饭、法院吃饭"的说法有失偏颇，但是可以从另一个角度说明公安机关在诉讼活动中的基础性作用，刑事侦查的必要性就显而易见了。

为了更好地达到打击犯罪的效果，刑事诉讼法为刑事侦查规定了许多强制措施和强制性程序。鉴定活动作为刑事侦查中必不可少的内容，其必要性直接源于刑事侦查活动的授权。而为了打击犯罪和刑事侦查效果的最大化，样本采集活动就天然地具有了必要性。但是采样活动是否具有强制性，强制性的边界和范围有多大？恐怕要综合考虑法律规定和公民权利的因素。

2. 强制采样的国内外法律对比

（1）国外对样本强制性采集的法律规定

由于美国是以判例法为主要法律渊源的国家，其关于强制取样的规定主要是通过若干判例来确定的。其中1966年的"斯莫伯诉加利福尼亚"（Schmerber v. California）[1] 一案中规定为鉴定目的而强制命令被采集犯罪嫌疑人提供类似于笔迹、说话方式、行走姿势以及头发和指甲擦拭物等样本并不违反反对自证其罪的宪法第五修正案的精神。1967年"合众国诉威德"（United States v. Wade）[2] 一案中确立了将人的声音作为物证并不违反合众国宪法第五修正案之规定，可以采取强制取证的方式将其作为比对样本用作同一认定。

英国虽然也是判例法国家，但是在强制采样的法律规定上除了判例外，还有制定法对其进行规范。1984年《警察与刑事证据法》中对警察采集样本进行了详细规定，并将"涉及DNA数据库的采集样本区分为隐私样本和非隐私样本，前者包括来源于被采集人的血液、唾液、尿液、精液和阴毛等人体检材，后者包括头发、指甲擦拭物等检材"[3]。1994年英国又颁布了《样本提取条例》，该条例规定"警察可以不经犯罪嫌疑人同

---

[1] Schmerber v. California, 384 U. S. 757 (1966).
[2] United States v. Wade, 388 U. S. 218 (1967).
[3] 李学军、张卫萍、张吉林：《侦查机关强制性采取物证比对样本的必要性及合法化路径研究》，《证据科学》2009年第2期，第215页。

意强制提取其带毛囊的头发和口腔拭子"①。德国在其《刑事诉讼法》第81条a款身体检查：血液检验部分中对被检验人进行采血做出了强制性规定，如果该血液用于酒精浓度的检验谓之物证，如果该血液用于同一认定谓之比对样本。② 日本《刑事诉讼法》将样本的强制采集规定在人身检查部分，规定当警方因犯罪侦查的需要强制采集嫌疑对象的血液等体液、皮肤组织、指甲碎片等身体样本时，必须事先向法院申请人身检查状以获得强制采集的授权。③

（2）我国对样本强制性采集的法律规定

我国《刑事诉讼法》第130条人身检查中对"样本的强制性采集的对象、三种目的、两种前置条件和情况及采集样本的类型"进行了规定。④ 我国公安部出台的《公安机关办理刑事案件程序规定》第212条在前述《刑事诉讼法》第130条规定的基础上进一步明确了样本强制采集的程序，更具有实际操作性。⑤ 仔细对比我国《刑事诉讼法》第130条和《公安机关办理刑事案件程序规定》第212条关于强制采样的措辞可以看出，前者实际上并未规定强制采样措施，而是规定了强制检查措施。但是检查的手段和方式很多，并不一定都要通过采样来检查。而后者却明确提出了强制采集的措辞，虽然采集的目的限制于嫌疑人的特征等情况，但是真正确立强制取样制度的法条却是后者。然而，DNA数据库的强制采样似乎与上述情况又有所不同，每年各地公安机关采集的数以万计的样本难道个个都是我国《刑事诉讼法》第130条所规定的情况？所以那些在采集范围边界的人员的强制采集似乎缺乏合法性基础。

---

① 罗亚平：《物证技术及物证鉴定制度》，中国人民公安大学出版社2003年版，第131页。
② ［德］克劳思·罗科信：《德国刑事诉讼法》，吴丽琪译，台湾：三民书局1998年版，第317页。
③ ［日］松尾浩也：《日本刑事诉讼卷》上卷，丁相顺译，中国人民大学出版社2005年版，第84页。
④ 《中华人民共和国刑事诉讼法》第130条规定："为了确定被害人、犯罪嫌疑人的某些特征、伤害情况或者生理状态，可以对人身进行检查，可以提取指纹信息，采集血液、尿液等生物样本。犯罪嫌疑人如果拒绝检查，侦查人员认为必要的时候，可以强制检查。"
⑤ 《公安机关办理刑事案件程序规定》第212条规定："为了确定被害人、犯罪嫌疑人的某些特征、伤害情况或者生理状态，可以对人身进行检查，提取指纹信息，采集血液、尿液等生物样本。被害人死亡的，应当通过被害人近亲属辨认、提取生物样本鉴定等方式确定被害人身份。犯罪嫌疑人如果拒绝检查、提取、采集的，侦查人员认为必要的时候，经办案部门负责人批准，可以强制检查、提取、采集。"

3. 强制采样对公民人格尊严的侵犯

人格尊严权是众多宪法性基本权利之一。我国《宪法》第 38 条对公民的人格尊严不受侵犯做出了明文规定。① 人格尊严权是人格权权利束项下众多权利中的核心权利。强制性样本采集活动必然或多或少地涉及公民的社会评价，尤其是在众目睽睽之下强制采集必然会使被采集人的社会评价降低。另外，如果公安民警在强制采集的过程中采取过分粗暴、过激的方式和手段，将普通被采集人当作犯罪嫌疑人对待，必然会让被采集人感到人格尊严受损，从而在主观上也侵犯到被采集人的人格尊严。

为案件侦破或纯粹为了 DNA 数据库建设而对公民进行大规模采样的过程是一个带有强制性质的活动。在目前世界范围内无论是从法理还是从伦理角度均没有找到大范围采集的合法性依据。但是从社会稳定性及刑事政策的角度来看，由于不得不在必要的时候采取非常规的强制性措施，这个时候公权力维护社会稳定打击犯罪的意愿与个人自身的权利必然在其交会处发生碰撞、产生冲突。如果强制采集的方式方法过于强烈，不注意与被采集人进行交流沟通。被采集人可能会产生更加强力的抵触情绪和反抗心理，甚至拒绝配合。这时公安机关可能会采取一系列过激的举动强制开展采集活动，在过程中就极有可能侵犯被采集人的人格尊严，这也是不可回避的事实。

4. DNA 样本强制重复采集与公民身体健康权的冲突

DNA 数据库强制采样和重复采样是否侵害被采样人的身体健康权呢？答案不能一概而论。DNA 数据库采集样本的方式可以分为侵入式采集和非侵入式采集两种，前者以采集血样样本为主，一般使用一次性采血针，扎取被采集人的指端或耳垂，待有血液滴出时存储于专业的血样采集卡上。后者又称为非伤害性采集，通常用棉签蘸取被采集人唾液样本或用准用工具在被采集人双侧口腔颊黏膜处提取唾液样本，转移至专用的唾液采集卡上。相比之下前一种采集方式更容易侵害被采样人的身体健康权，首先一次性采血针的卫生情况难以保障，极容易引发传染疾病，尤其短时内多次重复采集会对被采集人产生伤害，在某些特殊情况下如被采集人患有血友病等凝血障碍性疾病时，这种采集方式容易引

---

① 《中华人民共和国宪法》第 38 条规定："中华人民共和国公民的人格尊严不受侵犯。禁止用任何方法对公民进行侮辱、诽谤和诬告陷害。"

起被采集人失血性休克。后一种采集方式较为人性化,并且一般不会破坏人体的完整性,在被采集人不受伤害的前提下采集样本,侵害其身体健康权的概率较小。

(三) DNA 数据库样本及数据保存与公民隐私权的矛盾

1. DNA 数据库数据用途、保密与删除

DNA 数据库中的数据包括各类人员的基本信息数据及 DNA 基因分型、从各种现场提取的物证及案件情况和物证信息及其 DNA 基因分型。

(1) 外国的规定

奥地利法律规定对于被定罪的罪犯的 DNA 分型永不删除,而对于无罪释放的犯罪嫌疑人其 DNA 分型必须立即删除。比利时法律规定被定罪的罪犯死后 10 年将其 DNA 分型删除,但是法律并没有规定要将犯罪嫌疑人的分型录入 DNA 数据库,换句话说,比利时并不存在犯罪嫌疑人库。芬兰法律规定被定罪的罪犯死后 1 年将其 DNA 分型删除,而对于犯罪嫌疑人来说,如果检控官认为证据不足、指控被取消或刑罚被撤销后 1 年,销毁样本、删除分型。法国法律规定被定罪的罪犯终审判决之后 40 年或罪犯年满 80 岁之后必须删除 DNA 分型。对于未知犯罪嫌疑人样本在经过检测得到其分型后 40 年删除。德国关于定罪后罪犯和犯罪嫌疑人的规定是一致的,均要求 DNA 分型数据需要经过审查后,成年人分型保存 10 年、未成年人保存 5 年后删除。如果有再犯危险、犯罪前科保存期限会延长。而对于谋杀和性犯罪会无限期存储,其余的犯罪均要求删除 DNA 分型。[①] 美国各州的法律规定不尽相同,据统计总共有 22 个州只允许在定罪后采集 DNA,在定罪前可以采集 DNA 的 28 个州中,有 7 个州对未定罪人员的记录进行了自动清除,而其余的 21 个州须经个人申请后删除。

(2) 我国的做法

最高人民法院于 2014 年颁布的司法解释第 12 条第 1 款中提到非法公开"自然人的基因信息"属于侵害人身权益行为,构成对公民隐私权的侵犯。[②] 国务院于 2016 年颁布《国务院办公厅关于促进和规范健康医疗

---

① 上述欧洲几国对 DNA 数据库信息删除的规定参见 European Network of Forensic Science Institutes, *ENFSI Report on Dna Legislation in Europe*, ENFSI Documents 6/11, Sep 27, 2016。

② 参见《关于审理利用信息网络侵害人身权益民事纠纷案件适用法律若干问题的规定》第 12 条第 1 款之规定。

大数据应用发展的指导意见》（国办发〔2016〕47号），[①]该部门规章中第二部分重点任务和重大工程中第（一）个问题：夯实健康医疗大数据应用基础中提出要"加强人口基因信息安全管理"。除此之外，我国关于公民个人基因信息的法律规制再无任何规定，更不要说什么样的犯罪保存多长期限、什么情况下删除等这样更为细致的规定。

我国现在对DNA数据库中存储的数据主要用作刑事侦查、打拐寻亲、尸源确定等刑事案件的目的，很少用于民生或治安领域。但是，由于DNA数据库主要在公安机关内部使用，利用公安专网进行数据传输，安全性较强。但是不得不承认其保密性存在较大漏洞，究其原因主要是公安机关DNA数据库录入和查询端口过多，各级权限的用户均能查到详细的个人信息，而且与个人信息关联的基因分型也能随时查到，安全隐患极大，随时存在侵犯公民个人隐私的可能。这一点上可以借鉴美国的做法，美国的DNA数据库个人的详细信息只能在联邦级别的数据库用户查到，在州一级和地方一级只有代表每个人的唯一性编码，所以即使你能查到这一编码所对应的基因分型，你也并不能知道这个基因分型是谁的。这种做法在一定程度上保护了公民的隐私权。还有一个需要说明的问题，DNA数据库中的DNA基因型到底会不会暴露公民的个人隐私呢？目前选用的建库的DNA基因座均位于人类基因组的非编码区，并且不与遗传病或任何其他的遗传倾向存在关联。[②]

2. DNA数据库样本保存及销毁

DNA数据库样本包括大量采集的各类人员的血液样本、唾液样本及不同时间、不同地点提取的现场物证。

（1）外国的规定[③]

英国的法律规定对于已定罪的罪犯所有依法提取的样本可以无限期保存，而对于犯罪嫌疑人即使其被无罪释放，其样本仍可无限期保存。比利时法律规定被定罪的罪犯的样本在获得DNA分型后立即销毁样本，犯罪

[①] 参见《国务院办公厅关于促进和规范健康医疗大数据应用发展的指导意见》（国办发〔2016〕47号）之相关规定。

[②] Butler, J. M., "Genetics and Genomics of Core Short Tandem Repeat Loci Used in Human Identity Testing", *Journal of Forensic Sciences*, Vol. 51, 2006, pp. 253–265.

[③] 上述欧洲几国对DNA数据库样本的删除的规定参见 European Network of Forensic Science Institutes, *ENFSI Report on Dna Legislation in Europe*, ENFSI Documents 7/11, Sep 27, 2016.

嫌疑人的样本若无矛盾鉴定意见样本必须删除。法国的法律规定被定罪的罪犯的样本在判决之后保存40年或保存至罪犯满80岁，犯罪嫌疑人的样本归还给法官或警察，嫌疑人被判刑后血样交由宪兵存储机构保存。荷兰的法律规定对于已定罪的罪犯样本的保存与其DNA分型的保存时间一致，4—6年刑期的罪犯储存20年，刑期在6年以上的保存30年。犯罪嫌疑人的样本如果嫌疑人被判刑，样本的保存与DNA分型的保存时间一致，被判处4—6年刑期的储存20年，刑期在6年以上的保存30年；如果犯罪嫌疑人被无罪释放，样本销毁。

可见，欧盟国家对于样本的保存和销毁规定不一，但是大部分国家均对其有所规定，充分彰显了欧洲人权法院马普案判例的精神，在一定程度上体现了欧盟国家对公民隐私权的保护。

(2) 我国的做法

我国由于没有任何一部法律法规对DNA数据库样本的保存及销毁做出规定，所以各地公安机关执行情况大不相同。但对于各类人员的血液样本、唾液样本一般情况下不会销毁，这些血液样本和唾液样本要作为数据库比中后第一时间复核检验的对象。如果在第一次检验获得DNA分型入库后就将其销毁，那一旦比中进行复核还得重新采集比对人员的血样。保存样本采集卡一方面节省时间，另一方面要证明当时检验结果的正确性，检验对象必须是原样本。如果不是原样本，复核检验结果与数据库中的检验结果不一致也不能证明当时检验有问题。

另外，之所以认为血液样本、唾液样本与公民个人隐私权有关联的主要原因是这些样本可以用作比DNA数据库检测违反更广的范围，在这些领域中就有可能涉及公民个人的疾病、生理特征等隐私问题。从这个意义上讲，样本的保存和销毁对于公民的隐私具有极大的威胁。

3. 样本及数据保存与公民隐私权的矛盾

隐私权指"自然人所享有的对涉及其个人之信息、事务和领域免于遭受他人所侵犯的权利"[1]。隐私权享有的主体是自然人。隐私权的核心内容包括：私人信息自主和私密领域不受干扰。[2]

---

[1] 参见王泽鉴《人格权的具体化及其保护范围·隐私权篇》上，《比较法研究》2008年第6期，第21页。

[2] 下列行为构成对自然人隐私权的侵害：窃取、刺探他人隐私；擅自披露、公开他人隐私；侵入、侵扰他人私生活空间；妨害他人的私生活安宁；侵害他人个人信息、通信秘密等。

我国《民法总则》第 111 条对自然人个人信息的保护及组织和个人收集使用个人信息的行为进行了规定。[①] 前述最高人民法院颁布的司法解释第 12 条第 1 款对通过网络途径公开自然人基因信息、犯罪记录、家庭住址等个人隐私和个人信息的行为进行了规定。[②] 上述法律及司法解释均对组织或个人侵犯自然人的个人信息甚至基因信息的隐私权的行为进行了否定性评价。尤其是后者，该司法解释是由最高人民法院于 2014 年颁布施行的。该司法解释该法条还规定了 6 项除外性规定，[③] 其中第（一）、（二）和（五）这三条规定与 DNA 数据库样本采集有所关联，可以逐条分析。第（一）条经"自然人书面同意"，这一条在 DNA 数据库大规模采集中是不可能实现的，很难想象在案件发生后的第一时间，公安机关会打印出上千份书面同意书去分发给被采集人。第（二）条"在必要范围内"，虽然这个范围比较难以界定，但是公权力的运行至少应该得到法律的授权。而我国法律规定强制采样仅限于小范围内为了确定嫌疑人的生理状态而做的检查性采集，而那些被划在采集范围内又明显无犯罪嫌疑的公民显然不属于这个合理范围内。第（五）条"以合法渠道"，这一条与上一条比较相似，所遇到的问题都是我国暂时缺乏强制大范围采样的法律依据。进而这部分强制采集样本经过检验所获得的基因分型就有了"毒树之果"的嫌疑。综合以上分析，DNA 数据库内存储的大量无关人员的 DNA 基因分型没有保存的合法性理由。如果 DNA 数据中的数据长期保存或者在意外或人为情况下发生数据泄露等情况而导致个人基本信息及基因型公开，这必然会侵犯个人的隐私权。可见，DNA 数据库中个人基本信

---

① 《中华人民共和国民法总则》第 111 条规定："自然人的个人信息受法律保护。任何组织和个人需要获取他人个人信息的，应当依法取得并确保信息安全，不得非法收集、使用、加工、传输他人个人信息，不得非法买卖、提供或者公开他人个人信息。"

② 最高人民法院《关于审理利用信息网络侵害人身权益民事纠纷案件适用法律若干问题的规定》第 12 条第 1 款规定："网络用户或者网络服务提供者利用网络公开自然人基因信息、病历资料、健康检查资料、犯罪记录、家庭住址、私人活动等和其他个人信息，造成他人损害，被侵权人请求其承担侵权责任的，人民法院应予支持。"

③ 最高人民法院《关于审理利用信息网络侵害人身权益民事纠纷案件适用法律若干问题的规定》第 12 条第 1 款之规定有以下除外规定："但下列情形除外：（一）经自然人书面同意且在约定范围内公开；（二）为促进社会公共利益且在必要范围内；（三）学校、科研机构等基于公共利益为学术研究或者统计的目的，经自然人书面同意，且公开的方式不足以识别特定自然人；（四）自然人自行在网络上公开的信息或者其他已合法公开的个人信息；（五）以合法渠道获取的个人信息；（六）法律或者行政法规另有规定。"

息和 DNA 基因型的保存和删除必然和个人的隐私权发生冲突,而通过立法为公安机关的 DNA 数据库个人基本信息和 DNA 基因型的保存和删除活动寻求法律支持也成了必然之选。

二 审判阶段对侦查阶段 DNA 数据库运用的启示

在审判阶段 DNA 数据库证据主要经历的司法证明活动包括:举证、质证和认证环节。由于 DNA 数据库证据具有传统 DNA 证据所不具备的电子数据的特性,所以有必要对其上述三个司法证明环节进行讨论,以期找到对侦查阶段 DNA 数据库证据运用的启示。

(一) DNA 数据库证据的举证

举证指的是诉讼双方将证明己方主张的证据提供于法庭的活动。具体而言,刑事诉讼中的 DNA 数据库证据的举证就是指在刑事诉讼的庭审中或庭前的特定时间内由负有举证责任的主体向法庭提交证明自己主张之 DNA 数据库证据的活动。

1. 举证的主体及证明责任

(1) 举证主体

在刑事诉讼举证活动中,首先要搞清楚的就是谁是举证主体的问题。根据举证的定义举证的主体为诉讼双方,以刑事公诉案件为例,诉讼的主体包括国家专门机关和诉讼参与人。刑事公诉双方分别为刑事控诉方和刑事辩护方,其中刑事控诉方在我国指的是人民检察院的公诉部门,虽然被害人亦为当事人,且与检察机关同样承担控诉职能,但其诉讼能力显然无法与检察机关相提并论,故"证明被告人有罪的责任主要由检察机关承担"[1]。另外,在刑事公诉案件中被害人不可能比检察机关掌握更多的证据,尤其是 DNA 数据库证据,所以控诉方中检察机关为绝对主要的举证主体,而被害人极少有可能成为举证主体。反观辩护方,由于刑事诉讼中被告一方并不承担证明己方无罪的责任,所以只有"在极少数可能出现证明责任倒置或证明责任转移的情况下,辩护方才会提出证明自己主张的证据,才会成为举证主体"[2]。综上,在刑事诉讼中,DNA 数据库证据的

---

[1] 参见孙长永《论刑事证据法规范体系及其合理构建——评刑事诉讼法修正案关于证据制度的修改》,《政法论坛》2012 年第 5 期,第 29 页。

[2] 参见戴承欢、伍中文、蔡永彤《刑事诉讼"幽灵抗辩"对策研究——以被告人证明责任分配为视角》,《湖南农业大学学报》(社会科学版) 2009 年第 6 期,第 99—100 页。

举证主体主要是检察机关，只有在极少数情况下为被告一方。

（2）证明责任的含义

证明责任的理解在证据法上似乎是个比较复杂的问题，就其概念讲在证据法学界与之相关的概念就有很多，如"举证责任、提证责任、说服责任"①。就从字面含义做文义解释，举证责任和提证责任最为相近，均为向法庭提出或举出证据的责任。说服责任指的是提出证据一方负有说服法庭采纳及采信己方证据的责任。② 而证明责任似乎又可以包含举证责任和说服责任两方面的内容，但似乎证明责任又不只包含这两方面内容。③ 单从"责任"这个词语的含义来讲，除了提供证据、说服法庭的"职责"之外，似乎还应该有"负担"的含义。因为证明责任并非生来就属于我国的法律词汇，乃是舶来品。其英文原文通常表述为"burden of proof"或"Onus of proof"其中"proof"为证明活动的意思，而"burden"和"Onus"确实含有"负担"的含义。而"burden of proof"在我国翻译出来的结果就有很多，其中就有"证明责任""举证责任""证责"等。我国台湾地区学者李学灯在早年翻译的《证据法之基本问题》中就指出"burden of proof"及"举证责任"一词，实宜译为"证明负担"为适当。④ 实在是由于实践中"证明责任"和"举证责任"使用混乱之势越来越盛，所以有学者主张这两个术语可以择一而用，考虑到语词本身的歧义，建议使用"证明责任"一词。⑤

但就我国现行的法律而言，《刑事诉讼法》明确使用了"举证责任"的概念，其第49条规定了公诉案件和自诉案件举证责任的承担方。⑥ 在这一点上，有的学者认为我国刑事诉讼法中的"举证责任"，实际上相当于英美法系中的"说服责任"；而英美法系中的"提证责任"，在我国刑

---

① 参见王志林《论无罪辩护事由的证明责任》，硕士学位论文，西南政法大学，2009年，第3页。

② 参见鲍键《侦查人员出庭作证的实践性思考——以客观性证据审查思维为切入点》，《中国检察官》2013年第8期，第59页。

③ 参见董晓华《论公诉人的说服责任》，《中国检察官》2011年第2期，第52页。

④ 转引自［美］爱德蒙·M.摩根《证据法之基本问题》，李学灯译，世界书局1982年版，第45页。

⑤ 参见张建伟《证据法要义》（第二版），北京大学出版社2014年版，第350页。

⑥ 《中华人民共和国刑事诉讼法》第49条规定："公诉案件中被告人有罪的举证责任由人民检察院承担，自诉案件中被告人有罪的举证责任由自诉人承担。"

事诉讼法上并无相应的概念与之对应。① 就从含义上讲,无论是现行法律使用的"举证责任",还是学术界主张的"证明责任",其概念应该包含以下三个层次的含义:向法庭提出证据的责任、说服法庭接受证据的责任和说服失败后需要承担的责任。这种理解同时包含了"举证责任""说服责任"和"证明负担"的字面含义,既全面又不易引起误解。所以抛开证明责任的概念问题,不要争论"证明责任"还是"举证责任"谁更适合来代表司法证明责任,而是从含义上厘清其需要包含的内容才是正解,这一点上国内有学者与笔者观点一致。②

结合前述举证主体的确定,DNA 数据库证据的举证责任主要是由公诉方人民检察机关来承担。它们既要承担向法庭提交证据的职能,又要负有说服法庭采纳和采信证据的职责,更要承担未能说服法庭、法庭未能采信证据所带来的不利后果。

2. 举证的客体

刑事诉讼中举证的客体就是举证方为证明其主张所提交的证据,具体到本书就是指 DNA 数据库证据。DNA 数据库证据在本书的第一章已经详细论述,此处仅做简要叙述。

DNA 数据库证据指的是在刑事诉讼活动中与 DNA 数据相关的或由 DNA 数据库形成的对案件事实有证明作用的数据或信息。DNA 数据库运行流程主要包括前实验室阶段、实验室阶段和后实验室阶段。其中前实验室阶段包括人员和现场物证的筛选、人员血样和现场物证的提取采集、人员信息查重、人员和现场物证信息录入以及人员血样和现场物证的送检;实验室阶段包括人员和现场物证 DNA 提取检验、结果分析以及数据上报;后实验室阶段包括 DNA 分型数据的检索比对、人员血样和现场物证的复核、比中通报的反馈以及 DNA 比中鉴定文书的出具等步骤。在上述这些步骤和环节中都能找到 DNA 数据库证据的踪迹:在前实验室阶段,录入后存储于 DNA 数据库中的各类人员和各种现场物证的基础信息数据是 DNA 数据库证据;在实验室阶段,检验后录入在 DNA 数据库中的各类人员和各种现场物证的 DNA 分型数据是 DNA 数据库证据;在后实验室阶

---

① 易延友教授主张在分析刑事诉讼中证明责任分配的相关问题时,不妨以"说服责任"称呼"举证责任",以"提证责任"称呼具体的证明责任。参见易延友《证据法学:原则、规制和案例》,法律出版社 2017 年版,第 478 页。

② 参见何家弘、刘品新《证据法学》(第五版),法律出版社 2013 年版,第 283 页。

段，经过 DNA 数据的检索比对存储在其中的一条条比中通报是 DNA 数据库证据，根据比中通报对相关人员血样和现场物证进行复核后出具的鉴定文书是 DNA 数据库证据。

综上，DNA 数据库证据包括存储于 DNA 数据库中的各类人员和各种现场物证的基础信息数据和 DNA 分型数据，比中通报及 DNA 数据库比中鉴定文书。刑事诉讼证据的法定证据种类规定在《刑事诉讼法》第 48 条，该条文较之前的变化就在于电子数据。这点变化是顺应社会经济发展的大势所趋，因为随着当今计算机网络技术的蓬勃发展，所有的传统七种证据都可以存储于电子介质中表现为电子数据的形式。正如 DNA 数据库证据那样，除了 DNA 数据库比中鉴定文书属于鉴定意见以外，其余的存储于 DNA 数据库中的各类人员和各种现场物证的基础信息数据、DNA 分型数据和比中通报都属于电子数据。

在涉及 DNA 数据库的刑事诉讼中，举证方向法庭提供证据时就要针对上述信息和材料进行准备，力争做到有的放矢。

3. 举证的时间及方式

（1）举证时间

关于举证时间，学界一直以来就有两种观点："一种为法定顺序主义或证据适时提出主义。这种观点主张法律应当对举证时间做出规定，而诉讼中举证方应当严格按照法律的规定举证，逾期承担证据失权的不利后果。其背后体现了提高诉讼时效、维护程序正义的价值观。另一种为自由顺序主义或证据随时提出主义。这种观点主张法律不应对举证时间做出严格僵化的规定，应当结合具体案件的审理情况，视审理的进度和需要，随时提出证据。其背后体现了维护实体正义的价值观。"[1] 我国《刑事诉讼法》对证据的提出时间做了相关规定，但未对逾期提供证据的后果做出规定，而且《刑事诉讼法》第 198 条第 1 款对于新的人证和物证的调取导致延期审理做出了规定。[2] 可见我国法律和司法实践采用的是法定顺序主义和自由顺序主义相结合的做法。

DNA 数据库证据的举证时间主要在法庭审理阶段。一般刑事案件法

---

[1] 参见张建伟《证据法要义》（第二版），北京大学出版社 2014 年版，第 65 页。
[2] 《中华人民共和国刑事诉讼法》第 198 条第 1 款规定："在法庭审判过程中，遇有下列情形之一，影响审判进行的，可以延期审理：（一）需要通知新的证人到庭，调取新的物证，重新鉴定或者勘验的……"

庭审理在宣布开庭之后要进行法庭调查，举证方提出证据一般就在法庭调查环节进行。而在法庭调查环节在公诉人宣读起诉书之后，会对相关被告人、被害人、证人和鉴定人进行讯问或询问，之后再出示物证、宣读鉴定意见和有关笔录。①

DNA 数据库证据的举证还有另一个时间点，那就是庭前证据交换环节。刑事诉讼中法庭在开庭前通常要进行一系列准备，召开庭前会议是主要的方式。《刑事诉讼法》第 182 条第 2 款对法庭组织庭前会议程序进行了规定，② 最高人民法院司法解释第 182 条第 3 款对当事人、辩护人等诉讼参与人在庭前会议交换证据的程序进行了规定。③ 写到这里，举证方式已经跃然纸上了。

（2）举证方式

那么何谓举证方式呢？举证方式指的是在法庭庭审阶段负有举证义务的一方以何种形式将证据呈现给法官和法庭的活动。举证方式依证据种类的不同而异，根据直接言词原则，言词类证据一般以口头陈述的方式提出，辅以书面材料和各种类型的笔录。④ 只要条件允许，在法庭上诉讼双方负有举证义务的公诉方、当事人、鉴定人、现场勘验人员等都应该以直接陈述的方式向法庭提供证据，与之相关的无法或者考虑到其他因素不便或不能以口头方式陈述的，可以制作相关情况的证明文件等书面陈述和笔录作为对照和补充。实物类证据一般应该向法庭提交原始物，在特定情况下可以提供复制件。电子数据的举证方式可以考虑庭审时直接在网络上实时操作，包括打开链接、下载文件等。但是在进行实时操作时要考虑到保密性等因素，如果打印可以达到举证效果又不会丧失重要信息，可以考虑打印或截图等多种形式。

在庭前证据交换环节，主要的举证方式是由审判人员召集公诉人、当事人和辩护人、诉讼代理人召开庭前会议，在会议上诉讼双方可就各自掌

---

① 参见葛琳《当庭宣读起诉书制度反思》，《国家检察官学院学报》2010 年第 5 期，第 118 页。

② 《中华人民共和国刑事诉讼法》第 182 条第 2 款规定："在开庭以前，审判人员可以召集公诉人、当事人和辩护人、诉讼代理人，对回避、出庭证人名单、非法证据排除等与审判相关的问题，了解情况，听取意见。"

③ 《最高人民法院关于适用〈中华人民共和国刑事诉讼法〉的解释》第 182 条第 3 款之规定。

④ 参见何家弘《当今我国刑事司法的十大误区》，《清华法学》2014 年第 2 期，第 63 页。

握的证据进行交流。这项制度被称为证据开示制度又称为证据展示制度。由最高人民法院、最高人民检察院、公安部、国家安全部、司法部于 2016 年 10 月 11 日发布并实施的《关于推进以审判为中心的刑事诉讼制度改革的意见》第 10 条对庭前证据展示制度进行了明确规定。①

在法庭审理阶段，由于 DNA 数据库证据中存储于 DNA 数据库中的各类人员和各种现场物证的基础信息数据、DNA 分型数据和比中通报都属于电子数据，应当参照电子数据的举证方式进行。但是应当考虑到在法庭上直接登录全国公安机关 DNA 数据库会涉及公安工作保密性和存在侵犯他人隐私权的可能性，可以考虑其他能够解决问题的替代方案。而 DNA 数据库比中鉴定文书一般在法庭调查阶段由公诉方当庭口头宣读。

可见，无论是在庭前证据交换环节还是在法庭审理阶段，DNA 数据库证据的特殊性决定了在刑事诉讼的举证环节与传统的 DNA 证据的不同之处。但是，举证环节还是蕴含了许多证据规则在其中。如在开庭前或在庭前证据交换环节应当明确 DNA 数据库证据的提出与证明主体及败诉的责任承担方，这就充分体现了证明责任分配规则及庭前证据展示规则的精神。

4. DNA 数据库证据举证环节对侦查活动的启示

上述 DNA 数据库证据举证环节要特别注意的是，证明责任的分配中可能出现证明责任倒置的情况，类似于涉及警察刑讯逼供的证明责任。我国《刑事诉讼法》第 57 条对人民检察院在证据收集的合法性的证明责任进行了规定。②

在 DNA 数据库证据举证环节中，被告人和辩护人仅仅需要提出诸如 DNA 数据信息在 DNA 数据库中可能存在保存链条不完整的证据，控方检察机关就必须将提供 DNA 数据库中保存链条完整的证据。由于检察机关对于 DNA 数据库的了解程度远不及公安机关的 DNA 数据库管理人员，所以根据法律的要求，公安机关的 DNA 数据库管理人员很有可能会被法庭

---

① 最高人民法院、最高人民检察院、公安部、国家安全部、司法部发布的《关于推进以审判为中心的刑事诉讼制度改革的意见》第 10 条规定："完善庭前会议程序，对适用普通程序审理的案件，健全庭前证据展示制度，听取出庭证人名单、非法证据排除等方面的意见。"

② 《中华人民共和国刑事诉讼法》第 57 条规定："在对证据收集的合法性进行法庭调查的过程中，人民检察院应当对证据收集的合法性加以证明。现有证据材料不能证明证据收集的合法性的，人民检察院可以提请人民法院通知有关侦查人员或者其他人员出庭说明情况。"

要求说明情况。这就提醒在侦查阶段公安机关的 DNA 数据库管理人员要把 DNA 数据库中的包括比中通报、检验复核等记录保存完好，避免出现纰漏。

（二）DNA 数据库证据的质证

质证是发生在庭审阶段的诉讼行为，是诉讼双方针对对方向法庭呈现的证明己方观点的证据提出疑问、表示质疑和进行诘问的诉讼活动。通常在法庭调查和法庭辩论环节进行。

1. 质证的主体

对 DNA 数据库证据质证的主体主要是指"在庭审中对 DNA 数据库证据提出质疑、进行质问的诉讼一方"[1]。在司法实践中，存储于 DNA 数据库中的各类人员和各种现场物证的基础信息数据和 DNA 分型数据，比中通报及 DNA 数据库比中鉴定文书这些 DNA 数据库证据通常是由公诉方检察机关掌握并向法庭呈现。所以一般情况下在刑事公诉案件中，对 DNA 数据库证据提出质疑进行质问的主体应当是包括被告人、法定代理人、诉讼代理人和辩护人的辩方。

2. 质证的对象

质证的对象"又称质证的客体，是指在庭审阶段诉讼双方所提出的证据"[2]。那是不是所有的证据都要质证呢？答案显然是否定的。一方面为了减少诉累、提高庭审效率，另一方面还要考虑到刑事案件诉讼双方证据上先天处于不平等的位置，为了达到证据平等武装、防止证据突袭，在审判人员组织召开庭前会议时，会要求双方进行证据开示，将双方掌握的证据呈现出来。如果双方对对方展示的证据有争议，审判人员会总结证据的争议点，在随后开庭后在法庭调查阶段针对这些存在争议的证据进行质证。当然，还会有一些证据在庭前会议的证据开示环节未来得及展示。出现这种情况可能是由于诉讼一方在庭前会议时还未来得及取得新证据或者认为不方便在庭前会议交换证据时开示。在庭审时，经审判人员的许可可以提交给法庭展示，这个时候在法庭进行质证。

那是不是所有种类的证据都能成为质证的对象呢？我国《刑事诉讼

---

[1] 参见潘星容《司法鉴定结论质证主体探析》，《理论月刊》2009 年第 9 期，第 110 页。
[2] 参见万喆《论刑事庭审质证存在的问题》，《法制与社会》2014 年第 5 期，第 253 页。

法》第 59 条对庭审阶段证人证言的质证进行了规定。[①] 这条规定显然认为证人证言这类言词证据需要经过法庭质证，这样的规定有一定的道理。言词证据最大的特点是客观性较差、容易变动。[②] 在司法实践中会经常遇到被告人、被害人和证人的供述、陈述和证言前后不一的现象。另外，言词证据还有一个最大的特点，那就是证据的源头或直接提供者大多可以直接在法庭上面对法官直接陈述，一些聋哑人等极端情况除外。这也是大陆法系的"直接言词"原则和英美法系的传闻规则的缘起，两大法系均认为大多数情况下，诸如证人证言之类的言词证据其可靠性远远不如证人在法庭当场直接面对诉讼双方的质证来得好。

但是，最高人民法院关于适用刑诉法的司法解释第 218 条对当庭出示的证据需要质证进行了规定。[③] 该司法解释第 219 条对尚未移交法庭而又需要当庭出示的证据的质证进行了规定。[④] 司法解释中使用了"证据"这个措辞，而不是"证人证言"。考虑到司法解释对法律规定的具体解释性和对实际案件办理的指导性作用，笔者认为包括物证、书证、鉴定意见、电子数据等实物证据和证人证言、被害人陈述、被告人供述和辩解这类言词证据都可以成为质证的对象。

具体到 DNA 数据库证据，存储于 DNA 数据库中的各类人员和各种现场物证的基础信息数据和 DNA 分型数据，比中通报属于电子数据，DNA 数据库比中鉴定文书属于鉴定意见。这些类型的证据都需要质证，只不过质证的侧重点有所不同而已。对于基础信息数据、DNA 分型数据和比中通报这类电子数据一定要重点关注其存储链条的完整性、存储介质的安全性和存储数据的可溯源性。而对于鉴定意见类鉴定一定要关注鉴定文书中关于检索、比中和复核等环节的完整性和可靠性。

3. 质证的方式——直接、公开质证

质证需要对提出证据的人，包括检察官、被害人、鉴定人员、证人、

[①] 《中华人民共和国刑事诉讼法》第 59 条规定："证人证言必须在法庭上经过公诉人、被害人和被告人、辩护人双方质证并且查实以后，才能作为定案的根据。"

[②] 参见高黎明、杨毅《言词证据与视听资料冲突时应采纳试听资料》，《人民司法》2015 年第 6 期，第 105 页。

[③] 《最高人民法院关于适用〈中华人民共和国刑事诉讼法〉的解释》第 218 条规定："举证方当庭出示证据后，由对方进行辨认并发表意见。控辩双方可以互相质问、辩论。"

[④] 《最高人民法院关于适用〈中华人民共和国刑事诉讼法〉的解释》第 219 条规定："当庭出示的证据，尚未移送人民法院的，应当在质证后移交法庭。"

现场勘验人员、侦查实验人员等进行质问。那么应该以何种方式进行质证呢？在哪里质证呢？本书认为质证应当采取直接、公开的方式在法庭上质证。

(1) 直接质证

直接质证指的是对证据的质证活动应当在法庭审判当场、直接进行。这种方式其实包含着两层含义：第一，对证据的质证应当在法庭审判当场进行。第二，对证据的质证应当在法庭直接进行。

对证据的质证应当在法庭审判当场进行，强调的是质证活动中法官的亲历性。诉讼双方在法庭审判当场进行质证活动时一定要当着法官面，虽然法官不是质证的主体，但是质证双方在法庭上的表现法官会尽收眼底，在一定程度上对法官形成心证产生影响。英美法系的"传闻"规则强调的就是言词类证据必须在法庭上当场接受质证。在法庭上面对法官当场进行质证就是对"审判中心主义"的体现。

我国诉讼体制改革从"卷宗裁判主义"向"证据裁判主义"转变，体现的就是诉讼中重新要树立证据对定罪量刑的核心地位，要重视在法庭上对证据的质证，而不是仅仅依靠公诉方和辩方提供给法庭的各种书面材料就定罪量刑。在法庭上面对争议证据直接进行质证就是对"证据裁判主义"的体现。

(2) 公开质证

公开质证体现的是质证活动的公开性，并且强调在法庭审理当时进行。我国《刑事诉讼法》对人民法院公开审判案件进行了规定。① 我国《刑事诉讼法》第183条对人民法院审判第一审案件公开审判及其例外情形进行了规定。② 公开审判是法庭审判方式的原则，不公开审判是例外。质证属于审判活动的必经环节，公开质证就是公开审判程序中的应有之义。

虽然法律规定"涉及国家秘密或者个人隐私案件的证据不公开质证，

---

① 参见《中华人民共和国刑事诉讼法》第11条规定："人民法院审判案件，除本法另有规定的以外，一律公开进行。"

② 参见《中华人民共和国刑事诉讼法》第183条规定："人民法院审判第一审案件应当公开进行。但是有关国家秘密或者个人隐私的案件，不公开审理；涉及商业秘密的案件，当事人申请不公开审理的，可以不公开审理。"

涉及商业秘密的案件的证据经申请不公开质证"[1]，但是不公开质证并不代表不质证，这类证据应当在无人旁听的法庭上进行质证。

4. 质证的手段——交叉询问

最高人民法院关于适用刑诉法的司法解释第212条对质证活动的发问顺序进行了规定。[2] 该条文的前半句规定了在质证活动中首先由提出证人或鉴定人的一方就某项证据向本方证人或鉴定人发问，这个过程在英美法系国家叫作"直接询问"。该法条后半句规定了在直接询问结束后，对方在审判长准许的前提下可以就同一证人或鉴定人进行发问，这个过程在英美法系国家叫作"交叉询问"。[3] 可见我国的刑诉法已经体现出了质证中"交叉询问"的特点，其实质证活动的核心就在于交叉询问的效果。往往直接询问的目的是提出证据的一方通过证人或鉴定人的口表达本方的主张，而要达到对证据充分质证的效果必须允许对方就同一证人或鉴定人的陈述提出质疑、进行质问，这样证据的两方面才能问清楚、问透彻，有利于促使案件事实的清晰化。交叉询问对于质证如此重要，以至于美国证据法家威格摩尔称其为"迄今为止为发现真相而发明的最伟大的法律引擎"[4]，所以说质证活动最重要的手段就是交叉询问。

最高人民法院关于适用刑诉法的司法解释第213条对向证人发问应当遵循的规则进行了规定。[5] 该法条对交叉询问进行了限制，防止诉讼一方滥用交叉询问手段拖延诉讼，妨碍事实的查明。其实国内外学者也已经看到了交叉询问的些许弊端，主张在司法实践中要审慎地使用。[6]

5. 质证效果的保障——出庭做证制度及专家辅助人制度

交叉询问固然是保证质证效果的最好的武器，但是由于作为 DNA 数

---

[1] 参见《中华人民共和国刑事诉讼法》第183条之规定。
[2] 《最高人民法院关于适用〈中华人民共和国刑事诉讼法〉的解释》第212条规定："向证人、鉴定人发问，应当先由提请通知的一方进行；发问完毕后，经审判长准许，对方也可以发问。"
[3] 参见杜国明、杨建广《司法鉴定质证程序问题研究》，《华南农业大学学报》（社会科学版）2007年第1期，第125页。
[4] 参见张保生主编《证据法学》（第二版），中国政法大学出版社2014年版，第379页。
[5] 《最高人民法院关于适用〈中华人民共和国刑事诉讼法〉的解释》第213条规定："向证人发问应当遵循以下规则：（一）发问的内容应当与本案事实有关；（二）不得以诱导方式发问；（三）不得威胁证人；（四）不得损害证人的人格尊严。"
[6] 参见戴晓东《交叉询问制度合理性反思——Jill Hunter教授〈颠覆美好的认知：反思证据法的失败〉述评》，《证据科学》2017年第1期，第32页。

据库证据的 DNA 数据库信息数据及 DNA 数据库比中鉴定文书具有较大的特殊性和较强的专业性，一般的被告人及其辩护人仅凭自己的专业水平似乎很难达到质证的目的和效果，恐怕需要借助鉴定人出庭制度和专家辅助人制度帮忙。

（1）DNA 数据库管理人员和鉴定人出庭

《刑事诉讼法》第 187 条第 3 款对鉴定人出庭的前提条件进行了规定，该条文规定"我国刑事诉讼中鉴定人出庭需要同时满足两个条件：第一，对方对鉴定意见有异议；第二，人民法院认为有必要"[①]。由于鉴定意见类证据大多属于科学证据的范畴，其特点是具有科学性和技术性，其背后蕴含的高深的科学原理和复杂的技术程序往往让法官、检察官和被告方都深陷云里雾里，不知所云。所以鉴定人出庭一般是对鉴定文书中采用的鉴定方法、鉴定原理、鉴定结果和鉴定意见等对法庭进行解释，把那些玄之又玄的原理和艰深晦涩的表述变成通俗易懂、简单明白的大白话，使得法庭上的法官、各诉讼方更容易理解。[②]

其实以笔者本人的实际办案经验来看，关于鉴定意见类的 DNA 证据鉴定人出庭经历了三个阶段：第一个阶段，极少出庭。由于 DNA 技术横空出世，短短几年在侦查破案、认定犯罪嫌疑人方面发挥了无可替代的作用，一度被认为是"证据之王"。法庭对 DNA 技术的看法不客气地说是完全相信甚至崇拜的，根本想不到 DNA 会犯错。所以使得 DNA 证据在法庭上畅通无阻，更遑论需要质证了，所以这一阶段鉴定人很少出庭。第二个阶段，频繁出庭。随着 DNA 技术的神话被打破，一个又一个由于 DNA 技术的错案出现，DNA 技术跌落神坛，再加上法官、检察官、律师甚至受害人和被告人都开始学习 DNA 的相关知识。在这种情况下，法官、检察官、律师频繁要求 DNA 鉴定人出庭，仿佛在向 DNA 鉴定人炫耀自己掌握的 DNA 知识。所以无论是命案还是小盗窃案，法官均要求 DNA 鉴定人出庭，这个阶段出庭频率颇高。第三个阶段，很少出庭。经过前两个阶段的洗礼和熏陶，无论是法官、检察官还是律师对 DNA 技术的态度已经趋于平和，也不是大案小案都要求鉴定人出庭，仅限于大案和命案出庭了。

---

① 《中华人民共和国刑事诉讼法》第 187 条第 3 款规定："公诉人、当事人或者辩护人、诉讼代理人对鉴定意见有异议，人民法院认为鉴定人有必要出庭的，鉴定人应当出庭作证。"

② 参见袁丽《DNA 鉴定人出庭作证现状、问题及对策》，《证据科学》2013 年第 5 期，第 576—577 页。

即使经历了这样三个阶段，DNA 的鉴定人在出庭时依然很少遇到挑战，因为对手实在是对 DNA 技术了解得过少或只掌握了皮毛。但 DNA 数据库证据是近两年才出现的新鲜事物，一旦法官、检察官和律师理解了其与普通 DNA 证据的不同，恐怕又要迎来一个出庭的高峰。

（2）DNA 数据库专家和鉴定人作为专家辅助人出庭

我国《刑事诉讼法》第 192 条第 2 款对专家辅助人出庭的申请人、专家辅助人出庭履行的职能和作用等情形做了规定。[①] 我国刑事诉讼中专家辅助人出庭的作用是针对鉴定人的鉴定意见，并不能取代鉴定人发表与鉴定意见无关的意见，即使是与案件有关也不行。[②] 该制度的确立使科学证据类的鉴定人真正找到了对手，使鉴定意见真正得到有效的质证。

对于 DNA 数据库证据来说，提出异议的辩护方申请的专家辅助人应该充分考虑到 DNA 数据库证据的特殊性。在这一点上，我国应当吸收英美证据法的质证规则——交叉询问规则的合理成分为这类特殊证据的提供借鉴经验。他们应该同时具备 DNA 数据库运行所必备的计算机、网络以及数据库方面的专业知识和 DNA 检验鉴定及鉴定文书相关知识。或者至少其中一名专家辅助人要掌握甚至精通两种之一的专业知识，只有这样，DNA 数据库证据才能得到有效质证。最高人民法院适用刑诉法的解释第 217 条第 2 款对申请法庭专家辅助人出庭的人员数量进行了规定。[③] 可见同一种类的鉴定意见两名专家辅助人出庭是人数的上限。

6. DNA 数据库证据质证环节对侦查活动的启示

在质证环节中，辩方甚至辩方申请的专家辅助人会重点关注 DNA 数据证据的运行流程、运行方式和运行特点。所以在侦查阶段，作为 DNA 数据库的管理人员和鉴定人员要有区别 DNA 数据库证据与普通 DNA 证据的意识，更要注意 DNA 数据库证据本身具有的电子数据的属性及其带来的存储链条的完整性、存储介质的安全性和存储数据的可溯源性问题。

[①] 《中华人民共和国刑事诉讼法》第 192 条第 2 款规定："公诉人、当事人和辩护人、诉讼代理人可以申请法庭通知有专门知识的人出庭，就鉴定人做出的鉴定意见提出意见。"

[②] 参见尹丽华《刑事诉讼专家辅助人制度的解读与完善》，《中国司法鉴定》2013 年第 3 期，第 1 页。

[③] 《最高人民法院关于适用〈中华人民共和国刑事诉讼法〉的解释》第 217 条第 2 款规定："申请有专门知识的人出庭，不得超过二人。有多种类鉴定意见的，可以相应增加人数。"

(三) DNA 数据库证据的认证

认证指的是"审判人员对于法庭上诉讼双方提交的证据,经过质证后,通过对证据的审查判断对其证据能力和证明力进行认定的活动"[1]。认证是司法证明活动四个环节的最终环节,是司法证明活动的核心环节,也是司法证明环节的最终目的和结果。但是认证要建立在取证、举证和质证的基础之上,离开前三个环节认证就犹如无源之水、无根之木。

1. 认证的主体

认证的主体就是指由什么人来对提交至法庭的证据进行认证。在我国由于不存在陪审团审案的司法体制,认证的主体只有一个,那就是审判人员,具体来说指审理具体案件的法官。随着新一轮司法体制改革的不断深入,法官员额制度的落实,案件责任终身制也随之落地。案件的责任最终落实到案件的法官头上,而不是案件的审判组织,更不是审理案件的法院或法院的审委会。相应地,案件的审理法官才是真正的认证主体。

从认证的定义角度来分析,认证活动是对证据的审查判断过程。那么是不是对证据具有审查判断权利的人就可以成为认证的主体呢?答案显然是否定的。诚然,在刑事诉讼的各个阶段的不同人员对证据都有可能进行审查判断活动。比如在案件侦查阶段,公安机关的侦查人员或法制监督人员会对收集的证据进行审查;案件移送至检察院,证据的审查由检察机关的检察官负责;当案件公诉至法院,无论是庭前还是法庭审理中法院的工作人员(可能是法官)会对移送的案件证据进行审查。这些对证据的审查都不是认证,因为这些证据都没有经过法庭的审理,所以公安机关的侦查人员或法制监督人员、检察机关的检察官和庭前审查阶段法院的工作人员都不是认证的主体。对于 DNA 数据库证据来说,其认证主体只能是审理该案件的法官。

2. 认证的对象

认证的对象即认证的客体,指的是法庭上诉讼双方所提出的经过质证的证据。

3. 认证的内容

认证的内容指的是法庭上诉讼双方所提出的、经过质证的证据所承载

---

[1] 参见尚华《论建构主义与案件事实的认定》,《前沿》2011 年第 15 期,第 86 页。

的内涵要素，法官凭借这些要素来对证据进行审查评断。这些要素主要包含两个方面：证据能力和证明力。[①]

（1）证据能力——证据资格

证据能力又称为证据资格，是指证据是否能够进入法庭门槛的证据要素。具备这些要素和条件就具备成为证明案件事实和诉讼主张的证据。[②]证据能力的要素包含如下几个方面。

第一，相关性。相关性又称为关联性，指的是该项证据与待证的案件事实和诉讼主张之间是否具有关联关系。如果具有关联关系，该证据与案件事实和诉讼主张之间就有相关性，反之就没有。相关性是证据的最基本属性，如果该项证据与待证事实没有相关性，那它就不能被称为证据，或者至少不能被称为该案件事实的证据。

第二，可采性。可采性是指某项证据对于待证事实是否具有采纳的可能性。在英美证据法体系中，可采性是证据的核心属性。证据法中大多数证据规则是围绕可采性展开的，即使是大量的证据排除规则也会有更多的例外来鼓励采纳证据。可采性是建立在相关性的基础之上的概念，或者说可采性是相关性之后递进的概念。可以这么说，"相关性是证据可采性的最低要求"。[③] 但是需要说明的是，并不是所有相关性大的证据一定可采性就大，如果该项证据经不起诸如合法性这样的排除规则检验，就不具有可采性。

第三，合法性。合法性是指某项证据在收集、运用等诉讼活动中是否符合法律对证据的规定。证据的合法性是否是证据的基本属性在证据法学界存在争议，有的学者认为证据必须具备合法性，合法性是证据的应有之义；[④] 有的学者却认为合法性并不是证据的基本属性，不具备合法性并不能否定其作为证据，只不过非法证据不具有可采性或不具备证据资格而

[①] 杨宏云、邱爱民：《论鉴定结论作为科学证据的证明价值要素》，《江海学刊》2011年第2期，第222页。

[②] 陈瑞华：《非法证据排除规则的理论解读》，《证据科学》2010年第5期，第554页。

[③] 王进喜：《美国〈联邦证据规则〉（2011年重塑版）条解》，中国法制出版社2012年版，第62页。

[④] 何家弘：《论证据的基本范畴》，《法学杂志》2007年第1期，第30页。持这种观点的除何家弘教授（参见何家弘《证据法学研究》，中国人民大学出版社2007年版，第89页）之外，还有樊崇义和陈卫东教授（参见樊崇义《证据法学》，法律出版社2004年版，第132页。参见陈卫东、谢佑平《证据法学》，复旦大学出版社2005年版，第65页）。

已。① 本书赞成后一种观点，毕竟非法证据也是证据，甚至有时候通过补正手段可能转化为合法证据。② 其实在转化前后两者都是证据，只是在法庭是否采纳上有所不同而已。证据的合法性至少应当包含"取证主体的合法性、取证程序和方式的合法性以及证据形式的合法性"③。

（2）证明力——证明能力

证明力又称为"证明能力、证明价值，指的是该项证据在多大程度上能对待证事实起到证明的作用"④。前文提到对待证事实有无证明作用指的是证据的相关性，而证明力似乎指的是相关性的大小，相关性越大证据的证明力越大。另外，证明力的大小还反映在证据的真实性程度上，真实性越大的证据其证明力越大，反之就得出相反的结论。⑤ 所以有学者就提出"证明力的理解要从证据的真实性和相关性两个方面解读"⑥。诚然这种提法有一定的道理，只是相关性作为证据进入法庭门槛的入门级要求，笼统地放在证明力这个已经进入法庭后的阶段来讨论似乎欠妥。比较贴切的表述可能应该是证据相关性的有无，属于证据资格的范畴；证据相关性的大小，属于证明力的领域。可是这样又硬生生地将相关性拆开，似乎更不妥，所以在这里笔者仅讨论证据的真实性问题。

由于言词证据和实物证据存在先天的不同的特点，故证据的真实性又可分为言词证据的可信性和实物证据的可靠性。

讨论言词证据的可信性问题首先要区分不同种类的言词证据。被告人和被害人由于与案件有着直接的利害关系，所以其供述和陈述具有先天的偏向性，总是朝着有利于自己的方向做陈述。而无关知情证人虽然与案件没有牵连，也不存在偏向性的问题，但是证人作证时会存在感知、记忆和表述的问题。上述各项都是影响言词证据的因素，所以直接言词原则和传

---

① 江伟主编：《证据法学》，法律出版社1999年版，第216—218页。持这种观点的还有陈一云教授（参见陈一云《证据学》，中国人民大学出版社2000年版，第102页）。
② 陈瑞华：《非法证据排除的中国模式》，《中国法学》2010年第6期，第36页。
③ 陈瑞华：《关于证据法基本概念的一些思考》，《中国刑事法杂志》2013年第3期，第66—68页。
④ 陈学权：《科学对待DNA证据的证明力》，《政法论坛》2010年第5期，第46页。
⑤ 刘广三、齐梦莎：《"艳照反腐"的证据法问题分析》，《河南警察学院学报》2015年第1期，第85页。
⑥ 陈瑞华：《关于证据法基本概念的一些思考》，《中国刑事法杂志》2013年第3期，第63页。

闻规则对于言词证据的可信性问题很有助益。由于 DNA 数据库证据很难归到言词证据的范畴，所以此处不再赘述。

实物证据的可靠性要靠辨认、鉴真和鉴定来解决。辨认和鉴真是两种重要的证据调查方法，是"证据可采性的先决条件，其中辨认是为了确定物品、文件等物证的同一性，鉴真是为了确定物品、文件等物证的真实性"①。常规物证一般通过其独特的造型、商标、数字或标签等具有唯一性、区分性的特征进行辨认。电子数据的鉴真是近些年来才被理论界重视的问题，直到"快播案"庭审时辩诉双方针对电子数据针分相对时，才发现我国的电子数据鉴真规则方面亟待补强。② 也许是真的对"快播案"有所反思，最高法、最高检和公安部于 2016 年 9 月联合发布了在刑事诉讼法中电子数据收集、提取和审查的规定，其中第 22 条对电子数据的真实性审查做了规定，③ 算是电子证据鉴真规则的一大进步。

鉴定在实物证据可靠性审查评断中属于较为特殊的一类，其特殊性就在于鉴定的对象多为科学证据，鉴定活动背后多蕴含着一套成熟的科学原理。但是对于科学证据可靠性的审查评断后的认证却不能仅仅依靠鉴定一项活动，合理利用专家辅助人制度对科学证据领域的鉴定意见进行充分质证，必然有利于法官更好地认证。即使是在科学技术和证据法理论和实践应用较为发达的美国，法庭对科学证据鉴定的接纳标准也因为一个又一个著名的案件不断地改进，④ 对于 DNA 类证据亦是如此。⑤ 其中具有标志性意义的案例和规则按照时间顺序依次有 1923 年弗莱伊诉合众国案⑥、1975 年版《联邦证据规则》、1993 年多伯特诉梅里·道医药公司案⑦、

---

① 张保生主编：《证据法学》（第二版），中国政法大学出版社 2014 年版，第 199 页。

② 刘品新：《电子证据的鉴真问题：基于快播案的反思》，《中外法学》2017 年第 1 期，第 100 页。

③ 参见《关于办理刑事案件收集提取和审查判断电子数据若干问题的规定》第 22 条规定：对电子数据是否真实，应当着重审查以下内容：（一）是否移送原始存储介质；在原始存储介质无法封存、不便移动时，有无说明原因，并注明收集、提取过程及原始存储介质的存放地点或者电子数据的来源等情况；（二）电子数据是否具有数字签名、数字证书等特殊标识；（三）电子数据的收集、提取过程是否可以重现；（四）电子数据如有增加、删除、修改等情形的，是否附有说明；（五）电子数据的完整性是否可以保证。

④ 参见陈邦达《美国科学证据采信规则的嬗变及启示》，《比较法研究》2014 年第 3 期，第 15 页。

⑤ 参见陈学权《DNA 证据研究》，中国政法大学出版社 2011 年版，第 39—43 页。

⑥ Frye v. United States, 293 F. 1013, 1014 (D. C. Cir. 1923).

⑦ Daubert v. Merrell Dow Pharmaceuticals, 509 U. S. 579, 580 (1993).

1999年库霍姆轮胎案①及2000年版《联邦证据规则》。而我国对鉴定意见的审查评断内容通过《最高人民法院关于适用〈中华人民共和国刑事诉讼法〉的解释》第84条进行了规定，②并通过第85条、第86条对鉴定意见的排除进行了规定。③

对于DNA数据库证据来说，由于存储于DNA数据库中的各类人员和各种现场物证的基础信息数据和DNA分型数据，比中通报属于电子数据，DNA数据库比中鉴定文书属于鉴定意见。所以在认证环节重点要审查评断其电子数据特点和鉴定意见的属性。

针对存储于DNA数据库中的各类人员和各种现场物证的基础信息数据和DNA分型数据，比中通报类证据法官认证时应该重点审查存储数据的服务器的运行性能，安全性是否得到保障，是否有密码或授权专人使用的程序，数据在各个系统之间转移传递时是否能保证其完整性，数据是否有增加、修改和删除等现象，数据的检索比对过程是否能够重现等方面。

针对DNA数据库比中鉴定文书，法官在认证时应该从以下几个方面审查：鉴定机构和鉴定人员是否具有鉴定资质，鉴定人员是否掌握DNA数据库相关技术和知识，比中通报两端的人员和现场物证基本信息是否经过核对，人员血样和现场物证是否经过复核检验，DNA基因型是否与之

---

① Kumho Tire Co. V. Carmichael, 119 S. Ct. 1167, 1175 (1999).

② 《最高人民法院关于适用〈中华人民共和国刑事诉讼法〉的解释》第84条规定：对鉴定意见应当着重审查以下内容：（一）鉴定机构和鉴定人是否具有法定资质；（二）鉴定人是否存在应当回避的情形；（三）检材的来源、取得、保管、送检是否符合法律、有关规定，与相关提取笔录、扣押物品清单等记载的内容是否相符，检材是否充足、可靠；（四）鉴定意见的形式要件是否完备，是否注明提起鉴定的事由、鉴定委托人、鉴定机构、鉴定要求、鉴定过程、鉴定方法、鉴定日期等相关内容，是否由鉴定机构加盖司法鉴定专用章并由鉴定人签名、盖章；（五）鉴定程序是否符合法律、有关规定；（六）鉴定的过程和方法是否符合相关专业的规范要求；（七）鉴定意见是否明确；（八）鉴定意见与案件待证事实有无关联；（九）鉴定意见与勘验、检查笔录及相关照片等其他证据是否矛盾；（十）鉴定意见是否依法及时告知相关人员，当事人对鉴定意见有无异议。

③ 《最高人民法院关于适用〈中华人民共和国刑事诉讼法〉的解释》第85条规定：鉴定意见具有下列情形之一的，不得作为定案的根据：（一）鉴定机构不具备法定资质，或者鉴定事项超出该鉴定机构业务范围、技术条件的；（二）鉴定人不具备法定资质，不具有相关专业技术或者职称，或者违反回避规定的；（三）送检材料、样本来源不明，或者因污染不具备鉴定条件的；（四）鉴定对象与送检材料、样本不一致的；（五）鉴定程序违反规定的；（六）鉴定过程和方法不符合相关专业的规范要求的；（七）鉴定文书缺少签名、盖章的；（八）鉴定意见与案件待证事实没有关联的；（九）违反有关规定的其他情形。第86条规定：经人民法院通知，鉴定人拒不出庭作证的，鉴定意见不得作为定案的根据。

前检验完全一致，DNA 数据库鉴定意见的形式要件是否符合法律法规的相关规定，鉴定书最终给出的结论性意见是否清晰，是否具有证据的关联性属性，与案件中其他已经明确认定的证据能否印证而不冲突等。

另外，需要在此处特别提出的一点是，在日常 DNA 数据库工作的情况下会经常遇到异地比中的问题。在这种情况下，在违法犯罪人员与现场物证比中后出具 DNA 数据库比中鉴定文书时势必会有两份文书存在。一份是现场物证的检验报告，另一份是数据库比中之后出具的比中鉴定意见。这两份报告可能分别属于不同的省份和级别的异地公安机关。那么问题就来了，法官在对后一份比中鉴定意见认证之前可能会需要该份鉴定意见的鉴定人出庭说明情况。这属于法庭庭审的通常做法，那么前一份报告的检验人需要出庭就其鉴定过程做出说明吗？如果法官认为不需要，那这属于美国证据法中的排除传闻例外吗？

其实，早在 2012 年我们的美国法官同行就发现了这个问题。在著名的 Williams v. Illinois[①] 案件中，美国联邦最高法院的法官们关于上文中提到的前一份检验报告这个"第二手报告"[②] 可采性问题各执一词，发表了不同的观点。这个案例对我国法官在审理有 DNA 数据库比中鉴定意见的情况，提供了有益的借鉴。让我们对"第二手报告"有了进一步的认识，在现实的刑事司法实践中会有很多这种第二手资料，DNA 数据库异地比中后出具比中鉴定意见就是最为典型的例子。至少提醒法官在审理这类案件的时候鉴定意见形成的每个环节都需要认真审查。而在刑事诉讼中法官对 DNA 数据库证据进行认证活动时，会自觉不自觉地用到类似英美证据法中的可采性规则、相关性规则、意见证据规则和非法排除证据规则，只有在充分认识 DNA 数据库证据的内容和形式的前提下，正确运用这些规

---

① Williams v. Illinois 132 S. Ct. 2221, 183 L. Ed. 2d 89（2012）. 在该案件中，犯罪嫌疑人 Williams 涉嫌强奸他人。该案在 DNA 检验的过程中涉及两个鉴定机构，一个私人鉴定机构从受害人的阴道拭子中检验出一男性 DNA 分型，伊利诺伊州警察实验室检验出 Williams 的 DNA 分型，结果发现两者匹配。伊利诺伊州警察实验室鉴定人员就这个 DNA 分型的匹配出庭说明情况。问题的焦点在于，该男性嫌疑人的 DNA 分型不是警察实验室检验的，该警察实验室出具鉴定意见事实上是在借用"第二手报告"。这份鉴定意见是否符合《美国联邦证据规则》703 的要求而属于庭外陈述合法例外而可采？703 规则在实际判案中到底如何适用？

② 参见［美］Edward J. Imwinkelried《逻辑与法律之间的又一个冲突——根据关于专家意见可采性的〈联邦证据规则〉703 对待第二手事实的戈尔迪之结》，王进喜译，《证据科学》2013 年第 3 期，第 261—308 页。

则的精神才能在对 DNA 数据库证据的审查评断中达到更好的效果。

4. DNA 数据库证据认证环节对侦查活动的启示

作为司法证明活动四个步骤的最后一个环节，认证在其中扮演着极其重要的角色。这种角色的转变是"以审判为中心"司法体制改革的直接结果，如果说在"以侦查为中心"的司法体制下取证最为重要的话，那么在审判阶段重新夺回话语权的当今，认证正在走向并已经站在了司法体制舞台的中央。

那么 DNA 数据库证据的认证对于侦查阶段的侦查人员、DNA 数据库管理人员和 DNA 鉴定人员有什么启示呢？笔者认为认证对于侦查活动有以下几点帮助。

（1）了解法官对于 DNA 数据库证据的内容和程序、熟悉相关认证规则，这样可以做到知己知彼，为日后出庭应诉做好准备，以免陷入被动。

（2）了解认证对于 DNA 数据库证据的要求，对 DNA 数据库建设中的血样采集、信息入库、检材检验、DNA 分型入库、检索比对和鉴定文书出具等各个环节的工作具有积极的指导意义。[①] 能够明白法庭重点关注的环节和细节，把重点关注的细节做到、做细、做全，法庭审判涉及不到的环节不做或少做。用审判阶段对 DNA 数据库证据的要求指导侦查活动，实现侦查活动的"繁简分流"，这样既突出了重点，又提高了效率。

三 法庭科学 DNA 数据库的法律规制路径：DNA 数据库立法

（一）DNA 数据库法律法规现状

1. 国内现状

关于我国 DNA 数据库的立法现状，笔者利用"北大法宝"中国法律检索系统以"DNA"为关键词进行全文、精确检索，检索限制在中央法规、司法解释、地方法规、规章范围。检索结果为：法律 1 篇，《居民身份证法》中在第二代居民身份证中增加指纹信息和 DNA 数据问题；行政法规 2 篇，《国务院办公厅关于印发中国反对拐卖人口行动计划（2013—2020 年）的通知》和《国务院办公厅关于加强和改进流浪未成年人救助

[①] 参见袁丽、张俊《DNA 证据审查初探》，《中国人民公安大学学报》（自然科学版）2007 年第 2 期，第 43 页。

保护工作的意见》；司法解释 7 篇，《最高人民法院关于适用〈中华人民共和国刑事诉讼法〉的解释》《关于办理死刑案件审查判断证据若干问题的规定》《关于办理刑事案件排除非法证据若干问题的规定》《最高人民法院、最高人民检察院、公安部、司法部印发〈关于依法惩治拐卖妇女儿童犯罪的意见〉的通知》等；部门规章 16 篇，《民政部办公厅关于开展救助管理机构寻亲服务主题宣传周活动的通知》《民政部、国家发展改革委员会关于印发〈民政事业发展第十三个五年规划〉的通知》《公安部关于进一步加强打拐反拐工作的通知》《民政部、公安部关于加强生活无着流浪乞讨人员身份查询和照料安置工作的意见》等；[①] 行业规定 1 篇，《中国法治建设年度报告（2009）》。

以"DNA 数据库"为关键词进行全文、精确检索，检索限制在中央法规、司法解释、地方法规、规章范围。检索结果为：法律 1 篇，涉及全国公安机关 DNA 数据库；行政法规 2 篇，涉及打拐 DNA 数据库 2 篇；司法解释 1 篇，涉及打拐 DNA 数据库 1 篇；部门规章 9 篇，涉及打拐 DNA 数据库 9 篇；行业规定 1 篇，涉及打拐 DNA 数据库 1 篇。上述法律法规规章内容涉及儿童打拐、流浪乞讨未成年人寻亲救助保护、流动人口管理、解决无户口人员登记、提供有无犯罪记录查询、灾难事故的身份认定、侦查破案、打击犯罪、维护社会稳定等方面。

我国香港特别行政区于 1999 年制定、2000 年修订了《危险药物、总督特派廉政专员公署及警队条例》，[②] 该条例对什么情况下可以采集样本进行 DNA 检验建库，什么类型的人员属于被采集样本的范围，什么样的主体可以实施采集样本的活动，人员 DNA 样本什么时间销毁，DNA 数据库中存储的人员 DNA 分型什么情况下删除等方面都做了详细的规定。另外，该条例还规定"对于现场物证的 DNA 分型的删除要视情况而定：如果现场物证所涉及案件未能破获，DNA 分型不会删除，期望利用 DNA 数据库的比对功能发挥作用；如果现场物证所涉及案件已经破获，视警方的

[①] 除此之外，还有《民政部、中央综治办、最高人民法院等关于在全国开展农村留守儿童"合力监护、相伴成长"关爱保护专项行动的通知》《民政部、公安部关于开展查找不到生父母的打拐解救儿童收养工作的通知》《公安部、国家人口和计划生育委员会关于建立来历不明疑似被拐妇女儿童信息通报核查机制的通知》《民政部、公安部、财政部等关于进一步加强城市街头流浪乞讨人员救助管理和流浪未成年人解救保护工作的通知》等部门规章。

[②] 黎锦明、张国强：《香港特别行政区的 DNA 数据库》，《中国法医学杂志》2006 年第 5 期，第 291—293 页。

需要决定是否删除"[1]。

我国澳门特别行政区尚未就 DNA 数据库立法,但日前司法警察局刑事技术厅已经在参考世界各国 DNA 数据库立法的基础上将立法草案提交特区法务局。为了充分发挥 DNA 数据库在刑事和民事案件上的应用,澳门特区司法警察局刑事技术厅建立了不同的 DNA 子库。对于因故意犯罪被判一年以上重刑如暴力犯罪、性犯罪以及其他指控,在法院对其做出生效的有罪裁判确定其为罪犯后,通过审理法官的批示进行采样和收录于被判刑人库;按被起诉的嫌疑人的要求或法官依职权命令或要求,在被定罪之前采样和收录于嫌犯库,而当被起诉的嫌疑人被判无罪时会立即移除其数据。对那些没有实施犯罪、其行为不构成犯罪或经再审、上诉程序改判无罪的人的 DNA 样本立即销毁。澳门特区 DNA 数据库存储数据的年限一般为 50 年,而志愿者或失踪者亲属在其没有主动要求移除其数据情况下永久保存。因排除怀疑而被录入之工作人员,其资料于其终止职务 20 年后删除;因排除怀疑而被录入之其他人员,其资料于其刑事诉讼终结或最长追诉期结束后即时删除,而被排除嫌犯身份后之人士,其资料须即时删除。

我国台湾地区于 1999 年 2 月制定了《去氧核醣核酸采样条例》,"该条例明确 DNA 采样的立法目的是:维护人民安全、协助司法鉴定、协寻失踪人口、确定亲权关系、提升犯罪侦查效率、有效防止性犯罪等。2000 年 7 月又颁布了类似于司法解释性质的《去氧核醣核酸采样条例实行细则》,对 DNA 数据库样本采集的具体细节何种警种采样、采集程序及所采样本的信息作了规定"[2]。2003 年又对刑事诉讼法进行了修订,增加了 205 条之一、之二,其中 205 条之一是对采集人体分泌物的许可,205 条之二是对采集指纹的许可。[3] 上述法条将 DNA 数据库样本采集的对象限定在犯罪嫌疑人和被告人,相应的样本采集的时间就规定在法院对其做出判决之前的时间段。另外法条还规定被采样人的样本应该保存 10 年以上,

---

[1] 陈红英、李海燕、唐振亚等:《香港 DNA 数据库概况及广东省 DNA 数据库建设思考》,《广东公安科技》2012 年第 4 期,第 7 页。

[2] 赵兴春:《刑事案件 DNA 检验采样与鉴定立法现状》,《证据科学》2009 年第 1 期,第 107—108 页。

[3] 我国台湾地区于 2003 年 2 月对"刑事诉讼法"进行了修订,同年 9 月正式施行。转引自李学军、张卫萍、张吉林《侦查机关强制采取物证比对样本的必要性及合法化路径研究》,《证据科学》2009 年第 2 期,第 218 页。

而被采样人的 DNA 分型保存的时间更长,为其死后 10 年的时间。2012年又对《去氧核醣核酸采样条例》部分条款进行了修订,对犯罪嫌疑人和被告人所涉罪名进行了调整,由原先的"性犯罪和重大暴力犯罪"修改为"公共危险罪、伤害罪、杀人罪、妨害性自主罪、恐吓及掳人勒赎罪、抢夺强盗及海盗罪"等罪名。① 2012 年 7 月 4 日台湾地区内政部又颁布了两部法规《去氧核醣核酸样本采集准则》《去氧核醣核酸样本与纪录监督管理办法》,这两部法规对 DNA 数据库(法规内称 DNA 资料库)样本采集方法、样本类型采集的优先顺序以及 DNA 数据库中信息资料的保存和删除做了详细规定。②

对我国内地及港澳台地区 DNA 数据相关的法律进行梳理后发现,我国内地对 DNA 数据库的法律规制相较港澳台地区的差距非常明显。各类提到 DNA 数据库的法律、法规、规章和行业规范共 14 篇,其中涉及打拐 DNA 数据库的 13 篇。没有任何一篇提到样本采集问题,更不要说后续的样本的销毁、DNA 数据库中数据的删除和保存期限问题。有学者在 2012 年刑事诉讼法修改之前提出观点说,我国 DNA 数据库运行和管理不需要专门立法,只需要在修订刑事诉讼法时将上述问题在其中规定即可解决问题,这样既解决实际问题又可节约立法成本。③ 这个观点笔者原本是同意的,但是 2012 年刑事诉讼法出台并未对此作规定。

而关于刑事诉讼法第 130 条④是否规定了 DNA 数据库的强制采血规则,学界的观点不尽相同。有的学者认为该法条为 DNA 数据库强制采集血样提供了法条依据。⑤ 但有的学者认为该法条并没有规定 DNA 数据库的强制采血规则,只是为了确认犯罪嫌疑人身份所做的检查活动。如果认

---

① 翁怡洁:《域外的法庭科学脱氧核糖核酸(DNA)数据库制度及对我国的启示——以刑事司法领域为视角》,《政治与法律》2012 年第 6 期,第 134 页。

② 具体内容参见我国台湾地区《去氧核醣核酸样本采集准则》《去氧核醣核酸样本与纪录监督管理办法》相关规定。

③ 陈学权:《刑事程序法视野中的法庭科学 DNA 数据库》,《中国刑事法杂志》2007 年第 6 期,第 58 页。

④ 《中华人民共和国刑事诉讼法》第 130 条规定:"为了确定被害人、犯罪嫌疑人的某些特征、伤害情况或者生理状态,可以对人身进行检查,可以提取指纹信息,采集血液、尿液等生物样本。"

⑤ 陈邦达:《DNA 数据库:实践、困惑与进路》,《北京理工大学学报》(社会科学版)2013 年第 1 期,第 117 页。

为是强制采血规则的话，法条应该将其安排在强制措施或鉴定的部分，而不是放在勘验、检查部分。所以立法者并没有如此意图。[①] 关于这一点笔者基本赞成后一种观点，但是目前我国内地 DNA 数据库建设已呈爆发式的发展状态，却没有任何一部法律法规对其进行规制，处于未立法先建库的不正常状态。我们何不以一种包容的心态认为刑事诉讼法第 130 条为 DNA 数据库采血提供了一丝法律保障，其实这种做法也实属无奈。所以 DNA 数据库立法已经箭在弦上、不得不发了！

2. 国外情况

1995 年，英国成为全球首个建立国家 DNA 数据库的国家。[②] 虽然在其发展初期得到公众的支持，迎来了爆发式增长的阶段，曾经允许存放排除嫌疑的无辜者的 DNA 分型，但是随着往后进行，争议越来越大。[③] 2001 年在前首相托尼·布莱尔的倡导下，通过了《刑事司法和警察法案》（the Criminal Justice and Police Act 2001），该法案规定被判有罪的罪犯的 DNA 分型可以存储于 DNA 数据库中。2003 年 4 月，该法案进行了修订。修订后的法案规定嫌疑人只要被逮捕就可以采集其 DNA，而不需要等到其被起诉更遑论其被判有罪，且其 DNA 分型会一直保存在数据库中。该法案于 2004 年 4 月在英格兰和威尔士生效施行。2006 年，托尼·布莱尔提议建立一个更大范围的 DNA 数据库，其中包括全英所有公民，甚至包含到访英国的游客。这一提议引起社会各界的广泛讨论。2008 年 6 月，在全英警察年会上，61% 的警长投票反对建设更大规模 DNA 数据库的提议。在马普诉约克郡警察局一案中，两名被采样检测 DNA 的公民将约克郡警察局诉至法院，主张其隐私权等人权受到侵犯。历经当地法院及欧洲人权法院的审理后，欧洲人权法院于 2008 年 12 月做出判决：英国国家 DNA 数据库无限期保存无辜者的 DNA 分型和 DNA 样本的做法违背了欧洲人权公约第 8 条隐私权的相关规定。"涉及 DNA 分型和生物样本的留存问题对公民个人信息构成过度干扰，出于对公民隐私权的尊重，作为民主

[①] 刘晓丹：《DNA 样本强制采集与隐私权保护》，《中国人民公安大学学报》（社会科学版）2012 年第 3 期，第 100 页。

[②] 参见胡萌《DNA 分析技术在法医学中的应用及进展》，《医学信息手术学分册》2008 年第 7 期，第 635 页。

[③] McCartney C., "Forensic DNA Sampling and the England and Wales National DNA Database: A Skeptical Approach", *Crit Criminal*, No. 12, 2004, pp. 157 – 178.

国家的英国这种做法显然不当。"① 政府必须考虑采取妥当的方式使 DNA 数据库建立在不侵犯公民隐私权的基础上。欧洲人权法院的判决主要涉及四个方面的问题：（1）被判无罪的犯罪嫌疑人其被采集的样本和 DNA 分型在数据库中保留和删除的期限问题；（2）被判的罪行轻重是否会影响样本的保存和删除问题；（3）被判无罪的犯罪嫌疑人能否申请删除 DNA 分型数据信息问题；（4）数据库样本和数据的保存和删除应否考虑罪犯或犯罪嫌疑人的年龄问题。② 2013 年，作为对欧洲人权法院判决的回应，经过公众和议会广泛的讨论后，《自由保护法案》（the Protection of Freedoms Act 2012）在英格兰和威尔士正式实施。该法案施行后，超过 179 万条无罪人员和儿童 DNA 分型数据从国家 DNA 数据库中删除，7753000 份 DNA 样本被销毁。③ 因轻微罪行被逮捕的嫌疑人员 DNA 分型必须在其被做出无罪判决或诉讼被撤销时自动删除。对于被指控为更严重罪行的嫌疑人的 DNA 分型可以暂存 3 年，而个人（但不是来自犯罪现场）的生物样本必须在提取后的 6 个月内销毁。北爱尔兰和苏格兰的议会也通过了类似的法律，只不过后者在 2006 年拒绝了将无罪人员纳入其 DNA 数据库的提案。

马普案判例对欧盟成员国家的 DNA 数据库建设影响深远，但是其影响却远不止于此。目前欧盟国家正在商讨新的数据保护草案，其内容涉及警方在犯罪现场勘验和反恐方面收集和使用的数据，而该草案的内容必须符合马普案判例的精神。虽然大多数欧盟国家在 DNA 数据库立法上做得很好，但还有一些国家特别是爱沙尼亚、拉脱维亚和立陶宛还是走在了后边。2005 年，葡萄牙宣布计划实施全民建设 DNA 数据库，但是由于经费和人权问题，尤其是英国对于未定罪人员记录是否在 DNA 数据库中留存问题大讨论使该计划流产。2008 年 2 月，葡萄牙的 DNA 数据库立法再次启动，这次立法的内容充分考虑到了马普案判例的精神。法律规定嫌疑人的 DNA 分型只有当其被判有罪时才会存储在数据库中，但是必须在其执

---

① 该判决的英文原文是："the retention at issue of DNA profiles, biological samples and fingerprints] constitutes a disproportionate interference with the applicants' right to respect for private life and cannot be regarded as necessary in a democratic society."

② Craig Nydick, "The British Invasion (of privacy): DNA Databases in the United Kingdom and United States in the Wake of the Marper Case", *Emory International Law Review*, Vol. 23, 2009, p. 609.

③ H. M. Wallace, A. R. Jackson, J. Gruber, "Forensic DNA Database-Ethical and Legal Standards: A Global Review", *Egyptian Journal of Forensic Sciences*, No. 4, 2014, p. 58.

行完刑罚的10年内从数据库中删除,其生物样本在采集后或随着DNA分型的删除同时销毁。[1] 爱尔兰直到2013年才有关于DNA数据库的立法,并且明确要求遵循马普案判例。[2] 俄罗斯作为遵循马普案判例的国家,于2008年12月首批率先通过DNA数据库立法。[3]

在过去的几年中,欧洲法庭科学研究所联盟(the European Network of Forensic Science Institute, ENFSI)的DNA工作组每年发布一份关于DNA数据库管理的文件。下面3个表格引自ENFSI官方网站[4]欧盟国家关于DNA数据库立法的最新文件内容(见表5-1、表5-2、表5-3)。

表5-1 欧盟国家DNA数据库准入数据类型情况

国家/人员类型	被判有罪的罪犯	犯罪嫌疑人	现场物证
奥地利	+	任何"重型犯罪"	+
比利时	仅限于人身侵害犯罪	—	法官要求的任何物证
克罗地亚	政府已向国会提交议案	政府已向国会提交议案	政府已向国会提交议案
捷克	除轻型犯以外的所有被判有罪的罪犯	只有在嫌疑人被提起诉讼后才能采集比对样本	只允许保留未破案件的现场物证样本
爱沙尼亚	计划同时采集样本	计划同时采集样本	任何未知DNA样本
法国	限于特定类型的犯罪:性侵、人身犯罪、恐怖犯罪、抢劫、蓄意暴力犯罪、绑架、侵财、运输毒品、拉皮条	仅限于被定罪的罪犯	任何与所列犯罪类型相关的未知现场物证

---

[1] H. M. Wallace, A. R. Jackson, J. Gruber, "Forensic DNA Database-Ethical and Legal Standards: A Global Review", *Egyptian Journal of Forensic Sciences*, No. 4, 2014, p. 60.

[2] Ibid..

[3] Ibid..

[4] European Network of Forensic Science Institutes, *ENFSI Report on Dna Legislation in Europe*, ENFSI Documents 2/11, Sep 27, 2016.

续表

国家/人员类型	被判有罪的罪犯	犯罪嫌疑人	现场物证
芬兰	限于特定类型的犯罪：强奸、性侵、拐卖儿童、谋杀、抢劫、过失杀人、抢劫、毒品犯罪、教唆犯罪	最长刑期为1年以上	所有类型的现场物证及分型，两人以上混合分型除外
德国	限于经警察和法官认定具有社会危害性的已判罪犯：所有侵犯生命的犯罪、恐怖犯、性侵、绑架、抢劫、盗窃、纵火等重型犯罪	限于经警察和法官认定具有社会危害性的已判罪犯：所有侵犯生命的犯罪、恐怖犯、性侵、绑架、抢劫、盗窃、纵火等重型犯罪	由法官决定的下列犯罪：所有侵犯生命的犯罪、恐怖犯、性侵、绑架、抢劫、盗窃、纵火等重型犯罪
希腊	+	所有严重刑事犯罪	+
匈牙利	刑期5年以上的犯罪及暴力性侵、涉外犯罪、针对青少年犯罪、系列犯或有组织犯罪、毒品犯罪、诈骗犯、涉枪、恐怖、核能源、国家安全、公共安全类犯罪	刑期5年以上的犯罪及暴力性侵、涉外犯罪、针对青少年犯罪、系列犯或有组织犯罪、毒品犯罪、诈骗犯、涉枪、恐怖、核能源、国家安全、公共安全类犯罪	没有限制
意大利	立法议案已提交至国会	立法议案已提交至国会	立法议案已提交至国会
爱尔兰	已判刑罪犯	已判刑罪犯	与未破案件相关
荷兰	刑期4年以上的犯罪	刑期4年以上的犯罪及经过检控官认定破案	任何分型可保留18年
挪威	刑期2年以上的重刑犯：性虐待、侵犯生命健康犯罪、抢劫、绑架、危害公共安全	暂无	仅限于两人以下的混合分型及与犯罪相关的样本
北爱尔兰	监狱服刑人员，除犯罪嫌疑人和即将定罪的罪犯	任何可能判处监禁刑的犯罪嫌疑人	无任何法定限制

续表

国家/人员类型	被判有罪的罪犯	犯罪嫌疑人	现场物证
葡萄牙	可能判处3年以上的犯罪	暂无	+
波兰	刑诉法第74条和192条a所规定的质控库、嫌疑犯、已被起诉和被定罪的罪犯	刑诉法第74条和192条a所规定的质控库、嫌疑犯、已被起诉和被定罪的罪犯	+
苏格兰	-	依法被逮捕或拘留的性犯罪、暴力犯罪、盗窃罪犯	无任何限制
西班牙	+	+	无任何限制
瑞典	最高刑期2年以上的犯罪	所有类型的嫌疑犯	所有的现场物证
瑞士	可能刑期1年以上的犯罪	任何涉嫌渎职或犯罪	警方或法官收集的物证
英国	任何法定犯罪	调查官有理由怀疑与案件物证有关的可能触犯任何法定犯罪的嫌疑人	所有现场物证

如表5-1所示，在表格中统计的22个欧盟国家中的DNA数据库准入数据类型中主要分为三大类型：已经判刑的罪犯、暂时未被判刑的犯罪嫌疑人和现场物证。其中主要以已经判刑的罪犯为主，但是因犯罪类型和量刑幅度的不同而各异。如瑞士为1年以上，瑞典为2年以上，葡萄牙为3年以上，荷兰为4年以上等。对于现场物证来说，法律还赋予法官或警官自由裁量权，如瑞士、德国和比利时。

表5-2　　　欧盟国家DNA数据库中DNA分型删除情况

国家/人员类型	被判有罪的罪犯	犯罪嫌疑人
奥地利	永不删除	无罪释放的人员必须删除
比利时	罪犯死后10年删除	无犯罪嫌疑人数据库
捷克	需要经过3年审查，之后的80年删除	无犯罪嫌疑人数据库

续表

国家/人员类型	被判有罪的罪犯	犯罪嫌疑人
爱沙尼亚	罪犯死后 5 年删除	无罪释放后删除
芬兰	罪犯死后 1 年删除	检控官认为证据不足、指控被取消、刑罚被撤销后 1 年,销毁样本、删除分型
法国	终审判决之后 40 年或 80 岁之后	未知样本在检测后 40 年删除
德国	数据审查后成人 10 年、未成年人 5 年后删除。如果有再犯危险、前科会延长。谋杀和性犯罪会无限期存储,其余的均删除	数据审查后成人 10 年、未成年人 5 年后删除。如果有再犯危险、前科会延长。谋杀和性犯罪会无限期存储,其余的均删除
希腊	死后删除	无罪释放后删除
匈牙利	诉讼程序终止或无罪释放后删除	刑罚执行完毕 20 年后删除。如果保外就医或进入惩戒所,分型会保留至惩罚结束
意大利	暂无	暂无
爱尔兰	暂无	暂无
荷兰	4—6 年刑期的储存 20 年,6 年以上的储存 30 年	4—6 年刑期的储存 20 年,6 年以上的 30 年
挪威	罪犯死后 2 年或案件重审证明无罪的删除	暂无
北爱尔兰	对删除无法律强行性规定,一般按惯例在罪犯死后或超过 100 岁后删除	对删除无法律强行性规定,一般按惯例在罪犯死后或超过 100 岁后删除
葡萄牙	暂无	暂无
波兰	—	—
苏格兰	分型会无限期保留	分型会保留直到无罪释放或警方放弃追究
西班牙	—	—
瑞典	刑罚执行完毕后 10 年删除	嫌疑人被判有罪后分型转移至罪犯库
瑞士	罪犯服刑后未再犯的 30 年后删除。罪犯死亡同时停止追诉或保外就医 20 年后删除	嫌疑人无罪释放后死亡。审判终结后 1 年、执行缓刑或罚金刑 5 年后删除
英国	法律允许无限期保存分型	即使嫌疑人无罪释放仍可无限期保存

如表 5－2 所示，在表格中统计的 21 个欧盟国家中的 DNA 数据库分型数据删除类型中主要分为两大类型：已经判刑的罪犯、暂时未被判刑的犯罪嫌疑人。对于前者来说，大部分国家会规定一个删除的最后期限，如瑞典的 10 年、荷兰的 20 年或 30 年、捷克的 80 年。但是也有国家规定可以无限期保存而不删除，如英国、苏格兰和奥地利。而对于犯罪嫌疑人大部分国家还是倾向于在无罪释放后立即删除 DNA 分型，只有少部分国家会规定删除期限。[①]

表 5－3　　　　欧盟国家 DNA 数据库中 DNA 样本存储情况

国家/人员类型	被判有罪的罪犯	犯罪嫌疑人
奥地利	样本留存	无罪释放后分型删除、样本销毁
比利时	获得分型后立即销毁样本	若无矛盾鉴定意见样本必须删除
捷克	无具体规定样本和分型保留删除的法条	无具体规定样本和分型保留删除的法条
爱沙尼亚	暂无	暂无
芬兰	检控官认为证据不足、指控被取消、刑罚被撤销后 1 年，同时销毁样本、删除分型	检控官认为证据不足、指控被取消、刑罚被撤销后 1 年，同时销毁样本、删除分型
法国	判决之后保存 40 年或保存至 80 岁	嫌疑人样本归还给法官或警察，嫌疑人被判刑后血样交由宪兵存储机构保存
德国	样本在获得分型后销毁	一般样本在获得分型后销毁，但是由于案情需要在终审判决之后销毁
希腊	保存至死后销毁	保存至无罪释放
匈牙利	为了维持数据库中分型的正确保存样本	为了维持数据库中分型的正确保存样本
意大利	暂无	样本一直保存
爱尔兰	暂无	暂无
荷兰	样本的保存与分型的保存时间一致，4—6 年刑期的储存 20 年，6 年以上的 30 年	如果嫌疑人被判刑，样本的保存与分型的保存时间一致，4—6 年刑期的储存 20 年，6 年以上的 30 年；如果被无罪释放，分型删除

---

① 参见邱格屏《刑事 DNA 数据库的基因隐私权分析》，《法学论坛》2008 年第 2 期，第 25 页。

续表

国家/人员类型	被判有罪的罪犯	犯罪嫌疑人
挪威	分型入库后样本必须销毁	分型入库后样本必须销毁
北爱尔兰	对样本销毁无法律强行性规定	对样本销毁无法律强行性规定，一般按地方惯例在无罪释放或诉讼终结后销毁
葡萄牙	暂无（数据库中只有现场物证分型）	暂无（数据库中只有现场物证分型）
波兰	某些犯罪的生物样本和分型保存20年或35年或由警察总长任命的委员会销毁	某些犯罪的生物样本和分型保存20年或35年或由警察总长任命的委员会销毁
苏格兰	样本会无限期保留	样本会无限期保留
西班牙	分析争议期经过后司法授权销毁样本	分析争议期经过后司法授权销毁样本
瑞典	保存25年或罪犯死后2年	保存25年或罪犯死后2年
瑞士	样本如不具有比对目的须在3个月内销毁	样本如不具有比对目的须在3个月内销毁
英国	法律规定所有依法提起的样本无限期保存	即使嫌疑人无罪释放仍可无限期保存

如表5-3所示，在表格中统计的21个欧盟国家中的DNA数据库人员样本保存和删除的类型中主要分为两种：已经判刑的罪犯、暂时未被判刑的犯罪嫌疑人。对于人员样本保存和删除历来就存在两种观点：一种认为在获取样本的DNA分型之后应当立即销毁样本，以德国和比利时为代表；另一种认为及时获得分型后仍应该保留样本，以英国和奥地利为代表。匈牙利甚至直接表明保留样本是为了保障数据库中DNA分型的正确性。总体看来，持两种观点的国家是在刑事政策和公民人权两者博弈的利弊权衡方面有所差异的。

南非于2009年通过关于DNA数据库的立法，但是这版法律却未采纳马普案判例，但是经过对英国及加拿大的人权保障的调研后于2013年又将该法律进行修订重新采纳马普案判例规则，并于2014年颁布实施。法律规定被定罪的人的DNA分型是无限期地存储的，但是无罪的人必须在无罪释放时或者对他们的诉讼被撤销之时，他们的DNA分型才能被删除。

个人生物样本必须在获得 DNA 分型后的 3 个月内销毁。[1]

在亚洲，马来西亚于 2009 年通过立法，并于 2012 年又对 DNA 数据库的细节进行了详细的规定。规定被判无罪的人的数据库中的 DNA 分型必须毫无延迟地删除。[2] 韩国于 2010 年立法，法律要求一旦撤诉或宣判无罪，政府获取的与之相关的生物样本及其 DNA 信息立即销毁。[3] 经过对一些重要争议问题的讨论后，印度于 2012 年制定了 DNA 法草案，其中并没有条款规定对于无辜者 DNA 样本及分型的销毁问题。因为他们认为对于 DNA 样本的采集纯属个人行为。[4] 像葡萄牙一样，乌兹别克斯坦已经否决了全民建库的提案，打算将 DNA 数据库建设重点放在重点人群中，立法细节还在讨论中。[5] 阿联酋是全球唯一的一个将全民建立 DNA 数据库作为国家政策的国家，为此已受到多方的批评。阿联酋正在开始对警察、军人和被定罪者的 DNA 样本进行采集。但是，该计划仍然有可能被修改，采集人员的范围很可能会包括未被定罪的嫌疑人以便适应即将到来的全球化趋势。[6] 卡塔尔、沙特阿拉伯、也门、阿尔及利亚、阿曼和科威特也计划建立新的 DNA 数据库。这些 DNA 数据库可能仅限于被定罪者，但是这些地区的政策大部分没有公开并尚未最终确定。

南美洲的巴西于 2012 年通过了立法。法律规定在处罚期限结束时，需要从数据库中删除罪犯的 DNA 分型，并且已经通过法令设立了一个指导委员会，负责执行法律的细节。[7]

美国的法律分为联邦法律和州法律。美国联邦调查局（FBI）实验室依据 1994 年的 DNA 个体识别法案（the DNA Identification Act）获得国会授权建立全国 DNA 索引系统数据库（NDIS）。NDIS 于 1998 年 10 月开始运行，起初只有 9 个州参与。从 1994 年到 2006 年联邦通过了一系列法律（见表 5-4），这些法律对 NDIS 存储和检索内容、联邦 DNA 数据库计划或罪犯/被逮捕嫌疑人认定的范畴、DNA 样本采集权限等进行了扩展。从

---

[1] H. M. Wallace, A. R. Jackson, J. Gruber, "Forensic DNA Database-Ethical and Legal Standards: A Global Review", *Egyptian Journal of Forensic Sciences*, No. 4, 2014, p. 60.

[2] Ibid..

[3] Ibid..

[4] Ibid..

[5] Ibid..

[6] Ibid..

[7] Ibid..

最初仅对特定类型的联邦重刑犯,到对所有的联邦重刑犯,最后到对所有因联邦重罪而被逮捕和拘留的人员。部分法律还对允许上传至 NDIS 并检索的 DNA 分型数据范围进行了扩展,从因犯罪而遭起诉的人员扩展到所有依法采集的样本,后者包括各州依法授权采集自被逮捕人员的 DNA 分型数据。

表 5-4　　　　　　　美国 DNA 数据库联邦法律发展简史[1]

年度	法案	授权内容
1994	DNA 个体识别法案 (DNA Identification Act)	FBI 获得授权组建国家 DNA 索引系统(NDIS),1998 年 10 月 NDIS 开始运行,当时只有 9 个州参与
2000	DNA 分型积压消除法案 (DNA Analysis Backlog Elimination Act)	获得对联邦已判刑罪犯进行 DNA 采样的授权
2001	美国爱国者法案 (USA Patriot Act)	对 2000 年的 DNA 分析积压消除法案进行修订,授权范围扩展至恐怖分子或联邦罪行列表中的暴力犯
2004	司法公平法案 (Justice for All Act)	允许将被起诉人员的 DNA 分型数据存于 NDIS,获得开展一次性"键盘式检索"权限;对实验室开展评审和审核;联邦已判刑罪犯扩展至所有重罪,增加新的核心基因座要求通知国会
2005	DNA 指纹法案 (DNA Fingerprint Act)	允许被逮捕者和依法采集样本存于 NDIS;取消一次性"键盘式检索"权限;对联邦罪犯扩展至被逮捕者和被拘留者
2006	亚当·沃尔什儿童保护与安全法案 (Adam Walsh Child Protection and Safety Act)	对 2000 年的 DNA 积压消除法案进行修订,授权检察总长可对面临指控或被定罪人员及被逮捕人员进行 DNA 采样

　　除了确保 NDIS 能够存储和检索被逮捕者和其他依法采集的 DNA 样本外,2005 年通过的 DNA 指纹法案在联邦层面将 DNA 采样范围扩展至所有的已判刑罪犯和被美国政府拘留的非美国公民。

　　美国各州的 DNA 数据库立法情况更为复杂,各州允许采集的人员类型、保留样本和其 DNA 分型的规定不一样。到 1998 年 6 月,美国的全部

---

[1] 参见 [美] John M. Butler《法医 DNA 分型专论:方法学》(第三版),侯一平、李成涛主译,科学出版社 2013 年版,第 197 页。

州均已通过立法，要求已判刑罪犯为 DNA 建库提供样本。然而每个州对于何种罪犯需要进行 DNA 采样有不同的规定。在许多州，这些规定也随着时间的推移而不断变化，所包含的罪犯类型也越来越多。强制采样的范围从仅限于性侵犯到所有的重刑犯，再到所有的被捕嫌疑犯。收集所有重刑犯的 DNA 样本已成为一种立法趋势，现在更扩展至很多案件类型中被逮捕人员。表 5-5 简要列出了不同年份美国各州可以录入州立 DNA 数据库的罪犯类型及对应的州数。①

近些年，美国各州又出现了扩展采集 DNA 样本人员范围的趋势。截至目前已经有 7 个州通过立法将范围扩展至：被判有罪的轻型犯、经辨认有罪的人员和被判无罪释放的人员。2006 年，纽约州成为全美第一个通过法案要求采集被判有罪的轻型犯 DNA 的州。这 7 个州分别为犹他州、威斯康星州、爱荷华州、奥克拉荷马州、纽约州、新泽西州、弗吉尼亚州。

经过统计，总共有 22 个州只允许在定罪后采集 DNA，在定罪前可以采集 DNA 的 28 个州中，有 7 个州对未定罪人员的记录进行了自动清除，而其余的 21 个州须经个人申请后删除。② 最近俄克拉荷马州重新通过了一项法律，法律规定对于未定罪人员须自动清除。2013 年 6 月美国最高法院对马里兰诉金案（Maryland v. King）的判决鼓励了更多的美国各州实施定罪前的 DNA 检测，法院以多数裁决裁定这并不违反美国宪法。③

表 5-5　美国各州 DNA 数据库相关法律允许进行 DNA 采样批准州数

犯罪类型	批准州数			
	1999 年	2004 年	2008 年	2010 年
性侵犯	50	50	50	50
所有暴力犯罪	36	48	50	50

---

① 参见［美］John M. Butler《法医 DNA 分型专论：方法学》（第三版），侯一平、李成涛主译，科学出版社 2013 年版，第 198 页。
② The Urban Institute, Collecting DNA at Arrest: Policies, Practices, and Implications, Final Technical Report, Washington, D. C. May 2013.
③ David H. Kaye, "Why So Contrived? Fourth Amendment Balancing, Per Se Rules, and DNA Databases Afer Maryland v. King", *Journal of Criminal Law and Criminology*, Vol. 104, No. 3, 2014, pp. 535-595.

续表

犯罪类型	批准州数			
	1999 年	2004 年	2008 年	2010 年
盗窃	14	47	50	50
所有重刑犯	5	37	47	49
未成年人犯罪	24	32	32	32
被逮捕嫌疑人	1	4	14	25
家系检索	—	—	2	2

（二）DNA 数据库立法建议

参考上述我国港澳台地区和世界各国 DNA 数据库立法的先进经验和问题教训，作者认为我国 DNA 数据库立法如果单纯从刑事诉讼的角度考虑，需要注意以下几个方面的问题。

1. 明确立法目的宗旨

我国 DNA 数据库立法一定要考虑到我国的历史文化、风土人文、法律、政策和伦理因素，建议立法旨在为了维护国家安全、公共安全、集体和公民人身、财产利益并打击违法犯罪而建立。

2. 明确管理机关、使用人员和经费来源

建议参考和借鉴加拿大的做法，[1] 国家成立专门对国家 DNA 数据库运行、管理进行监管的机构，[2] 并且明确规定 DNA 数据库使用的人员仅限于公安机关中各类刑事侦查和刑事技术人员，保证登录和使用 DNA 数据库的每一个账号都严格对应一个警号和数字身份证书。国家 DNA 数据库的维护、运行和管理的费用应该列入每年的专项经费，严禁被挪用或被用作他途。[3]

3. 明确数据库建设程序

（1）采样对象

采样对象范围不宜过度扩张，在确立"以审判为中心"的司法原则

---

[1] 参见王高平、吴琼《国家 DNA 数据库隐私权研究》，《山西财经大学学报》2012 年第 2 期，第 59 页。加拿大司法院在 2000 年初成立了国家 DNA 数据库咨询委员会这一独立机构，其主要职责在于监督并保证 DNA 数据库执行的有效性和安全性。

[2] 葛百川、郭宏玲、王穗保：《美国、加拿大 DNA 数据库概况及对我国建立 DNA 数据库的思考》，《刑事技术》2001 年第 4 期，第 7 页。

[3] 赵兴春：《中国国家 DNA 数据库建设政策分析》，《江苏警官学院学报》2007 年第 6 期，第 147 页。

之下，更应当严格按照无罪推定原则执行采样标准，兼顾公民的知情权和名誉权并考虑刑事侦查办案的效率，建议采样对象以定罪罪犯为中心适度向两侧延伸。立案侦查阶段的犯罪嫌疑人、经法院审判定罪的罪犯和在监狱服刑而未被采集样本的人员作为采样对象似乎较为妥当。①

（2）样本类型及采集方式

样本类型与采集方式紧密联系，一般采取侵入式的采集方式样本类型大多考虑采集血液样本，采取非侵入式的采集方式样本类型考虑唾液样本。②

采集方式宜采取侵入式和非侵入式相结合的方法进行，并且针对刑事诉讼活动中采集对象的身体条件和状态有区别性地考虑。对那些身体条件和状况较好的罪犯或犯罪嫌疑人宜采取侵入式的采集方式，相对应地对那些身体条件较差或有特殊疾病和特殊病史（如血友病、近期接受过输血或骨髓移植）不适宜采集血样的罪犯或犯罪嫌疑人可考虑采取非侵入式的采集方式。

（3）采集主体

采集主体应当以公安机关侦查部门民警、看守所、拘留所、戒毒所和监狱中民警和专职医生为主，以保证样本采集质量。

（4）生物样本的保留及销毁

刑事案件生物样本的保留与销毁应当视样本种类和案件侦破及审判情况做适当区分：各类人员样本在其 DNA 分型入库之后经过至少 1 次复核，确认无误后立即销毁；各类现场物证如果未破获，样本须保留直到破获终审判决后销毁；现场物证如果已破获，待终审判决后样本立即销毁。

（5）数据的保存及删除

出于数据安全性及公民隐私权的考虑，建议地方各级 DNA 数据库的各类人员基本信息用编码代替，真实信息只允许保留汇总至国家库中。数据的保存和删除应当视犯罪类型而定，那些再犯可能性大的应当保留至罪犯死亡后删除，那些再犯可能性小的应当在刑罚执行完毕后立即删除。

4. 公民的救济途径

正所谓"无救济则无权利"，最后应该规定公民的权利受到严重侵犯后的救济途径，以对公共权力机关行为构成制约。

---

① 参见方建新、于红卫、程大霖《制定我国罪犯 DNA 数据库管理规范的探讨》，《中国司法鉴定》2001 年第 1 期，第 41 页。

② 参见刘广三、汪枫《刑事 DNA 采样和分析中的法理思考》，《法学杂志》2015 年第 3 期，第 109 页。

参考文献

一　著作类

［德］克劳思·罗科信：《德国刑事诉讼法》，吴丽琪译，台湾：三民书局1998年版。

［美］Ian W. Evett、Bruce S. Weir：《DNA证据的解释——法庭科学中的统计遗传学》，黄代新、杨庆恩、刘超主译，中国人民公安大学出版社2009年版。

［美］John M. Butler：《法医DNA分型：STR遗传标记的生物学、方法学及遗传学》，侯一平、刘雅诚主译，科学出版社2007年版。

［美］John M. Butler：《法医DNA分型专论：方法学》（第三版），侯一平、李成涛主译，科学出版社2013年版。

［美］爱德蒙·M. 摩根：《证据法之基本问题》，李学灯译，世界书局1982年版。

［美］益格洛·昂舍塔：《科学证据与法律的平等保护》，王进喜、马江涛等译，中国法制出版社2016年版。

［美］伯纳德·罗伯逊、G. A. 维尼奥：《证据解释——庭审过程中科学证据的评价》，王元凤译，中国政法大学出版社2015年版。

［美］布恩·埃克斯特兰德编：《心理学原理和应用》，韩进之、吴福元、张湛等译，知识出版社1985年版。

［美］罗纳德·J. 艾伦、理查德·B. 库恩斯、埃莉诺·斯威夫特：《证据法律——文本、问题和案例（第三版）》，张保生、王进喜、赵滢译，

高等教育出版社 2006 年版。

［美］米尔建·R. 达马斯卡：《漂移的证据法》，李学军等译，中国政法大学出版社 2003 年版。

［美］乔恩·R. 华尔兹：《刑事证据大全》，何家弘等译，中国人民公安大学出版社 2004 年版。

［日］松尾浩也：《日本刑事诉讼卷》上卷，丁相顺译，中国人民大学出版社 2005 年版。

［新］约翰·巴克尔顿、［新］克里斯托弗·M. 特里格斯、［澳］西蒙·J. 沃尔什：《法庭科学 DNA 证据的解释》，唐晖、焦章平等译，科学出版社 2010 年版。

［英］杰佛瑞·威尔逊主编：《英国刑事司法程序》，刘丽霞等译，法律出版社 2003 年版。

常林：《司法鉴定专家辅助人制度研究》，中国政法大学出版社 2012 年版。

陈瑞华：《刑事证据法学》，北京大学出版社 2012 年版。

陈卫东、谢佑平主编：《证据法学》，复旦大学出版社 2005 年版。

陈学权：《DNA 证据研究》，中国政法大学出版社 2011 版。

陈一云：《证据学》，中国人民大学出版社 2000 年版。

崔敏主编：《刑事诉讼与证据运用》，中国人民公安大学出版社 2009 年版。

樊崇义：《证据法学》，法律出版社 2004 年版。

房保国主编：《科学证据研究》，中国政法大学出版社 2012 年版。

何家弘：《证据调查实用教程》，中国人民大学出版社 2000 年版。

何家弘：《证据法学研究》，中国人民大学出版社 2007 年版。

何家弘、刘品新：《证据法学》（第四版），法律出版社 2011 年版。

何家弘、刘品新：《证据法学》（第五版），法律出版社 2013 年版。

侯一平主编：《法医物证学》，人民卫生出版社 2009 年版。

江伟主编：《证据法学》，法律出版社 1999 年版。

李学军：《物证论——从物证技术学层面及诉讼法学的视角》，中国人民大学出版社 2010 年版。

刘志伟编：《刑法规范总整理》（第九版），法律出版社 2016 年版。

罗亚平：《物证技术及物证鉴定制度》，中国人民公安大学出版社 2003

年版。

马化腾：《互联网+：国家战略行动路线图》，中信出版社2015年版。

牟峻、唐丹舟主编：《司法鉴定/法庭科学机构认可不符合项案例分析》，中国质检出版社2015年版。

彭勃编译：《英国警察与刑事证据法规精要》，厦门大学出版社2014年版。

齐树洁主编：《英国司法制度》（第二版），厦门大学出版社2005年版。

邵道生：《当代社会的病态心理分析与对策》，社会科学文献出版社1990年版。

王进喜：《美国〈联邦证据规则〉（2011年重塑版）条解》，中国法制出版社2012年版。

王进喜译：《法证科学职业道德：刑事技术标准》，法制出版社2013年版。

王进喜译：《加强美国法庭科学之路》，中国人民大学出版社2012年版。

夏征农、陈至立主编：《辞海》（第六版缩印本），上海辞书出版社2014年版。

易延友：《证据法学：原则 规则 案例》，法律出版社2017年版。

张保生、王进喜、张中等：《证据法学》，高等教育出版社2013年版。

张保生主编：《证据法学》（第二版），中国政法大学出版社2014年版。

张保生主编：《证据法学》，中国政法大学出版社2009年版。

张建伟：《证据法要义》（第二版），北京大学出版社2014年版。

二 论文期刊类

（一）中文论文期刊类

巴华杰、刘亚楠、张璐等：《DNA数据库"标准三联体"亲缘关系比中应用价值初探》，《中国刑警学院学报》2012年第1期。

鲍键：《侦查人员出庭作证的实践性思考——以客观性证据审查思维为切入点》，《中国检察官》2013年第8期。

鲍宗新：《浅析证据的属性》，《法制与经济》2012年第5期。

曹坚：《发挥后道环节优势开展刑事二审检察建议工作》，《广州市公安管理干部学院学报》2014年第1期。

柴家建、谢红良：《Y-STR 家系排查在基层实战中的几点思考》，载《第五届全国公安机关 DNA 数据库建设应用研讨会论文选》，群众出版社 2017 年版。

柴会群：《司法鉴定：从"证据之王"到"是非之王"》，《政府法制》2010 年第 3 期。

陈邦达：《DNA 数据库：实践、困惑与进路》，《北京理工大学学报》（社会科学版）2013 年第 1 期。

陈邦达：《美国科学证据采信规则的嬗变及启示》，《比较法研究》2014 年第 3 期。

陈红英、李海燕、唐振亚等：《香港 DNA 数据库概况及广东省 DNA 数据库建设思考》，《广东公安科技》2012 年第 4 期。

陈瑞华：《非法证据排除规则的理论解读》，《证据科学》2010 年第 5 期。

陈瑞华：《非法证据排除的中国模式》，《中国法学》2010 年第 6 期。

陈瑞华：《鉴定意见的审查判断问题》，《中国司法鉴定》2011 年第 5 期。

陈瑞华：《关于证据法基本概念的一些思考》，《中国刑事法杂志》2013 年第 3 期。

陈瑞华：《论刑事诉讼中的过程证据》，《法商研究》2015 年第 1 期。

陈闻高：《论证据的基本特征》，《湖北警官学院学报》2008 年第 6 期。

陈学权：《刑事程序法视野中的法庭科学 DNA 数据库》，《中国刑事法杂志》2007 年第 6 期。

陈学权：《科学对待 DNA 证据的证明力》，《政法论坛》2010 年第 5 期。

陈玉梅：《论我国 DNA 数据库基因隐私权的法律保护》，《湖南社会科学》2015 年第 4 期。

戴承欢、伍中文、蔡永彤：《刑事诉讼"幽灵抗辩"对策研究——以被告人证明责任分配为视角》，《湖南农业大学学报》（社会科学版）2009 年第 6 期。

戴晓东：《交叉询问制度合理性反思——Jill Hunter 教授〈颠覆美好的认知：反思证据法的失败〉述评》，《证据科学》2017 年第 1 期。

邓协和：《论检测原始记录》，《现代测量与实验室管理》2004 年第 2 期。

董晓华：《论公诉人的说服责任》，《中国检察官》2011 年第 2 期。

杜春鹏、李尧：《英国专家证人制度对完善我国司法鉴定人制度之借鉴》，《证据科学》2012 年第 6 期。

杜国明、杨建广：《司法鉴定质证程序问题研究》，《华南农业大学学报》（社会科学版）2007年第1期。

杜志淳、李莉、林源等：《中国罪犯DNA数据库模式库——13个STR位点基因在中国人群中的分布》，《法医学杂志》2000年第1期。

杜志淳、李莉、林源等：《中国"罪犯DNA数据库"STR基因研究》，《中国法医学杂志》2000年第2期。

樊崇义、吴光升：《鉴定意见的审查与运用规则》，《中国刑事法杂志》2013年第5期。

范岱年：《唯科学主义在中国：历史的回顾与批判》，《科学文化评论》2005年第6期。

方建新、于红卫、程大霖：《制定我国罪犯DNA数据库管理规范的探讨》，《中国司法鉴定》2001年第1期。

冯冬亮：《新一代测序技术在法医DNA分析应用的方法进展》，《广东公安科技》2016年第2期。

傅新爱、金胄、杨静开：《利用DNA数据库侦破11年前杀人案一例》，载《第四届全国公安机关DNA数据库建设应用研讨会论文选》，群众出版社2015年版。

高黎明、杨毅：《言词证据与视听资料冲突时应采纳视听资料》，《人民司法》2015年第6期。

高俊薇、王顺霞、马原等：《利用DNA数据库比中犯罪嫌疑人孪生兄弟》，载《首届全国公安机关DNA数据库建设应用研讨会论文选》，中国人民公安大学出版社2009年版。

高海鹏、哈飞、杨佳等：《利用DNA技术破获七年前命案积案的思考》，载《第五届全国公安机关DNA数据库建设应用研讨会论文选》，群众出版社2017年版。

高晓莹：《拐卖儿童之犯罪学探析》，《中国青年政治学院学报》2010年第6期。

葛百川、郭宏玲、王穗保：《美国、加拿大DNA数据库概况及对我国建立DNA数据库的思考》，《刑事技术》2001年第4期。

葛百川、刘锋、彭建雄：《全国公安机关DNA数据库建设历史、现状与未来》，载《第五届全国公安机关DNA数据库建设应用研讨会论文选》，群众出版社2017年版。

葛琳：《当庭宣读起诉书制度反思》，《国家检察官学院学报》2010 年第 5 期。

葛建业：《关于法庭科学 DNA 数据库若干问题的探讨》，《中国法医学杂志》2011 年第 3 期。

葛建业：《中国 Y-STR 数据库建设相关问题探讨》，《法医学杂志》2013 年第 3 期。

顾永忠：《双管齐下：从鉴定制度和诉讼程序两个方面保障鉴定质量》，《中国司法鉴定》2014 年第 4 期。

顾章鸿、郭伟、万轶飞等：《信息研判在锁定犯罪嫌疑人真实身份中的应用一例》，载《第四届全国公安机关 DNA 数据库建设应用研讨会论文选》，群众出版社 2015 年版。

郭华：《刑事诉讼专家辅助人出庭的观点争议及其解决思路》，《证据科学》2013 年第 4 期。

郭利红、刘亚举：《DNA 数据库在串并案件和侦破积案中的应用》，载《第四届全国公安机关 DNA 数据库建设应用研讨会论文选》，群众出版社 2015 年版。

郭金霞：《鉴定人资格认证制度研究》，《中国人民公安大学学报》2004 年第 2 期。

郭燕霞：《澳大利亚联邦警察局法医 DNA 实验室管理与质量控制简介》，《刑事技术》2012 年第 3 期。

何斌：《大数据背景下我国公安系统个人信息的完善与保护》，《法治与社会》2015 年第 7 期。

何家弘：《论证据的基本范畴》，《法学杂志》2007 年第 1 期。

何家弘：《当今我国刑事司法的十大误区》，《清华法学》2014 年第 2 期。

何宗师、徐达：《利用 DNA 数据库侦破一起十年陈案的经验与教训》，载《第四届全国公安机关 DNA 数据库建设应用研讨会论文选》，群众出版社 2015 年版。

和中年、姜先华、吕世惠等：《用 Y-染色体特异性 DNA 探针鉴识微量干血痕性别的研究》，《中国法医学杂志》1988 年第 1 期。

侯一平：《中国法医学会物证专业委员会法医 DNA 分析的若干建议》，《中国法医学杂志》2006 年第 2 期。

胡兰、陈松、张国臣：《国家法庭科学 DNA 数据库建设势在必行》，《刑事技术》2003 年第 6 期。

胡萌：《DNA 分析技术在法医学中的应用及进展》，《医学信息手术学分册》2008 年第 7 期。

胡铭：《专家辅助人：模糊身份与短缺证据——以新〈刑事诉讼法〉司法解释为中心》，《法学论坛》2014 年第 1 期。

黄靖锐、陈肖潇、陈思等：《法医物证学中 DNA 数据库在法医学及其社会实践中的运用》，《四川生理科学杂志》2013 年第 3 期。

黄念然：《形式主义文论中的唯科学主义批判》，《中国人民大学学报》2016 年第 4 期。

惠婷华：《违法犯罪人员建库血样仓储式管理的探索及应用》，《刑事技术》2014 年第 4 期。

季安全、胡兰、陈松等：《国外 DNA 数据库简介》，《刑事技术》1999 年第 2 期。

季美君：《英国专家证据可采性问题研究》，《法律科学》2007 年第 6 期。

贾志慧、刘超、李越等：《DNA 数据库质量控制有关问题探讨》，《广东公安科技》2005 年第 1 期。

焦文慧、宋辉：《英美国家犯罪 DNA 数据库建设及应用》，《上海公安高等专科学校学报》2013 年第 2 期。

焦章平、唐晖、刘雅诚等：《建立法医 DNA 数据库的初步探讨》，《中国法医学杂志》2003 年第 1 期。

蒋鹏飞：《高科技侦查之利弊权衡及其规制》，《法治研究》2012 年第 8 期。

蒋世洪：《浅谈 DNA 信息的正确解读与合理利用》，《中国公共安全》（学术版）2012 年第 3 期。

姜先华：《法庭科学 DNA 数据库的建设与应用》，《中国法医学杂志》2004 年第 1 期。

姜先华：《中国法庭科学 DNA 数据库》，《中国法医学杂志》2006 年第 5 期。

姜先华：《中国 DNA 数据库建设应用技术现状及发展趋势》，《中国法医学杂志》2011 年第 5 期。

姜新国、许小珍：《"多次盗窃"司法解释的理解和适用》，《中国检察官》2015 年第 9 期。

揭萍、李红：《我国刑事司法鉴定若干问题探讨——基于新刑事诉讼法实施后的思考》，《江西警察学院学报》2013年第6期。

李安、许鸢森、俞虹：《试谈DNA实验室质量控制与质量保证》，《云南警官学院学报》2009年第2期。

李得恩、李存香：《青海省疾病预防控制中心实验室质量管理回顾和展望》，《中国卫生检验杂志》2015年第2期。

李菲、张岩、薛少华等：《浅谈建立完善DNA数据库质控库的重要性》，载《第四届全国公安机关DNA数据库建设应用研讨会论文选》，群众出版社2015年版。

李建军：《法医学证据若干问题研究》，《财经政法资讯》2011年第6期。

李宁宁：《刑事诉讼中DNA数据库管理机制的思考》，《法制博览》2015年第7期。

李庆莉：《大数据战略》，《中国金融电脑》2013年第7期。

李盛：《关于下一代DNA数据库构建的思考》，《刑事技术》2013年第1期。

李晓斌、唐泽英、徐振波等：《从行业规范谈DNA数据库的建设发展》，《刑事技术》2002年第2期。

李小恺、李涛：《美国科学证据可采性规则的分析与借鉴》，《长安大学学报》（社会科学版）2012年第2期。

李学军、张卫萍、张吉林：《侦查机关强制性采取物证比对样本的必要性及合法化路径研究》，《证据科学》2009年第2期。

黎锦明、张国强：《香港特别行政区的DNA数据库》，《中国法医学杂志》2006年第5期。

梁燕、高峰、梁鳅双等：《Y-STR排查人员经验教训——记广西北流市3.20黄金抢劫案》，载《第四届全国公安机关DNA数据库建设应用研讨会论文选》，群众出版社2015年版。

林汉光、许传超、唐剑频等：《常染色体STR三体基因座父权指数计算方法探讨》，《中国法医学杂志》2013年第5期。

刘冰：《基于数据分析的DNA证据作用评价》，《刑事技术》2015年第3期。

刘冰：《现阶段我国DNA数据库发展的几个关键问题》，《刑事技术》2015年第4期。

刘波：《英国法庭科学服务部的市场化变迁及其启示》，《证据科学》2014年第2期。

刘春德：《论盗窃罪中"多次盗窃"的认定》，《法制与社会》2015年第12期。

刘广三、齐梦莎：《"艳照反腐"的证据法问题分析》，《河南警察学院学报》2015年第1期。

刘广三、汪枫：《刑事DNA采样和分析中的法理思考》，《法学杂志》2015年第3期。

刘金杰、张庆霞、苏芹等：《利用全国公安机关DNA数据库应用系统快速侦破抢劫杀人案件的体会》，载《第四届全国公安机关DNA数据库建设应用研讨会论文选》，群众出版社2015年版。

刘静坤：《DNA证据及其审查判断若干问题研究》，《山东警察学院学报》2015年第1期。

刘健、胡兰、姜成涛等：《美国法庭科学DNA鉴定实验室质量控制标准》，《法医学杂志》1999年第4期。

刘品新：《电子证据的鉴真问题：基于快播案的反思》，《中外法学》2017年第1期。

刘晓丹：《DNA样本强制采集与隐私权保护》，《中国人民公安大学学报》（社会科学版）2012年第3期。

刘烁、花锋、唐丹舟等：《法庭科学实验室质量控制研究综述》，《刑事技术》2013年第2期。

刘耀：《法庭科学标准化》，《内地与香港法证科学标准化、规范化研讨会论文集》，中国法医学会，2002年2月。

刘晓丹：《科学证据的可采性研究》，《证据科学》2012年第1期。

刘亚举：《DNA数据库亲缘关系比对2例分析》，《河南科技大学学报》（医学版）2015年第1期。

刘亚举：《河南汉族人群27个Y-STR基因座的突变观察与分析》，《中国法医学杂志》2016年第1期。

刘雁军、张天林、贺小华等：《利用DNA数据库20小时破获系列砸抢车内财物案1例》，载《第三届全国公安机关DNA数据库建设应用研讨会论文选》，中国人民公安大学出版社2013年版。

吕勇：《社会刻板印象与图示》，《社会心理研究》1992年第4期。

马卫东：《利用微量脱落细胞快速直破加油站持枪抢劫案》，载《第五届全国公安机关 DNA 数据库建设应用研讨会论文选》，群众出版社 2017 年版。

马秀娟：《刑事错案中鉴定意见应用的问题及对策》，《中国司法鉴定》2014 年第 3 期。

孟庆振、徐珍、涂政等：《大数据时代 DNA 数据库应用的思考》，载《第四届全国公安机关 DNA 数据库建设应用研讨会论文选》，群众出版社 2015 年版。

聂昊：《DNA 来源人种族推断研究进展》，《刑事技术》2016 年第 1 期。

潘星容：《司法鉴定结论质证主体探析》，《理论月刊》2009 年第 9 期。

庞晓东、陈学亮、荣海博等：《法医 DNA 检测技术的现状及展望》，《警察技术》2014 年第 1 期。

彭珊、刘超、王瑛等：《Y-STR 遗传标记在大家系中的突变》，《法医学杂志》。2015 年第 2 期。

覃江、侯碧海、陈红娟：《论广西公安机关 DNA 数据库建设》，《广西警官高等专科学校学报》2006 年第 2 期。

邱格屏：《刑事 DNA 数据库的基因隐私权分析》，《法学论坛》2008 年第 2 期。

任贺、郭剑章、陈星等：《3 个 STR 基因座变异亲子鉴定 1 例》，《法医学杂志》2010 年第 6 期。

尚华：《论建构主义与案件事实的认定》，《前沿》2011 年第 15 期。

宋方明：《"证据之王" DNA 的正确应用》，《中国检察官》2011 年第 7 期。

宋方明：《再论如何正确应用 DNA 证据》，《中国司法鉴定》2013 年第 3 期。

宋爽、王鑫成：《浅析 DNA 数据库在破获陈年积案中发挥的作用》，载《第五届全国公安机关 DNA 数据库建设应用研讨会论文选》，群众出版社 2017 年版。

孙长永：《论刑事证据法规范体系及其合理构建——评刑事诉讼法修正案关于证据制度的修改》，《政法论坛》2012 年第 5 期。

孙强、张雪峰：《大数据决策学论纲：大数据时代的决策变革》，《华北电力大学学报》（社会科学版）2014 年第 4 期。

谢望原、周光权、宋丹等：《盗窃案件适用法律难点五人谈》，《中国检察官》2014 年第 5 期。

谢小冬、王希隆、周瑞霞等：《回族学研究新视角——分子遗传学和生物信息学在回族学研究中的应用初探》，《回族研究》2006 年第 4 期。

万毅：《证据概念及其分类制度批判——法解释学角度的反思》，《兰州学刊》2015 年第 6 期。

万喆：《论刑事庭审质证存在的问题》，《法制与社会》2014 年第 5 期。

王斌、黎方：《数据库比对发现等位基因缺失导致容差一例》，载《第四届全国公安机关 DNA 数据库建设应用研讨会论文选》，群众出版社 2015 年版。

王传超、李士林、周怀谷等：《将 DNA 鉴定技术正确应用于司法实践——反驳〈DNA 难堪"证据之王之责"〉一文》，《中国社会科学报》2011 年 2 月 17 日第 7 版。

王高平、吴琼：《国家 DNA 数据库隐私权研究》，《山西财经大学学报》2012 年第 2 期。

王桂强：《物证鉴定情报论》，《刑事技术》2015 年第 6 期。

王桂敏、朱巍：《几例 DNA 比中通报偏离的追踪与思考》，载《第四届全国公安机关 DNA 数据库建设应用研讨会论文选》，群众出版社 2015 年版。

王会品、谢云铁、杨巍等：《DNA 数据库显威力、失散骨肉终相聚——广东省首例利用"打拐"DNA 数据库解救被拐儿童》，载《首届全国公安机关 DNA 数据库建设应用研讨会论文选》，中国人民公安大学出版社 2009 年版。

王乐：《二代测序技术及其在法医遗传学中的应用》，《刑事技术》2015 年第 5 期。

王日春、邱爱民：《论证据法学统编教材的创新和发展——评张保生教授主编之〈证据法学〉》，《重庆大学学报》（社会科学版）2009 年第 6 期。

王澍、江家荣：《锲而不舍、奋力攻坚破获十年命案》，载《第四届全国公安机关 DNA 数据库建设应用研讨会论文选》，群众出版社 2015 年版。

王涛、高静：《甘肃省法庭科学 DNA 数据库建设情况与应用现状中的思考》，载《第五届全国公安机关 DNA 数据库建设应用研讨会论文选》，群众出版社 2017 年版。

王阳：《Y-STR 技术在公安工作中的应用》，《法制与社会》2016 年第

9 期。

王泽鉴：《人格权的具体化及其保护范围·隐私权篇（上）》，《比较法研究》2008 年第 6 期。

魏万昆：《不同 PCR 扩增试剂盒检验血样 DNA 的检验结果对比研究》，《中国医学创新》2014 年第 11 期。

瓮怡洁：《法庭科学 DNA 数据库的风险与法律规制》，《环球法律评论》2012 年第 2 期。

翁怡洁：《域外的法庭科学脱氧核糖核酸（DNA）数据库制度及对我国的启示——以刑事司法领域为视角》，《政治与法律》2012 年第 6 期。

吴微微、郝宏蕾、任文彦等：《中国汉族人群 17 个 Y-STR 基因座突变研究》，《中国法医学杂志》2012 年第 6 期。

吴微微：《中国汉族人群 46 个 Y-STR 基因座多态性与突变调查》，《中国法医学杂志》2015 年第 3 期。

伍新尧、杨庆恩、刘雅诚等：《亲权鉴定判断标准和结论表述的建立》，《中山大学学报》（医学科学版）2010 年第 1 期。

夏平平、程红霞、王胜利等：《多系统联合使用圆了被拐儿童罗某十多年寻亲梦》，载《第五届全国公安机关 DNA 数据库建设应用研讨会论文选》，群众出版社 2017 年版。

熊志海、孔言：《电子数据证据及相关概念之比较研究》，《湖北社会科学》2013 年第 12 期。

许冰莹、景强、李建京等：《法医物证学 DNA 实验室质量控制标准及开放式管理模式的探索》，《昆明医学院学报》2007 年第 3 期。

许满军：《Y-STR 数据库建设初探》，《法医学杂志》2015 年第 6 期。

徐静村、颜飞：《通过程序弥合知识的鸿沟——论科学证据对刑事审判的挑战及应对》，《中国司法鉴定》2009 年第 2 期。

杨宏云、邱爱民：《论鉴定结论作为科学证据的证明价值要素》，《江海学刊》2011 年第 2 期。

杨建国：《论科学证据可靠性的审查认定——基于判决书中鉴定结论审查认定的实证研究与似真推理分析》，《中国刑事法杂志》2012 年第 1 期。

杨静开：《DNA 数据库中质控库的建设和应用》，载《第四届全国公安机关 DNA 数据库建设应用研讨会论文选》，群众出版社 2015 年版。

杨玉章：《Y STR DNA 数据库建设及应用》，《河南警察学院学报》2013

年第 5 期。

尹丽华：《刑事诉讼专家辅助人制度的解读与完善》，《中国司法鉴定》2013 年第 3 期。

殷治田、裴黎、胡兰等：《英国法庭科学服务部（FSS）实验室考察概况》，《刑事技术》2008 年第 1 期。

余建华、高静、向超杰等：《云南汉族人群 15 个常染色体 STR 基因座的遗传多态性与 OL 等位基因的研究》，《昆明医科大学学报》2014 年第 7 期。

袁丽、张俊：《DNA 证据审查初探》，《中国人民公安大学学报》（自然科学版）2007 年第 2 期。

袁丽：《论 DNA 鉴定结论的证据效力研究》，《中国司法鉴定》2008 年第 3 期。

袁丽：《遗传标记分析对 DNA 证据的影响》，《证据科学》2012 年第 6 期。

袁丽：《DNA 鉴定人出庭作证现状、问题及对策》，《证据科学》2013 年第 5 期。

袁丽：《我国法医物证鉴定领域标准化问题及对策研究》，《证据科学》2016 年第 3 期。

袁中杰、倪志伟、徐晓燕等：《利用残缺单指纹 DNA 侦破系列抢劫强奸杀人案》，载《第五届全国公安机关 DNA 数据库建设应用研讨会论文选》，群众出版社 2017 年版。

曾恩泉、吴松、谢英：《我国法庭科学 DNA 数据库的建设与应用》，《川北医学院学报》2007 年第 6 期。

曾恩泉、吴松、谢英：《关于建立法庭科学 DNA 数据库的立法思考》，《西部法学评论》2010 年第 2 期。

张保生：《证据规则的价值基础和理论体系》，《法学研究》2008 年第 2 期。

张怀才、章申峰：《谈 DNA 数据库违法犯罪人员身份信息冒用现象》，载《第四届全国公安机关 DNA 数据库建设应用研讨会论文选》，群众出版社 2015 年版。

张娟层、刘永康：《DNA 微量物证检验直接破获 12 年命案启示》，载《第四届全国公安机关 DNA 数据库建设应用研讨会论文选》，群众出版社 2015 年版。

张军兵：《多次盗窃的若干问题浅析》，《法制与社会》2016 年第 5 期。

张倩、聂同钢：《从一起系列强奸案的侦破看人员样本采集的重要性》，载《第四届全国公安机关 DNA 数据库建设应用研讨会论文选》，群众出版社 2015 年版。

张强、闪春霞、王磊等：《关于 Y 数据库建设与应用的思考》，载《第五届全国公安机关 DNA 数据库建设应用研讨会论文选》，群众出版社 2017 年版。

张素华：《二代测序技术在法医学中的应用进展》，《法医学杂志》2016 年第 4 期。

张智杰、吕德坚：《从数据库搜索争论看 DNA 统计评估》，《中国司法鉴定》2015 年第 5 期。

张中学、宋娟：《偏见研究的进展》，《心理与行为研究》2007 年第 2 期。

章少青：《欧美国家 DNA 数据库的应用现状及前景》，《中国司法鉴定》2006 年第 6 期。

章少青：《我国公安机关 DNA 数据库的体系标准研究》，《江西公安专科学校学报》2008 年第 3 期。

赵杰、贺永锋、宋振等：《利用"打拐"DNA 数据库盲比破获两起陈年拐卖案件的体会》，载《第四届全国公安机关 DNA 数据库建设应用研讨会论文选》，群众出版社 2015 年版。

赵兴春：《英国 DNA 技术与国家 DNA 数据库》，《公安大学学报》（自然科学版）1999 年第 2 期。

赵兴春、季安全、胡兰等：《法医 DNA 鉴定实验室质量控制和质量保证》，《中国法医学杂志》2002 年第 1 期。

赵兴春：《中国国家 DNA 数据库建设政策分析》，《江苏警官学院学报》2007 年第 6 期。

赵兴春：《刑事案件 DNA 检验采样与鉴定立法现状》，《证据科学》2009 年第 1 期。

赵怡、王平峥、刘莹等：《DNA 数据库"假三联体错中"信息分析研究》，《刑事技术》2016 年第 6 期。

郑甲哲、胡政明：《利用 DNA 数据库快比平台快速查破杀人案一例》，载《第五届全国公安机关 DNA 数据库建设应用研讨会论文选》，群众出版社 2017 年版。

郑秀芬、纪贵金、刘超等：《二组分混合 DNA 样品 STR 图谱解释》，《中国法医学杂志》2000 年第 4 期。

钟毅平：《偏见及其认知来源》，《山东师大学报》（社会科学版）1999 年第 2 期。

周栋、拜永强、张颖：《DNA 数据库导侦破获团伙系列盗窃案一例》，载《第五届全国公安机关 DNA 数据库建设应用研讨会论文选》，群众出版社 2017 年版。

周建东：《亲权鉴定 DNA 数据库查询结果解释中存在问题简议》，载《中国法医学理论与实践创新成果精选——全国第九次法医学术交流会论文集》，中国法医学会，2013 年。

周密、张韩秋、汪军：《标准三联体非父排除率计算公式的推导和验证》，《法医学杂志》2007 年第 4 期。

周维平：《诉讼法视野中的法医 DNA 证据研究》，《证据科学》2009 年第 4 期。

祝卫国、王炳新：《加强特种设备检验机构资质管理的建议》，《中国质量技术监督》2014 年第 6 期。

邹广发：《关于 DNA 数据库建设人员信息采集的体会》，载《第四届全国公安机关 DNA 数据库建设应用研讨会论文选》，群众出版社 2015 年版。

［美］Edward J. Imwinkelried：《逻辑与法律之间的又一个冲突——根据关于专家意见可采性的〈联邦证据规则〉703 对待第二手事实的戈尔迪之结》，王进喜译，《证据科学》2013 年第 3 期。

（二）英文论文期刊类

Avinash Bhati, "Evaluating and Quantifying the Specific Deterrent Effects of DNA Databases", *Evaluation Review*, No. 1, 2014.

Balding, D. J, P. Donnelly, "Evaluating DNA Profile Evidence When the Suspect is Identified Though a Database Search", *J. Forensic Sci*, 41, 1996.

Butler, J. M., "Genetics and Genomics of Core Short Tandem Repeat Loci Used in Human Identity Testing", *Journal of Forensic Sciences*, Vol. 51, 2006.

Christopher D. Steele, David J. Balding, "Choice of Population Database for Forensic DNA Profile Analysis", *Science and Justice*, 3, 2014.

Craig Nydick, "The British Invasion (of privacy): DNA Databases in the United Kingdom and United States in the Wake of the Marper Case", *Emory*

International Law Review, Vol. 23, No. 1, 2009.

Dadna Hartman, "The Victorian Missing Persons DNA Database-two Interesting Case Studies", *Australian Journal of Forensic Sciences*, No. 2, 2015.

David H. Kaye, "Why So Contrived? Fourth Amendmnt Balancing, per Se Rules, and DNA Databases after Maryland v. King", *The Journal of Criminal Law & Criminology*, Vol. 104, No. 3, 2014.

H. M. Wallace, A. R. Jackson, J. Gruber, et al., "Forensic DNA Databases Ethical and Legal Standards: A Global Review", *Egyptian Journal of Forensic Sciences*, No. 4, 2014.

K. Ryan, "Encoding of Low-quality DNA Profiles as Genotype Probability Matrices for Improved Profile Comparisons, Ralatedness Evaluation and Database Searches", *Forensic Science International: Genetics*, No. 3, 2016.

Laura J. Heathfield, "Policy Required for Entry of DNA Profiles onto the National Forensic DNA Database of South Africa", *South African Journal of Science*, Vol. 110, No. 7, 2014.

Martine Lapointe, Anita Rogic, Sarah Bourgoin, et al., "Leading-edge Forensic DNA Analyses and the Necessity of Including Crime Scene Investigators, Police Officers and Technicians in a DNA Elimination Database", *Forensic Science International: Genetics*, No. 19, 2015.

McCartney C., "Forensic DNA Sampling and the England and Wales National DNA Database: A Skeptical Approach", *Crit Criminal*, No. 12, 2004.

Peter Dujardin, Ashley K. Speed, "Legislation Could Expand Virginia's DNA Database", *Crime & Legal Issues*, No. 1, 2015.

P. Gill, "Does an English Appeal Court Ruling Increase the Risks of Miscarriages of Justice When Complex DNA Profiles are Searched Against the National DNA Database?", *Forensic Science International: Genetics*, No. 13, 2014.

Stephanie B. Noronha, "Maryland v. King: Sacrifcing the Fourth Amendment to Build up the DNA Database", *Maryland Law Review*, Vol. 73, No. 2, 2014.

Vikram Iyengar, "Maryland v. King: The Case for Uniform, Nationwide DNA Collection and DNA Database Laws in the United States", *Information & Communications Technology Law*, Vol. 23, No. 1, 2014.

三 论文集

常林、张中主编:《证据理论与科学:第四届国际研讨会论文集》,中国政法大学出版社 2014 年版。

葛百川主编:《第二届全国公安机关 DNA 数据库建设应用研讨会论文集》,中国人民公安大学出版社 2011 年版。

葛百川主编:《第三届全国公安机关 DNA 数据库建设应用研讨会论文集》,中国人民公安大学出版社 2013 年版。

葛百川主编:《第四届全国公安机关 DNA 数据库建设应用研讨会论文集》,群众出版社 2015 年版。

葛百川主编:《第五届全国公安机关 DNA 数据库建设应用研讨会论文集》,群众出版社 2017 年版。

葛百川主编:《首届全国公安机关 DNA 数据库建设应用研讨会论文集》,中国人民公安大学出版社 2009 年版。

王进喜、常林主编:《证据理论与科学:首届国际研讨会论文集》,中国政法大学出版社 2007 年版。

四 学位论文类

陈雨:《刑事诉讼中的 DNA 鉴定问题研究》,硕士学位论文,上海交通大学,2011 年。

郭金霞:《鉴定结论适用中的问题与对策研究》,博士学位论文,中国政法大学,2008 年。

郝皓:《刑事诉讼中 DNA 鉴定证据的运用研究》,硕士学位论文,山东政法学院,2016 年。

侯丛:《DNA 数据存储与比对技术研究》,硕士学位论文,西安电子科技大学,2004 年。

黄颖:《建立云南傣族人群法医 DNA 基础数据库》,硕士学位论文,昆明医科大学,2015 年。

李斌:《不同 STR 复合扩增试剂盒检验结果一致性的研究以及对中国法庭科学 DNA 数据库的影响》,博士学位论文,福建医科大学,

2015年。

李光:《DNA数据安全性问题的研究》,硕士学位论文,哈尔滨工业大学,2006年。

吕泽华:《DNA鉴定技术在刑事司法中的运用与规制》,博士学位论文,中国人民大学,2010年。

聂同钢:《DNA建库血样管理系统的研究与开发》,硕士学位论文,天津大学,2011年。

宁军丽:《刑事诉讼中的DNA鉴定问题研究》,硕士学位论文,苏州大学,2007年。

尚云杰:《刑事侦查中DNA技术应用的意义和反思》,硕士学位论文,山西大学,2012年。

王鑫:《DNA数据库中的关联规则挖掘》,硕士学位论文,东北师范大学,2007年。

王志林:《论无罪辩护事由的证明责任》,硕士学位论文,西南政法大学,2009年。

魏丹:《论DNA鉴定的程序规范》,硕士学位论文,西南政法大学,2011年。

伍杰:《刑事技术对侦查模式嬗变的影响》,硕士学位论文,西南政法大学,2015年。

谢扬:《非CODIS系统8个STR基因座荧光分型体系的构建及法医学应用》,硕士学位论文,河北医科大学,2010年。

徐建军:《论刑事司法中的DNA技术——通过技术实现正义》,硕士学位论文,山东大学,2011年。

袁海勇:《DNA证据运用规则研究》,硕士学位论文,华东政法学院,2003年。

张怀才:《试述我国公安DNA数据库在侦查中的应用与展望》,硕士学位论文,华东政法大学,2014年。

张萌萌:《美国专家证据可采性规则研究》,硕士学位论文,山东大学,2017年。

朱科军:《论刑事诉讼中DNA证据的审查与认定》,硕士学位论文,西南政法大学,2015年。

索 引

B

比对模式　41—44,123,126,133,163,
　164,170,200,220
比中复核　136

D

打拐数据库　155—158,160,162,208
DNA 基因分型　16,76,79,83,117,160,
　161,193,196,197,236,243,246
DNA 数据库鉴定意见　26,27,166,168,
　169,175—178,186,189,193,207,
　210,211,264
DNA 数据库立法　265,267,269—271,
　278,280
DNA 数据库信息　73,115,117,129,
　159,243,257
DNA 数据库证据　23,27,30,31,38—
　41,43,46—51,54,68,72,119,123,
　129,132,133,137,169,182,186,193,
　194,223,231—233,247,249—254,
　257—259,262—265
DNA 证据　1,17,20,22—24,26,27,29,
　31,39—41,47,48,114,139,180—
　184,195,247,252,257,258,261,
　262,265

G

个人信息　83,84,117,119,121,155,
　236,237,244—246,269

J

家系图　70,71,74,75,146,147,
　149,226
检索比对　6,11—13,16,27,41—43,
　45,55—57,89,113—115,123,124,
　126,150,169,170,182—184,193,
　194,219,220,222,223,226,229,249,
　250,263,265
检索比中　183,184,191,194

K

科学证据　23,40,97,141,181,184,
　193,196,197,199,203,205—207,
　212,231,257,258,260,262
可采性　20—23,25,49,50,188,203—
　206,260,262,264

索 引

Q
亲权鉴定　44,45,163,226
区块链　122

S
实验室认可　114,173,213—218,227,232
数据安全性　121,122,281
数据存储　27,122,222,233

T
同一认定　18,19,22,26,40,41,43,135,141,176,181,182,189,199—201,208,212,240,241

X
相关性　20—22,49,50,53,115,206,260,261,264

Y
Y-STR 分型　71,102,114,142—144,147,149—151,208
Y 染色体数据库　70,71,74—76,110,114

Z
证据属性　19,20
证明力　20—23,25,49,140,180,182—186,189,191,193,194,196,197,199,201,208,210,212,259—261
证明责任　247—249,252
资质认定　114,116,171,175,213—218,232

后　　记

　　博士毕业已经整整一年了，在学院路校区体育馆（位于首都体育学院校内）内举行的毕业典礼情景依然历历在目，时任法大校长黄进教授亲自拨流苏的场景仿佛就在昨天。时间的指针拨回到四年前的2015年9月，我手持着中国政法大学证据法专业博士研究生的录取通知书来学院路校区报到，那种激动的心情只有自己最清楚，也只有自己最清楚那张录取通知书的背后所付出的艰辛努力。看着满校园报到的一副副踌躇满志的脸庞，一张张充满朝气的笑脸，一下子意识到这里就是我日思夜想、梦寐以求的中国法学高等学府。可是又有谁知道这是我连续三次报考之后的结果，但更让我没有想到的是那一天却是炼狱的开始。由于法学理论基础差、底子薄，仅仅具有多年来在基层一线公安机关实务部门工作的经验，所以第一年的理论课学得相当吃力。幸好在导师和学院各位老师的悉心指导和热忱鼓励之下，脚踏实地地走着每一步。直到博士毕业答辩的前一天，我一直都处于一种如履薄冰、如临深渊的紧张和不安中。实在令我意想不到的是，毕业答辩以及之前论文外审中证据法领域的大神张保生教授、张建伟教授、王进喜教授、樊学勇教授和陈学权教授等对我的毕业论文给予了较高的评价，并且将我的论文评为优秀论文。其实我心里非常清楚，这是各位前辈对我的鼓励和鞭策。但是说句心里话，这篇将近25万字的博士论文是我超过10年公安工作的总结。在论文写作从确定题目、通过开题到定稿的一年半时间里，从文献收集和梳理、资料采集和整理到语句斟酌和推敲，无不是在克服了工作和家庭上的牵绊而完成。答辩专家在评审时的谆谆教诲我时刻都不敢忘记，促使我时时刻刻都不敢忘记学习。

博士能够顺利毕业需要感谢太多太多的人，除了我的家人之外以下几位我不得不提。首先要提的就是我的博士生导师刘良教授，没有刘老师在博士招生面试上关键的结论我不可能有机会成为法大的学生。另外，我实在是佩服刘老师做人的洒脱和做学问的严谨，这两点是我毕生追求的目标。还有三位老师要重点感谢，那就是常林教授、鲁涤教授和王进喜教授。这三位老师是我在法大学习生活的良师益友，对我的帮助不可谓不大。由于专业的关系，前两位伉俪作为我本科时期的老师和前辈与我本人有着先天的亲切感，对我本人有着无微不至的关怀。而王进喜老师更是在我毕业论文的写作上给予很大的帮助，使我的论文始终航行在证据法学的主航道上而不至于偏得太远。我之所以博士毕业后辞去公安局的工作来山西财经大学法学院从教，在很大程度上是遵从三位老师的教诲，也是为了回报上述三位老师的恩情。说到同学，我的这帮博士生同学简直都是人中翘楚，无论是学术造诣还是品德性情真是让我有一种相见恨晚的感觉。尤其是我的舍友马连龙，他本人是检察系统的优秀检察官。法学理论功底深厚，基础扎实，实务经验丰富，尤其在博士论文写作上，我们虽然一个在山西，一个在青海。但是经常每隔一个月就互通有无、互相监督、互相打气，直到同时完成论文的书写。正所谓"海内存知己，天涯若比邻"，这句话形容我们曾经在一起或近或远的战斗情谊再贴切不过了！这种情谊会传染，分别传染到了这些人身上：曹佳、史炜、包乌仁吐雅、李鑫、朱敏敏、许林波、张华锋、王峣、谢刚炬、田圣庭、马康、谢尧雯、余萌、赵黎明、周浩仁、张建清、张超、刘思芹、綦书纬、潘萍、张韫晖、孙宏斌、柳永、田源、王宏平、窦淑霞、刘慧慧、邱成梁、张民全、龙飞、胡显发、王思丝、赵昕翀、舒彧、刘雅玲。还要感谢李小恺师兄、杜鸣晓师姐和刘孟尧师弟，他们在关键时候的帮助非常及时！

　　我的父母一直以来就是我的人生导师，包括我连续三年报考博士、攻读博士、博士毕业工作变动期间，始终站在我的身后，无条件地支持我。我的弟弟刘雁鹏博士正在法学的道路上迈着坚定而踏实的步伐，正是他在我一次次考博失利的关键时机鼓励我不要放弃。也是他鼓励我申报中国社会科学出版社优秀博士文库出版专著项目，才有了这本专著的出版。

　　以马明老师为代表的中国社会科学出版社的老师和编辑们牺牲自己的休息时间，一次次在我身后催促，一次次提出修改意见，只为我的专著能够早日顺利出版。这种对一个标点符号都要修改的认真态度，着实令人敬佩。在此，我向他们表达诚挚的谢意和敬意！

这本《法庭科学 DNA 数据库的运用与规制》凝聚了太多太多人的心血和精力，虽然在此不能一一道来，但是帮助和支持过我的人我都会铭记于心！

刘雁军

2019 年 6 月 23 日于太原新源小区